세계시민의 평생교육을 위한
문해교육의 이론과 실제

KB124107

임경미
숭실대학교 평생교육학박사
(전) 숭실대학교 교육대학원 · 호원대학교 겸임교수, 경희대학교 · 강남대학교 교육대학원, 성결대학교 등 외래교수
서울북부청소년학교 야학교사, 외국인 대상 한국어교사(수원은혜와진리교회 선교회)
(현) 숭실대학교 외래교수

김선자
숭실대학교 교육학박사(평생교육 전공)
(전) 고려대학교 · 서울교육대학교 · 숭실대학교 외래교수
(현) 서울 천일초등학교 교장, 서울특별시교육청 우리마을 평생교육 전용교실'마실'운영, 한국성인교육학회정회원.

김소윤
숭실대학교 교육학박사(평생교육 전공)
(전) 광명시평생학습원장, 인천대학교 · 기독대학교 외래교수
(현) 공감소통연구소 수석교수, 은평구평생교육협의회 위원, 한국성인교육학회정회원, 평생교육 · HRD학회 정회원

이석진
숭실대학교 평생교육학박사
(현) 국민권익위원회 근무, 한국성인교육학회, 평생교육 · HRD학회, 한국지방자치학회, 한국노인학회, 한국평생교육학회, 한국과학교육학회 회원

임정임
숭실대학교 교육학박사(평생교육 전공)
(현) 남양주시 장애인복지과장, 남양주야학 자원봉사교사(교장)
국제사이버대, 한국복지사이버대 외래교수
다문화이해교육 전문강사(여성가족부)
평생학습계좌제 홍보대사(국가평생교육진흥원)
대한민국공무원상 '옥조근정훈장' 수훈

세계시민의 평생교육을 위한
문해교육의 이론과 실제

초판 인쇄 / 2019년 8월 15일
초판 발행 / 2019년 8월 20일
지은이 / 임경미 · 김선자 · 김소윤 · 이석진 · 임정임 共著
펴낸곳 / 도서출판 말벗
펴낸이 / 박관홍
등록번호 / 제 2011-16호
주소 / 서울 영등포구 문래로4길 4 (204호)
전화 / 02) 774-5600
팩스 / 02) 720-7500
메일 / mal-but@naver.com
홈피 / www.malbut.co.kr

ISBN 979-11-88286-11-9 (03330)

세계시민의 평생교육을 위한
문해교육의 이론과 실제

임경미 · 김선자 · 김소윤 · 이석진 · 임정임 共著

말벗

오늘날의 인간은 지금까지 인류가 경험해보지 못한 변화의 시대를 살아가고 있다. 끊임없이 배우고 익혀야만 낙오되지 않고 보다 나은 삶을 영위할 수 있는 평생학습사회이다.

이러한 사회에서 문해는 인간답게 살아갈 수 있는 최소한의 생존 도구이며, 더 나아가 문해 그 자체가 인권이다.

요컨대 문해의 궁극적 지향점은 공동체 구성원 모두의 삶의 질을 보장하는 것이다. 이와 같은 관점에서 평생학습사회에서의 우리나라 문해교육의 현주소와 향후 문해교육의 방향에 대한 심층적인 논의가 이루어져야 한다.

이에 일선 현장에서 평생교육과 문해교육을 실천하고 있는 평생교육학 및 교육학 전공 박사 5명이 집필하게 되었다. 저자들 중에는 야학을 직접 설립하고 30년간 야학봉사를 하였으며 현재 장애인복지과장으로 재직중인 필자도 있다.

교회선교회에서 외국인 대상 한국어 교사, 야학봉사, 지역 평생학습센터에서 노인문해교육 학습동아리 운영 조력자로 활동하였다. 평생학습원장으로서 15개 기관의 문해교육 네트워크 기반으로 25,000명의 비문해자 학습을 도왔다. 또한 저자들은 학교에서의 문해교육 강의 등을 통해 수많은 문해학습자들을 만났으며, 그들의 삶의 변화를 함께 겪어왔다.

이렇게 풍부한 실무와 이론적 배경 그리고 각 분야에서의 전문성을 갖춘 저자들은 우리나라 문해교육의 중요성과 문제점을 인식하게 되었다. 또한 강의하면서 이론과 실제를 겸비한 책이 필요하다는 것도 절감하게 되었다.

저자들은 책을 통해 문해교육 연구자와 학습자들이 세계시민의 평생교육을 위한 문해교육의 중요한 이론이나 실제를 종합·통합적으로 구성할 수 있는 능력을 배양할 수 있도록 하였다.

이를 위해 각 장의 서두에 개요와 학습목표를 제시함으로써 학습의 방향을 파악하며, 각 장의 끝부분에는 연구과제를 제시하여 심화·보충학습을 위한 기회를 제공하였다.

이 책은 5부, 총 15개의 장으로 이론부터 실제를 총망라한 향후 문해교육의 전망과 정책 과제를 제시하는 것으로 구성되었다.

제1부 '문해교육의 이해'에서는 1장 평생교육을 위한 문해교육, 2장 문해교육의 역사와 변천, 3장 문해학습자의 이해에 대해 다루었다. 평생교육을 위한 문해교육에서는 평생교육과 문해교육의 개념과 특성을 살펴보고 문해교육이 평생학습사회에서 어떠한 의미를 갖는지 탐색하였다. 문해교육의 역사와 변천에서는 우리나라 문해교육의 역사와 변천 과정과 문해교육의 세계적인 동향을 검토하였다. 또한 문해학습자의 이해에서는 사회적 관점에서 비문해를 이해하고 문해학습자의 학습 참여동기와 학습몰입에 대하여 살펴보았다.

제2부 '문해교육의 이론'에서는 문해교육의 기반이 되는 성인학습의 3대 이론이라고 할 수 있는 4장 경험학습, 5장 자기주도학습, 그리고 6장 전환학습의 이론을 살펴보고 문해교육 현장에의 적용과 실제 사례를 다루었다. 구체적으로 경험학습과 문해교육에서는 경험학습의 개념과 특성, 이론과 모델 그리고 경험기반 무형식학습과 문해교육에 대해 살펴보았다. 자기주도학습과 문해교육에서는 자기주도학습의 개념과 특성, 이론과 모델, 문해교육에서의 자기주도학습의 의미에 대해 살펴보았다. 전환학습과 문해교육에서는 전환학습의 개념과 특성, 이론과 모델, 전환학습으로서의 문해교육에 대한 연구를 검토하고 현장의 실제 사례를 들어 이해를 돕고자 하였다.

제3부 '문해교육의 정책'에서는 7장 문해교육의 제도, 8장 문해교육의 과정, 9장 문해교육의 기관을 다루었다. 문해교육의 제도에서는 문해교육 제도

의 이해, 문해교육의 법제화, 문해교육 지원정책 등에 대해 살펴보았다. 문해교육의 과정에서는 학력인정과정으로 운영되는 초·중등 문해교육과정과 학력미인정 과정에는 무엇이 있는지 검토하였다. 또한 문해교육의 기관에 대해서는 문해교육의 핵심인 야학에 대하여 알아보았고, 앞으로 문해교육 전문가들이 갖추어야 할 역량과 문해교육 기관의 현안이 무엇인지를 제시하였다.

제4부 '문해교육의 실제'에서는 10장 문해교사의 역량, 11장 문해교육 프로그램을 다루었다. 구체적으로 현장의 문해교사에게 필요한 특성, 자질, 역할을 탐색하여 역량개념을 확립하고 문해교사의 전문성 제고를 위해 개선할 점도 서술하였다. 문해교육 프로그램에서는 프로그램 개발의 필요성과 현장의 프로그램 사례를 기반으로 프로그램 기획, 개발 절차를 학습함으로써 현장적용을 높이고자 하였다. 또한 지속적인 학습지원을 위한 학습동아리의 필요성과 각각의 현장사례를 설명하였으며, 특히 문해 학습동아리 운영 모델을 개발하여 제시함으로써 문해 학습효과를 높이고자 하였다.

제5부 '세계시민사회의 문해교육'에서는 12장 다문화 문해교육, 13장 노인 문해교육, 14장 장애인 문해교육, 15장 문해교육의 전망과 과제를 다루었다. 다문화 문해교육에서는 세계화·정보화시대에서의 다문화사회, 상호문화교육, 세계시민교육의 이해와 다문화기관과 세계시민교육기관에서 운영하는 세계시민(다문화) 문해교육의 실제 사례를 제시하였다. 노인 문해교육에서는 고령화·정보시대에서의 노인교육의 이해, 노인 문해교육의 필요성, 노인 문해교육의 범위 및 법령 등을 제시하였으며 평생교육기관에서 운영하는 노인 문해교육의 실제 사례를 소개하였다.

특히 장애인의 평생교육·문해교육은 인간다운 삶을 보장하는 복지를 기반으로 하기 때문에 장애인복지의 뉴패러다임 이해, 장애인 평생교육·문

7

해교육의 이론과 관련 법령 등을 다루고 실제 사례를 소개함으로써 현장에 적용할 수 있도록 하였다. 마지막 장인 문해교육의 전망과 과제에서는 본 서의 전 과정을 총망라한 장으로서 문해의 의미와 필요성을 거듭 강조하고, 세계시민의 평생교육을 위한 우리나라의 문해교육 활성화를 위한 정책과제를 조망하였다.

그러나 글을 쓴다는 것은 결코 쉬운 일이 아니므로 저자들이 이론과 현장의 실무를 온전히 글로 옮기는 데는 능력의 한계가 있게 마련이다. 앞으로 저자들은 이 책의 집필과정에서의 미흡한 부분들을 독자 제현의 질책을 바탕으로 더욱 정교화해야 할 의무가 있다.

또 이 책의 전체 내용과 관련하여 혹시 오류가 있다면 전적으로 저자들 모두의 책임이다. 아무쪼록 본서가 우리나라 문해교육의 모든 것을 말할 수는 없지만, 문해교육에 관심을 두고 있는 연구자와 실무자 그리고 학생들에게 유용한 가이드가 될 수 있기를 기대한다.

끝으로 이 책을 집필할 기회를 주신 숭실대학교 교수님들과 평생교육학 박사회에 감사를 드린다. 아울러 문해교육 강의 프로그램 자료를 제공해주신 부산동구다문화가족지원센터 이미정 센터장님, 천안시다문화가족지원센터 조진숙 문해교사, 광주희망평생교육원 한미준 원장님, 담양군평생학습센터 이청호 주무관님, 남양주시장애인복지관 이경훈 평생교육팀장님께도 감사를 드린다. 출판계의 어려운 현실에도 불구하고 이 책의 출판을 허락해 주신 말벗출판사 기획팀의 꼼꼼한 교정과 편집에 감사를 드린다.

2019년 녹음이 짙은 여름
저자 일동

차 례　　　　　contents

Part 02. 문해교육의 이론

Part 03. 문해교육의 정책

contents

Part 04. 문해교육의 실제

Part 05. 세계시민사회의 문해교육

contents

文解

PART

01

문해교육의 이해

평생교육을 위한 문해교육

【개요】

오늘날 대부분의 의학계와 미래학자들은 인간의 평균 수명을 120세로 예상하고 있다. 사회는 하루가 다르게 빠르게 변해 가고 있고, 끊임없이 배우고 익혀야만 살아갈 수 있는 평생학습사회이다. 평생학습사회에서 문해는 사회의 구성원으로 살아가기 위한 최소한의 기본적인 도구임에 분명하다.

문해는 개인이 교육받을 수 있는 권리를 실현하는 기본적인 전제 조건이며, 인간중심의 민주주의 가치 실현을 위해 반드시 갖추어야 하는 기초적인 능력이다. 오늘날은 기초문해교육뿐만 아니라 빠르게 변화하는 사회에 적응하고 삶을 풍요롭게 영위하기 위해 다양한 분야의 생활 문해교육이 필수불가결한 때이다.

그러므로 본 장에서는 먼저 평생교육과 문해교육의 개념과 특성에 대해 살펴보고자 한다. 더 나아가 평생학습사회에서의 문해교육의 필요성을 찾아보고, 문해교육이 평생학습사회에서 어떠한 의미를 갖는지 탐색하고자 한다.

【학습목표】

1. 평생교육의 개념과 특성을 이해할 수 있다.
2. 문해교육의 개념과 특성을 이해할 수 있다.
3. 평생학습사회에서 문해교육의 필요성과 의의를 설명할 수 있다.

1. 평생교육의 개념과 특성

100세 시대를 맞이하여 제2의 인생 도약을 준비하고 지속적으로 경쟁력을 갖춰 나가길 희망하는 교육의 수요는 날로 증가하고 있으며, 국민 한 명한 명이 각 생애 단계별로 개인이 가진 역량을 최대한 발휘하여 자신의 꿈과 끼를 키울 수 있도록 돕는 평생교육이야말로 국민의 행복을 실현하고 국가 경쟁력을 향상시키는 중요한 분야이다(평생교육백서, 2014).

1) 평생교육의 개념

평생교육은 기존의 제도권 내에서 시행되었던 학교교육에 대한 비판과 그 대안으로 등장하였다. 평생교육이라는 용어를 처음 사용한 랭그랑 (Lengrand, 1970)은 정치변화와 민주주의 확산을 평생교육의 등장 원인으로 지목하였다.

즉, 민주주의의 발달로 인해 모든 사람들에게 교육의 기회를 균등하게 제공하고 학교제도의 불합리한 점을 개선해 보려는 논의와 학교 밖 교육의 역할과 의미에 대한 중요성이 강조되면서 태동되었다고 볼 수 있다.

현재 평생교육은 21세기 제4차 산업혁명 시대를 맞이하여 평생교육을 통한 인재양성을 모든 국가의 최우선 과제로 인식할 정도로 그 중요성이 부각되고 있다. 평생교육은 평생 동안에 걸친 교육의 과정이며 이는 인간의 삶의 질 향상을 목적으로 하고 있다.

평생교육이란 개념은 프랑스의 폴 랭그랑(P. Lengrand)이 1965년 파리에서 열린 유네스코 세계성인교육발전회의(International Committee for the Advancement of Adult Education)에 보고서를 제출하며 시작되었다. 그는 종전과 같이 교육을 성인이 되기 위한 준비로 생각하는 사고를 바꾸어서 인간이 평생을 통해 배울 수 있다는 영구교육(permanent education)의 개념을 제안하였다. 그가 제안한 영구교육은 유네스코에서 영어로 'continuing education'

으로 번역하였고, 그 후 'lifelong education'으로 바꾸어 사용하게 되었다(차갑부, 2014). "인간은 출생에서 죽음에 이르기까지 일생을 통하여 행하는 교육의 과정을 만들어 활동하게 하는 원리로서 '평생교육'을 승인해야 한다."라는 그의 주장을 기반으로 평생교육에 대해 관심을 갖게 된 것이다.

유네스코 사무국에서는 이 논문을 검토한 끝에 그의 제안을 받아들이게 되었고 이때부터 평생교육(lifelong education)이라는 용어가 보편화되기 시작하였다(UNESCO, 1975, 한승진, 2005). 그는 요람에서 무덤까지 개인의 일생을 통해서 교육의 기회를 영구적으로 제공하여야 하며, 개인의 발달단계에 맞는 조화롭고 통합된 교육이 이루어져야 한다고 주장하였다.

랭그랑은 "인간은 사회변화의 가속화와 평균수명의 연장에 따른 인구의 폭발적인 증가, 과학기술 및 지식의 발달, 민주화를 위한 정치적 도전, 매스컴의 발달과 정보량의 증가, 경제수준의 향상과 여가 시간의 증가, 생활양식과 인간관계의 균형상실로 인한 위기, 이데올로기와 가치관의 다양화 등 시대적인 도전에 직면하고 있다"며 성인의 계속교육의 필요성에 관하여 주장하였다. 이와 같이 급변하는 사회에서 발생하는 여러 가지 문제를 능동적으로 해결하기 위해서는 기존의 교육체제를 혁신적으로 개편해야 한다는 것이다.

이어서 포오르(F. Faure)는 교육발전에 관한 국제위원회 보고서(Faure Report, 1970)에서 세계의 모든 선진국과 개발도상국가는 '평생교육'을 실시할 것을 제언하였다. 또한 1972년 일본 동경에서 개최된 제3차 세계성인교육발전회의에서 평생교육의 개념과 원리가 채택되어 세계 각국의 여러 나라에 빠른 속도로 전파되기 시작하였다. 평생교육의 주된 관심은 그동안 학교교육에 한정되어 있던 교육영역에 대한 관점을 뛰어 넘어 '학교밖 교육'으로 인식을 확장해 나갔다.

데이브(R. H. Dave)는 『평생교육과 학교 커리큘럼(Lifelong Education School Curriculum)』에서 평생교육의 개념적인 특성을 다음과 같이 정리하였다(차갑부, 2014).

첫째, 평생교육은 생(life) · 평생(lifelong) · 교육(education)이라는 세 가지 기본 개념을 갖는다. 이 세 가지는 평생교육의 의미와 범위를 결정하는 단초가 된다.

둘째, 평생교육은 학교를 졸업하면 끝나는 것이 아니라 일생동안 지속되는 과정으로 개인의 일생을 통해 다루어야 한다.

셋째, 평생교육은 성인교육에 국한되어 있는 것이 아니라 취학 전 · 초등, 중등 등 모든 단계의 교육을 망라하여 통합적으로 다루어야 한다. 또한 우발적인 학습뿐만 아니라 계획된 형식적이고 비형식적인 형태의 모든 것을 포함하는 포괄적 개념이다.

넷째, 가정은 전 생애에 걸쳐 평생학습을 최초로 실행하는 가장 중요한 역할을 수행한다. 지역사회 역시 평생교육 체제에 영향을 주고 직업과 일반 영역에서 계속적으로 교육적 기능을 수행해야 한다.

다섯째, 평생교육은 생의 모든 단계에서 수직적이고 수평적인 차원에서 통합을 추구한다. 교육의 엘리트화를 지양하고 교육의 보편성을 추구하여 교육의 민주화를 표방한다.

여섯째, 평생교육은 학습의 내용과 시간, 방법 등의 융통성과 다양성을 특징으로 하고 학습 자료와 미디어, 학습시기를 선택할 수 있다.

일곱째, 평생교육은 대안적 교육의 형태가 허용되고 사회의 적응과 혁신적인 기능을 수행한다.

여덟째, 평생교육이 지향하는 궁극적인 목적은 생활의 질을 유지하고 개선하는 데 있다.

아홉째, 평생교육을 실현하기 위한 선행조건은 기회(opportunity), 동기(motivation), 교육가능성(educability)이다.

우리나라에서 평생교육의 정의는 평생교육법 제2조에 다음과 같이 명시되어 있다.

"평생교육이란 학교의 정규과정을 제외한 학력보완 교육, 성인기초 · 문자해득교육, 직업능력향상 교육, 인문교양 교육, 문화예술 교육, 시민참여

교육 등을 포함하는 조직적인 교육활동을 말한다."

즉, 우리나라의 평생교육법에서는 학교의 정규교육 과정을 평생교육의 범주에서 제외시키고 사회교육 활동에서 나타나는 조직적 교육으로 비형식적(non-formal) 교육을 평생교육으로 정의하고 있다.

반면에 차갑부(2014)는 평생교육을 다음과 같이 확대된 개념으로 정의하고 있다. 평생교육은 개인의 생애에 수직적 통합과 가정과 학교를 포함한 모든 생활공간의 수평적 통합을 통하여 언제 어디서나 필요한 자신의 학습욕구를 충족시킬 수 있는 형식적, 비형식적, 무형식적, 교육 활동이다.

지금까지 살펴본 바와 같이 평생교육의 개념을 한마디로 정의하기는 어려운 점이 있다. 따라서 여러 학자들이 정의한 평생교육의 개념을 정리하면 다음의 〈표 1-1〉과 같다.

〈표 1-1〉 평생교육의 개념 정의

학자	개념 정의
황종건 (1983)	평생교육은 '생을 통한 교육'으로 그동안 청소년만을 대상으로 하여 학교교육에 국한되었던 교육의 개념을 탈피하여 개인의 일생을 통한 교육적 과정의 수직적 연결인 계속성과 개인과 사회생활의 모든 국면과의 수평적 통합을 강조하는 것이다.
장진호 (1985:104)	평생교육은 개인이 전 생애를 통하여 능동적으로 계속적 학습의 기회를 포착함으로써 인간성의 조화적 발달을 꾀하며, 변화하는 현대적 생활에 슬기롭게 대처하고 창조적으로 개척해 나갈 수 있는 지식과 기능을 익히며, 다른 사람과 더불어 공동체의 복지를 증진시켜 나가는 인간화 교육을 의미한다.
김종서 외 (1987:14)	평생교육은 삶의 질 향상이라는 이념추구를 위하여 태교에서부터 시작하여 유아교육 · 아동교육 · 청년교육 · 성인전기교육 · 성인후기교육 · 노인교육을 수직적으로 통합한 교육을 총칭하여 말하며, 그것은 개인의 잠재능력의 최대한의 신장과 사회발전에 참여하는 능력의 개발을 목적으로 한다.
김도수 (1994:142)	평생교육이란 개인과 집단의 생활의 질을 높이기 위하여 사적 교육의 단계에서 모든 사람에게 교육기회를 보장하는 공적 교육의 단계로 전환하는 것을 목표로 하며, 인간의 교육을 위하여 모든 형태의 교육을 수직적 · 수평적으로 통합 · 재편성하려는 교육체제 개혁의 지도이념이다.

차갑부 (2014)	평생교육이란 한 개인이 태어나서 죽기 전까지의 수직적 통합과 가정과 학교를 포함한 모든 생활 공간의 수평적 통합을 통하여 언제, 어디서나 필요할 때 자신의 학습요구를 충족시킬 수 있는 형식적 · 비형식적 · 무형식적 교육활동이다.
유네스코 한국위원회 (1973:6)	평생교육이란 평생을 통한 계속적인 교육을 의미하며, 급변하는 현대사회에 있어서 한편으로는 일정 연령층을 대상으로 하는 한정된 기간의 교육으로서의 학교교육과 다른 한편으로는 조직화되지 못한 비효율적 상태로 방치되어 있는 사회교육의 기능을 다 같이 개편 · 강화하고 사회가 가지고 있는 교육자원을 효율화함으로써 교육역량의 극대화를 지향하려는 노력을 의미한다.
평생교육법 (1999.8.31 공포)	평생교육이라 함은 학교교육을 제외한 모든 형태의 조직적인 교육활동을 말한다.
평생교육법 (2009.5.8 일부개정)	평생교육이란 학교의 정규교육과정을 제외한 학력보완교육, 성인 기초 · 문자해득교육, 직업능력 향상교육, 인문교양교육, 문화예술교육, 시민참여교육 등을 포함하는 모든 형태의 조직적인 교육활동을 말한다.
Dave, R. H (1976:34)	평생교육은 개인과 집단 모두의 생활의 질을 향상시키기 위하여 개인의 전 생애를 통한 개인적 · 사회적 · 직업적 발달을 꾀하는 과정이다.
Lengrand, P. (1979:43)	평생교육은 개인적 · 사회적 · 직업적 생활을 충실히 영위하기 위하여 개인의 전 생애를 통하여 확대된 형식적 · 비형식적 학습을 포함하고 있는 종합적 개념이다.
Gelpi, E (1979:40)	평생교육이란 학교교육과 졸업 후 교육 · 훈련을 통합하고, 형식적 교육과 비형식적 교육의 관계를 발전시켜 개인과 지역사회가 자신의 생활을 통하여 최대한 문화적 · 교육적 성취를 실현할 수 있도록 하기 위한 교육정책의 중심적인 요소를 구성하는 것이다.

출처: 차갑부(2014). 평생교육론, p48-49 재구성

　　위에서 살펴본 평생교육의 정의를 종합하여 한마디로 요약하면, 한 개인이 태어나서 죽을 때까지 실시되는 모든 형식적 · 비형식적 · 무형식적인 교육활동으로 평생교육은 개개인의 생활의 질을 향상시키기 위하여 학습동기를 부여하여 학습을 촉진하고, 학습을 지원함으로써 개인적 · 사회적 · 직업적 발달을 성취시키는 과정이라고 할 수 있다. 이는 전 생애를 통하여 실시되는 모든 교육을 포함하는 개념으로 넓은 의미의 정의라 할 수 있다.

　　이와 달리 평생교육의 개념 정의를 협의로 해석하는 경우가 있다. 바로

학교교육을 평생교육의 범주에서 제외하고 있는 우리나라의 경우이다. 우리나라는 1999년 평생교육법을 공포하던 당시와 2009년 평생교육법을 개정·공포하면서 모두 학교교육을 평생교육에서 제외하였다. 즉, 비형식적인(non-formal) 교육을 평생교육으로 정의하고 있는 것이다. 평생교육이라는 의미를 지나치게 협소적으로 규정하고 있다고 할 수 있다. 이는 규제를 근간으로 하는 법적 특성을 반영하고 행정의 편리함을 위한 정의라고 할 수 있다.

최근 들어 평생교육을 평생학습이란 용어와 대비하거나 대체하여 사용하는 경우도 많은 것으로 나타나고 있다.

평생교육은 유네스코(UNESCO)에서 제창한 개념으로 이는 전통적인 학교교육에 대한 비판으로부터 시작되었다. 사회의 급격한 변화에 대응하기 위해서는 평생에 걸쳐 학습을 계속하지 않으면 안 되었기 때문이다. 그러나 1980년대에 접어들면서 평생교육 이념에 대한 비판이 일어나기 시작하였다. '강제된 교육' 개념에서 '주체적 학습의 개념'으로, 또는 '교육하는 측'에서 '학습하는 측'으로의 관점이 전환되면서 평생학습의 개념이 등장하게 된 것이다(차갑부, 2014).

평생교육은 학습자의 자기교육을 지원하고 교육제도의 개혁과 학습 환경의 정비를 강조하며, '관리'라는 의미가 강한 개념이라 할 수 있다. 이에 비해 평생학습은 학습자의 자발성과 학습자의 의지를 강조하는 개념이다. 학습자가 개인의 자유로운 의사에 따라 배우고 싶은 것을 자신에게 알맞게 선택하여 배운다는 학습자 중심적인 사고에서 비롯된 것이다.

하지만 유네스코는 평생교육이라는 말을 더 많이 사용하고 있으며, 1976년 케냐에서 개최된 제19차 총회에서 '평생교육 및 학습(lifelong education and learning)'이라는 용어를 사용하였다. 유네스코는 그 이후 평생교육에 대한 개념 검토를 통해 "평생교육은 한 개인의 인간적·사회적·직업적 발달을 이룩하는 과정이다. 그것은 인생의 여러 단계와 생활 영역에서 충분히 발달할 수 있도록 하기 위한 형식적·비형식적·무형식적 학습을 모두 포괄하는 종합적인 개념이다"는 데이브(Dave, 1976)의 정의를 받아들이고 있다.

우리나라에서는 한때 평생교육을 공간적 개념에서 교육이 가정과 학교가 아닌 사회에서 이루어진다고 하여 사회교육이라 하였다. 그리고 교육대상 측면에서 교육의 수혜자가 주로 성인이기 때문에 '성인교육'이라고도 하였으며, 시간적 측면에서 보면 학교를 졸업한 후에 계속해서 받는 교육이라 해서 '계속교육' 또는 평생 동안 받는 교육이라 하여 '평생교육'이라 말하게 되었다.

평생교육은 단순히 개개인이 평생에 걸친 학습기회를 확대하는 것뿐만 아니라 교육기회의 불평등을 시정하여 교육의 평등을 실현해야 하는 과제를 부여받고 등장하였다. 평생교육은 누구나 자신의 학습동기에 따라 언제든지 학습할 수 있는 기회를 보장하는 것이다. 이러한 의미에서 평생교육은 교육의 민주화를 위한 방안이라 할 수 있다.

따라서 평생교육이란 '요람에서 무덤까지' 평생에 걸쳐 배움을 강조하는 이념으로 '가정교육과 학교교육 그리고 사회교육' 모두를 통합한 교육이다. 즉, 한 인간이 일생을 통해 받을 수 있는 교육을 학교교육과 사회교육을 통합하여 재조직함으로써 교육의 사회화와 사회의 교육화를 이룩하는 데 그 목적이 있다.

이러한 개념을 종합적으로 정리하여 보면 평생교육은 근본적으로 인간의 생활과 질을 향상시키는 데 그 목적이 있고, 가정·사회·학교교육과 별개의 교육이 아닌 이 모두의 교육을 포괄하는 교육이라는 것이다. 또한 평생교육은 때와 장소에 구애받지 않는 수직적이고 수평적인 교육이고, 기존의 교육과 같이 일정한 연령대에 맞는 형식적인 교육이 아닌 언제 어디서든 학습 욕구에 의하여 수시로 이루어질 수 있는 교육을 말한다.

마지막으로 평생교육은 학습자의 창의성과 소질, 능력을 길러줄 수 있으며 기존 학교교육에서와는 다른 평생교육 프로그램을 통하여 학습자는 자기 자신에게 적합한 교육의 기회를 제공받을 수 있고, 이로 인하여 자신이 발견하지 못한 소질과 능력을 찾을 수 있다.

이와 같이 평생교육은 인간의 삶을 개선하고 생활의 질 향상이라는 근본적인 목적을 가지고 언제, 어디서든지 자신이 원하는 경우 교육의 기회를 평등하게 제공받을 수 있고, 학교를 졸업하면서 교육이 끝나는 것이 아니라 한 인간의 전 생애를 통하여 지속적으로 교육받을 수 있다는 점에 의의가 있다.

2) 평생교육의 특성

평생교육은 전통적인 학교 교육만으로는 해결할 수 없는 한계점이 대두되면서 이를 해결하려는 것에서 출발하였다. 즉, 학교교육이 가진 한계로 학교비판론이 등장하게 되었고, 유럽을 중심으로 학생혁명이 일어났다. 이러한 책임은 학교제도가 폐쇄적인 구조를 갖고 있는 데서 비롯되었다고 판단하였다. 유럽 여러 나라에서는 교육의 기회균등을 위해 갖은 노력을 시도하였고, 복선형학제를 수정하기도 하였다. 그래도 문제가 해결되지 않자 평생교육에 관심을 가졌다. 이 과정에서 유네스코의 역할이 크게 영향을 미쳤다.

평생교육은 통합의 이념을 기본으로 한다. 언제, 어디서나 자유의지에 의하여 배움을 계속할 수 있도록 해야 하는 것이 평생교육이다. 평생교육의 목적은 사회 적응과 사회 변화에 있다. 도태하지 않으려면 변화하는 사회에 적응해야 하고 사회 변화의 주체가 되어 끊임없이 배워야 하는 것이다. 이제 학교교육의 한계점과 비교하여 평생교육의 특징을 몇 가지 살펴보기로 하겠다.

첫 번째로 평생교육은 융통성과 다양성이 있다. 학교교육은 공간과 시기가 지극히 폐쇄적이다. 또한 아동발달 단계에 맞춰 정해진 교육과정을 이수하도록 되어 교육내용과 교육방법도 폐쇄적일 수밖에 없다. 배움의 장소가 학교라는 일정한 공간으로 제한되면서 오히려 학교제도는 폐쇄적인 구조를 갖게 되었다. 이로 인해 시간과 공간의 격리를 가져왔고 학교에 가지 않고서는 배울 기회가 없어졌다.

　뿐만 아니라 기회가 있더라도 정해진 시기가 맞지 않으면 그 결과에 대한 가치도 인정받는 것이 어렵다. 또한 학습자가 원하는 바를 교육하기 보다는 사회가 가르쳐야 한다고 정한 바를 교육과정이라는 정해진 틀 내에서 교육하였다. 평생교육은 이러한 학교교육제도의 단점을 보완하며 생기기 시작하였다.

　평생교육의 특징 중 하나는 바로 이러한 문제점을 해결할 수 있는 다양한 형태의 교육이 가능하다는 것이다. 즉, 평생교육은 학교 교육에 비해 지극히 개방적이고 다원적이며 자율적이고 탈정형적인 교육 요소가 강한 측면이 있다. 다양한 연령층을 대상으로 하고, 장소의 제한 없이 어느 곳에서든지 교육이 가능하다. 뿐만 아니라 교육내용면에서도 학습자의 요구를 반영할 수 있는 융통성 때문에 인간과 사회의 모든 국면에서 필요한 것들을 구체적이며 즉각적으로 다룰 수 있는 특징을 가진다.

　두 번째로 평생교육은 민주적인 원리를 지향한다. 즉, 평생교육은 모든 사람들이 참여할 수 있는 보편적인 교육의 원칙에 근거하여 교육받을 수 있다. 교육의 기회를 놓쳐 나이가 많은 사람이나 가난하고 부유하거나 태어난 곳의 높고 낮음에 상관없이 배움을 원하는 모든 사람에게 교육받을 수 있는 기회를 제공한다. 즉, 누구나 시기에 상관없이 한 인간으로 존중받으면서 교육받을 수 있어 교육의 기회균등 확대에 기여한다.

　세 번째로 평생교육은 열린 교육이다. 앞서 언급한 바와 같이 학교제도는 공간적 · 시간적 · 교육내용 · 교육방법 등에서 폐쇄성을 가진다. 이러한 학교제도의 폐쇄성에서 오는 여러 가지 단점을 극복하기 위해 유럽에서는 교육의 기회균등을 위해 노력하였고, 복선형학제를 수정하기도 하였다. 또한 일리치(Illich)를 비롯한 탈학교론자들이 등장하여 교육과 학교교육을 동일시하는 개념에 문제를 제기하기도 하였다. 학교교육이 자아실현이라는 교육의 궁극적인 목적을 외면한 채 학벌이라는 수단에 치중한 것을 비판하고 인간성을 회복할 수 있는 진정한 교육이 이루어져야 한다고 주장하였다.

　평생교육은 바로 이런 점에서 공간적 · 시간적 · 교육내용 · 교육방법에 구애받지 않고 학교교육에서 제공할 수 없는 다양한 사회적, 직업적 능력을 개발할 수 있는 기회를 제공한다. 교육적으로 이용할 수 있는 물리적인 환경과 교재 등을 언제, 어디에서나, 누구든지 사용할 수 있고, 관심을 가진 사람들끼리 자유롭게 만나서 내용을 공유하고 나눌 수 있다. 다시 말해 교육받고 싶은 사람은 학교교육체제 밖에서도 자신이 원하는 바를 교육받을 수 있는 기회가 열려 있어 궁극적으로 자아실현을 도울 수 있는 기회를 제공한다.

네 번째, 평생교육은 학습자들의 자발성을 기반으로 한다. 평생교육에 참여하는 학습자들은 스스로의 필요에 의해서 평생교육에 참여하며, 실생활에 활용하거나 직업적인 필요에 따라 실무에 사용하기 위해 자기주도적으로 교육에 참여한다. 평생교육은 타인의 강요나 외적인 기대에 의해 소극적으로 학습하는 것이 아니라 학습자들이 자신의 필요와 욕구에 따라 자율적으로 교육프로그램을 선택하며 자율적 의지로 교육 참여를 결정하게 된다.

또한 초 · 중등교사나 대학교수 등과 같이 학제에 따라 가르치는 교사가 정해져 있는 학교와 달리 학습자들이 원하는 바를 지도해줄 수 있는 전문교육자를 학습자 스스로 선택할 수 있는 기회도 주어진다. 따라서 미리 정해진 교육과정에 의해 진행되는 것이 아니라 교육의 계획, 실행, 평가 전 과정에 학습자가 함께 참여하여 자율적이고 자기주도적인 학습을 진행하게 되는 특징이 있다.

다섯 번째, 평생교육은 상호학습의 원리를 기반으로 하고 있다. 학교교육이 비교적 일방적, 지시적, 명령적인 학습과정에 속하는 반면, 평생교육은 원칙적으로 상호학습, 즉 모두가 가르칠 수 있고 때로는 모두가 배울 수 있는 상호학습의 특성을 지닌다. 학습자 상호간, 교사와 학습자간에 지적으로나 인격적으로 서로 교류가 가능하고, 즉각적인 피드백이 가능하며, 상호 교류할 수 있는 학습 환경이 중요시되는 특성을 지닌다.

여섯 번째, 평생교육의 특징으로 현실성과 실제 지향성을 들 수 있다. 학교교육은 미래를 위한 준비 교육이고 미래지향적인 속성을 지닌다. 이와는 달리 평생교육은 현실 지향적이고 실용적이며 즉시 적용이 가능한 가치를 지향한다. 대부분의 평생교육 참가자들은 현재 자신이 원하는 바가 무엇인지를 채우기 위한 필요성에 충실하다. 그 중에서도 특히, 사회가 변화하고 발달함에 따라 새롭게 등장하는 지식과 기술 및 아이디어를 습득하려는 경향이 높다. 이를 통해 평생교육은 사회 변화에 적응할 수 있는 능력을 길러 준다. 개인이나 조직, 사회적, 국가적 차원에서 변화에 적응할 수 있는 능력을 길러 주고 혁신할 수 있는 다양한 기회를 제공해준다. 이러한 특징은 평생학습자가 사회 변화에 능동적으로 대처하여 도태되지 않고 그들의 역량을 발전시켜 원하는 일을 성취하도록 돕는다. 결국 개인의 삶의 질을 향상시키고 행복한 삶을 통해 궁극적으로 자아실현을 추구할 수 있도록 돕는 역할을 하게 한다.

일곱 번째, 평생교육은 과정 중심의 교육이라 할 수 있다. 평생교육은 학교에서처럼 평가나 성적 또는 결과를 중요시하는 교육과 달리 교육이 이루어지는 과정 그 자체가 중시된다. 또한 성과에 있어서도 외재적 성과보다는 내재적인 성과, 그리고 학습결과를 나타내는 외적이고 객관적 평가보다는 학습자 자신의 만족감과 성취감이 훨씬 더 중시되는 특징을 지닌다. 다른 사람과 경쟁할 필요도 없으며, 시험과 평가의 결과에 연연하지 않는다. 아울러 학습자 스스로 자발적인 참여에 의해 자율적으로 시행하는 학습이므로 무엇보다도 학습자체에서 즐거움을 찾는다. 특히, 삶의 질을 향상시키기 위한 교육은 평가의 척도가 별도로 존재하지 않고 내적인 만족감과 즐거움에 목적을 두기 때문에 더욱 그러하다.

여덟 번째, 평생교육은 경험을 중요하게 여긴다. 학교교육이 지식위주의 교육을 중요시한다면, 평생교육은 개인마다 삶의 과정에서 쌓아온 경험이 최대의 학습자원이라 할 수 있다. 경험을 통해 몸으로 체득된 배움이 교과서에서 책으로 배운 지식보다 더욱 중시되고 그것의 활용과 실천 여부가 더욱 강조된다. 따라서 평생교육 프로그램은 각 개인 학습자가 경험해 왔던 학습자원을 최대한 활용하여 펼쳐나갈 수 있도록 장을 마련하고 실제적이고 실용적인 경험 중심의 교육내용과 방법으로 구성된다.

이제 다음으로 평생교육의 필요성과 중요성에 대하여 살펴보고자 한다.

1973년 유네스코 한국위원회에서 개최되었던 '평생교육의 발전세미나'에서는 평생교육의 필요성을 다음과 같이 정리하였다(차갑부, 2014). 첫째, 급격한 사회변동에 효과적으로 대처할 수 있고, 사회발전을 촉진시킬 수 있는 사회의 교육 역량 증대를 위해서 필요하다. 둘째, 개인이 날로 팽창하는 지식을 시시각각으로 습득하고 새로이 출현하는 사회적 가치를 창조적이고 비판적으로 수용하기 위해서 필요하다. 셋째, 점점 전문화되고 특수화되며 조직화되어 가는 현대사회 체제에서 개인이 기능적으로 적응하기 위해서 필요하다. 넷째, 개인이 그의 잠재적 개발 가능성을 평생 동안 끊임없이 최대한으로 발전시키기 위해서 필요하다. 다섯째, 개인이 발달 단계에서 수행해야 할 새로운 역할을 습득하고 새롭게 일어나는 개인적 욕구를 만족시키기 위해서 필요하다. 여섯째, 개인이 받은 학교교육의 형식을 보충, 보완하거나 정기 교육의 기회를 놓친 사람에게 자기 발전을 위한 기초교육의 기회를 제공하기 위해서 필요하다.

이와 같이 평생교육의 필요성은 대상이나 지역 및 시대에 따라 다양하게 나타나고 있다. 제4차 산업혁명 시대를 살아가는 사람들은 빠르게 변화하는 사회에 적응하고 삶의 현장에서 생겨나는 배움에 대한 욕구로 인해 평생학습에 참여한다. 때로는 삶의 단계에서 예기치 않게 직면하는 위기에 대비하고, 새로운 돌파구를 준비해야 할 때, 또는 그 밖의 다양한 이유 등으로 평생학습에 참여한다.

이러한 이유로 평생교육이 더욱 필요한 것이다. 평생교육에 참여하는 학습자들은 하루 중 대부분의 시간을 생계유지를 위한 일에 소비하고, 나머지 시간을 쪼개어 평생교육에 참여한다. 이런 이유로 최근에는 지역사회 주민들에게 실질적인 평생학습 실현의 기회를 제공하기 위해서 시간과 공간의 제약 없이 현장에서 바로 새로운 지식과 정보를 얻고 자기계발을 할 수 있는 기회를 제공하는 평생교육의 중요성이 더욱 강조되고 있다.

2. 문해교육의 개념과 특성

1) 문해의 개념

인간은 사회적 동물이다. 혼자서는 살 수 없기 때문에 일정한 지식과 기술을 습득하여야 한다. 대부분은 개인의 성장과 환경에 의해서 스스로 얻을 수 있다. 하지만 특정한 문화권의 영향 아래서 다양한 방법을 통하여 습득되는 것도 많이 있다. 모든 문화권에서 지식과 기술은 한 세대에서 다른 세대로 전수해 나간다. 이러한 지식과 기술을 차례로 전수해 나가는 과정이 바로 문해의 과정이다.

좁은 의미로서 문해(文解)의 사전적인 정의는 '글을 읽고 이해할 수 있는 능력'이다. 문해교육은 비문해자들에게 문해자가 되게 하는 교육을 일컫는다. 우리나라의 경우 일제 강점기와 해방 후 문맹(文盲)이라는 말이 유행처럼 사용되었다. 문맹은 '글을 못 보는 장님'이라는 뜻으로 글자를 모르는 이들을 비하하는 개념으로 사용되었다. 오늘날에는 인간존중 사상을 반영하여 '문맹'이라는 말 대신에 '비문해(illiteracy)'라는 말이 사용되고 있다. 따라서 '문맹자'를 '비문해자(illiterate)'라 부르고, '문맹교육'도 '문해교육'으로 변경하여 사용하고 있다.

문해의 개념을 간단명료하게 정의하기는 어렵다. 1945년 발행된 미국의 한 교육사전(C. J. Good)에는 "문해자는 작게는 쓰기와 읽기를 간신히 할 수 있는 사람, 넓게는 초등학교 4학년의 평균적인 학생 정도로 쓸 수도 있고 읽을 수도 있는 사람"이라고 정의하고 있다(김종서, 1962).

황종건 외(1989)의 연구에서 문해의 단계를 비문해와 문해로 구분하고, 비문해는 다시 비문해(illiteracy)와 준문해(semi-literacy)로, 문해는 기초문해(basic literacy)와 기능문해(functional literacy)로 구분하였다. 이 연구에서 황종건은 문맹이라는 용어 대신 '비문해'라는 용어를 사용하였고, 기능문해를 구체적인 생활과 관련시켜 기준을 마련하였다. 최운실(1989)은 한국교육개발원 심포지움에서 문해의 유형을 기초문해, 생활기능문해, 영역별 기능문해로 구분하였다. 김종서(1994)는 문해를 크게 비문해와 문해로 구분하였다. 그리고 비문해는 완전비문해와 반문해로 나누었다. 이어 문해에도 단계를 두어 기초문해와 일반기능문해, 영역별 기능문해 세 가지로 구분지어 〈표 1-2〉와 같이 제시하였다.

〈표 1-2〉 문해의 유형과 의미

구분	유형	의미
비문해	완전비문해	읽기, 쓰기, 셈하기를 전혀 하지 못하는 상태
	반문해	간단한 단어를 읽기는 하지만 쓰지는 못함 간단한 덧 · 뺄셈은 할 수 있으나 곱하기 나누기는 전혀 못함
문해	기초문해	친구와의 편지 정도의 글을 쓸 수 있음 초등학교 5학년 정도의 가감승제를 할 수 있음
	일반기능문해	생활에 필요한 문장이나 셈을 불편함이 없이 할 수 있음 신문을 읽고 어느 정도 이해할 수 있음
	영역별 기능문해	정치, 경제, 사회, 문화, 기술 등의 각 영역에서 기본적인 지식을 갖고 있음

출처: 김종서(1994). 「한국의 문해교육문제 종합적 고찰」, 한국정신문화연구원, 한국의 교육과 윤리 3.

경제협력개발기구(OECD)에서 개발한 국가 성인문해 조사에 의하면 '문해는 일상적인 활동, 가정, 일터, 그리고 지역사회에서 문서화된 정보를 이해하고 활용할 수 있는 능력'으로 정의하고 있다(이희수 외, 2002). 윤복남 (2005)은 문해를 문자적 의미에 한정지어 문자해득 또는 문화이해능력이라고 보았다. 유네스코는 오늘날 문해를 '다양한 맥락과 관련되는 인쇄 또는 문서화된 자료를 파악하고 이해하고 해석하며, 창조하고, 소통하고 활용하는 능력'으로 정의하여 문해의 개념을 확대하여 제시하였다.

이상의 내용들을 종합하여 문해의 개념을 정리하면 다음과 같다.

먼저 기초문해란 일상생활에서 필수적으로 요청되는 읽기, 쓰기, 셈하기인 3R's가 가능한 상태를 말한다. 또한 보편적으로 이해되는 기초문해의 개념은 유네스코가 정의한 "자기의 모국어로 초등학교 4학년까지의 교육과정을 이수한 읽고, 쓰고 이해하는 능력"(UNESCO, 1965)이라 할 수 있다.

최근에는 문해의 수준이 단순히 글자를 읽고 쓰는 것과 더불어 일상생활의 다양한 문제를 해결하는 생활문해와 컴퓨터나 스마트폰을 사용할 수 있는 생활기능문해 등으로 수준이 확대되고 있다. 유네스코는 1965년 테헤란 회의에서 기능문해를 "기초문해 수준에 해당되는 읽고 쓰고 하는 것을 넘어서 개인으로 하여금 사회적 · 시민적 및 경제적 역할의 수행을 준비하는 수준"으로 설명하였다. 그러므로 기능문해란 기초문해능력을 보유하여 단순한 문자 자체의 식별 능력과 해독능력에 머무는 것이 아니라, 사회 구성원으로서 일상생활을 유지하는 데 필요한 기본적인 지식과 기능을 통하여 스스로 결정한 목표를 도달할 수 있는 정도의 기술을 소유한 정도로 설명할 수 있다.

또한 영역별 기능문해란 인간의 삶의 전 과정에서 자신에게 주어진 핵심 역할을 수행할 수 있는 능력, 직업을 위한 훈련, 생산성의 향상과 시민생활에 적극적으로 참여할 수 있는 능력 등을 말한다. 이러한 능력은 한 인간으로서 주체성을 갖고 총체적으로 자신의 삶을 자기주도적으로 영위해 나갈 수 있는 능력으로 그 개념이 확산되어가고 있다.

2) 문해의 특성

오늘날 문해의 기준은 사회적 · 문화적 · 정치적인 맥락에 따라서 매우 다양하게 해석되고 있다. 또한 요즘은 전 세계적으로 그 어느 시대보다 급속하게 사회가 다변화하고 있어서 문해의 정의가 확대되어야 한다는 주장이 있다. 시대에 따른 문해의 개념 정의를 살펴봄으로써 문해의 특성을 알아보고자 한다.

앞서 살펴본 바와 같이 산업화 사회에서는 '글을 읽고 이해할 수 있고, 쉬운 셈을 할 수 있는 3R's 가 가능한 것'을 문해라고 보았다. 하지만 사회가 복잡하게 분화하면서, 1990년대에 들어서 발달한 컴퓨터와 인터넷으로 인해서 다양한 기술을 활용하고 소통할 수 있는 능력을 문해의 개념에 추가해야 한다는 주장이 등장하였다. 즉, 미디어 문해(media literacy), 디지털 문해(digital literacy), 컴퓨터 문해(computer literacy), 멀티미디어 문해(multimedia literacy) 등의 개념이 그것이다.

먼저 미디어 문해는 사람들이 다양한 미디어의 방식과 형식으로 메시지를 분석하고 평가하며 더 나아가 새롭게 창조할 수 있는 능력을 말한다. 사람들은 미디어 문해교육을 통하여 홍수처럼 쏟아져 나오는 수많은 메시지를 비판적으로 분석하는데 도움을 받을 수 있다. 또한 미디어를 통하여 경험의 기회를 확대할 수 있는 기회를 제공받고, 더 나아가 미디어를 활용하여 자신의 메시지를 만들어내는 창의적인 기술을 개발하는데 도움이 된다.

디지털 문해는 디지털기술을 활용하여 정보를 조직하고 이해하고 평가하며 분석하는 능력을 말한다. 디지털 문해는 컴퓨터 하드웨어, 소프트웨어, 인터넷, 휴대폰, PDA, 기타 디지털 장비 등을 포함한다. 따라서 오늘날 디지털 문해자는 비문해자에 비해 언제 어디서든 보다 효과적으로 소통하고 일할 수 있게 된다.

컴퓨터 문해는 초보적인 프로그램 개발로부터 상급수준의 문제를 해결하는 것에 이르기까지 다양한 수준의 기술을 활용하여 컴퓨터와 관련된 기술을 효과적으로 활용할 수 있는 능력을 말한다.

이 밖에도 예술문해(art literacy), 생태문해(ecological literacy), 건강문해(health literacy), 통계문해(statistical literacy), 시각문해(visual literacy), 정보문해(informational literacy), 문화문해(cultural literacy), 수해문해(numeracy literacy) 등 문해의 개념은 매우 다양하고 광범위하게 조명 받고 있다(차갑부, 2014).

생태문해는 1990년대에 데이빗 오르(David W. Orr)와 오스트리아 출신의 미국의 물리학자인 프리초프 카프라(Fritjof Capra)가 만든 용어이다. 지구상에서 건강한 삶을 가능하게 하는 방법으로 생태계의 조직 원리와 자연계의 이치를 이해하여 지속가능한 삶을 살도록 돕는 능력을 말한다.

건강문해는 보건의료 혜택에 대한 다양한 정보를 잘 읽고 이해하고, 정보를 바르게 선택 활용하여 건강한 삶을 살 수 있도록 올바른 결정을 할 수 있는 능력을 말한다.

통계문해는 시민이 대중매체에 제시된 다양한 통계자료를 이해하고 비판적으로 평가하고 해석하여 생활에 모든 측면에서 정확한 판단을 할 수 있는 능력을 말한다.

시각문해는 이미지 형식으로 제시된 정보 즉, 그림을 읽을 수 있고 그 의미를 해석하고 의미를 부여할 수 있는 능력이다.

정보문해는 정보의 홍수 속에 살고 있는 현대 사회에서 컴퓨터를 활용하고 정보에 보다 쉽게 접근하는 방법을 알아서 개인의 지적 욕구를 성취하도록 돕고 적극적으로 생활할 수 있도록 하는 능력을 말한다.

문화문해는 개인이 속한 사회의 지배적인 문화를 누리고 향유하며 더 나아가 지배문화를 구축하는 언어와 방언, 은유적인 표현뿐만이 아니라 무형식적인 내용에 대해 유창하게 이야기할 수 있는 능력이다.

수해문해는 생활에서 요구되는 수와 수리적 개념을 이해하는 능력을 말한다. 1959년에 영국교육위원회의 제프리 크로더(Gerffrey Crowther)가 수리적문해(numerical literacy) 라는 개념으로 설명하기도 하였다.

이상에서 살펴본 바와 같이 문해의 특성은 시대와 사회에 따라 그 개념이 변화되고 확장되고 있다. 이런 관점에서 본다면 오늘날에는 모든 사람들이 학력수준에 상관없이 비문해자가 될 수 있다는 예측이 가능해진다. 2000년대 초에는 주변에서 컴맹을 탈출하기 위해 컴퓨터 학원 수강을 하는 성인들을 쉽게 볼 수 있었다. 이는 어느 한 분야에서 전문가가 아니더라도 누구나 알아야 하는 영역이 점점 더 많아지고 있기 때문이다.

현대 사회를 살아가는 사람들은 이렇듯 자신이 부족한 영역에 대한 지식이나 기술을 습득하기 위해서 평생에 걸친 배움이 필요하다. 그러므로 평생학습 사회에서는 누구든지 문해교육의 대상자가 될 수 있다. 인간이 평생학습자로 살아야 하는 이유가 바로 시대에 따라 변화하고 확장되는 문해의 특성과 연관되어 있다고 볼 수 있다.

3) 문해교육의 의미

문해교육이란 문해능력을 기르는 교육으로 문자를 읽고 쓸 수 있도록 가르치는 교육을 말한다. 문해교육의 의미를 생각해 볼 때 언급하지 않을 수 없는 기구가 있다면 아마도 유네스코일 것이다. 이제 유네스코의 문해교육 관련 활동과 지금까지 발표한 문해와 문해교육에 대한 개념 정의를 살펴보면서 문해교육의 의미를 더 심도있게 살펴보고자 한다.

(1) 유네스코의 문해교육 활동

유네스코(UNESCO:United Nations Educational, Scientific and Cultural Organization)는 국제연합교육과학문화기구로서 국제연합과 제휴하는 전문기구 중의 하나이다. 유네스코는 제2차 세계대전 전후에 교육과 문화 부흥을 위해 실시한 연합국의 교육장관회의의 사업이 시초가 되어 1945년에 발족되었다. 설립 목적은 국민들에게 교육, 과학, 문화에 관한 국제교류를 촉진하여 협력관계를 증진시키고 세계평화와 안전에 공헌하는 것이다.

유네스코는 그동안 문맹퇴치, 해양 및 환경개선연구, 고대문화유적복구, 각국의 문학에 관한 번역물 소개, 교육과 과학, 문화 향상에 기여하였다. 본부는 프랑스 파리에 있으며, 우리나라는 1950년 6월 14일 제5차 유네스코 총회에서 정식 회원국으로 가입하였다.

유네스코는 창립 이래 1차 총회에서 '기초 교육'에 관한 사업을 승인하였고, 1965년 9월 8일을 '세계 문해의 날'로 정하여 국제사회의 문맹퇴치에 기여한 개인과 단체에 국제문해상을 시상해 오고 있다. 이후 지금까지 직간접적으로 문해에 관심을 가지고 여러 사업을 전개하였고, 비문해율을 낮추는 데 많은 기여를 해오고 있다.

우리 정부도 1989년 전 세계에 세종대왕의 한글 창제 정신을 홍보하고 국제 문맹퇴치운동을 활성화하기 위해 유네스코와 협정을 통해 '유네스코 세종대왕 문해상(UNESCO King Sejong Literacy Prize)'을 제정하였다. 이를 통해 문해, 특히 개발도상국의 모어(母語) 발전과 보급에 크게 기여한 개인과 단체에 매년 9월 8일 세계 문해의 날에 시상하고 있다. 1990년 인도의 '과학 대중화 운동'을 시작으로 2018년까지 54개 단체에 시상하였다.

특히 2010년부터는 세종대왕 문해상 수상자 국내 초청 프로그램을 개최하고, 2012년에는 성인문해교육 시화전 및 포럼을 통해 해외 성인문해교육의 우수 사례들이 국내에 공유되고 또한 국내 문해 교육 관련 기관과 해외 문해 교육 기관과의 국제 네트워크가 형성되고 있다. 2018년 수상 기관은 아프가니스탄의 비영리단체인 '교육을 위한 아프가니스탄 지원'의 소외된 여성과 소녀 3,000명에게 교육 혜택 부여하는 교육 촉진 프로그램과 우루과이 교육문화부의 교정시설에 수감 중인 젊은이들에게 교육의 기회를 제공하는 '영속적인 학습 프로그램'이 선정되었다(문화체육관광부, 2019).

또한 1990년에는 '세계 문해의 해'를 선포하고 전 세계에 문맹퇴치와 성인교육의 의미를 상기시켰다. 모든 이를 위한 교육(Education for All)의 서문에서 문해교육의 중요성을 언급함으로써 세계 여러 나라에서 문해교육에 대한 관심이 증폭되는 계기를 마련하였다.

(2) 문해교육의 의의

유네스코는 1961년 보고서를 통해 기초문해를 "글을 이해하고 간단한 문장을 읽고 쓸 수 있는 사람이 기초문해를 터득한 것"이라고 소개하였다. 이어서 1965년에는 "자기의 모국어로 초등학교 4학년까지의 교육과정을 이수한 읽고, 쓰고 이해하는 능력"으로 문해를 설명하였다. 이 정의가 지금까지 보편적으로 이해되는 기초문해(Basic Literacy)의 개념으로 사용되고 있다.

1972년에는 평생교육의 목적을 '알기 위한 학습(Learning to know), 행동하기 위한 학습(Learning to do), 함께 살기 위한 학습(Learning to live together), 존

재하기 위한 학습(Learning to be)'으로 구분하여 설명하였다. 이런 관점에서 문해교육은 읽고 쓰기와 더불어 자신의 세계를 인식하고 학습활동의 자유와 교육을 선택 할 수 있는 권리를 보장 받을 수 있도록 하는 교육이라고 할 수 있다. 문해교육을 통해 학습자는 능력이 향상되고 사고력이 확대되며, 자유로운 사상이 창조되고 자신의 정체성과 의무와 책임에 대한 존재감을 이해하는 단계로 발전할 수 있다.

이어서 1975년에 유네스코는 의식향상문해(Consciousness Raising Literacy)에 관하여 언급하였다. 의식향상문해란 개인이 그가 속하고 있는 집단이나 지역사회에서 효과적인 능력을 발휘하여 모든 활동에 참여할 수 있도록 하는데 필요한 필수적인 지식과 기술을 습득하는 것을 말한다. 여기서 중요한 점은 이를 위해 습득한 읽고, 쓰고, 숫자를 셈할 수 있는 능력이 자신과 지역사회의 발전을 위해 계속적으로 활용할 수 있어야 한다는 것이다(UNESCO, 1975).

한편 프레이리(P. Freire)는 사회, 정치, 경제적 모순을 인식하는 법을 배우고, 현실의 억압적 요소들에 맞서 행동할 수 있게 '비판적 의식화의 힘'을 발달시키는 것을 중요한 과제로 삼았던 인물이다. 이런 관점에서 프레이리(P. Freire, 1985)는 '읽고, 쓰는 것을 배우는 것은 모든 사람에게 단어가 진실로 의미하는 것을 이해하는 기회로 되어져야 한다'는 의식향상문해의 중요성을 주장하였다. 왜냐하면 인간행동은 반응과 행동을 의미하기 때문이다. 즉, 프레이리는 문해라는 것이 읽고, 쓰는 것을 배우는 단순한 기술적 기능이 아니라 그 기능을 활용하고 그 사회의 주인으로서 사회 변화와 창조에 참여하는 활동으로 보고 있다.

조선시대 세종대왕이 훈민정음을 창제한 의미도 이와 같은 맥락에서 볼 수 있다. 세종대왕은 유교의 민본의식을 바탕으로 비문해 상황에 놓여 있는 일반 백성들이 삶을 살아가는데 어려움이 없게 하고, 백성들을 교화하여 스스로 참여하게 하는 왕도정치를 실현하기 위하여 훈민정음을 창제한 것으로 평가받고 있다. 훈민정음의 창제는 새로운 글자를 만들었다는 차원을 넘어 모든 백성에게 글을 배울 수 있는 기회를 제공한 문해교육의 출발이라는 점에서 그 의의가 있다. 이는 글의 이해를 통해 정부의 정책이나 자신의 삶의 문제를 자신이 주체적으로 해결할 수 있는 능력을 가지게 한다는 점에서 현대 사회에서의 문해교육의 의미와 일치한다고 볼 수 있다.

지금까지 살펴본 바와 같이 문해교육은 글로벌 사회를 살아가는 인간에게 주어진 기본적인 권리의 하나이며 소수의 몇 몇 사람에게 한정된 교육이 아니다. 사람들이 문해교육을 통해 알게 된 단어 한마디를 사용하는 것이나 자신의 생각을 말하는 것과 동시에 창조와 재창조, 결정과 선택의 과정이어야 한다. 그리고 궁극적으로 그 사회의 역사적 과정에 참여할 수 있어야 한다. 만약 그것에 참여가 없다면 진실한 것이라 할 수 없다. 그러므로 문해교육은 개인에게 학습을 통해 깊이 있는 내적 변화를 거듭하게 할 뿐만 아니라 개인적으로나 사회적으로 온전한 시민으로 성장하고 발전할 수 있도록 지원하는 평생교육의 출발점이 되어야 한다.

3. 평생학습사회와 문해교육

1) 사회변화와 문해교육

21세기 4차 산업혁명시대를 살아가고 있는 인간은 지금까지 인류가 경험하지 못했던 급격한 변화의 시대를 살아가고 있다. 지식의 변화 양상은 양적·질적인 측면에서 그 속도를 가늠할 수 없을 정도로 급속하게 변화하고 있다. 이렇듯 급변하는 사회에서는 문해교육의 필요성이 더욱 중요해지고 있다. 요즈음은 학력 수준에 상관없이 어느 특정한 영역에서는 어느 사이에 비문해자가 된 자신의 모습을 발견하게 된다. 문해의 능력이 자신의 이름을 쓸 수 있으며 간단한 의사소통을 글로 나타낼 수 있고 쉬운 가감승제를 하는 수준을 훨씬 뛰어 넘는 수준이기 때문이다.

이제 문해 능력은 자신이 속해 있는 사회 속에서 주류 문화를 이해하고 직업생활을 영위하는데 불편함이 없을 정도의 의사소통 능력이 있는 지를 포함하는 개념으로 확장되어 변화하고 있다.

문해교육에 참여하는 비문해자들은 학습사회로 연결된 사회활동 영역이 다양해지면서 요구되는 능력들을 습득하기 위해 평생 학습 사회의 일원으로서 평생학습에 보다 적극적으로 참여하게 된다. 이를 통해 단순히 글을 읽고 쓰는 기초문해 능력을 넘어서 정보화 시대와 초고속인터넷 시대에 발맞추어 다양하고 종합적인 멀티문해 능력을 습득하기를 기대한다. 문해교육을 통해 획득한 지식을 통해 실생활과 직업생활에 활용하는 것은 물론이고 더 나아가 스스로 새로운 트렌드에 맞는 지식 창조자의 역할도 수행할 수 있는 가능성을 기대할 수 있는 것이다.

따라서 급변하는 사회에서는 문해의 개념이 삶의 기반 유지를 위한 최소한의 수준을 넘어서 삶의 질 향상을 통한 자아실현과 행복 증진이라는 보다 근원적이고 차원 높은 수준과 연결되어 있음을 발견하게 된다. 이러한 사회변화에 따른 문해 개념의 확장은 그 어느 때보다도 평생학습 사회에서의 문해교육의 중요성과 필요성을 말해주고 있는 것이다.

2) 평생교육과 문해교육

우리나라의 문해교육은 훈민정음 창제에서부터 시작된다고 볼 수 있다. 근대화에 대한 자각과 독립운동을 위한 계몽적인 성격 차원에서 전개되었던 문해교육은 해방 이후 민주국가 건설을 위한 사회 참여능력을 향상시키기 위한 정책과 연결되어 전개되었다. 1960년대까지 정부 주도의 국문보급운동이 대규모로 전개되었으나 그 이후에는 국가의 관심에서 멀어져 1980년대 중반까지 약 20년간 문해교육은 침체기를 맞이하였다.

오늘날과 같은 지식정보화 사회에서도 성인 기초교육이 필요한 사람들과 비문해자들이 다수 존재한다. 성인 기초문해교육이 필요한 이들은 개인적 책임보다는 사회구조적 문제로 인하여 비문해자가 된 경우가 많다.

특히 우리나라의 경우 다수의 비문해자들은 국가적으로 어려운 시기에 태어나 본인의 의지와 상관없이 사회적 경제적 여건 때문에 배움의 기회를 놓친 사람들이 대부분이다. 이들은 가난과 전쟁, 또는 여성이라는 이유 등으로 학령기에 배움의 기회를 잃고 자신의 삶을 희생당한 경우가 많다.

그런데 이들에게 평생 배우지 못한 한을 해소하는 학습의 기회가 주어지더라도 학습을 지속하는 것은 여전히 쉽지 않은 일이다. 늙고 약해진 육체와 쉽게 지치는 체력, 기억력의 저하, 때로는 생계유지를 위한 경제 활동 참여, 비문해자라는 낙인에 대한 두려움과 수치심 등 비문해자들의 학습을 저해하는 요인들은 생각보다 많다. 하지만 이들을 대상으로 하는 성인기초교육과 문해교육은 반드시 필요하다.

문해교육은 평생교육의 다양한 내용 중 가장 우선적으로 추진되어야 하는 영역이라 할 수 있다. 비문해자들에게 문해교육을 받게 하기 위해서는 본인 스스로 부단한 노력이 필요할 뿐만 아니라 지자체와 국가적 차원에서의 지속적인 관심과 지원이 필요하다. 과거 성인기초교육과 문해교육은 국가적 차원에서 공적으로 제공되기보다는 뜻있는 개인이나 단체 등에 의해 제공되는 경우가 많았다. 비교적 근래에 들어서 성인기초교육과 문해교육이 국가적 책임 하에 운영되고 있다.

우리나라에서 문해교육이 본격적으로 추진될 수 있었던 계기는 2007년 개정된 평생교육법에서 '문자해득교육'이라는 명칭으로 문해교육에 관한 규정이 제정되었기 때문이다. 그 이전에 문해교육은 개인과 민간단체 등에 의해 산발적으로 실시되고 있었다.

그동안 추진된 성인 문해교육 지원 사업의 내용은 성인학습자의 학력인정제도의 마련, 성인 문해교육과정과 교과서 개발, 성인 문해교육 교원양성, 성인 문해교육 프로그램 운영기관 설치와 지정 등이다. 그 결과 2013년에는 전국 11개 시도교육청의 134개 문해교육기관, 4,700여 명의 학습자가 초등학력을 인정받게 되었다(국가평생교육진흥원, 2014).

2016년 일부 개정된 평생교육법에는 문해교육과 관련된 규정이 매우 강화되어 개정되었다. 평생교육법 제 39조 1항에 "국가 및 지방자치단체는 성인의 사회생활에 필요한 문자해득능력 등 기초능력을 높이기 위하여 노력하여야 한다."라고 규정하여 국가와 지방자치단체의 문해교육에 관한 책무를 규정하고 있다.

2항에는 "교육감은 대통령령으로 정하는 바에 따라 관할구역 안에 있는 초·중학교에 성인을 위한 문해교육 프로그램을 지정할 수 있다."라고 규정하고 있다. 이 규정은 초·중학교에서 문해교육 프로그램을 운영할 수 있도록 한 규정이다. 동법 제 40조에서는 문해교육 프로그램을 이수한 자에 대한 학력인정도 인정하는 것으로 진행되고 있다.

2016년 2월에 개정된 평생교육법 제 39조 2항을 근거로 2016년 2월 3일 국가평생교육진흥원에 '국가문해교육센터'가 출범하였다. 국가문해교육센터가 담당하고 있는 업무는 문해교육 프로그램의 개발과 운영, 문해교육 촉진을 위한 연구, 조사, 홍보, 전국 문해력 통계조사, 문해교육 교원의 양성과 연수 추진, 시·도 문해교육센터 관리와 지원, 문해교육 종합정보 시스템 관리 등이다. '국가문해교육센터'에서는 평생교육법 제 40조를 근거로 문해교육 프로그램 이수자에게 학력을 인정해 주는 교육 프로그램을 운영하고 있다.

현재 우리나라의 문해교육은 주로 기초학력 교육에 치중하여 사업이 추진되고 있으나, 문해교육뿐만 아니라 시대와 사회가 필요로 하는 다양한 내용의 성인 기초교육 프로그램의 개발과 운영도 함께 추진되어야 할 것이다. 또한 문해교육은 학력인정과정 위주로 운영되어 졸업장을 취득하고 나면 끝나는 경향이 있는데, 문해교육은 평생교육 차원에서 지속적으로 운영되어야 한다.

일반적으로 문해교육의 대상을 성인으로 볼 때, 문해교육은 성인교육의 원리에 초점을 맞추어 자기주도적 학습을 기반으로 진행되어야 한다. 또한 모든 사람이 참여할 수 있도록 가급적 융통적인 체계로 운영되어야 한다. 이를 위해서는 문해교육에 참여하기 원하는 성인학습자들이 보다 쉽게 접할 수 있도록 접근성이 향상되어야 한다.

　방법적 측면에서도 정해진 시간과 공간에서 정형화된 교재나 교수방법으로 문해교사가 가르치는 형태보다는 학습동아리나 자발적인(self-help) 그룹의 자기주도적인 학습활동이 가능하도록 다양한 학습방법이 시도되어야 할 것이다.

　나아가 교육프로그램 개발과정에서 학습자의 요구를 반영하고, 시민의 전문성 및 사회활동 참여 경험을 토대로 자발적인 교육기부가 가능하도록 모두가 참여하는 사회적 실천이 가능한 융통적인 교육체제를 만들어 가야 할 것이다(한상길, 2017).

　오늘날의 평생학습사회는 고등교육 이상을 받은 사람이라도 계속적으로 학습에 노출되지 않으면 어느 특정 영역에서 비문해자가 되어 적응이 어렵고 쉽게 도태되는 환경이라 할 수 있다. 사회 환경이 빠르게 변하고 있어 새로운 정보를 습득하지 못하면 보다 적극적인 사회생활에 제약을 받게 되기도 한다. 100세 시대를 맞이하여 인간의 연장된 수명 기간을 생각한다면 남은 생애 동안 비문해를 벗어나려는 노력을 하는 것이 현명한 선택이라 할 수 있다.

　이러한 문해교육은 원하는 사람 누구에게나 열린 공간으로서 새로운 학습기회를 제공하는 긍정성을 가진 평생학습을 통해 실현될 수 있을 것이다. 평생학습 시대에 평생학습에 참여하고 평생학습자로 살아가는 것이 자아실현과 행복한 인생을 이끌어가는 견인차가 될 것이다.

【연구과제】

1. 평생교육이 등장한 배경을 설명하시오.

2. 평생교육의 개념과 필요성을 설명하시오.

3. 문해의 개념과 특징을 설명하시오.

4. 문해교육이 개인의 삶과 국가발전에 어떠한 영향을 미치는지 논하시오.

【참고문헌】

교육부, 국가평생교육진흥원(2018). 「2018년 성인문해교육 지원사업 설명
        회」, 1-133.

국가문해교육센터. http://www.le.or.kr 2019. 1. 25 검색.

국가평생교육진흥원(2014). 「평생교육백서」.

김석우(2010). 「사회과학 연구를 위한 SPSS · AMOS 활용의 실제」, 학지사.

김용현(2010). 「평생교육개론」, 양서원.

김종서(1994). 「한국의 문해교육문제 종합적 고찰」, 한국정신문화연구원, 한
        국의 교육과 윤리 3.

김한별 (2014). 「평생교육론」, 학지사.

문화체육관관광부 홈페이지 www.mcst.go.kr, 2019. 6. 5 검색.

양흥권(2017). 「평생교육론: 학습세기의 교육론」, 도서출판 신정.

오요섭, 최은수(2006). 「평생학습도시 주민의 평생교육 만족도에 관한 연
        구」, HRD 연구소연구원, 제2권, p84.

오요섭, 최은수(2006). 「평생학습도시 주민의 평생교육 만족도에 관한 연
        구」, 숭실대학교, p83.

유네스코한국위원회(1993). 「아세아 여러나라 생활문해교육의 현황과 문제,
        유네스코 아 · 태지역 국제 심포지움 보고서」, 한국문해교육협회, 명

지대학교 사회교육연구소.

윤복남(2005).「문해교육의 개념과 기준. 한국의 문해교육」, 한국문해교육협회.

이은미, 진성미(2014).「시민교육의 확장을 위한 평생교육의 의의」.

이은희, 양병찬(2017). 교육사상연구「The Journal of Korean Educational Idea」, 31(2), p49-73.

이희수(2019).「성인문해교육 활성화 정책포럼: 학문과 실천의 연계를 통한 문해교육 패러다임 전환을 위하여」, p1-66.

정찬남, 김성자, 김종천, 노병윤(2017).「평생학습의 초석이 되는 문해교육론」, 양서원.

차갑부(2014).「평생교육론: 모든 이를 위한 평생학습」, 교육과학사.

최운실(1989).「산업화와 문해: 문해의 개념 및 접근 전략」, 한국사회교육협회. 한국교육개발원 심포지움 보고서,「한국 문해교육의 현황과 발전 방향」.

최은수(2005).「성인학습자의 주민자치센터 평생교육프로그램 만족도 분석」, 숭실대학교 평생교육학과,「평생교육 HRD연구」, 제1권, p65-66.

최은수, 김미자, 최연희, 윤한수(2017).「평생교육론」, 공동체.

한상길(2017).「문해의 개념과 문해교육 실천방향」, Andragogy Today, 20(2), p30-50.

한승희(2010).「학습사회를 위한 평생교육론」, 학지사.

황종건(1989).「문해교육의 역사와 앞으로의 과제」, 한국사회교육협회, 한국교육개발원 심포지움 보고서,「한국 문해교육의 현황과 발전 방향」.

Freire, P(1985). The Politics of Education : culture, power, and liberation, Massacusetts: Bergin & Garvey. 한준상(역)(1987).「교육과 정치의식, 문화, 권력 그리고 해방」, 학민사.

Hunter, Carman J. & Haman, David(1979). *Adult Literacy in the United States*, New York: Mc-GrawHill Book Company. p7-8.

UNESCO(1951). World Campaign for Universal Literacy. p3.

UNESCO(1965). Literacy as a factor in Development. p5.

UNESCO(1965). Literacy in the world at Teheran. p7.

UNESCO(1975). Literacy in the world Since Teheran Conference. p3.

UNESCO(1978). Records of the general conference, resolutions, p1.(Pares:
UNESCO).

문해교육의 역사와 변천

【개요】

"나의 언어의 한계가 나의 세계의 한계다."

언어철학자 루드비히 비트겐슈타인(Ludwig Josef Johann Wittgenstein)의 말이다. 문해는 단순히 언어와 문자에 대한 이해 정도의 차원에서 벗어나 개인의 삶과 가정, 사회와 국가에 이르기까지 인간사회의 전 영역에 중대한 영향을 미치는 요소라 할 수 있다. 그럼에도 불구하고 오늘날 전 세계 비문해 인구는 약 7억 5800만 명으로 전체 인구의 15%에 이른다. 우리나라는 2002년 OECD(경제협력개발기구) 조사에서 16~24세의 실질 문해율은 22개국 중 3위였으나 55~65세의 실질 문해율은 최하위권인 20위였다. 2014년 교육부는 비문해자에 대한 인식을 개선하고 잠재학습자의 의욕을 고취하기 위해, 9월을 '대한민국 문해의 달'로 지정·선포하는 등 문해율을 높이기 위해 노력하고 있다.

우리나라의 문해교육 정책이 추진된 배경을 이해하기 위해서는 먼저 시대적 상황과 문해교육의 형성과정을 살펴볼 필요가 있다. 그러므로 이 장에서는 우리나라의 근현대사에 따른 문해교육의 역사와 변천과정을 살펴보고 더 나아가 문해교육의 세계적인 동향을 알아보고자 한다. 이를 통해 문해교육이 개인의 삶과 국가 발전에 미치는 영향을 탐색할 수 있는 기회가 될 것이다.

【학습목표】

1. 우리나라의 문해교육의 역사와 변천과정을 이해할 수 있다.
2. 문해교육이 개인의 삶과 국가발전에 어떠한 영향을 미치는지 알 수 있다.
3. 세계 여러 나라의 문해교육의 동향을 이해할 수 있다.

1. 개화기와 일제 강점기의 문해교육

19세기는 서구 제국주의의 세계적인 팽창으로 복잡한 정치체제를 형성하던 시기였다. 제국주의의 팽창과 개국에 대한 압력은 민주주의 사상과 기독교를 비롯한 서구 문물이 소개되기도 하는 기회가 되기도 하였지만, 결과적으로 침략과 식민지화를 초래하였다. 조선도 1905년 일본과의 을사보호조약의 체결을 시작으로 주권을 침략당하기 시작하였고, 결국 1910년 한일합방에 이르게 되었다.

일제강점기에는 조선총독부의 무자비한 군국주의적 무단정치가 실시되었고, 일본에 의해 실시된 교육은 그마저도 조선인의 황민화와 전쟁에서 이기기 위한 수단으로 전락하였다. 당시 이러한 격동기를 이겨내기 위한 민족적 과제는 자주독립과 근대화였다. 이를 위해 선각자들은 독립협회를 중심으로 민권문제를 부각시켰다. 이러한 민권회복 운동은 민간단체 주도의 문해교육 운동, 신문사를 통한 국문보급 운동, 야학·강습소의 문해교육 활동, 종교기관에서의 문해교육 활동으로 이어졌다.

1) 개화기 : 구한말(1876년 강화도조약~한일합방 이전)의 문해교육

우리나라의 한글은 세종대왕이 훈민정음을 반포한 이후 개화기에 이르기까지 400여 년 동안 한문숭상과 문화사상에 의해 언문이라 천시되어 보급이 침체되어 있었다. 갑오경장 이후 개화기에 이르러서야 나라의 독립과 민주계몽운동의 일환으로 한글 보급의 중요성을 깨닫고, 이를 국가 독립의 수단으로 인식하게 되었다(김종서, 2001). 또한 구한말 개화기에는 근대사회로의 변화를 통해 조선사회 속에 민중이라는 존재가 인식되고 성장하는 시기였다.

이러한 인식의 전환은 국문전용인 독립신문과 국한문 혼용인 황성신문의 발간을 통해 더욱 촉진되었다. 그 당시 신문은 그 자체로서 문해교육의 독본이었고, 신문을 읽고 이해하는 것 자체가 문해교육의 과정이었다. 이러한 신문의 기능을 인식한 개화기의 선구자들은 조선사회를 구할 수 있는 유일한 길은 교육을 통한 민중계몽에 있다고 생각하여 신문을 발간하였다. 이것은 전 국민을 대상으로 하는 중요한 문해교육의 수단이 되었다.

한글전용으로 독립신문을 발간한 서재필은 모든 조선민중을 위하여 한글로 신문을 발행했다는 것을 강조하였다. 이러한 그의 의지는 독립신문 사설에 다음과 같이 나타나있다.

> **독립신문 사설**
> "상하귀천을 달리 대접 아니 하고 모두 조선 사람으로만 알고, 조선만을 위하여…", "모두 언문으로 쓰게 된 것은 남녀, 상하, 귀천이 모두 보게 함"이며, "우리 신문을 보면 조선 인민의 소견과 지혜가 진보할 것을 믿노라"(독립신문, 1989년 4월 7일 일부 발췌)

그 밖에도 한자와 국문을 섞어 사용한 황성일보와 대한매일신보 등도 변해가는 새로운 시대를 소개하면서 동시에 민중의 시급한 각성과 계몽에 역점을 두었다. 또한 황성신문의 주필이었던 박은식은 민족연구와 민중계몽에 앞장섰고 그의 '국어교육론'에서 한글 교육의 중요성을 다음과 같이 강조하였다.

> "나라의 운명은 교화에 달려 있다. 교화의 힘찬 융성을 기하려면 전 국민으로 하여금 반드시 한 사람의 무학자도 없게 한 후에 가능하다. 국민으로 하여금 모두 배움을 받게 하려면 국문교육이 무엇보다도 필요하다. 대저, 한문은 사람마다 다 능하게 할 수 없으나 국문은 남녀를 막론하고 배울 수 있다"(박은식, 1913)

이와 함께 고종은 1894년 갑오경장을 시행하게 되었다. 이로 인해 모든 공식문서에 한글을 전용하라는 칙령이 반포되었고, 이것이 국문보급 운동에 결정적인 영향을 미치게 되는 중요한 계기가 되었다.

2) 조선어학회의 문해교육

한일 합병 이후 10년 동안 지속된 일제의 무단통치는 1919년 3·1운동을 기점으로 하여 전환기를 맞이하게 되었다. 3·1운동으로 인해 일제는 무단정치에서 문화통치시대로 통치방법을 바꾸게 되었다. 조선은 한일 합병 이후 약 10년간의 암흑기를 겪은 후, 1920년경부터 국문보급운동에 활기를 띠기 시작하였다. 특히 1921년 조선어학회가 창설된 것을 계기로 한글보급은 더욱 활성화되었다.

조선어학회는 창설 초기부터 표준말의 보급과 일반인을 대상으로 문맹퇴치를 위한 강습을 꾸준하게 실시하였다. 그 예로 1930년 7월부터 중앙기독교 청년회관에서 한글 강습회를 직접 개최하기도 하였고, 간접적으로 한글보급 강습회를 지원하기도 하였다. 또한 강사를 파견하여 한글 보급 운동을 지원하는 등 활발한 민족계몽운동을 전개하였다.

1931년에는 동아일보사가 제1회 브나로드 운동을 시작하였고, 조선어학회의 후원을 받아 한글강습회를 개최하기도 하였다. 그러나 일제는 이러한 민중계몽운동의 확장에 위협을 느껴 1933년부터 조선어학회의 강습과 학생 계몽 운동을 전면 금지시켰다. 이어서 1938년부터는 조선어가 학교교육 내용 중에서 완전히 폐지되고, 모든 공문과 공공집회에서 조선어 사용이 금지되어 한글보급이 어려워지게 되었다.

3) 신문사 중심의 문해교육

1920년부터 조선에서는 단체조직과 집회, 교육, 언론 등의 활동이 활발하게 이루어지기 시작하였다. 국문보급이 이루어지면서 국문으로 된 신문들이 창간되었고, 신문을 통한 문해교육이 이루어졌다. 1920년 3월에 조선일보가 창간되었고, 같은 해 4월에는 동아일보가 창간되었다. 이 두 신문사는 민족지로서 민족의 근대화와 민중계몽에 목적을 두고 있었다. 창간 초기부터 일제 식민지 통치를 비판하고 국내의 독립운동에 관한 정보와 국제사회의 변화를 소개하고 민족의 대변지로서 역할을 다져나갔다.

(1) 조선일보의 국문 보급 운동

조선일보는 1920년대 말기부터 민중의 계몽이 무엇보다 중요하다는 것을 깨닫고 문맹타파사업에 치중하였다. 1929년부터 여름과 겨울 방학 기간에 대학생들을 활용하여 농어촌 문자보급 운동을 전개하였다. 조선일보사는 이를 지원하기 위해 학용품이나 일용품을 모아 보내기도 하고, '아는 것이 힘이다. 배워야 산다.'라는 구호를 표제로 한 「한글원본」을 인쇄하여 배포하였다. 첫해에 이 운동에 참가한 학생 수는 409명이었고, 이들의 활동으로 문자를 깨우친 사람이 약 12,000명에 이를 정도였다(김종서, 2001). 1930년 제2회 문자보급운동에는 46개교의 학교에서 900명의 학생들이 참가하여 10,567명이 한글을 깨우쳤다. 국문교재 10만부를 제작하여 전국 농어촌에 배부하고, 다음과 같은 문자보급가를 공모하여 보급하였다.

> 문자보급가(이은식)
>
> 맑은 시냇가에는 고기 잡는 소년들
> 일할 때 일하고 배울 때 배우세.
> (후렴) 아는 것이 힘, 배워야 산다.

출처: 조선일보(1970). 조선일보 50년사, p113.

이와 같은 조선일보의 국문보급 운동은 이후 약 5년간 지속되었으나, 1935년 총독부의 중지령으로 인해 더 이상 계속되지 못하였다.

1930년 4월 1일에 실시한 국제조사를 기사화한 조선일보의 보도를 통해 그 당시 조선의 문맹률을 알 수 있다. 외국인을 제외한 조선인의 문맹자 비율은 전체 인구의 77.7%이고, 남자의 63.9%, 여자의 92%가 문맹자라고 밝히고 있다. 연령별 문맹자 수는 6~9세의 취학 전 아동 문맹률이 88.4%로 가장 높았으며 60세 이상도 79.8%로 높게 나타났다. 또한 지금의 의무교육 기간에 해당하는 10~14세의 문맹률도 72.6%였다. 이것은 당시 학교 교육이 충족되지 못했음을 보여주는 것이라 할 수 있다.

〈표 2-1〉 문자보급정도별 인구(1930. 10. 1. 기준)

조선의 전체 인구 20,438,108명	문맹자 15,888,127명 문해자 4,549,981명	77.7% 22.3%

출처: 조선일보(1934). 1930년 국제조사 결과, 1934. 12. 22. 재구성.

〈표 2-2〉 연령별 문맹자수

연령(세)	문맹자수(명)	문맹률(%)	연령(세)	문맹자수(명)	문맹률(%)
5 미만	2,855,587	100.0	20~24	1,110,884	64.9
6~9	1,842,578	88.4	25~39	2,674,441	67.7
10~14	1,612,492	72.6	40~54	2,416,122	73.4
15~19	1,360,890	66.2	60 이상	1,015,121	79.8

출처: 조선일보(1934). 1930년 국제조사 결과, 1934. 12. 22.

(2) 동아일보의 브나로드 운동

동아일보는 1920년 4월에 민족의 근대화와 민중계몽에 목적을 두고 창간되었다. 창간 초기부터 일제 식민지 통치를 비판하였다. 동아일보는 1928년 4월 창립 8주년 기념행사로 문맹퇴치 대선전을 준비하였으나 총독부의 금지조치로 뜻을 이루지 못했다. 그 후 '브나로드 운동'을 1931년부터 전개하였다. 브나로드(Vnarod)란 말은 '민중 속으로'라는 러시아어로서 19세기말 러시아 지식인과 학생들의 민중계몽 운동을 뜻한다.

당시 동아일보는 브나로드 운동을 통해 학생들을 농촌계몽운동에 참여시켰고, 한글과 위생지식을 가르치고, 음악, 연극, 오락 등을 지도하였다(손인

수, 1987). 이 운동은 학생계몽대를 주축으로 학생 강연대, 학생기자대 등 세 분야로 조직되어 이루어졌다. 이들은 동아일보가 발행한 이윤재 편의 「조선문대본」과 백남규 편의 「숫자대본」 30만부를 배부받아 활동하였다. 이 운동은 1934년까지 조직적으로 지속되었다. 기간은 298일이었고, 계몽대원수는 5,571명, 강습지는 1,320곳, 수강생수는 10만 명에 달하였다(김종서, 2001).

〈표 2-3〉 동아일보사의 브나로드운동 집계

구분	1회	2회	3회	4회	합계
시기	1931.7.21 ~9.20	1932.7.11 ~9.30	1933.7.12 ~9.30	1934.7.2 ~9.12	
운동기간	62일간	82일간	81일간	73일간	298일
계몽대원수	423명	2,742명	1,506명	1,098명	5,751명
강습지	142곳	592곳	315곳	271곳	1,320곳
수강인원	9,492명	41,153명	27,352명	20,601명	98,598명
교재배부수	30만부	60만부	60만부	60만부	210만부

출처: 차석기(1982). 한국민족주의 교육의 연구, p390.

또한 동아일보도 '문맹타파가'를 제정 발표하였다. 눈 뜨고 글 못 보는 글의 소경을 벗어나야 한다는 내용으로 문맹타파의 시급성과 중요성을 일깨우는 내용이었다(조용만, 1970).

문맹타파가

1. 귀 있고 못 들으면 귀머거리요   입가지고 말 못하면 벙어리라지
   눈뜨고 못 보는 글의 소경은   소경에도 귀머거리 또 벙어리

2. 듣는 대신 보란 글을 보도 못하니   귀머거리 아니고 그 무엇이며
   들말하듯이 써낸 글을 쓰도 못하니 벙어리가 아니고 그 무엇이요

이 밖에 이광수의 「흙」, 심훈의 「상록수」, 현진건의 「고향」 등과 같은 연

재소설에 농촌계몽운동과 관련된 내용이 강조되었고, 문맹타파의 중요성을 담은 시와 노래도 신문에 게시되어 국문보급 사업을 활성화시키는 데 크게 기여하였다.

또한 동아일보사에서는 제1회 브나로드운동과 함께 조선어학회의 후원으로 한글강습회를 열기도 하였다. 그러나 한글계몽운동의 열풍을 가져온 동아일보의 브나로드 운동은 1935년 총독부의 중지명령으로 더 이상 진행되지 못하였다.

4) 강습회 및 야학의 민중 문해운동

일제의 단속과 탄압이 심해지자 강습회와 야학을 중심으로 문해교육이 추진되었다. 강습회나 야학의 대부분은 지방의 유지나 동지들이 자발적으로 조직하고 운영하는 민중교육의 형태로서 교회, 공화당, 학교, 개인주택 등을 빌려서 야간에 이루어졌다. 교육 목적은 한글의 읽기, 쓰기 능력의 향상뿐만 아니라, 조선인으로서 독립심 고취, 새로운 시대에 대한 각성과 직업에 대한 지식과 기술 함양 등이었다.

박은식은 모든 국민을 신지식으로 교육하기 위해서 의무교육뿐만 아니라 가난하여 학교에서 공부할 수 없는 자녀와 성인들을 위해 야학을 설치해야 한다고 주장하였다. 유길준은 노동야학을 위해 1909년 「노동야학독본」을 저술하였다. 노동야학은 1907년 마산에서 옥기환이 설립한 마산노동야학을 선두로 오산노동야학과 경성의 급수상(물장수)을 중심으로 세워졌다. 특히 노동야학은 남쪽지방에서 더욱 활발하게 이루어졌다. 주로 한글과 산술 교육이 이루어졌고 무료로 운영되었다.

교회가 중심이 되어 운영한 야간학교도 상당수 있었다. YMCA도 1911년 12명으로 노동야학을 개설하여 1915년까지 5년간 모두 1,067명이 야학에 참여하였다(김종서, 2001).

이 밖에 각 지방에 조직되어 있는 농촌진흥회에서 개설한 강습소와 야학의 수가 파주군 265개, 안성군 382개, 연천군 455개, 양주군 176개 있었으며, 여기에 참석한 학생수가 2만 여명에 달했다. 농촌을 중심으로 하는 농민야학의 수는 1927년 317개에 이르렀다. 또한 1920년에서 1925년까지 동아일보에 소개된 여자야학만도 50여개에 이른다. 이러한 현상은 1920년대 후반에 들어서 문맹타파의 열기가 전국적으로 확산되었다는 것을 의미한다.

5) 종교 및 시민단체의 문해운동

이외에도 종교기관과 민간단체들의 문해교육의 기여를 빼놓을 수 없다. 그들은 일제의 탄압에도 불구하고 농촌계몽운동, 야학 및 강연회의 문맹퇴치운동, 잡지 발간, 조선어사전 편찬, 언문 철자법 및 한글 맞춤법 통일안 발표 등 활발한 민중계몽 운동을 전개하였다.

그 당시 장로교 계통으로 문맹퇴치운동에 참가한 교회가 180여개 정도였다. 1930년에 감리교회는 유치원 96개소, 서당 160개소, 야학 160개소를 경영하였다. 1932년에는 아동성경학교가 1,071개 있었고, 여기에 참가한 학생 수도 70만 명이 넘는 것으로 기록되어 있다(신세호, 1990). 아동성경학교의 내용은 한글, 성경, 음악 등이 중심이었다. 교회자체의 설교나 장년주일학교, 부인회, 사경회 등에서도 성경 공부를 통해 민중계몽적인 문해교육이 이루어졌다.

조선기독교청년회(YMCA)는 1903년 조직되었으나 일제의 감시가 심해지자 1920년 이후에는 민중계몽과 선교사업에 관심을 가지게 되었다. 그들은 종교활동으로서 정신교육, 보건교육, 농사개량지도, 농촌계몽, 문맹퇴치운동 및 협동조합운동을 전개하였고, 농촌지도자를 위한 강습회를 실시하였다. 농촌계몽을 위한 농민강습회가 전국적으로 42개나 개최되어 농민들의 문맹퇴치뿐만 아니라 정신개발에도 공헌하였다.

이 밖에도 문해교육 활동은 교회목사이자 배화여학교 교사인 홍병선의 농촌문맹퇴치활동, 교육의 기회를 상실한 노동계층의 청소년과 성인들을 대상으로 문해교육을 실시한 조선노동공제회, 농촌야학운동을 전개한 천도교의 조선농민사 등을 통해 이루어졌다. 또한 유학생학우회, 조선청년연합회, 조선여자교육협회, 조선여자기독교청년회(YWCA) 등의 많은 단체 등에 의해 꾸준히 전개되었다.

이러한 문해교육 운동은 한글의 부활에 힘을 기울여 민족적 자주성을 높이는데 기여하였다. 또한 민중의 자발적인 힘을 통해 문해교육이 이루어졌다는 점에서 큰 의미를 찾을 수 있다.

6) 식민총독부의 일본어 문해교육 정책

일제는 1930년대 중반부터 조선인의 민족교육운동을 탄압하면서 노골적으로 조선인의 황민화정책을 추진하였다. 실례로 그 당시 조선총독부는 조선어교육을 폐지하고 일어상용을 강요하였다. 또한 일제는 조선을 식민지화하고 조선의 일본화를 위해서 교육과 훈련이 필요하게 되자 사회교육 제도를 수립하게 되었다. 그것이 바로 1934년에 설치되기 시작한 간이학교였다.

간이학교는 황민화 교육정책의 대표적인 기관으로 교육목적은 일본국민정신을 주입하고, 일본어 읽기, 쓰기, 말하기 능력과 직업에 대한 이해와 능력을 함양하는데 있었다. 1937년부터는 도시에도 국민학교 부설 간이학교를 세우기 시작하였다. 당시 통계를 보면 전국적으로 간이학교 수는 1,700여개가 있었고, 교원 1,600여명이 12만 명 정도의 학생을 가르쳤던 것으로 기록되어있다(황종건, 1989).

또한 1938년부터는 학교 교과내용 중 조선어를 완전히 폐지시키고 모든 공문서와 공공집회에서 조선어 사용이 금지되었다. 그 결과 조선인을 위한 한글 문해교육은 일본어 문해교육으로 대치되는 비극을 낳게 되었다. 하지만 그마저 〈표 2-4〉에서 보는 바와 같이 1935년 당시 통계에 따르면 일본인의 자녀는 95%의 취학률을 보이고 있으나 조선인의 자녀는 25%만이 취학의 기회가 주어져 극심한 교육기회의 차별이 있었음을 볼 수 있다.

이러한 조선에 대한 일본의 우민화 정책은 조선에 많은 비문해자를 양산하게 되었고, 조선인의 민족정신 말살과 함께 문해교육의 암흑기를 초래하게 되었다. 그러나 조선인의 독립정신과 근대화를 위한 열망은 지하로 숨어들어 일본의 탄압과 고통을 견디어내면서 8·15의 여명으로 이어지게 되었다.

〈표 2-4〉 일제 강점기의 조선의 취학률

연도	조선인 자녀(%)	일본인 자녀(%)
1912	2.2	93.0
1919	3.9	91.0
1925	16.2	91.0
1935	25.0	95.0

2. 해방 후 국가 주도의 문해교육

일제의 강압적인 민족문화말살정책으로 한글 교육을 전혀 받을 수 없었던 우리나라 국민들은 1945년 해방 당시 12세 이상 전체인구 중 약 78%가 문맹이었다(문교부, 1961). 이렇듯 매우 높은 문맹률을 해결하기 위한 문해교육은 1945년 8월 15일 해방과 함께 새로운 전환점을 맞이하게 되었다.

그 당시 우리나라는 새로운 민주주의 제도를 수립하고 민주주의 국가를 운영하기 위해서 가장 시급한 것이 모든 국민의 민주적인 소양의 함양과 함께 문자해득이었다. 또한 일반 국민들도 민족의 해방과 함께 우리말과 우리글을 되찾아야 한다는 열망으로 전국적으로 한글을 배우려는 열기가 확산되었다.

이러한 상황에서 정부는 높은 문맹률을 극복하기 위해서 국가주도의 대규모 국문보급 사업으로 문맹퇴치운동을 실시하게 되었다.

1) 미군정 시기의 국문보급사업

민주주의를 기반으로 한 대한민국의 독립과 국가발전의 기초를 다지기 위해 미군정은 우선적으로 국문보급사업에 착수하게 되었다. 미 군정청은 78%가 넘는 문맹률을 극복하기 위해 우선적으로 문교부에 성인교육국을 설치하고 1945년 12월에 성인교육위원회를 조직하여 전국적으로 문해교육을 추진하였다.

〈표 2-5〉 1945년 해방당시 문맹 현황

시도별	12세 이상 인구(명)	문맹자수(명)	문맹률(%)
서울 · 경기	1,807,259	1,251,002	68
충북	592,890	493,268	83
충남	1,017,297	803,004	78
전북	1,008,511	824,065	81
전남 · 제주	1,660,093	1,278,809	77
경북	1,534,283	1,236,835	80
경남	1,467,178	1,158,112	78
강원	1,165,627	935,807	80
계	10,253,138	7,980,902	78

 이듬해 6월에는 성인교육위원회를 성인교육협회로 개편하였고, 성인교육사를 양성하기 시작하였다. 1946년에 시작하여 1947년까지 3회에 걸친 강습을 통해 약 350명의 성인교육사가 양성되었다. 이들은 각 시 · 군내에 배치되어 읍 · 면 · 동 · 리 단위로 국문보급소를 설치하고 문해교육을 실시하였다.
 1947년에는 약 30,000여 회의 국문강습소가 개최되었고, 약 10만여명의 교원들이 160만명의 수강생들에게 국문 강습을 실시하였다.

〈표 2-6〉 성인교육사 양성 현황

(1947. 11. 기준)

회수	기간	수강자수	강습장소
제 1회	1946년 4월 5일 ~ 5월 4일	145	서울
제 2회	1946년 5월 8일 ~ 6월 6일	104	서울
제 3회	1947년 2월 17일 ~ 2월 26일	115	서울

출처: 한국 교육 십년사 간행회(1950). 한국교육 십년사, p112.

〈표 2-7〉 국문강습소 현황

연도별	강습회수	교원수	수강자수
1946	15,555	18,656	770,141
1947	30,538	93,167	1,625,340

출처: 한국 교육 십년사 간행회(1950). 한국교육 십년사, p112.

　이어서 1947년 5월로 예정된 총선을 계기로 5월과 6월에는 '한글 보급 운동'이 전국적으로 확산되었다. 지방행정기관과 국민학교가 중심이 되어 전국의 리·동에 국문강습소를 설치하여 매일 1시간 이상 교육을 실시하게 되었다. 그 결과 1945년 해방 당시 78%였던 문맹률은 1947년 42%로 감소하게 되었다.

　미군정 당시 성인교육을 담당하던 기관으로는 문교부의 학무국내에 성인교육계가 있었다. 성인교육계는 후에 성인교육과로, 이어서 성인교육국으로 승격하였다. 성인교육국에는 계몽과를 두어 국문보급사업을 담당하였다.

　이 시기의 문해교육정책은 단순한 문해교육의 기회를 넘어서 민주주의 국가의 국민으로서 정치참여와 사회구성원으로서의 역할 수행을 돕는 것이었다.

2) 공민학교의 문해교육

　1946년에는 '공민학교 설치요령'이 공포되어 전국에 많은 공민학교가 설치 운영되었다. 그 당시 국민적인 교육수요에 힘입어 공민학교는 주로 지방유지나 종교단체 및 성인교육단체들이 읍·면·리·동 단위에 설치·운영하기 시작하였다. 이 제도는 국민학교에 취학하지 못한 청소년과 성인들에게 입학의 기회를 주어 2~3년의 과정으로 초등 기초 교육과정을 마치게 하는 준학교 교육기관이었다.

　공민학교는 13세 이상에서 18세까지의 소년과, 18세 이상의 성년과, 초등학교 과정을 마친 자들을 위한 중학교 과정의 보수과로 조직되었다. 국문보

급반이 별도로 설치된 곳도 있었다. 당시 공민학교 현황을 살펴보면 1947년
약 15,000개의 공민학교가 있었으며 약 20,000여명의 교사와 850,000명의
학생들이 재학한 것으로 파악되었다(한국교육십년사 간행회, 1950). 이러한 공
민학교는 당시 우리나라의 문해교육 발전에 공헌하여 전국적으로 문맹률을
낮추는 데 큰 기여를 하였다.

〈표 2-8〉 공민학교 현황

연도별	학교수	교사수	학생수
1946	8,287	12,248	777,868
1947	15,214	20,507	849,008

1948년 정부 수립 당시에는 그동안 문해교육에 공이 컸던 국문강습소가
공민학교 성인반으로 개편되었다. 이어서 중학교 과정의 학력 미인정 교육
기관인 고등공민학교가 만들어졌다. 1949년에 교육법의 제정에 따라 공민
학교가 교육법상 제도화되었다. 또한 교육법 제 139조에 의해 공민학교 안
에 성인반이 설치되어 국고 보조를 받게 되었다.

교육법 제 140조에는 1910년 1월 1일 이후 출생한 자 중 학령 초과자는 의
무적으로 공민학교 성인반에 취학하도록 규정하였다. 성인반에서는 적어도
수업을 200시간 이상 받아야 하며, 70일 이내의 수업일이 규정되어 있었다.

그 당시 공민학교는 정규 교육과정인 국민학교를 다니지 못하거나 국민
학교를 졸업하고도 중학교에 진학하지 못하던 이들에게 초 · 중등교육의 역
할을 대신 담당했었다.

3) 북한의 문해교육

해방 후 북한에는 공식적으로 230만 명의 문맹자가 있었다고 보고하고
있다(김종서, 1987). 이 수치는 12세 이상부터 50세 미만으로 초등학교 입학
연령을 넘긴 청소년부터 경제활동을 할 수 있는 인구를 기준으로 한 것이었

다. 따라서 그 당시 북한에는 이보다 훨씬 많은 문맹자가 있었을 것으로 추정된다. 1946년 인구 자료에 의하면 북한의 전체 인구수는 약 540만 명이었다(방선주, 1992). 해당 인구비례로 계산하면 약 42%가 문맹자였다고 볼 수 있다.

해방 당시 남한의 문맹률이 78%였다는 통계에 비하면 동일한 역사적 경험을 한 남북한이 이처럼 다른 비율을 보이는 것은 어느 한편의 통계가 오류였을 가능성이 제기된다. 한편 북한의 출판물은 비문해자 비율에 대해 "해방 직후 공화국 북반부 전체 성인 인구의 절대 다수가 문맹자"라고 밝히고 있다(전혜정, 1987). 그러므로 이 통계를 통해 추측할 수 있는 것은 단지 북한에서 경제활동을 할 수 있는 인구 중에서 문맹 퇴치 대상이 230만 명이었다는 것이다.

북한에서의 문맹퇴치는 사회주의적 인간의 형성이라는 사회주의 이상 실현을 위한 출발에서 시작하였다. 북한은 문해운동을 위한 국가 기구로 성인교육부, 문맹퇴치지도위원회, 문맹퇴치검열위원회를 소직 · 운영하였다.

첫째로, 성인교육부는 1945년 10월 설립되어 문해조사와 전국적인 문해교육운동 계획을 세우는 일을 담당하였다. 성인교육부는 1946년 그동안 성인 문해교육을 담당했던 교육기관의 이름을 '성인학교'로 통일하였다. 그리고 성인학교의 취학대상을 12세부터 50세까지의 성인 문해자로 정하였고, 매일 2시간씩 4개월간, 국어와 산수를 기본으로 음악과 정치과목을 가르쳤다. 그해 8월에는 약 8천여 개의 성인학교에서 약 32만 명이 글을 배웠다.

둘째, 문맹퇴치지도위원회는 1946년 12월경 중앙정부에서부터 도, 시, 군, 면, 리까지 조직되어 교과서와 교수안 작성, 학용품 및 필수품 공급 등 교육환경을 마련하는 일을 담당하였다.

셋째, 문맹퇴치검열위원회는 중앙정부단위에서부터 최소행정단위까지 조직되어 문해운동이 당과 정부의 지시대로 집행되었는가를 검열하는 일을 담당하였다.

북한은 이와 같은 행정조직을 준비한 후, 1946년 12월부터 국가적 차원에서 문해운동을 본격화하였다. 1947년부터 1949년까지 해마다 12월부터 3월까지의 농한기를 이용하여 3기에 걸쳐 집중적으로 진행되었다.

결과적으로 1949년 3월에 북한은 문맹퇴치운동을 종결하고 '문맹퇴치 완결'을 선포하였다. 3년 반의 짧은 기간에 걸친 문맹퇴치운동이 효과를 거둔 이유는 일사분란한 국가기구의 통일적인 지도와 함께 문맹이 개인의 문제가 아니라 악독한 35년간의 일본 제국주의에 있다는 점을 분명히 하였기 때문이다.

이러한 사회주의 개혁의 성공적인 문맹퇴치 사업의 완성은 다음과 같이 북한 사회에 영향을 미쳤다. 첫째는 문맹 퇴치로 북한의 사회주의적 주체가 형성되었고, 둘째는 북한 사회교육체제의 출발점이 되었으며, 교육 내용의 국가통제라는 교육관례가 더욱 확고해졌다. 요컨대 문해운동 과정 자체가 이후 북한 사회주의 사회의 특정 형태를 만들어가고 있던 것이다.

3. 한국전쟁 후 국가 재건기의 문해교육

1950년 6월 25일 발발된 한국전쟁으로 인해 많은 국민과 국토가 파괴와 혼란 속에 있었지만 교육에 대한 국민적 열의와 정부의 문해교육 정책은 지속적으로 이루어졌다.

1) 국가주도의 문해교육정책

한국전쟁의 혼란기 속에서도 1952년에는 문해교육을 위한 정부예산이 편성되었고, 전국의 국민학교에 공민학교가 부설되었다. 이어서 공민학교에 성인반이 재설치 되었다. 이와는 별도로 1953년 2월에는 공민학교에 국문보급반이 설치되어 12세 이상 문맹자를 대상으로 교육을 하였다. 정부는 이들의 교육을 위하여 840,000부의 교재를 배부하였다.

하지만 보다 체계적이고 본격적인 문해교육은 국가재건사업의 일환으로 문교부, 내무부, 국방부가 합동으로 1954년부터 1958년까지 추진한 '문맹교육 5개년 계획'이었다. 그것은 매년 농한기를 이용하여 12세 이상의 문맹자에게 70일에서 90일 간의 교육을 실시하는 것이었다. 내용으로는 초등학교 2학년 수료 정도의 국문 해득실력과 함께 일상생활에 필요한 기초적인 계산과 초보적인 과학 지식 및 공민적인 자질을 함양하도록 지도하는 것이었다. 문맹교육 5개년 계획을 단계별로 살펴보면 다음과 같다.

〈표 2-9〉 정부의 문맹교육 5개년 사업 추진 현황

차수	기간	교육반 수	강사 수	국문해득자수 (명)	문맹률(%)
1차	1954.3~5(75일)	84,190	88,700	1,972,115	14.0
2차	1955.3~5(81일)	621,912	65,168	1,709,000	12.0
3차	1956.1~3(71일)	–	–	721,000	10.0
4차	1957.1~3(90일)	20,694	24,345	419,000	8.3
5차	1958.1~4(70일)	33,185	39,364	582,300	4.1

먼저 제1차 문맹퇴치사업은 1954년 문교부, 내무부, 국방부가 합동으로 3월부터 5월까지 약 75일간 전국적으로 실시하였다. 국무회의에서 문맹퇴치사업을 위한 예비비가 지출 의결되었고, 전국에 84,190개의 교육반에서 88,700명의 강사가 동원되어 1,972,115명의 국문해득자가 나오게 되었다.

2차 사업에는 1955년 3월부터 5월까지 약 81일간 전국 621,912개소에서 65,168명의 강사가 교육을 담당하였다. 그 결과 1,709,000명의 문해자가 배출되고 문맹률은 12%로 감소하였다.

3차 사업에서는 1956년 1월에서 3월까지 약 71일간 전국에서 721,000명을 교육시켜 문맹률은 약 10%로 감소된 것으로 집계되었다.

4차 사업은 1957년 1월부터 3월까지 약 90일간 전국에서 419,000명의 문해자를 배출하여 문맹률이 약 8.3% 감소된 것으로 나타났다.

5차 사업은 1958년 1월부터 4월까지 약 70일간 582,300명의 문해자를 배출하여 전국의 문맹률이 4.1%로 감소된 것으로 집계 보고되었다.

한편 군대에서는 1950년 한국전쟁으로 군대에 동원된 군인들의 문맹률을 해소하기 위하여 1952년부터 문맹퇴치사업을 실시하였다. 논산훈련소에서는 문맹자반, 초등 1~4학년 수준의 기초반, 5~6학년 수준의 국민반, 중등 수준의 고등공민반으로 나누어 6주간의 문해교육을 실시하였다. 또한 모든 부대에 정훈교육대를 설치하여 문맹반과 국민반으로 나누어 매기별로 100명씩 12주간 문해교육을 실시하였다.

이러한 정부주도의 집중적인 문맹퇴치사업은 정부수립 당시 41.0%의 문맹률을 4%대로 감소시키는 데 결정적인 역할을 하였다. 또한 그 당시 국민학교에 입학하는 학생들이 96%에 달하여 통계상으로 한국에는 더 이상 문맹자가 존재하지 않는다고 인식되었다. 12세 이상 연도별 국문 보급 상황은 〈표 2-10〉과 같다.

〈표 2-10〉 12세 이상 연도별 국문 보급 상황

연도	12세 이상 인구(명)	문맹자수(명)	문맹률(%)	비고
1948	13,087,405	5,411,080	41.0	정부수립 당시
1953	12,269,739	3,145,259	26.0	
1954	12,269,739	1,709,020	14.0	1차 문맹퇴치사업
1955	12,269,739	1,524,041	12.0	2차 문맹퇴치사업
1956	13,911,678	1,419,205	10.0	3차 문맹퇴치사업
1957	13,713,873	1,145,293	8.3	4차 문맹퇴치사업
1958	13,713,873	562,982	4.1	5차 문맹퇴치사업

출처: 최재만(1959). 문맹퇴치교육에 관하여, 문교월보, 제49호, 1959년 11월, p56 재구성.

1961년부터는 국문보급 사업이 문교부에서 재건국민운동본부로 이관되었다. 재건국민운동본부는 5·16 이후 정치적인 성격을 가진 사회교육기구로 출범하여 전국 지역단위로 대대적인 문해교육을 실시하였다. 이것은 해방과 한국전쟁 등 열악한 상황 속에서도 문해교육이 10여년 만에 대부분의 문맹을 해소하는 등 상당한 성과를 거두었다는 인식으로 이어졌다.

이로 인해 문교부는 문해교육 정책에서 손을 떼게 되었다. 그럼으로써 교육정책은 학교교육 확장에 힘쓰게 되었고, 그 후 20년간 성인기초교육과 문해교육을 간과시키는 결과를 가져오게 되었다.

2) 학생 및 민간주도의 자생적 문해교육 운동

해방 이후 국가주도의 문해교육정책과 함께 간과할 수 없는 문해교육의 한 축은 학생과 민간주도의 자생적인 문맹퇴치 활동이었다. 그 중 하나가 1946년부터 시작한 경성대학의 학생 계몽대 활동을 비롯하여 전문학교 및 중학교 학생 중심의 전국적인 농촌계몽활동이었다. 학생들은 각 소속별로 '문맹퇴치학생 봉사대 준비위원회'를 구성하여 계몽활동을 추진하였고, 1,500여명의 학생들이 이 활동에 참여하였다.

이 밖에도 개인을 비롯하여 문맹퇴치 사업에 참여한 민간단체는 성인교육협회와 조선어학회, 한글문화보급회, 중앙성인계몽협회 및 교회를 비롯한 종교단체들이 있었다. 이 중에서 특히 기독교 계명협회 등은 전국적으로 문해교육사업을 전개하여 큰 실적을 남기게 되었다.

4. 민간주도의 문해교육

1950년대의 문맹퇴치교육 5개년 계획이 종료된 이후 국가적 차원에서의 문맹퇴치사업은 거의 종결된 것으로 인식되기 시작하였다. 이후 1960년대에는 국문보급에 관한 사업이 문교부에서 재건국민운동본부로 이관하게 되었다. 당시 재건국민운동본부에 보고된 1961년의 문맹률은 8.1%였다. 그 이후 의무교육의 발달로 문해교육이 완전 해소되었다는 생각이 정부 관계자들의 보편적인 사고였다.

그 결과 70년대 이후 정부는 국가교육계획에서 비문해 문제를 더 이상 다루지 않게 되었다. 그로 인해 한국의 문해교육은 거의 30년간 국가 정책으로 논의되지 못하였다. 그러나 그 시기에도 문해교육의 명맥은 끊어지지 않고 민간중심의 기관 등에 의해 유지되어 왔다.

1) 유네스코와 학교중심의 문해교육

1960~70년대 실제 문맹퇴치 사업은 유네스코의 문해교육이 큰 비중을 차지하고 있었다. 유네스코는 1963년 제8차 유엔총회에 문맹퇴치사업 추진 계획서를 제출하였고, 1964년에 개최된 유네스코 제13차 총회에서는 성인교육의 일환으로 문맹자 일소에 관한 선언문을 채택하기도 하였다. 1967년부터는 모함드 나자 팔라비상(Mohammed Naza Pahlavi Prize)을 제정하여 문맹퇴치에 공이 많은 개인과 단체에 시상을 하여 왔으며, 9월 8일을 '세계문맹퇴치의 날'로 정하고 문맹퇴치에 대한 세계적인 관심을 환기시켰다(이재근, 1975).

이러한 유네스코를 중심으로 하는 국제적인 문해교육사업에 힘입어 60년대 후반부터는 국민학교 부설 성인교육교실을 통한 학교중심의 문해교육이 이루어져 왔다. 국민학교 부설 성인교육반은 학교 시설을 활용하여 지역 주민과 학부모를 대상으로 성인교육을 실시하였다.

일반적으로 1개월 단위로 시작하여 초등교육을 받지 못했거나 국문을 해득하지 못한 만 12세부터 60세까지의 모든 문맹자를 대상으로 기초 문해교육을 실시하였다. 한글 교육 이외에도 국민교육헌장의 이념과 생활 간소화를 위한 가정의례 실천, 미신 타파, 반공교육 등을 주된 교육 내용으로 하였다. 1974년에 성인교육반은 전국에 6,000여개의 국민학교에 8,139개의 교실이 운영되었고 문교부에서 예산을 확보하여 소요 경비의 일부를 보조하였다(문교부, 1974). 하지만 정부의 예산 지원은 설치 학교 수에 비해 부족하였고, 대부분 자체 예산으로 운영되었다. 국민학교 부설 성인교육반은 일반 성인을 위한 사회교육의 성격보다는 문맹퇴치사업의 역할이 더 컸던 것으로 볼 수 있다.

〈표 2-11〉 성인 학생의 문맹퇴치 현황

나이 연도	12~15	16~20	21~30	31~40	41~50	51세 이상	계
1971	5,259	2,910	1,838	2,155	158	–	12,321
1972	3,624	2,040	2,334	1,359	579	144	10,080
1973	6,342	4,290	2,588	2,090	839	171	16,320
1974	5,311	3,400	1,650	1,998	103	58	12,520

출처: 서울특별시교육위원회 자료(1971~1974). 미간행 유인물.

그마저 이와 같은 초등학교 부설 성인교육반 중심의 문해교육도 70년대 중반부터는 의무교육의 확대로 거의 사라지게 되었다. 따라서 이 시기 이후의 문해교육은 80년대 후반에 이르기까지 거의 소멸된 상태이거나 자료를 발견할 수 없는 상태라고 볼 수 있다.

2) 70·80년대 민간단체 주도의 문해교육

1970년에 실시되었던 경제기획원의 인구센서스 조사에 의한 문맹률 집계를 마지막으로 15년간이나 정부차원의 문해 조사는 실시되지 않았다. 80년대 이후에는 일부 공민학교나 종교시설, 검정고시학원, 민간자원단체, 사회복지법인, 야간학교 등 자생적인 민간단체가 주도하여 꾸준히 기초 문해교육이 실시되었다. 소수의 개인과 뜻을 같이하는 민간 야간학교, 새마을학교, 청소년 야학 등이 정보 공유 차원에서 협의회 등을 구성하였다.

이 시기에 활동한 문해교육 기관들은 기청공민학교, 수도학원, 고려학원, 검정고시원, 일성학교, 양원주부학교 등과 한국문해교육협회, 전국문해·기초교육협의회, 전국야학협의회, 성인 전문 중·고등학교, 교회부설 한글학교, 한국여성생활연구원, 야간학교 등이 있다. 이 시기에 검정고시 학원들과 야학 등은 비문해자들에게 배움의 기회를 제공하는 유일한 통로가 되었다.

특히 서울YWCA기청공민학교는 교육부가 인정한 국내 유일의 초등학교 과정 여성공민학교로 1924년에 설립되었다. 1946년 '공민학교 설치요령'에 의해 설립되었던 공민학교가 초등교육이 보편화되면서 1960년대 후반부터 대부부 정규학교로 편입되었다. 하지만 기청공민학교는 1980년 중반까지 명맥을 유지하며 비문해 여성들을 위한 교육의 산실로서 역할을 다했다.

또한 1978년 8월 27일에는 철거민들이 모여 살던 서울 봉천동에 한국여성생활연구원이 활동을 시작하였다. 연구원은 15세 이상 여성을 대상으로 국일야간중·고등학교와 한글교육, 문해 초등 교육과정을 운영하였다.

당시 서울신문에는 '여성을 위한 초등학교는 기청공민학교, 중학교는 봉천동의 국일학교'라는 기사가 소개되었다. 그 당시 여성들이 교육에서 얼마나 소외되었는지를 엿볼 수 있는 대목이다. 한국여성생활연구원은 여성의 지위향상과 인권회복, 직업과 학력의 확대, 생활불편해소와 교양 증진, 노인대학, 학교 밖 청소년을 위한 적응 등 학력인정과 사회교육기관으로서의 역할을 수행하였다(정찬남 외, 2017).

3) 90년대 이후 성인 기초교육으로서의 문해교육

국내에서 다시 문해교육에 관심을 갖고 민간에서 거론되기 시작한 것은 문해에 대한 국제적인 움직임 때문이었다.

유엔은 1990년 '세계 문해의 해(Literacy Year)'를 선포하고 2000년까지 세계 모든 나라의 문해와 기초교육의 보편화를 위한 공동 전략을 전개한다는 발표를 하였다. 특히 1988년 초에 유네스코 한국위원회에 '만인을 위한 교육 국내 조정위원회'가 설립되어 아시아태평양 지역 만인의 교육사업(APPEAL : Asia-Pacific Programme of Education for All)의 국내 사업계획을 검토하였다. 이 사업은 세계 비문해자의 75%가 아시아 지역에 존재한다는 사실을 바탕으로 비문해 해소, 기초교육의 보편화, 계속교육의 진흥을 목표로 전개되었다.

이로 인해 국내에서도 새로운 문해교육의 전환기를 맞이하게 되었다. 1989년에는 한국사회교육협회와 한국교육개발원이 주최하여 교육전문가

세미나가 개최되었고, 한국의 문해교육의 역사와 현황이 검토되었다. 이어서 8월에는 유네스코와 한국사회교육협회가 주최가 되어 워크숍이 개최되었고, 한국문해교육협회가 발족하게 되었다(한국교육개발원, 2002). 이와 함께 그동안 발표되었던 한국의 비문해율에 대한 비판이 대두되기 시작하였다.

1993년 새로운 문민정부의 출범과 함께 지역시민운동이 전개되었고, 한글교실, 시민학교, 어머니학교, 시민대학 등이 운영되었다. 이것은 현재 문해교육 기관들의 시작이 되었다. 이 시기에 설립되어 현재까지 활발하게 운영되고 있는 곳으로는 제천솔뫼학교, 안양시민대학, 동대문구의 (사)푸른사람들, 종로구의 서울어머니학교 등이 있다. 이 기관들은 설립 후 지금까지 배움의 기회를 놓친 사람들에게 문해교육의 기회를 제공하고 있으며, 지역사회의 시민운동과 성인교육을 선도하는 역할을 하고 있다.

4) 2000년대 문해교육의 부흥기

2000년에 정부는 OECD 가입국으로서 문해교육과 모든 국민의 기초교육의 기회 확대를 요구받게 되었다. 이로 인해 국가적인 교육정책 수립이 시급하게 되자 2003년 평생교육법 안에 문해교육법을 제정하였고, 2008년 국가 평생교육진흥원을 설립하여 평생교육의 진흥과 문해교육을 위한 지원의 기틀을 마련하였다.

평생교육법의 전면개정으로 문해자에 대한 실태조사와 교과서 개발, 문해교원의 양성, 학력인정 시스템 구축 등을 위해 민간과 국가가 협력하고 있다. 초기에는 국가평생교육진흥원과 민간 문해교육기관이 협력하였다. 이후 지자체가 적극적으로 지원에 참여하였고, 교육청에서는 학력인정 시스템 구축의 한축을 담당하고, 지역평생교육진흥원에서는 교원양성을 위해 노력하고 있다.

현재는 제도교육과 사회교육기관들까지 문해교육뿐만 아니라 평생학습에 관심을 갖고 있어 문해교육의 부흥기를 맞이하고 있다. 하지만 21세기 평생학습 사회에서 문해교육의 목적과 정의가 확대·재생산되고 있어 문해교육 정책은 사회적인 발달과 그에 따른 요구에 미치지 못하고 있으며, 여전히 형식적인 지원에서 벗어나지 못하고 있는 것이 사실이다.

5. 문해교육의 세계적인 동향

1990년대 유네스코에서는 '만인을 위한 교육(education for all)'이라는 목표를 설정하고 성인 기초교육과 기초학습 기회 보장을 지속적으로 강조해오고 있다. 또한 세계 각국에 비문해자의 감소와 3R 학습의 기회를 보장하기 위한 구체적인 방안을 추진하도록 제안하였다.

경제협력개발기구(OECD)는 인간의 기본적인 학습권인 평생학습을 지속할 수 있는 능력을 보장하기 위해 문해력 측정도구를 국제표준을 이용하여 개발하였다. 1994년부터는 기존의 문맹률과는 개념이 다른 '실질 문맹률'이라는 용어를 사용하기 시작하였다. 문맹률은 글 자체를 모르는 경우이고 실질 문맹률은 글자는 알고 있으나 글을 읽고도 개념을 이해하지 못하는 경우를 말한다. 또한 2008년부터 2013년 까지 국제 성인역량 조사(Program for the International Assessment of Adult Competencies, PIAAC)를 실시하여 전통적인 기초능력으로 강조되어 온 언어능력, 수리력과 함께 컴퓨터 기반 문제해결력을 핵심 역량으로 평가하였다. OECD는 2003년 DeSeCo 프로젝트를 통해 핵심역량을 3개 영역 9가지로 제시하였다. 즉, 단순히 지식의 양을 평가하지 않고 지식으로 할 수 있는 기술(skill)을 강조하고 있는 것이다.

국제 표준화 조사도구와는 별도로 영국, 프랑스, 독일 등의 나라는 독자적으로 성인문해력 조사 도구를 개발하여 사용하고 있다. 이들 세 국가는 생활문해 또는 기능문해의 관점에서 문해의 의미를 정의하고 있다. 읽기와 쓰기를 중심으로 언어능력과 기초 수리력, 정보 활용 능력을 측정하고 있다. 문해력 수준의 판정은 성인 문해교육 정책의 연계성 속에서 각 국가별 상황을 고려하여 다양하게 이루어지고 있다고 볼 수 있다.

미국의 경우도 '성인 문맹률 조사'에서 기본 문맹률(Basic illiteracy rate)은 급속도로 감소하였으나 기능적 문맹률(Functional illiteracy rate)은 꾸준히 증가하고 있다고 보고하고 있다. 이렇듯 세계 각국은 빠르게 변화하고 있는 사회적인 흐름에 맞추어 기본 문맹률의 수준을 넘어서 실질 문맹률의 개념을 중요시 하고 있음을 알 수 있다.

미국은 1966년부터 성인기초교육법(Adult Basic Act)을 제정하였고, 1991년에 국가문해법(National Literacy Act), 1999년에는 '성인교육 · 가족문해법(Adtult Education and Family Literacy Act)을 통해 국가차원의 전문 연구기관을 설립하고 성인 문해교육에 대한 국가 차원의 전략을 수립하고 다양한 문해교육 프로그램을 제공하고 있다(채재은, 2005).

영국은 국가 자체적으로 국가경쟁력이 낮아지고 있는 원인을 낮은 문해능력을 가진 약 2백만 명 정도의 성인에 두고 있다. 이를 해결하기 위해서 개인의 성인기초기술을 향상시키기 위한 기초 기술국(The Basic Skills Agency), 국가 성인 문해 연구개발센터((National Research and Development Center for Adult Literacy) 등의 기구를 두고 성인 문해교육 관련 사업을 추진하고 있다(정찬남 외, 2017). 또한 2016년 성인금융문해 능력에 대한 조사 결과 조사 대상 30개국 중 15위에 해당되어 OECD 평균에 못 미친다는 결과가 나왔다. 이 결과를 반영하여 영국에서는 국가교육과정에 금융문해를 해결하기 위한 내용을 추가하기도 하였다. 사회 변화와 발달에 따른 문해 개념의 확장을 반영한 사례라고 볼 수 있다.

호주는 성인교육의 촉진과 여성과 장애자, 이민자들의 고용기회 확대와 직업교육 훈련을 돕기 위하여 국가성인문해프로젝트(Adtult Literacy National Project: ALNP)를 수행하고 있다. 국가적 차원에서 언어, 문해, 기초 계산교육을 실시하고 직업기술교육을 실시할 때 새롭게 요구되는 또 다른 영역의 문해능력을 향상시킬 수 있는 프로그램을 지원하고 있다.

　노르웨이는 문해교육을 위하여 학교 형식이 아닌 직장 내 훈련 형식인 '직장생활에서의 기초역량 프로그램(BKA)'을 2006년 도입하여 근로자들의 기초역량 증진을 지원하고 있다. 현재 평생학습원(Vox)에서 담당하고 있으며, 읽기, 쓰기 수리 및 ICT 분야의 기초역량을 강화하는데 목적을 두고 있다. BKA 프로그램에서 기업은 고용인의 기초역량 증진을 위한 재정지원을 신청할 수 있다. 40세 이상의 중고령자 또는 여성들의 참여가 높은 편이다(이지혜, 2019).

　아일랜드는 성인 문해교육 지원을 위해서 국가 성인문해력기관(National Adult Literacy Agency)에서 성인들의 읽기, 쓰기, 수리력 역량 개선과 국가자격취득을 지원하는 쌍방향 학습사이트를 운영하고 있다. 이 학습 사이트에서는 아일랜드 국가자격(Quality ana Qualifications lreland, QQl) 중 중학교 수준인 Level 3까지 수여가 가능하다. 현재 약 6만5천여 명의 학습자가 등록되어 운영 중에 있다(이지혜, 2019).

　독일은 연방 교육연구부의 재정지원을 받아 독일 성인교육협회가 개발한 웹포털인 공개학습포털(ich-willemen.de: 나는 배우기를 원한다)을 운영하고 있다. 이곳에서는 문해력, 수리력 등 기초역량 강좌뿐만이 아니라 금융관리, 구직 등 생활 관련 안내도 등을 제공하고 있으며, 2003년부터 2014년까지 약 40만개의 계좌가 개설 운영되고 있다(이지혜, 2019).

　교육강국으로 평가받고 있는 핀란드는 현재 모든 국민이 평생교육에 참여하고 있다. 따라서 모든 교육 정책은 평생교육 차원에서 기획, 실행되고 있다. 특히 초등교육에서부터 평생교육에 이르기까지 모든 교육이 무상으로 실시되고 있으며, 매년 약 100만 명의 성인들이 학위 및 자격증 취득을 위한 교육과 시민교육, 직업교육, 레크리에이션 등 다양한 형태의 평생교육에 참여하고 있다(Centre for International Mobility, 2013). 또한 핀란드 정부는 「학습의 즐거움(The Joy of learning-A national strategy for life long learning)」과 「교육부 전략 2015」 등의 보고서를 발표하고 평생교육 활성화를 통해 미래 사회에 대비하는 국가경쟁력 강화 전략을 제시하여 현재 세계 최고 수준의 성인 평생학습 참여율을 나타내고 있다. 또한 2018년부터는 금융문해력(financial litrtacy) 테스트가 피사(PISA) 평가에 신설되었다. 이를 반영하여 핀란드는 문해교육의 하나로 금융교육을 강화하고 있다. 젊은 세대의 재정관리 능력과 과도한 빚에 대한 소비자 인식 증대로 모든 국민의 금융문해력이 기본소양으로 자리매김할 수 있는 정책이 추진되고 있는 것이다. 이는 세대를 불문하고 금융에 대한 이해 부족으로 사회적인 여러 문제들이 나타나고 있는 우리나라의 사례를 볼 때 금융 문해교육의 도입에 대한 좋은 시사점을 준다고 볼 수 있다.

지금까지 세계 각국의 문해교육의 동향에 대해 살펴보았다. 현재 세계 각국은 빠르게 변화하고 있는 사회 속에서 모든 국민이 국가 사회의 일원으로서 주체적인 삶을 영위할 수 있도록 문해교육 정책을 추진하고 있었다. 이를 통해 앞으로 현대사회에서 요구되는 문해교육은 실제로 활용되는 생활 환경에 따라 문해의 기준과 교육내용이 달라져야 한다는 것을 알 수 있었다. 우리나라의 경우도 최근 외국인 노동자의 증가로 이들의 일상생활 적응 능력을 포함하여 직업 생활 적응을 돕는 방향으로 진행되고 있다.

문해 교육에 대한 이러한 관점의 확대와 이를 수용하려는 다양한 시도는 문해의 기본적인 이념이 인간의 기본적인 가치를 존중하는 데서 출발한다는 사실을 다시 한번 되새길 수 있는 기회가 될 것이다.

【연구 과제】

1. 개화기와 일제 강점기의 우리나라의 문해교육에 대해 설명하시오.
2. 1960년대 이후 우리나라의 문해교육 정책의 문제점이 무엇인지 설명하시오.
3. 세계 여러 나라의 문해교육의 동향을 설명하고 앞으로 문해교육의 방향을 제시하시오.

【참고 문헌】

김종서(1961).「문맹자조사」, 조사연구 제5집, 중앙교육연구소.

김종서(2001).「한국문해교육연구」, 한국교육사고 연구논문 4, 교육과학사.

문교부(1961).「한국교육 10년사」, p110, 풍문사.

문교부(1974).「문교부통계연보」.

방선주(1992).「1946년 북한경제통계의 일연구」, 아시아문화 8호, p180.

손인수(1985).「한국개화기연구」, 일지사.

신세호(1990).「한국의 문해 실태와 문해교육」, 한국교육개발원 연구보고, p90-14.

유네스코한국위원회(1957). 유네스코 한국총감.

윤복남(1990).「도시 여성의 문해교육」, 한국사회교육협회, 사회교육수레, 88-3자료 1.

윤종혁(2016).「OECD 교육 2030 : 미래 교육과 역량을 위한 현황분석과 향후과제」, 한국교육개발원.

이미경(2016).「21세기 역량 기반 교육과정 개발 방향 연구 - OECD Education 2030」, 한국교육과정평가원.

이재근(1975).「국민학교 부설 성인문맹교육에 관한 연구」, 고려대학교 교육대학원 석사학위 청구논문.

이지혜(2019). 「성인문해교육활성화 정책포럼: 성인문해 교육지원사업의 과
　　　거와 현재, 그리고 미래」, 국가평생교육진흥원, p25.

이찬승(2017). 「4차 산업혁명이 교육에 미칠 영향에 대한 오해와 진실」, 교
　　　육을 바꾸는 사람들 칼럼, 조선일보사.

이춘란(1973). 「미국감리교회 조선선교부의 종교운동」, 한국문화연구원 논
　　　총 제23집(이화여자대학교), p123.

전혜정(1987). 「문맹퇴치경험」, 사회과학출판사, p20-22.

조선일보(1970). 조선일보 50년사, p113.

조용만(1970). 「일제하의 우리 신문화운동」, 일제하의 문화운동사, 민중서
　　　관, p127.

조정봉(2007). 일제강점기 조선인의 간도 이주와 야학운동, 한국교육 34(1),
　　　p159-179.

차석기(1982). 「한국민족주의 교육의 연구」, 진영문화사, p390.

천성호(2009). 한국야학운동사, 학이시습.

채재은(2005). 「미국의 성인문해교육 지원 체제 분석과 시사점」, 한국평생교
　　　육학회, 평생교육학연구, 11(1), 1-22.

한국교육개발원(1990). 「한국의 문해 실태와 문해교육」, 성문인쇄사.

한국교육십년사 간행회 편(1960, 1950). 「한국교육십년사」, 풍문사.

한국문해교육협회(사)(2005). 「한국의 문해교육」, 도서출판 문음사.

한글학회(1971). 「한글학회 50년사」, p321.

황종건(1989). 「문해교육의 역사와 앞으로의 과제」, 한국사회교육협회, 한국
　　　교육개발원 심포지엄 보고서, 「한국 문해교육의 현황과 발전방향」.

황종건(1966). 「한국의 사회교육 우리나라 성인교육의 변천과 과제」, 중앙교
　　　육연구소.

허재영(2012). 「근대 계몽기 야학의 대상과 교재연구」, 중앙어문학회, 어문
　　　논집 51, p137-161.

CHAPTER
03

문해학습자의 이해

【개요】

　우리나라는 가난, 여성의 학습에 대한 사회인식의 부족, 역사적 사건 등
사회적 요인으로 인해 비문해자가 양산되었다. 비문해자는 스스로 죄인이
라고 할 만큼 불평등하고 불편한 삶을 살아왔다. 이들의 불편과 불평등을
해소하기 위하여 문해교육이 실시되고 있으나 미진한 실정이다. 인구학적
으로 고령사회, 평생학습사회를 맞이하여 이들에 대한 교육이 절실한 실정
이다. 이를 위해 비문해의 어려움을 이해하고 비문해자의 삶을 탐색하여 질
높은 교육의 실시와 개인별 맞춤식 지원이 요구된다. 따라서 본 장에서는
사회적 관점에서 비문해를 이해하고 문해학습자의 학습 참여동기와 학습
몰입에 대하여 살펴보고자 한다.

【학습목표】

　1. 비문해의 원인과 비문해자의 삶의 특성을 이해할 수 있다.
　2. 문해학습자의 학습 참여 동기에 대해 이해할 수 있다.
　3. 문해학습자의 학습몰입에 대해 알 수 있다.

1. 사회적 관점의 비문해 이해

1) 비문해의 원인

성인교육은 학습자의 이해로부터 출발한다. 특히 문해교육은 그 특성상 학습자의 이해가 선행되어야 하는데, 이를 위해 비문해의 발생 원인을 살펴보는 것은 성공적인 문해교육을 위한 첫걸음이다. 문해교육은 인간이 누려야 할 기본적 인권이며, 민주사회에서 인간의 존엄성 회복은 교육을 통해 가능하며 우리나라 최초의 체계적인 문해조사는 1959년 김종서에 의해 이루어졌다.

오늘날 문해의 기준은 사회적 · 문화적 · 정치적인 맥락에 따라서 매우 다양하게 해석되고 있다. 또한 요즘은 전 세계적으로 그 어느 시대보다 급속하게 사회가 다변화하고 있어서 문해의 정의가 확대되어야 한다는 주장이 있다. 산업화 사회에서는 '글을 읽고 이해할 수 있고, 쉬운 셈을 할 수 있는 3R's가 가능한 것'을 문해라고 보았다. 하지만 사회가 복잡하게 분화하면서, 1990년대에 들어서 발달한 컴퓨터와 인터넷으로 인해서 다양한 기술을 활용하고 소통할 수 있는 능력을 문해의 개념에 추가해야 한다는 주장이 등장하였다.

이렇게 다양한 문해의 개념 중 주로 3R's의 성인기초 단순문해를 중심으로 우리나라의 사회적 관점에서의 비문해 원인을 살펴보면 가난, 여성, 8 · 15 해방과 6 · 25 전쟁 등 역사적 사건, 건강, 신체적 장애 등을 들 수 있다.

만희(1997)는 '성인 비문해 학습자의 학습 동기에 관한 연구'를 통해 비문해의 원인을 경제적 어려움, 여성의 학습에 대한 사회적 인식과 기회의 부족, 해방이나 역사적 사건으로 대부분이 사회적 요인이 있었는데, 이는 성인 비문해학습자의 발생 원인을 사회적인 것으로 해석하고 있다. 학습활동에 참여하면서 어려운 점으로는 학습능력과 자신감 부족, 분주한 가사, 건강 등을 들었다.

　김종천(2014)은 학습 진학을 저해하는 주된 원인으로는 가난한 형편, 여자라는 이유, 신체적 장애, 동생 돌보기, 부모의 비문해로 인한 무지 등이라고 하였다. 이는 가난하여 학교를 보낼 수 없는 형편과 여자는 배우지 않아도 된다는 사고가 맞물려 의사결정권자인 아버지의 영향이 큰 것으로 보였다. 아들은 학교에 진학시키는 반면 딸은 여자라는 이유로 학습기회로부터 배제되었다. 이때 나타나는 특징은 비문해의 대물림 현상이었다. 부모의 비문해는 대물림되어 자녀의 어린 시절 '환경'과 '학습'에 영향을 미치는 것으로 나타났다.

　한국전쟁, 한국 가부장적 사회구조에서 여성의 사회적 인식으로 인한 교육기회 불평등, 경제적 어려움, 건강문제 등으로 학교교육의 기회를 상실하여 비문해자가 된 개인별 사례를 살펴보면 다음과 같다(주명희, 2012).

〈표 3-1〉 비문해의 개인별 사례

원인별	사 례
역사적 사건	일제강점기와 학령기가 맞물려 학교교육의 기회를 상실함. 오빠가 경찰이라는 이유로 학교를 못 다님. 주위의 시선도 무섭고 어려운 상황 속에서 살았음
역사적 사건 가난	일제 강제 징용으로 끌려간 아버지를 대신해 어머니와 농사일을 하면서 어려운 한국 전쟁과 해방시기를 거쳐 궁핍하고 혼란스러운 시대적 경험을 함. 어린 시절 부모를 따라 일본에 살면서 어렵고 힘든 생활 속에서도 일본학교에 들어갔지만 일본말이 어려워 학교를 그만 둠. 12세에 해방이 되었지만 어려운 생활 때문에 어린 나이에 힘든 일을 많이 하고 16세 한국으로 나와 야학을 다니고 싶었지만 늦은 밤 여자가 어딜 가냐는 어머니의 불호령 때문에 공부를 할 수가 없었음
여성	경제적으로 넉넉하지만 할아버지가 여자라는 이유로 집안일과 동생들을 돌보게 하며 학교를 못 다니게 함. 남자형제들은 대학까지 보냈으나 딸이라는 이유로 공부를 못하게 함
건강	철없던 초등학교 시절에 산으로 들로 놀러 다니다 옻이 올랐는데 약을 잘못 써서 몸이 짓무르고 보기 흉하니 어린나이임에도 창피함이 들어 학교를 중도 포기함

건강	6세가 되어서야 잡고 서서 걸을 수 있을 정도로 건강에 문제가 있었음. 8세가 되어 집에서 5리쯤 떨어진 초등학교에 들어갔으나 몸이 불편하여 한 달에 10여일 겨우 다니면서 3학년까지만 억지로 다님
신체적 장애 가난	산골마을에서 6·25때 태어났고 4살 때부터 소아마비를 앓아서 학교는 엄두도 못 냄. 큰형만 초등학교 나오고 모두 학교를 못 나옴. 가난해서 형님들 모두 머슴살이 감

출처: 주명희(2012), 성인 문해학습의 전환학습적 특성, p22-24 재구성.

또한 산업화의 역사 가운데에도 많은 비문해자가 양산되었는데, 해방 이후 우리도 잘 살아보자는 근대화와 산업화의 물결 가운데 적지 않은 젊은 여성들은 교육의 혜택을 누리기보다는 산업전사로 피땀을 흘려야 했다. 역설적으로 산업화는 교육받은 사람들이 일구어낸 교육투자의 사회적 수익이라기보다는 농촌에서 도시로 유입되어 교육의 혜택을 가장 받지 못한 사람들이 몸으로 이루어 낸 노동력의 결과로 이 과정에서 여성 비문해자가 양산되었다(정창남 외, 2017).

비문해의 원인은 한국 사회의 모순으로 인한 사회적 원인임을 알 수 있다. 따라서 그 해결방안 역시 국가와 사회, 특히 지역사회의 관심과 노력, 더 나아가 책임 있는 실천방안이 필요하며, 학습활동이나 내용이 보다 전문화되어야 하고 학습활동을 돕는 상담프로그램의 진행이 요구된다. 아울러 비문해학습자의 건강상의 문제를 해결하기 위하여 다양한 건강교육과 검진프로그램이 병행되어야 한다(만희, 1997).

2) 비문해학습자 현황

평생교육법 제2조 제3항은 '문해교육이 일상생활을 영위하는 데 필요한 문자 해득 능력을 포함한 사회적 · 문화적으로 요청되는 기초생활능력을 갖출 수 있도록 조직화된 교육프로그램'이라고 정의하고 있다. 문해교육은 기본적인 인권이며 마땅히 누려야 할 기본권으로 우리나라뿐만 아니라 전 세계적으로 관심을 갖는 중요한 과제다.

국가평생교육진흥원의 2017년 성인문해 능력조사에 의하면 우리나라 만 18세 이상 성인인구 42,978,815명 중 일상생활에 필요한 기본적인 읽고, 쓰고, 셈하기가 불가능한 수준 1(초등 1~2학년 학습 필요 수준)에 해당하는 인구는 3,111,378명으로 전체 인구 대비 7.2%에 해당된다. 또한 기본적인 읽고, 쓰고, 셈하기가 가능하지만 일상생활을 영위하기 위해서 미흡한 수준 2(초등 3~6학년 학습 필요 수준)이 5.1%, 가정생활과 여가생활 등 단순한 일상생활의 문제를 해결할 정도의 문해력은 있지만 공공생활과 경제생활 등 복잡한 일상생활의 문제 해결에는 미흡한 수준 3(중학 1~3학년 학습 필요 수준)은 10.1%로 전제 인구 중 중학학력 이상 수준으로 일상생활에 필요한 충분한 문해력을 갖춘 수준 4는 77.6%이며, 22,4%인 9,612,907명이 문해교육의 대상이 된다(교육부, 2018).

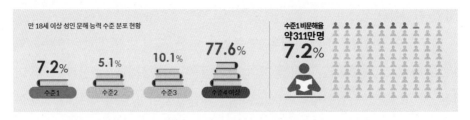

〔그림 3-1〕 우리나라 만 18세 이상 성인문해 능력 수준 분포 현황
출처: 교육부, 국가평생교육진흥원(2018). 성인문해 능력조사. p9.

일상생활에 필요한 기본적인 읽기, 쓰기, 셈하기가 불가능한 1 수준의 약 311만 명의 비문해 인구를 분석해 보면, 성별로는 만 18세 이상 성인 중 여성 9.9%, 남성 4.5%가 수준 1에 해당하는 비문해 인구이다. 비문해 인구는 여성이 남성보다 높게 나타났다. 연령별로 살펴보면 60대 인구의 14.2%, 70대 인구의 28.7%, 80대 이상 인구의 67.7%가 수준 1에 해당한다. 월 가구 소득 100만원 미만 인구의 41.1%가 수준 1에 해당하는 비문해인구로 분류되어 월 가구 소득 500만원 이상 인구의 1.5% 대비 비문해 인구 비율이 상대적으로 높게 나타났고, 지역별로는 농산어촌의 문해율이 높게 나타났다.

〈표 3-2〉 문해 1 수준 연령별 현황

60대 미만	60대	70대	80대 이상
6.5%	14.2%	28.7%	67.7%
20만	44만	89만	211만

출처: 교육부, 국가평생교육진흥원(2018). 성인문해 능력조사. p17.

〈표 3-3〉 문해 1 수준 지역별 현황

서울 및 광역시	중소도시	농산어촌
5.7%	7.2%	16.2%

출처: 교육부, 국가평생교육진흥원(2018). 성인문해 능력조사. p19.

3) 비문해자의 삶의 특성

우리나라는 가난, 여성의 학습에 대한 사회인식의 부족, 역사적 사건 등 사회적 요인으로 인해 비문해자가 양산되었다. 비문해자는 스스로 죄인이라고 할 만큼 불평등하고 불편한 삶을 살아왔는데, 그 삶의 과정에서의 비문해자의 특성을 생동감을 살리고자 최근 수행된 연구를 중심으로 살펴보고자 한다.

김종천(2014)은 성인학습자의 문해학습 참여를 통한 생애경험과 인식전환에 관한 연구에서 성인학습자의 문해학습 참여를 통한 삶의 과정단계를 '주눅 든 삶 – 갈등하는 삶 – 자유로운 삶'의 3단계로 구분하였다. 성인 문해학습 참여이전, 즉 비문해자의 삶을 까막눈의 '주눅 든 삶'이라 하였으며, 문해학습에 참여하는 단계를 어둠을 걷어내려는 몸부림으로 '갈등하는 삶'이라 하였고, 문해 이후는 자신감과 관계를 회복함에 따라 '다른 사람에서 똑같은 사람으로', 그리고 '부족한 사람에서 더 나은 사람'으로 전환되는 '스스로 자유로운 삶'을 누린다고 하였다.

아울러, 현영섭 외(2018)는 전국 성인문해교육 시화전 우수작품집에 실린 647편의 시를 대상으로 내용분석을 실시하여 비문해의 시작과 지속, 비문해의 어려움, 문해교육의 의의, 비문해자의 변화를 탐색하였다. 그 결과는 다음과 같다.

첫째, 비문해의 시작과 지속은 사회구조적 문제와 연결되었으며, 비문해자는 학습하려고 노력하는 모습을 보였다. 비문해 시기는 춥고 어두운 터널과 같았다. 메타포는 '터널', '다른 사람의 손을 빌려', '조롱박', '겨울(한)', '죄인' 등이 있었다.

둘째, 문해교육을 통해 글을 읽고 쓸 수 있게 되면서 공부의 기쁨을 느끼고 비문해자의 삶에 새로운 변화가 나타났다. 시에서 나타나는 메타포는 '까마귀', '동창생', '콩나물' 등이 있었다.

셋째, 비문해자에게 삶은 봄날이나 꽃과 같이 밝고, 따뜻하고, 화사하게 변하였으며, 계속해서 학습하려는 꿈을 꾸고, 새로운 역할에 도전하는 모습이 나타났다. 메타포는 '봄날', '글자꽃', '꿈보따리', '어깨펴고', '싸인' 등이 있었다.

김종천(2014)의 연구와 현영섭, 신은경(2018)의 연구를 종합하여 성인 문해학습자의 삶의 과정단계를 그림으로 나타내면 [그림 3-2]와 같다.

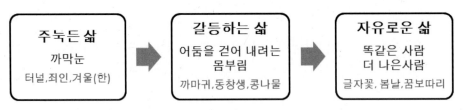

〔그림 3-2〕 성인 문해학습자의 삶의 과정단계

출처: 김종천(2014). 성인학습자의 문해학습 참여를 통한 생애경험과 인식전환에 관한 연구, p62-155, 현영섭, 신은경(2018), 재구성.

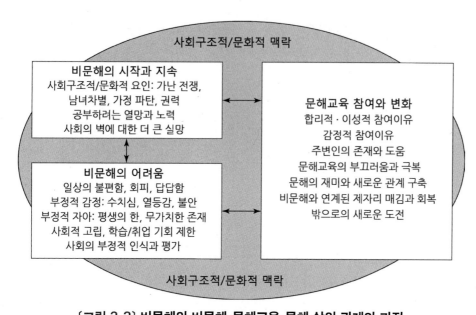

〔그림 3-3〕 **비문해의 비문해-문해교육-문해 삶의 관계와 과정**

출처: 현영섭 외(2018) 비문해의 시작과 지속, 문해교육의 의의 그리고 비문해자의 변화: 2012~17년 전국 성인문해 시화전 작품을 중심으로. 평생학습사회 제4권 제1호. p106

위 [그림 3-3]에서 볼 수 있듯이 비문해의 비문해-문해교육-문해 삶의 관계와 과정을 살펴보면, 비문해의 시작과 지속, 비문해의 어려움, 문해교육 참여와 변화가 연관되어 있고, 사회문화적 맥락 속에 담겨 있다. 비문해 삶에서 느낀 감정과 경험은 문해교육의 참여 동기가 되면서 '문해됨'의 기쁨을 느끼는 이유가 되기도 한다. 또한 교육과 학습에 대한 열망은 비문해의 시작과 삶의 곳곳에서 나타나고 있다는 점에서 비문해자의 학습능동성에 대한 재평가도 필요하다고 판단된다(현영섭 외, 2018).

2. 문해학습자의 참여 동기

1) 학습참여 동기

Houle(1961)의 학습 참여 동기

성인 학습자의 학습 참여 동기에 대해 다양한 연구가 진행되어 왔으나 호울(Houle; 1961)이 체계적인 이론을 최초로 제시하였다. Houle(1961)은 학습목적의 근거가 되는 학습참여 동기가 성인들마다 차이가 있을 것이라는 전제하에서 시카고 지역 계속교육에 참여하는 22명을 대상으로 심층면담을 진행한 결과, 성인학습자의 교육 참여 동기에 차이가 있음을 발견하고 목표지향형(goal-oriented), 활동지향형(activity-oriented), 학습지향형(learning-oriented)의 세 가지 유형으로 분류하였다. 특히, 학습지향형의 특성이 전형적인 자기주도적 학습자로 간주되어, 이후 연구되기 시작하였다. 호울(Houle; 1961)의 자기주도학습은 집단적인 학습의 과정과 학습자에게 초점을 맞춘다(정창남 외, 2017).

〔그림 3-4〕 Houle의 학습참여 동기

학습참여 동기는 다음과 같다(Houle, 1961, 이효행, 2018 재인용)

첫째, 목표지향형(goal-oriented) 동기를 갖는 성인학습자들은 특정된 명확한 목표, 목적 달성을 위한 수단으로서 교육을 활용하며, 이들은 구체적인 문제의 해결과 직장에서의 승진, 성과를 창출하기 위하여, 상사 및 권위자 등의 기대를 충족시키기 위해 교육에 참여한다. 그렇기 때문에 목표달성에 즉각적으로 도움이 될 수 있는 실용적 내용의 프로그램 등을 선정하여 활용한다.

둘째, 활동지향형(activity-oriented) 동기를 갖는 성인학습자들은 활동 그 자체에 중점을 두고 교육에 참여한다. 이들은 소외감과 외로움, 권태감, 충실하지 못한 인간관계에서 비롯된 공허함 및 불만족감, 현실에서의 탈피, 변화를 위해 교육에 참여하기도 한다. 또한, 공통의 주제에 대한 배움의 범주 안에서 새로운 인간관계를 형성하여 소속감을 느끼며, 사회적 상호작용을 바라기도 한다. 즉 지식 이외의 다른 이유 때문에 교육에 참여한다.

셋째, 학습지향형(learning-oriented) 동기를 갖는 성인학습자들은 지식 그 자체를 추구한다. 이들은 학습을 통해 배움과 지식의 성장이라는 내면적인 욕구를 지니고 있으며, 이들의 활동은 학습에 대한 이끌림으로서 계속적으로 지속된다. 이들은 학습에 행복감을 느끼고 그 자체를 추구하는 학습자를 말한다.

호울(Houle; 1961)은 세 가지 유형 중 어느 유형도 다른 유형보다 우위나 더 나은 것이라 할 수 없으며, 단지 유형상의 차이일 뿐이라고 명시하였다. 또한 이들의 세 유형은 명확하게 배타적인 것이 아니며, 상호간 일정부분 중복되는 부분이 있음을 말하며, 상대적으로 어느 부분을 더 선호하는 지 여부에 따라 달라질 수 있는 문제라고 말했다.

학습참여 동기유형

호울(Houle; 1961)의 선행연구에 몇 가지를 추가하여 참여 동기 유형을 정리하면 〈표 3-4〉와 같다.

〈표 3-4〉 성인 학습자의 학습 참여동기 유형

Houle (1961)	Burgess (1971)	Morstain & Smart(1976)	Sheffield (1983)	Boshier (1991)
목표지향형	· 개인적 목표 성취동기 · 사회적 목표 성취동기	· 외부적 기대 · 전문성 향상	· 개인목표지향 · 사회목표지향	· 가족 연대감 · 직업적 향상
활동지향형	· 현상도피 동기 · 활동 참여 동기	· 사회적 관계 · 사회적 복지 · 도피/자극	· 대외활동지향 · 대외욕구충족 활동지향	· 상호이해 증진 · 사회적 교섭 · 사회적 자극
학습지향형	· 지적 성취동기 · 종교적 목표 성취동기 · 공식적 자격 획득동기	· 인지적 흥미	· 학습지향	교육적 준비 · 인지적 흥미

출처: 이상곤, 기영화(2005). 지방공무원의 평생교육 프로그램 참여동기 및 장애요인에 관한 연구. 평생교육 · HRD연구, 1(2), p32. : 2018 함태인 재인용, p16.

이후에 호울(Houle; 1961)의 구분을 근거로 다양한 학자들이 하위요인들을 제시하고 있다. 버제스(Burgess; 1971)은 목표지향형으로 개인적 목표성취동기, 사회적 목표성취동기로 구분하고 활동지향형으로 현상 도피 동기, 활동 참여 동기로 구분하고 학습지향형으로 지적 성취동기, 종교적 목표성취동기, 공식적 자격획득동기 로 7가지 하위영역으로 구분하였다. 몰스테인과 스마트(Morstain & Smart; 1976)는 목표지향형을 외부적 기대, 전문성 향상으로 구분하고 활동지향형을 사회적 관계, 사회적 복지, 도피/자극으로 구분하고 학습지향형을 인지적 흥미로 6개 하위요인으로 정의하였다. 셰필드(Sheffield; 1983)는 목표지향형을 개인 목표지향, 사회 목표지향으로 구분하고 활동지향형을 대외활동지향, 대외욕구충족활동지향으로 구분하고 학습지향형은 학습지향으로 5개 하위요인으로 정의하였다. 보쉬어(Boshier; 1991)는 목표지향형을 직업적 향상, 가족 연대감으로 구분하고 활동지향형을 상호이해 증진, 사회적 교섭, 사회적 자극으로 구분하고 학습지향형을 인지적 흥미, 교육적 참여로 7가지 하위영역으로 구분하였다(이상곤, 기영화, 2005, 재인용 : 함태인, 2018, 재인용)

2) 비문해자의 학습참여 동기

비문해 성인학습자의 학습 동기는 ① 전문성 함양 및 직업적 성취 동기, ② 사회적 관계형성 동기, ③ 자아실현 동기, ④ 사회봉사참여 동기, ⑤ 현상도피적 동기, ⑥ 원만한 가족관계형성 동기 등 6가지 요인이 있다(만희, 1997).

〈표 3-5〉 성인 비문해학습자의 학습동기 유형

학습동기 유형	동기에 따른 개인의 배경 특성
① 전문성 함양 및 직업적 성취 동기	· 연령이 낮은 집단, 수입이 높은 집단, 주성장지가 서울인 집단, 당면과제를 학업으로 설정한 집단, 학습참여경험이 많은 집단, 문해정도가 높은 집단, 본인의 직업은 부업을 가지고 세대주의 경우 서비스(판매)직에 종사하는 경우가 높음
② 사회적 관계형성 동기	· 59세 이상의 집단, 기초문해집단, 직업이 없는 집단, 소득이 30만 원 미만의 저소득 집단, 경제적 문제를 당면 과제로 설정한 집단, 학습 참여 경험이 없는 집단이 높음
③ 자아실현 동기	· 39세 이상 48세 미만 집단이 강하게 나타남. 기초문해집단, 수입이 190만 원 이상의 집단, 성장지가 대도시이며 학습참여경험이 있는 집단이 높음 · 생활문해집단, 월수입 30만원 미만의 저소득 집단이 가장 낮음
④ 사회봉사참여 동기	· 38세 이하의 집단에서 높음 · 당면과제를 경제문제를 설정한 집단이 높음 · 대도시에서 성장한 집단과 비교적 경제적으로 안정된 집단이 가장 낮음
⑤ 현상도피적 동기	· 직업이 없는 경우 당면과제를 건강으로 생각한 49세 이상 58세 미만의 집단, 30만 원 이상 70만 원 미만의 저소득집단이 가장 높음 · 38세 이하의 중년층이나 학습경험이 2~4회 많은 집단이 가장 낮음
⑥ 원만한 가족관계형성 동기	· 기초문해집단, 본인직업이 무직인 집단, 수입이 30만 원 미만인 집단, 학습경험이 없는 집단이 가장 높음.(전체적으로 어려운 상황에 처해 있는 집단) · 생활문해과정의 190만 원 이상의 수입으로 대도시에서 성장하고 학습경험이 2~4회로 많은 집단이 가장 낮음

출처: 만희(1997), 성인 비문해 학습자의 학습 동기에 관한 연구, p59-60 재구성.

교육제도에서 소외되어 있는 성인 비문해 학습자들의 비문해원인과 실태, 학습동기를 살펴봄으로써 교육평등화의 관점에서 문해교육의 중요성을 강조한 '비문해 학습자의 학습동기에 관한 연구'에서 6가지로 제시하였다. 개인적 요인과 상황에 따라 매우 다양하며 중첩되어 있으므로 학습내용이나 방법 또한 상황에 대한 분석적이고 체계적인 접근이 필요하다고 하였다. 성인 비문해학습자의 학습동기 유형은 〈표 3-5〉와 같다.

3. 문해학습자의 학습몰입

1) 학습몰입의 개념

칙센트미하이(Csikszentmihalyi)에 의해 처음 소개된 몰입은 어떠한 수행에 몰두하여 시간, 피로뿐만 아니라 수행 그 자체 이외의 다른 아무것도 느끼지 못하는 최적경험의 상태로 개인에게 주어진 환경과 최적의 상호작용이 이루어질 때 경험하는 것으로 많은 사람들이 이러한 몰입 경험을 '물 흐르듯 자연스러운 행동상태'라고 표현하며 'flow'라는 용어를 처음 사용하였다.

학습몰입은 학습자의 학습 흥미 유발과 적극적인 참여를 유발하고 창의성·즐거움·능력개발·최고수준의 학습경험 그리고 자아존중감 등을 경험하게 해줌으로써 '삶의 질'에도 영향을 미친다(Csikszentmihalyi, 1990).

2) 학습몰입의 구성요소

칙센트미하이(Csikszentmihalyi; 1990)는 일상의 경험에서 몰입에 대한 개인의 절정 순간을 직접 측정한 심층적인 면접법을 통한 조사로 몰입(flow)을 구성하는 요소로 도전과 기술이 조화, 명확한 목표, 구체적인 피드백, 행위와 의식의 통합, 과제에 대한 집중, 통제감, 자의식의 상실, 시간감각의 왜곡, 자기 목적적 경험이라는 9가지 요소를 제시하였다.

〈표 3-6〉 몰입의 9요소

구분	내용
인지적 몰입 학습몰입 조건	1. 도전과 기술의 조화(Challenge-skill balance) 2. 명확한 목표(Clear goals) 3. 구체적인 피드백(Unambiguous feedback) 4. 행위와 의식의 통합(Action-awareness merging) 5. 통제감(Sense of control)
정의적 몰입 학습몰입 경험	6. 과제에 대한 집중(Concentration on task at hand) 7. 시간감각의 왜곡(Transformation of time) 8. 자의식의 상실(Loss of self-consciousness) 9. 자기 목적적 경험(Autotelic experience)

몰입은 이러한 9가지의 하위구성요소를 포함하는 개념으로서 총체적으로 어떤 활동에 완전히 빠져 있는 상태를 말한다. 최적의 몰입경험은 한 가지 차원의 경험이 아니라 9가지 요인들이 상호의존적이고 복합적으로 결합되어야 형성된다는 것이다(김득만, 2018).

3) 학습몰입의 중요성

문해학습자에게 학습몰입은 매우 중요하다. 학습몰입은 학습자의 학습 흥미 유발과 적극적인 참여를 유발하고 창의성 · 즐거움 · 능력개발 · 최고 수준의 학습경험 그리고 자아존중감 등을 경험하게 해줌으로써 삶의 질을 높일 수 있기 때문이다. 생애 첫 문해학습이 비문해자들에게는 만만치 않은 데다 학습여건도 열악한 편이다.

문해학습자의 개인적 측면에서 보면 연령이 높은 편이며, 신체적 건강 문제, 여성이 대부분으로 가사일과 일터에서 오는 시간상의 문제, 경제적 여건과 오랜 기간 비문해자로 살아왔기에 주눅 들고 자신감이 부족한 주변인의 문제를 가지고 있다.

또한 문해교육 현장에서 보면 체계적이지 못한 운영, 열악한 교육실 환경과 갖추어지지 않은 교구, 전문성이 결여된 자원봉사교사 등이 운영하는 데 따른 교사와 동료 학습자간의 소통의 문제가 있을 수도 있다. 아울러 주변에서 보는 곱지 않은 시선 또한 감수해야 한다.

이러한 여러 가지 여건으로 인하여 문해학습자들은 몰입이 어려운 실정이다. 하지만 분명한 성취목표를 가진 문해학습자와 문해교사, 문해교육 운영자, 가족, 지역사회 등이 협력하여 문해학습에 몰입할 수 있도록 지원이 필요하다.

김희정(2012)은 "학습과정에서 학생들이 교사를 어떻게 지각하느냐는 것이 학습몰입을 선행하는 중요한 요인인데, 학습몰입에 교사라는 타인의 맥락이 추가되면서 관계 형성의 중요성을 재인식하고 학습몰입의 증진을 위해서는 학생의 내적인 변인뿐만 아니라 교사와 학생의 상호작용이라는 맥락을 함께 고려해야 한다"고 하였다.

문해학습 과정에서 중요시해야 할 학습몰입은 성취목표와 참여동기, 자기효능감과 밀접한 관계가 있다. 문해학습자가 문해학습에 몰입한다면 자신의 능력을 최대한 발휘하여 학습의 성과를 높일 수 있을 것이며 아울러 즐겁고 행복한 학습이 될 것이다. 이를 통해 해방적 학습이 가능하며 자아존중감을 높여 삶의 질이 높아질 것이다.

문해학습자의 학습몰입을 돕는 요인을 살펴보면 다음과 같다(최보라, 2015).

첫째, 학습자의 정의적, 인지적, 행동적 측면 모두에 직 · 간접적으로 영향을 주는 학습자를 둘러싸고 있는 다양한 심리적 환경에 대한 이해는 학습자의 긍정적 자아개념 형성에 영향을 미치며, 이를 통해 보다 긍정적이고 효과적인 학습결과를 유발할 수 있도록 도움을 줄 수 있다.

둘째, 학습자는 학교에서 교사와 또래로부터 격려와 지지를 받아 얻게 되는 높은 수준의 교육적 · 심리적 지원을 통해 학습활동에 임하면 효과적인 학습결과를 이끌 수 있다. 뿐만 아니라 학교로부터 받는 수준 높은 지원과 지지는 학습자가 보다 높은 차원의 학습전략을 사용하여 학습몰입을 경험할 수 있도록 돕는다.

셋째, 학습방법에 있어서도 학습자 개인차 특성을 고려한 적절한 과제 제시와 교육방법 모색 그리고 구체적인 피드백이 필요하며, 이와 같은 교사의 역할은 학습자의 학습활동 질을 향상시켜 학습자 몰입을 도울 수 있다.

넷째, 인간의 성격적 특성은 학습전략뿐 아니라 학습몰입에 영향을 미치기 때문에 학습자의 학습몰입 경험을 돕기 위해서는 학습자의 성격이 학습에 어떠한 영향을 주는지에 대한 이해와 이를 바탕으로 학습자의 특성에 대한 지식을 제공할 필요가 있다.

마지막으로, 학습자가 학습과제를 수행하며 학습에 완전히 빠져들어 몰두하고 있는 최적의 심리상태인 학습몰입은 학습자가 학습에 완전히 몰두하여 즐거움을 느끼는 최상의 경험이자 학습자가 도달해야하는 마지막 단계라고 볼 수 있다. 학습자가 이와 같은 학습몰입을 경험할 수 있도록 돕기 위해서는 학습자 스스로 자신의 학습과정에서 적절하게 사용할 수 있는 다양한 학습전략에 대한 정보를 제공하여 학습자의 학습참여도를 높일 필요가 있다.

4) 문해교육 참여동기와 학습몰입의 관계

학습 참여동기에 대한 논의는 호울로부터 시작되었으며, 학습몰입과의 관계는 학습몰입의 초기 연구자인 칙센트미하이(1975)에 의해 시작되었다. 칙센트미하이(1990)는 학습에 참여하는 동기는 학습몰입에 중요한 영향을 주고 있다고 설명하고 있으며, 학습자의 참여동기를 높이기 위해 다양한 방법이 필요하다고 주장하였다(함태인, 2018).

비문해자의 문해교육 참여동기와 학습몰입의 관계를 정리하면 다음과 같다(함태인, 2018).

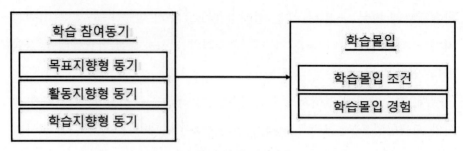

〔그림 3-5〕 **연구 모형**

출처: 함태인(2018), 비문해 학습자의 문해교육 참여동기와 학습몰입의 관계, P.31

문해교육에 참여하는 비문해학습자의 학습 참여동기 하위요인 중 목표지향형과 학습지향형은 학습몰입 조건과 학습몰입 경험에 정(+)적인 영향을 주는 반면, 활동지향형은 학습몰입 조건과 학습몰입 경험에 영향을 주지 않는다고 하였다. 또한 문해교육에 참여하는 비문해자의 학습단계에 따라 학습 참여동기와 학습몰입의 관계에 차이가 있었는데, 이는 〈표 3-6〉과 같다.

〈표 3-6〉 **문해학습자의 참여동기와 학습몰입의 관계**

(+: 정적, -: 부적)

Houle의 학습참여동기	학습몰입 조건(인지적 몰입)				학습몰입 경험(정의적 몰입)			
	전체	비문해 학습단계			전체	비문해 학습단계		
		1단계 (소망의 나무)	2단계 (배움의 나무)	3단계 (지혜의 나무)		1단계 (소망의 나무)	2단계 (배움의 나무)	3단계 (지혜의 나무)
목표지향형	+	+	+		+			
활동지향형			-					+
학습지향형	+		+	+	+	+	+	+

출처: 함태인(2018), 비문해 학습자의 문해교육 참여동기와 학습몰입의 관계, p47-55. 재구성 .

비문해 학습자의 문해교육 참여동기와 학습몰입의 관계연구 결과를 토대로 다음과 같이 제언하였다(함태인, 2018).

　첫째, 비문해 학습자가 지속적인 학습몰입을 이어가기 위해서는 현실적인 문제 해결과 학습 자체의 즐거움을 느낄 수 있도록 수업을 진행해야 한다. 문해교육은 기초적인 글자를 쓰고 이해하는 수준을 넘어 대중교통 활용방법, 은행 및 관공서 이용법, 공문서 읽는 방법 등 비문해자로서 느끼게 되는 현실적인 문제해결 능력향상을 학습목표로 설정이 필요하며, 배우고 있는 과정 자체에 중요성을 강조하여 학습하는 즐거움을 느끼게 할 필요가 있다. 다시 말해 교수자는 학습자가 가지고 능력과 학습 목표간의 일정한 간격을 유지하여 도전의식을 증진시킬 수 있도록 하며, 학습자가 이해할 수 있는 명확한 학습목표설정을 통해 지속적인 학습몰입을 이어갈 수 있는 원동력을 제공해야 한다. 이는 학습자 스스로 학습하는 즐거움을 얻어 활동을 수행하기 위한 집중과 흥미, 노력 등의 강도를 강화하도록 도와줄 수 있다.

　둘째, 비문해 학습자가 참여하는 학습단계와 학습몰입 단계에 따라 수업의 목표를 다르게 설정할 필요가 있다. 낮은 단계의 학습자는 직시되어 있는 현실 문제를 해결하기 위한 목표를 제시하고 지속적인 학습몰입 경험을 제공하기 위해 배우는 과정에서 경험하는 성장에 가치를 둘 필요가 있다. 즉 초기 유입된 학습자는 비문해자로서 겪었던 어려운 점을 해결하는 데 초점을 맞춰 교육을 진행하고 학습의 본연의 가치를 느껴 즐거운 학습이 이어갈 수 있도록 도와줄 필요가 있다.

　반면, 높은 단계의 학습자의 경우 비문해자로서 느끼는 문제점 해결보다는 고차원적인 학습을 이어갈 수 있도록 학습 본연의 즐거움을 느끼도록 학습설계를 할 필요가 있다.

　결과적으로 낮은 단계학습자는 현실적인 문제 해결을 중심으로 한 학습 즐거움 제공, 학습단계가 높아질 경우 고차원적인 학습을 지속적으로 이어갈 수 있는 원동력을 제공할 수 있도록 학습목표를 설정할 필요가 있다.

【연구과제】

1. 개인별 비문해 사례를 통한 문해학습자의 개별 특성에 대해 설명하시오.
2. 문해교육 참여동기를 파악하여 효과적인 학습목표를 제시하시오.
3. 문해학습자의 학습몰입 방안은 무엇인지 논하시오.

【참고문헌】

국가평생교육진흥원(2018).「2017 평생교육백서」.

정찬남, 김성자, 김종천, 노병윤(2017).「문해교육론」, 양서원.

차갑부(2014).「평생교육론- 모든 이를 위한 평생학습」, 교육과학사.

이상곤, 기영화(2005).「지방공무원의 평생교육 프로그램 참여 동기 및 장애
　　　요인에 관한 연구」, 평생교육·HRD연구, 1(2), p29-54.

김득만(2018).「평생직업교육학원의 바리스타교육이 학습몰입, 자기효능감,
　　　학습성과 및 학습전이에 미치는 영향 - ARCS 학습동기이론을 중심
　　　으로」, 극동대학교 일반대학원 박사학위논문.

김종천(2014).「성인학습자의 문해학습 참여를 통한 생애경험과 인식전환에
　　　관한 연구」, 백석대학교 기독교전문대학원 박사학위논문.

김희정(2012).「교사-학생관계 및 학습동기와 학습몰입의 구조적 관계」, 숙
　　　명여자대학교 대학원 박사학위논문.

만희(1997).「성인 비문해 학습자의 학습동기에 관한 연구」, 명지대학교 사
　　　회교육대학원 석사학위논문.

이효행(2018).「평생교육 프로그램 참여자의 참여 동기와 공동체 의식에 관
　　　한 연구」, 연세대학교 교육대학원 석사학위논문.

주명희(2012).「성인 문해학습의 전환학습적 특성」, 전남대학교 교육대학원
　　　석사학위 논문.

최보라(2015). 「가정ㆍ학교의 심리적 환경, 성격, 학습전략 및 학습몰입간의
　　관계」, 숙명여자대학교 대학원 박사학위논문.

함태인(2018). 「비문해 학습자의 문해교육 참여 동기와 학습 몰입의 관계 」,
　　고려대학교 교육대학원 석사학위논문.

현영섭, 신은경(2018). 「비문해의 시작과 지속, 문해교육의 의의 그리고 비
　　문해자의 변화: 2012~17년 전국 성인문해 시화전 작품을 중심으로」,
　　평생학습사회 제4권 제1호, p101-129.

Houle, C. O. (1961). *The inquiring mind. Oklahoma Research Center for
　　Continuing Professional and Higher Education*, University of Oklahoma.

文解

PART

02

문해교육의 이론

경험학습과 문해교육

【개요】

　성인학습자에게 있어 경험은 지식을 재구성함으로써 또 다른 지식을 수용하는 하나의 기제로 인식되므로 주요 학습이론으로 강조된다. 체험과 경험이 학습으로 인지되기까지 듀이, 콜브, 자비스, 어셔와 브라이언트, 존스턴 등 여러 학자의 연구들이 있었다. 초기 경험학습은 개인의 체험이 어떻게 학습으로 전이되는지 그 과정을 밝히는 것으로 출발하였으나 이후 경험의 주체인 인간이 마주한 사회성과 맥락을 강조하면서 복잡성에 대한 고민의 필요성을 제기하게 되었다.

　따라서 본 장에서는 경험학습이론의 대표학자인 콜브(Kolb, 1984), 자비스(Jarvis, 2006), 어셔와 브라이언트, 존스턴(Usher, Bryant, & Johnston, 1997)등의 학습이론을 살펴봄으로써 경험이 학습으로 전개되는 과정과 어떠한 특징이 있는지 서술하였다. 경험학습의 발전단계에 있어 각 유형별 특징을 학습함으로써 학습자별 특징과 효과적인 학습전략들을 이해할 수 있으며, 경험학습을 통한 무형식학습의 의미를 찾아봄으로써 문해교육 현장에서 다양한 교수전략 수립 및 학습자 이해를 돕고자 한다.

【학습목표】

1. 경험으로부터 전이되어 발전하는 학습과정을 이해할 수 있다.
2. 경험학습 기반의 문해교육의 교수학습 전략을 말할 수 있다.
3. 문해교육 현장에서 경험학습 의의를 설명할 수 있다.

1. 경험학습의 개념과 특성

1) 경험학습의 개념

경험(經驗)의 사전적 의미는 인간이 외계와의 상호 작용 과정이나 그 성과를 총칭하는 말이다. 감각이나 개인의 성찰을 통해 얻는 것, 또는 그 획득 과정을 말하는 것으로 이성이나 직관과 같은 선험적 능력과 대비되는 개념이라 할 수 있다. 결국 자신이 실제로 해보거나 겪어 보는 과정을 통해 얻게 되는 지식을 뜻하는 것으로, 보통 명제적 지식보다는 절차적 지식을 일컫는다. 이것은 체험과정을 통해 오감으로 전해지는 것들이 자신의 인식 틀에 새롭게 정의되는 과정까지도 포함하고 있음을 의미한다.

이러한 특성은 자연스럽게 학습과 연계가 되어 교육적 연구주제로 부각되었다. 단순 체험을 경험으로 인식하여 학습적 성찰과정으로 재정립하기 시작한 것은 학교현장에서 교사를 중심으로 한 지식전달 방식의 학습효과와 방법에 대한 한계를 인식하고 다른 대안을 고민하면서부터이다. 그 출발은 산업혁명으로 지식이 폭발적으로 증가되고 이를 사회발전의 한 흐름으로 받아들였던 19세기 중반 미국에서 찾을 수 있다. 이러한 개념 초기에는 경험학습에서 과정개념이 반영되지 않았다. 초기만 해도 단순히 교과중심의 이론학습에 대한 반대개념으로 학습동기, 흥미의 중요성을 논하면서 이분법적 사고로 부각되었다. 이후 듀이(Dewey), 콜브(Kolb), 자비스(Jarvis) 등의 학자가 경험이 학습으로 인지되는 과정을 명시화 하면서 본격적으로 학습이론으로 부각되기 시작되어 오늘에 이른다.

학령기 학생에게 있어 경험은 체험을 통해 지식을 보다 더 잘 이해하는 방법으로 부각된다. 성인학습자의 경우에는 이를 넘어서 단순 체험이 아니라 그 경험을 둘러싸고 있는 내·외부 환경과 가치관, 역할로 전혀 다른 학습 결과를 이끌어 내기도 한다. 그래서 평생학습의 맥락에서는 경험학습을 일상적인 생활 가운데에서 발생하는 모든 학습을 가리키는 개념까지 포함하여 이해한다.

경험학습은 다양하고 깊이 축적되어 있는 성인의 경험을 재해석함으로써 여러 가지 중요한 의미를 갖게 된다. 한 개인은 자신이 삶을 살아가면서 참여하게 되는 다양한 사회활동과 지역사회의 구성원으로서 역할을 수행하면서 무언가 인식하게 되는 배경, 학습, 동기, 관심이 달라지고 이를 통해 자아 정체성(self-identity)이 만들어진다. 그래서 성인학습에서 경험학습(experimental learning)은 경험에 의한 학습(learning by doing)과 경험을 통한 학습(learning from experience)을 포괄적으로 담고 있는 개념이라 할 수 있다. 즉, 경험학습이란 체험학습이나 실천학습을 모두 포함하여 객관적 실재에 대한 개인의 의미 재해석을 함축하는 인간의 변화와 성장과정으로 이해할 수 있다(김한별, 2014; Jarvis, 2006).

2) 경험학습의 특성

성인에게 있어 경험학습은 경험의 가치보다는 경험에 대해서 학습자가 성찰한 질적 수준에 따라서 더 많은 영향을 받는다(Merriam & Caffarella, 1999). 학습적 성찰은 개인과 개인을 둘러싸고 있는 내·외부 환경과의 상호작용으로 매 순간 다르게 인식될 수 있는 중요한 요소다.

하나의 경험은 한 개인의 연령, 성별, 경험을 마주한 장소와 시기에 따라

〈표 4-1〉 경험학습의 형태

학습자의 문제인식 전제	반성적 사고 개입	반성적 사고 미개입
기존의 관점 및 능력에서 해결 가능	숙고활동	적용 및 실행, 기억
기존의 관점 및 능력에서 해결 불가능	전환학습	기억(미래를 위한 정보)

출처: 김한별, 김영석, 이로미, 이성엽, 최성애(2010). 성인 경험학습의 이해: 이론과 실제, p15.

개인별 다를 수 있고, 같은 공간과 맥락일지라도 사람에 따라 인식의 차이가 있을 수도 있다.

경험을 매개로 한 학습은 〈표 4-1〉에서 나타내는 것과 같이 경험에 대해서 개인의 성찰이 없는 기억으로 남는 일반적인 체험학습, 자신의 경험내용에 대해서 의도적인 반성이 개입함으로써 학습자에게 유용한 지식으로 스스로 구성되어 가는 과정의 학습으로 구분할 수 있다. 전자의 경우 반성적 사고가 개입되면 숙고 활동을 하게 되고 이러한 활동이 없다면 하나의 기억으로 남게 된다. 후자의 경우는 반성적 사고 개입으로 전환 학습이 일어나고 그렇지 않은 경우는 단순 기억으로 미래를 위한 정보로서만 남게 된다.

더 나아가 학습자가 가지고 있는 기존 관점과 틀을 현재 자신의 능력 안에서 충분히 다루어질 수 있는 경우와 그렇지 못한 경우로 나누어질 수도 있다. 그런 의미에서 성인학습에 있어서 경험의 기준은 개인의 반성적 사고, 즉 성찰의 유무가 중요한 요소다.

성인이 경험을 통해 학습해 나가는 것이 단순히 심리학적 과정으로 설명하기에는 한계가 있다. 이는 개인이 살아가는 사회적 맥락 속에서 개인의 가치, 규범, 신념이 개인의 경험학습 결과를 각기 다르게 표출하므로 경험학습이 일어나는 복잡다단한 속성을 이해해야 한다.

경험학습의 특성은 결국 시간적, 공간적 배경, 개인의 생애주기, 사전지식과 경험을 넘어 삶의 일상적 조건에서 일어나는 무형식학습(informal learning)까지도 포함하는 평생학습의 맥락에서 고민이 필요함을 알 수 있다. 특히 지식기반 융·복합으로 인한 사회변화로 더욱 가속화된 평생교육의 시대의 도래로 경험학습이 성인학습의 출발이자 성장의 시작임이 더욱 강조되고 있음을 고려할 때 이러한 인식은 중요한 요소라 할 수 있다. 경험학습의 관점에서 바라보면 우리의 삶 자체는 학습의 한 과정이자 학습의 결과로 바라볼 수 있다.

2. 경험학습의 이론과 모델

1) 듀이(Dewey, 1938)

듀이(Dewey, 1938)는 과학적 결과에 대한 교육의 한계를 주장하면서 학습이란 경험을 통해 지식을 계속해서 구성해 나가는 과정이라 정의하고 이것이야 말로 진정한 교육이라 했다. 경험학습의 주요 작동원리로 계속성과 상호작용을 주장하였는데 여기서 계속성이란 과거의 경험으로부터 학습하여 현재에 반영하고 이것이 다시 개인과 마주하게 될 미래에 대한 함의를 제공함을 뜻한다. 상호작용의 원리는 개인 간의 관계 이외 성인이 생활하고 있는 환경 안에서 상호적인 경험 발생이 지속될 때 학습이 일어남을 설명한다. 계속성과 상호작용의 원리를 하나의 예로 들어보면 다음과 같다.

만약에 재활용품을 통해서 환경문제를 이야기할 때 책에서 글과 사진으로 내용을 접한 경우와 실제 재활용품을 통해 학습자들이 함께 무언가를 만들고 서로의 경험을 공유하게 될 때의 의미는 사진 속 재활용품과는 다른 의미로 개인에게 인식될 것이다. 더 나아가 그 인식은 개인별 사전지식과 경험, 가치관 그리고 그가 처한 환경에 따라 또 각기 다르게 개인에게 다가올 것이다. 그러면서 개인의 인식변화는 향후 자신의 실천을 담보하게 되기도 한다.

결국 경험을 통한 학습이라는 것은 지식이 계속 발전되어 하나의 명제를 넘어서 학습자와 함께 있는 환경과의 상호작용 속에서 끊임없이 생산되어 나가는 것임을 알 수 있다. 듀이는 진정한 교육의 의미는 과거지식의 습득 뿐만 아니라 학습동기, 흥미, 사회문제 해결을 인간본성 측면에서 고민할 때 부각될 수 있다고 강조하였다. 그래서 그동안 전통과 진보주의의 이분법적 관점에서 벗어나 '경험이 학습으로 변화하는 전제조건과 과정'을 구체화함으로써 경험이 학습으로 수용될 수 있는 이론적 기반을 마련하였다.

2) 콜브(Kolb, 1984)

콜브의 경험학습에서 이론의 기초를 구성하는 것은 구성주의 패러다임이다. 지식은 성인들의 경험을 학습상황에 반영해 나가면서 그러한 경험을 수정해 나가는 것으로 보았다. 학습은 지식의 완성인 결과가 아니라 지속적인 과정이며, 이전 지식과 새로운 자극으로부터 갈등을 통해 새로운 외부 경험에 적응하고, 개인과 환경간의 인식의 차를 포함하며, 이러한 과정을 통해서 새로운 지식과 자신의 인식을 창조하는 과정이라 하였다.

그는 듀이, 피아제, 레빈의 연구를 기초로 경험을 학습으로 만들어 가는 성인의 특성을 설명하였다. 새로운 경험을 위한 개방성과 의욕, 경험을 다양한 관점에서 볼 수 있는 관찰력과 성찰능력, 관찰을 통합적 아이디어와 개념으로 만드는 분석력, 또 그러한 능력을 실제에 적용할 수 있는 의사결정 및 문제해결 능력이 그의 연구에서 강조되고 있는 성인의 경험학습 필요 능력이다.

(1) 성인의 네 가지 경험학습 단계

구체적인 경험에서 경험을 학습으로 체계화시킬 수 있는 학습능력이 시작되는데, 이러한 자극이 반성적 관찰을 통해 새로운 개념을 추출하게 되고, 적극적인 실천으로 명확해진다. 각각의 과정은 개인마다 다른 학습자의 효과적인 정보처리 과정을 반영하여 순환적으로 작동한다고 한다. 콜브가 제시한 경험을 통한 학습의 네 과정은 [그림 4-1]로 정리할 수 있다.

첫째, 경험은 구체적인 사건을 접하였을 때 개인적인 판단에 의존하는 감각적인 학습접근 방식이다. 문제해결 및 상황접근에 느낌을 더 활용하므로 변화에 개방적인 학습능력이 중요하다. 따라서 이 단계를 선호하는 학습자는 타인과의 개인적 관계에 따라서 학습정도가 달라진다. 이론적 접근보다는 각각의 상황을 개별적으로 취급하기 좋아하므로 직접 자신들이 보고, 만지고, 경험할 수 있는 예를 통해서 가장 잘 학습한다.

둘째, 관찰은 학습에 대해 잠정적, 중립적, 반성적 접근을 하는 방식이다. 어떠한 문제를 해결해 나가기 위해서 잠정적으로 그동안의 과정을 반성해 가는 것으로 다양한 관점에서 개념과 상황을 이해하고 반성적 관찰을 함으로써 총체적인 판단을 한다. 인내력을 가지고 있고 객관적이며 자기 자신의 생각과 판단을 통해 의견을 형성한다. 이들은 학습자가 공정하고 객관적인 역할을 수행하는 강의식 학습상황을 선호한다. 학습시 감정에 의한 판단보다는 주의 깊은 관찰을 하며 다양한 사람들의 관점을 인식하여 사물을 보고 그 의미를 찾아내고자 노력하는 경향이 있다.

셋째, 개념은 논리적 사고와 합리적 평가에 의존하는 분석적이고 개념적인 학습접근법이다. 이를 위해 자신의 경험을 기반으로 개념을 명확화 하여 활용한다. 특히 이 단계의 학습자는 체계적 계획을 기반으로 문제해결을 위해 이론과 개념을 개발한다. 사람보다는 추상화된 개념에 더 끌리기 때문에 이론과 체계적 분석을 강조하는 학습상황을 가장 선호한다.

넷째, 실천의 단계는 능동적이고 실험에 의존하는 학습방식을 나타내며 상황을 변화시키거나 영향을 주는 시도를 해본다. 사건을 해결하기 위하여 성인이 문제를 적극적으로 해결해 나가는 과정으로 문제해결을 위해 적극 개입하여 일을 끝까지 완성시키려고 노력하는 단계이다.

콜브는 효과적인 경험학습을 위해 다음과 같이 조언하고 있다.

- 경험학습 상황에 주도적으로 접근하여 적극적으로 의사결정하며 결과에 대한 책임을 질 수 있어야 한다.
- 학습 전 과정을 통해 학습자는 문제제기, 조사, 실험, 호기심, 문제해결, 창의성, 의미구축에 몰입해야 한다.
- 학습자들의 지적, 정서적, 사회적, 심리적 그리고 신체적인 모든 의견이 서로 균형 있게 작용해야 한다.
- 학습과정에 적극적인 관여를 통해 학습자들이 학습과정을 신뢰할 수

있음을 인식해야 한다.

- 학습경험에 대한 고안은 자연스러운 결과, 실수, 성공에서 배울 수 있
는 가능성이 포함되어야 한다.

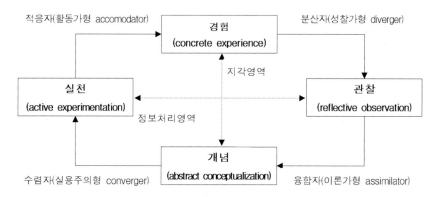

〔그림 4-1〕 콜브의 경험학습 네 단계와 성인학습자의 유형

출처: Kolb, D.(1984). Experiential learning: Experience as the source of learning and development, p38.

콜브는 경험학습의 네 단계는 각자 선호하는 영역에 따라 서로 다른 지점에서 시작될 수 있고 계속 순환적으로 발전해 가며, 학습의 시작은 문제 상황에서 실천적 효과를 추구하는 사람에 의해서 촉발될 수 있다고 하였다. 결국 학습자는 자신이 선호하는 학습방식을 순환과정의 어느 곳에서나 시작할 수 있지만 경험이 학습을 통해 의미 있는 것으로 자리 잡기 위해서는 반드시 이 네 가지 단계를 거쳐야 함을, 또 네 단계가 순차적으로 겪을 때 보다 더 구체적으로 그 의미를 갖게 된다고 강조하고 있다.

(2) 성인학습자 네 유형과 교수전략

콜브는 경험학습 네 단계를 설명하면서 자신의 문제를 능동적으로 해결하려는 학습자의 유형도 네 가지로 구분하였다. 이것은 인간의 본능에 집중한 분류이며 이러한 학습유형은 정보를 지각하고 처리하는 방식의 조합으

로 분산자, 융합자, 수렴자, 적응자로 정리된다(그림 4-1 참조).

첫째, 분산자(diverger)는 구체적인 경험을 선호하면서 반성적인 관찰을 수행하는 학습자를 뜻한다. 상상력이 풍부하므로 문제해결을 위하여 다양한 방법에서 구체적인 상황을 예견한다. 따라서 이들은 새로운 방식으로 정보를 수집하고 자기성찰 활동을 하여 개별학습과 함축적 의미를 상상하고 개방적인 수용 과제에 뛰어나다. 즉흥적이고 감정적인 것에 집중하므로 결점 보완을 위해서는 이론적 배경을 제공하고 현상 설명을 위한 객관적 모델 제시와 구체적인 연습제공, 현실적 맥락에서의 아이디어를 적용하는 수업환경을 제공해 주어야 할 필요가 있다. 이 영역의 학습자는 예술, 인문학, 문학을 전공한 사람들이 많다. 따라서 이들은 성찰가형이라고도 한다.

둘째, 융합자(assimilator)는 반성적인 관찰을 통해 개념 정립을 수행하는 학습자이다. 이론적 모형을 만들어 내는 능력이 뛰어나서 아직 정립되지 않는 사실에 대해 관찰을 통합해 설명이 가능하도록 융합을 잘 한다. 이런 특징으로 이들에게 교수자는 자료검증, 아이디어 분석, 결과예측, 원인추론, 함축된 의미 평가의 학습전략을 이용하면 좋다. 마인드맵이나 개념지도 유목화를 통해 정보를 집단화하는 기회 제공이 효과적이며, 학습결점 보완을 위해 실생활이나 가상현실을 활용한 수업상황 제공도 검토할 수 있다. 이들은 사람보다는 이론, 추상적 개념에 관심이 있어 이론가형이라고도 한다.

셋째, 수렴자(converger)는 개념을 기반으로 구체적인 실행을 선호하여 새로운 상황에서 능동적인 문제해결을 하는 성인학습자를 일컫는다. 이들의 장점은 아이디어를 적용하여 문제해결을 하므로, 명확한 질문에 대해 하나의 정답이 존재하는 지능검사 같은 상황에서 가장 잘 학습을 한다. 가설적이고 연역적인 추론을 통해 그 사람의 지식을 특수한 문제에 집중시킬 수 있는 방식으로 정보를 조직한다. 사람보다는 기술적인 것에 흥미를 느끼며 자연과학을 전공으로 선택하는 경향이 있다. 전문적이고 기술적인 직업에 효과적이며 실제 기술자가 많다. 목표설정, 의사결정 등의 과제에 뛰어나므로 학습목표 설정, 자료검증, 자료 반복연습, 결과예측의 학습전략이 효과적이며, 연역적 절차를 사용한 수업설계가 효과적이다. 사고의 과정이 드러나는 귀납적 절차를 활용해 예시를 제시하거나 학습자 스스로 학습상황을 설정하게 유도해 유추 관련성을 설명하고 만들어냄으로써 부족한 부분을 보충할 수 있다. 이들은 감성적이지 않으며 인간관계를 중시하기보다는 문제해결을 중시하므로 이들을 실용주의형이라고도 한다.

넷째, 적응자(accomodator)는 구체적인 경험을 좋아하며 새로운 상황에서 문제해결을 위해 적극적으로 실험하는 것을 선호한다. 계획과 실험을 진행하고 새로운 경험에 집중하는 경향이 크다. 긴급상황 대처 능력이 뛰어나며, 비구조화된 과제와 타인의 일에 개입하고 돕는 일에 우월하다. 정보를 개인적 경험과 연관하여 약식으로 진행하거나 개인적 예를 많이 제시하는 수업환경을 선호한다. 성격이 급한 경우가 많고 저돌적인 편이라 다른 세 유형 대비 위험감수 경향이 다소 높다. 실질적인 적용을 선호하고 직접 행동함으로써 이들을 활동가형이라고도 한다.

콜브의 이론은 경험학습 과정과 학습자 유형을 학습자의 정보처리과정과 지각영역을 기준으로 명시한 것으로 향후 학습전략 수립 및 구체적 방안 수립에 효율적이며, 지식이 만들어지는 과정을 상세히 설명하고 있다.

3) 자비스(Jarvis, 1987, 2006)

자비스(Jarvis, 2006)는 콜브의 경험학습 이론이 개인에게 있어 지식이 형성되는 과정은 설명하고 있으나 개인이 경험을 통해 학습하는 과정은 이보다 더 복잡한 환경 안에 있으므로 좀 더 깊이 있게 고민해야 함을 주장하였다. 그는 학습은 언제나 사회적 맥락 안에서 이뤄지며, 학습자 또한 그 안에 존재하므로 사회적 현상으로 인식해야 한다고 했다(Jarvis, 1987).

즉, 기술이나 태도가 변화하게 되는 사회적 실재성에 대한 부분을 간과하면 안 된다며 개인이 경험을 통해 학습이 일어날 수 있는 것은 개인이 마주하게 되는 '사회적 상황'과 맞물려 진행된다고 보았다.

또 그 상황에 대한 개인의 인식은 학습자의 주관적 특성에 따라 다르므로, 경험을 통한 학습이란 결국 '주관'과 '객관'의 교차점에서 보다 복잡성을 반영하여 생겨난다고 주장하였다.

그의 초기 연구를 보면 학습은 '경험을 지식, 기술, 태도로 전환하는 것'이라 정의하였다(Jarvis, 1987). 잠재적 학습경험이 일어날 수 있을 때는 '개인이 속한 사회적 상황'에 들어가면서'라고 하면서 이러한 과정을 통해 자아(self)를 재구성하는 인간이 되었을 때 이것이 곧 학습이라 하였다. 그는 사회 환경 및 상호작용과 관련된 주된 대상이 '인간'임을 인식하면서 향후 경험을 통한 학습의 개념을 다음과 같이 발전시켰다.

> "인간의 학습이라는 것은 한 인간(whole person)이 전 생애동안 육체와 정신(지식, 기술, 태도, 가치, 감정, 신념) 그리고 사회적 상황들을 경험함으로써 인식된 내용을 인지적 · 정서적 · 실제적인 것으로 전환하며, 개인적인 인간의 일생으로 통합하여 끊임없이 변화하는 인간을 만들어내는 생애에 걸친 과정들의 조합이다."(Jarvis, 2010).

그는 콜브의 학습이론을 성인학습자의 다양한 집단에 적용함으로써 발전시켰는데 이를 통해 성인들은 비학습반응(non-learning response), 비반성적 학습반응(non-reflective learning response), 반성적 학습반응(reflective learning response)을 해 나가면서 일상을 구성한다고 보았다. 그가 주장한 학습을 통해서 인간이 자아를 형성하고 재구성하는 과정은 [그림 4-2]와 같이 정리될 수 있다. 인간 1은 아직 학습이 일어나지 않은 인간을 의미한다.

첫째, 비학습반응(non-learning response)으로 남게 될 때는 상황 2나 경험 3을 거쳐 강화는 되나 변화되지 아닌 존재의 인간 4 상태가 되거나 중간에 추리와 반성 7을 경험하였음에도 인간 4로 남는 경우다. 기계적인 방식으로 반응하는 경우, 반응을 고려하지 못하는 경우, 배우는 기회를 거부하는 경우를 나타낸다고 볼 수 있다. 즉, 경험은 하였으나 자신이 인식한 세계와의 충

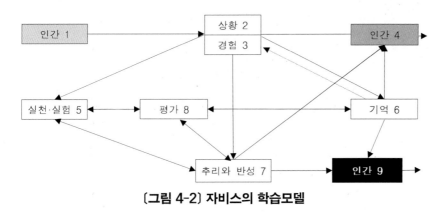

[그림 4-2] 자비스의 학습모델

출처: Jarvis, P.(1987). Adult learning in the social context, p32.

돌이 없어 변화된 상태가 아닌 이전과 동일한 존재로서 인간인 경우가 이에 해당한다.

둘째, 비반성적 학습적 반응(non-reflective learning response)이 일어나는 과정은 상황과 경험을 통해 실천하고 기억과 평가도 하나 자신의 삶의 변화를 가져오지 못하고 스쳐가거나 단순 직업훈련 등으로 경험을 가지게 되는 정도를 나타낸다. 여기서 학습은 단순 기술습득이나 직업훈련 같은 정보습득을 의미한다.

마지막 반성적 학습반응(reflective learning response)의 경로는 상황과 경험, 실천과 실험, 기억, 평가 등의 과정을 겪으면서 심사숙고와 반성적인 실천과 실험적 실천을 통해 이전의 자신과는 완전히 다른 인간 9가 될 때를 나타낸다. 즉 실용적인 지식을 습득한 경우를 의미하며 끊임없는 성찰과 숙고가 일어나는 과정을 설명하고 있다.

자비스는 경험학습을 성찰적 학습의 한 유형으로 보면서 실천 안에서 새로운 이론이 형성되고 그 결과 새로운 지식이 구성되어야 함을 강조하고 있다.

그에게 학습이 일어나는 가장 큰 시작점은 현재의 자신이 인식하는 것과 다름을 인식하게 되는 분절(disjuncture: 한 개인이 이전에 인식했던 것들과 경험에 대한 지각 사이의 차이)이 발생되는 지점이다. 우리는 항상 사람들과의 관계 속에 사는 사회적 인간이며, 그 속에서 성장하면서 사회적 언어를 습득

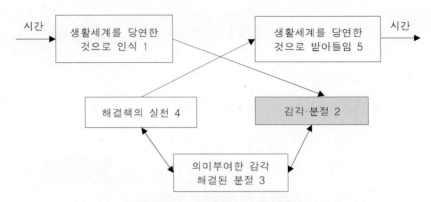

〔그림 4-3〕 자비스의 일차 경험으로부터의 학습: 감각의 전환

출처: Jarvis, P.(1987). Adult learning in the social context, p64.

하므로 거의 모든 의미는 우리가 태어난 사회를 반영하고 있다. 성인으로 우리는 그러한 사회 속에서 배운 것을 당연한 것으로 인식하면서 살아간다.

그러나 급변하는 세상 속에서 기존의 생각 프레임과 다른 사회현상들을 경험하게 되면서 분절이 일어나고 그것을 하나의 다른 사회적 개념으로 받아들이기에 앞서 사회에서 다양한 피드백으로 상호작용을 한다. [그림 4-3]은 그러한 분절의 발생경로와 사회 속에서의 상호작용을 설명하고 있다.

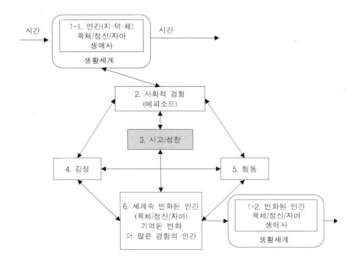

〔그림 4-4〕 학습으로 인한 인간의 사고 전환과정

출처: Jarvis, P.(2010). Adult education and lifelong learning Theory and practice (4th ed.), p81.

자비스는 [그림 4-4]에서 인간이 가지는 인지적 분절의 형태를 좀 더 자세히 설명하였다. 변화하지 않은 인간에게 있어 새로운 경험을 통한 분절의 발생은 성찰을 통해 또 다른 것을 학습하는데 그 과정에서는 우리는 그것을 거부하거나 생각해 보거나 정서적으로 반응하고 상호간의 피드백을 통해 서로 영향을 주고받는다.

이는 경험으로부터 우리가 학습되는 과정을 설명하는 것이지 경험이 발생하는 사회적 상황이나 이미 인식된 감각으로부터 배우는 것이 아니라는 것을 강조한다. 이러한 분절과 상호작용을 통한 다양한 피드백을 통해 인간은 이전과는 다른 변화된 인간이 됨을 설명한다. 그러므로 [그림 4-3]과 [그림 4-4]는 서로 연결하여 이해해야 한다. 개인이 분절을 일으킬 수 있는 간극이 너무 커도 또는 너무 작아도 학습은 일어나지 않기에 적절한 자극 수준을 유지하는 것도 중요하다고 하였다. 그런 의미에서 경험을 통한 학습은 결국 나와 생활세계와의 상호작용 과정의 결과물이라도 할 수 있다.

4) 어셔, 브라이언트, 존스턴
(Usher, Bryant, & Johnston, 1997)

어셔, 브라이언트, 존스턴은 경험이 발생하게 되는 맥락적 상황에 따라 경험이 학습의 기반이 된다고 보았다. 따라서 경험은 늘 재해석 되고 맥락에 따라서 상호작용하는 동력으로 결과가 달라진다고 했다. 여기에 학습이 개인의 자율성 증진을 위한 것인지, 아니면 사회적응을 위한 것인지를 구별하고, 또 학습이 학습자의 표현 및 창조에 의해 이루어지는지 적용과 응용이라는 과정을 통해 진행되는지에 따라 달라진다고 보았다. 즉, 우리가 경험하는 바는 우리 삶의 스타일을 만들고(생활양식), 자신의 특수한 경험을 사회와 공유하며(고백적), 직업기술 능력을 갖춰 시장에서 쓸모 있는 능력을 갖추고(직업적), 전반적 사회에 대해 성찰적이고 비판적인 시각을 갖춰 나가는(비판적) 과정으로 구분될 수 있다(정민승, 2010). 이들의 학습특징은 [그림

4-5]와 같이 네 가지로 유형화된다.

첫 번째 라이프스타일 실천형은 개개인의 자아표현을 통해 자율성이 획득되므로 취향과 스타일로 구현된다. 이런 유형의 학습은 사람들이 능동적으로 추구하거나 사회적으로 영향을 받고 문화적으로 정의된 규범으로 '라이프스타일'을 정의하는 수단으로 사용한다. 이들은 자신이 가지고 있는 기호와 언어 방식, 개성, 자기표현 등을 자율적이고 능동적으로 추구해 나간다. 따라서 라이프스타일 실천형은 절대로 맹목적으로 자기가 의식하지 않은 상태에서 행해지지 않는다.

두 번째 직업적 실천형은 사회적 환경에 적응하기 위해 학습하는 유형으로 지식을 실제로 응용하는 것에 관심을 갖는 학습이다. 쉽게 직업세계에서 진행되는 학습을 떠올릴 수 있다. 사회경제적 환경이 요구하는 바에 대해서 동기부여가 되어 있으며, 학습을 통해서 유연한 수행력과 변화의 특징을 갖추게 된다. 이런 유형의 학습은 시장에 잘 적응하는 데 필요한 기술을 빠르게 습득하여 인간으로 하어금 변화하는 직업 환경에 잘 대응할 수 있게 한다.

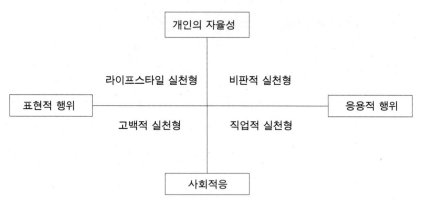

〔그림 4-5〕 어셔, 브라이언트, 존스턴의 학습경험 유형

출처: Usher, Bryant, & Johnston(1997)

세 번째 고백적 실천형의 학습자는 늘 자기향상과 자기계발에 대한 책임을 수용하는 것이 내면의 진실로 가는 것이라 믿고 스스로를 통제한다. 이러한 학습경험은 지식과 자신에 대해서 가장 깊숙한 내면에 접근할 수 있도

록 해주며, 자기 자신을 깨달아 진실을 발견하고 개인적으로 바람직하게 성장하고 경제적·기능적 성숙과정을 수반한다. 그 결과 사람들은 다양한 역할을 수행하는 생산적이고 능력 있는 개인으로 성장하고 자신의 성장을 넘어 다른 사람들도 열성적인 사람이 되도록 이끌어 간다.

네 번째 비판적 실천형 학습자는 특정한 상황에서 그 상황을 변화시키는 데 목적을 둔다. 자신과 사회의 역량 강화를 위해서 기존의 생각이나 관점의 전환을 지원하고, 이를 위해 자신의 의견을 강력하게 주장한다.

어서, 브라이언트, 존스턴의 연구는 경험을 둘러싼 과정이 외부세계, 자신의 행위, 내적인 인지-감정-감각구조, 초인지적 현상으로서 의식이라는 네 가지 요소로 구성된다고 하였다. 이 구성요소는 어떻게 결합하는가에 따라 달라진다. 여기서 중요한 것은 네 가지를 모두 경험하지 않고 중요 사안에 대한 경험이 학습으로 연결된다고 보며 자율(autonomy), 적응(adaptation), 적용(application), 표현(expression)의 네 가지 연속체들이 서로 다른 실천 안에서 다르게 구성됨으로써 학습이 일어남을 설명하고 있다.

3. 경험기반 무형식학습과 문해교육

1) 무형식학습의 개념

경험학습 이론의 등장은 우리가 체험을 통해 무언가 성찰하고, 과정을 고민하면서 재해석해 나가는 것이 학습으로 이해될 수 있음을 체계적으로 설명해 준다. 경험학습은 기존에 '학습'이라고 분류되지 않았던 많은 행동과 경험을 학습영역에 포함함으로써 학습동기와 전략들을 보다 더 다양하고 깊이 있게 발전시킬 수 있는 촉매가 되었다.

그리고 더 나아가 빠르게 변화하는 사회라는 맥락 안에서 건강하게 자신의 내면을 좀 더 깊이 있게 채워나갈 수 있는 숨겨진 동력임을 증명한다. 자비스는 학습을 형식·비형식·무형식 학습으로 나누어 설명하고 학습이 실질적으로 일어나는 상황의 의도성과 우연성을 기준으로 〈표 4-2〉와 같이 구조화하면서 무형식 학습의 중요성을 강조했다.

첫째, 형식 학습(formal learning)은 정식학위과정이나 학교교육 등 제도권 안의 공식적인 교육활동을 통해 얻는 학습을 의미한다. 공식적인 교과과정을 통해서도 학습이 되지만 형식 학습과정 중에 접하는 내·외부 환경에 개인이 경험하는 '각성'을 통해 우연히 일어나게 되는 학습도 포함하고 있다.

둘째, 비형식 학습(non-formal learning)은 형식 학습의 반대개념으로 공식적이고 제도권 안의 교육은 아니나 다양한 공동체 교육 안에서 일어나는 학습을 설명한다. 이 역시 그 과정에 참여함으로써 개인의 경험과 관점에 변화가 발생되는 다양한 에피소드들로 우연한 학습도 일어남을 설명하고 있다.

셋째, 무형식 학습(informal learning)은 개인이 자발적으로 참여하게 되는 학습모임 및 활동을 통해 일어나는 학습으로 일상 속에서의 학습을 강조하고 있다.

〈표 4-2〉 학습상황(Possible learning situations)

상황유형	의도된(intended)	우연한(incidental)
형식학습 (formal learning)	A. 정식학위과정이나 학교 등 공식적인 교육	D. 학교 등 공식적인 교육상황에서 발생하는 우연한 학습
비형식학습 (non-formal learning)	B. 일터나 공동체에서 진행하는 교육을 통한 학습	E. 비형식 및 무형식 상황에서 발생하는 에피소드로 인한 학습
무형식학습 (informal learning)	C. 자기주도학습 및 학습동아리 등의 활동에서 일어나는 학습	F. 일상 속에서의 학습

출처: Jarvis, P.(2006). Adult Education and lifelong learning Theory and practice, p42.

우리나라는 일찍이 평생교육의 필요성을 인지하고 정책적 제도측면에서 다양한 지원을 하고 있다. 그러나 우리는 일상생활 중에 개인이 접하는 다양한 환경을 통해서 인식하는 학습이 실제로는 제도적 지원이 활발한 형식학습보다 더 많이 일어나고 있음을 알고 있다.

실제로 자비스의 연구결과에 의하면 A 영역과 B 영역에 대한 지원책이 주로 학습이라고 인식하나 일상생활에서 무의식적으로도 개인의 '뜻밖의 각성', '과거의 지식이 다르게 인식되는 분절', '생각이 바뀌어 새롭게 바라보게 되고 실천하는 전환', '감정변화' 등 이전과 다른 나의 모습으로 변화하고 있으므로 일상의 학습에 주목할 필요가 있다. 우리 삶의 일상은 〈표 4-2〉에서처럼 C, D, E, F의 영역이고 그 중에서도 C, F 영역의 무형식학습이 생활 중에 지속되고 있다. 무형식학습은 일상에서 자연스러운 행위로 보고 사회적 교류를 맺는 타인에게도 쉽게 포착되지 않은 특성이 있다.

특히 성인의 성장을 이끌어 내는 학습은 체계화되고 조직화된 맥락에서만 발생하지 않으므로 어느 시점에서 학습으로 성장했는지 정확하지 않다. 지인과 대화, 여가, 일상적인 생활로부터 포착하게 되는 학습이 우리 삶 주변에 아주 광범위하게 펼쳐져 있음을 알 수 있다. 이런 특성으로 성인이야말로 무형식학습에 가장 많이 참여하고 있으나 일상의 학습발생이 비조직적인 일상생활의 맥락에서 발생하기 때문에 실제 학습으로 인지되지 못하기도 한다. 그러나 지금 이 순간에도 다양한 삶의 경험을 통해 개인의 무형식학습은 지속되고 있다.

2) 문해교육현장에서 경험학습의 의의

평생교육법 제2조에서는 문자해득교육(문해교육)을 일상생활을 영위하는 데 필요한 문자해득(文字解得) 능력을 포함한 사회적·문화적으로 요청되는 기초생활능력 등을 갖출 수 있도록 하는 조직화된 교육프로그램이라고 정의하고 있다. 즉 단순히 글을 읽고 쓰고 말하는 것을 넘어 정보를 이해하고 해석하며 생활문해를 해소하는 등 이 시대를 살아가는 현대인에게 의사소통을 높일 수 있는 영역을 모두 문해교육 과정이라고 정의함을 알 수 있다.

우리나라에서 문해교육은 2016년 국가평생교육진흥원 국가문해교육센
터 출범 이후 체계화되고 있지만, 실제 지난 수십 년 동안 그들의 학습은 야
학을 중심으로 진행되었다. 그렇기에 문해교육은 비문해자의 삶을 이해하
고 인간적인 삶을 살아내기 위한 인권적 차원으로 접근됨으로써 학습내용
과 함께 이들의 삶과 경험을 이해하는 것 또한 학습동기부여와 효과를 위해
중요한 요소였다. 교사는 글을 가르쳐주는 사람을 넘어 자신의 삶을 이야기
하고 의지하며, 공경의 대상이 되었고, 교사 또한 봉사자로 이들의 삶에 깊
숙이 함께하였다.

그들이 학습하는 공간은 교실을 넘어 비슷한 환경의 학습자들이 서로를
격려하며 글자를 깨우쳐 가는 소중한 공간이었다. 대부분의 문해교육이 정
규교육과정의 학령기를 놓친 성인을 대상으로 하여 이미 그들의 삶에 깊숙
이 들어와 있는 경험을 재해석하여 새로운 시각으로 사회를 바라보고 생활
할 수 있도록 도와야 했다.

경험학습이론은 개인의 체험과 경험이 이전 생각의 틀을 넘어 새롭게 정
의되고 이것이 자신의 실천으로 변화되는 과정으로 설명하면서 사회와 맥
락의 복잡성을 강조하고 있다. 경험을 어떻게 해석하고 인지하느냐에 따라
학습의 효과와 결과는 새로울 수 있다.

따라서 문해교육은 단순히 글을 읽고 쓰는 것을 넘어 온전한 사회인으로
서 생활을 영위할 수 있는 기본을 학습하는 과정이다. 학습자가 가진 개인
의 경험이 함께 학습하는 동료의 경험, 그리고 사회현상에 대한 새로운 시
각을 가질 수 있는 또 하나의 경험을 가지게 되므로 문해교육은 자신의 경
험을 하나의 새로운 인식의 틀로 구체화하는 과정이다. 건강한 사회생활을
위해 학습하는 경험 속에서 자신의 자존감이 향상되고, 이타심이 증가되며,
사회현상을 읽어내고 소통할 수 있는 무형식의 학습이 활발하게 전개되는
장(場)이 문해교육 현장이다.

【연구과제】

1. 경험학습의 개념과 특성을 설명하시오.
2. 콜브, 자비스, 어셔의 경험학습이론을 비교 설명하고 차이점을 제시하시오.
3. 무형식학습이 문해교육 현장에서 어떠한 의미로 작용될 수 있는지 논하시오.

【참고문헌】

국가문해교육센터. http://www.le.or.kr 2019. 1. 22 검색.

김한별 (2014). 「평생교육론」, 학지사.

김한별, 김영석, 이로미, 이성엽, 최성애(2010). 「성인 경험학습의 이해: 이론과 실제」, 동문사.

정민승(2013). 「성인학습의 이해」, 에피스테메.

정찬남, 김성자, 김종천, 노병윤(2017). 「문해교육론」, 양서원.

Dewey, J.(1938). *Experience and education*. New York: Collier Books.

Jarvis, P.(1987). *Adult learning in the social context*. San Francisco: Jossey-Bass Publishers.

Jarvis, P.(2006). *Towards a comprehensive theory of human learning*. London: Routledge.

Jarvis, P.(2010). *Adult education and lifelong learning Theory and practice* (4th ed.). London: Routledge.

Kolb, D.(1984). *Experiential learning: Experience as the source of learning and development*. Englewood Cliffs, NJ: Prentice-Hall

Merriam, S. B., & Caffarella, R. S.(1999). *Learning in adulthood* (2nd ed.). San Francisco: Jossey-Bass.

Usher, R. S., Bryant, I., & Johnston, R.(1997). *Adult education and the postmodern challenge: Learning beyond the limits*. London and New York: Routledge.

자기주도학습과 문해교육

자기주도학습은 초기 성인교육의 한 분야로서 연구되기 시작하였으나, 오늘날에는 평생학습 시대의 도래와 함께 평생학습의 지속성을 위한 중요한 개념으로 새롭게 조명받고 있다. 더욱이 하루가 다르게 빠르게 변화 발전하는 4차 산업혁명 시대로 인해 평생학습의 중요성이 강조되면서 자기주도적인 학습능력이 더욱 부각되고 있다. 또한 비문해자들이 문해자가 된다는 것은 단순히 문자를 사용할 줄 아는 것의 차원을 넘어서 개인의 자존감 회복으로 이어져 삶의 질까지도 달라진다. 이러한 관점에서 본다면 자기주도학습의 이론을 문해교육 차원에서 새롭게 조명해볼 필요가 있다.

그러므로 본 장에서는 성인교육의 주요한 학습이론 중의 하나인 자기주도학습의 개념과 특성, 관련이론과 학습모델 등에 대해 연구해보고자 한다. 이를 통해 평생학습 시대에 자기주도학습이 비문해자들에게 어떠한 영향을 미치는지 탐색할 수 있는 기회가 될 것이다.

【학습목표】

1. 자기주도학습의 개념과 특성을 이해할 수 있다.
2. 자기주도학습 이론과 모델의 특징을 비교할 수 있다.
3. 자기주도학습이 문해교육에 미치는 영향에 대해 설명할 수 있다.

1. 자기주도학습의 개념과 특성

21세기 제4차 산업혁명 시대는 새로운 지식을 창출하고, 획득하며, 활용하는 능력을 가진 지식기반형 인재 양성을 국가의 발전의 원동력으로 여긴다. 지식기반사회에 필요한 인재는 자신의 삶을 주도적으로 관리하고 평생학습을 통해 지속적으로 자신의 능력을 발전시켜 나갈 수 있는 자기주도적인 학습능력을 가지고 있어야 한다.

자기주도학습은 1960년대부터 성인교육 연구가들의 관심거리였다. 1961년 시카고 대학의 호올(Houle) 교수가 『탐구 정신(The Inquiry Mind)』이라는 책에서 학습자 유형을 분류하면서 학습지향적 학습자(learn-oriented learner)라는 용어를 사용하면서 등장하였다. 이것은 성인학습자가 가지고 있는 일반적인 상황적 특성을 고려할 때 자기주도학습이 성인학습자의 교육방법으로 적합하다고 판단했기 때문이다. 그 이후 그의 제자인 터프(Tough)와 노울즈(knowles)에 의해서 더욱 체계적으로 연구되었다.

따라서 본 장에서는 자기주도학습의 개념과 자기주도학습자의 특성을 살펴보고자 한다.

1) 자기주도학습의 개념

자기주도는 학습자의 자율성과 책임성이 강조된 용어라고 할 수 있다. 이 개념은 1920년대 이후 자기교육이란 개념과 혼용되어 사용되었고 평생학습 연구에서 지속적으로 논의되어 왔다(Brockett & Hiemstra, 1991). 평생학습이라는 개념도 학습자의 자율성과 책임성, 지속성을 강조하고 있다는 점에서 자기주도의 개념과 맥을 같이한다고 볼 수 있다.

학습자가 스스로 학습할 교육내용을 선택하고 학습계획을 수립하여 학습을 수행하는 개념에 대한 용어는 다양하다. 가장 오래된 용어로는 '독학'이 있으며, 자기 주도적 학습, 자기 조절 학습과 같은 다양한 용어가 서로 혼용되어 사용되고 있다.

자기주도학습(self-directed learning)은 1960년대부터 시작하여 70년대를 거치면서 미국, 영국, 캐나다 등을 중심으로 활발하게 연구되었다. 특히 자기주도학습은 학습자가 전 생애에 걸쳐 주도적으로 학습목표를 설정하고, 학습 방법을 찾으며, 적극적으로 자신의 학습에 참여하는 형태로써 성인학습자에게 적합한 학습방법으로 인식되었다.

노울즈(Knowles, 1975)는 학습자로서의 성인의 일반적인 특성을 연구하면서 성인학습자의 학습 방식이 종전에 아동 교육에 사용되어오던 페다고지(pedagogy)와 다르다는 것을 주장하였다. 성인들은 학습에 참여하기 전에 왜 학습에 참여하는 지의 여부를 알고자 하며, 학습의 필요성을 인지한 이후 전적으로 자신들의 선택에 의하여 학습상황에 참여한다는 것이다.

또한 다양한 생활경험을 가지고 구체적이고 직접적인 목표 하에서 효율적으로 대처하면서 자기 주도적으로 학습하고자 한다는 것이다. 노울즈는 이것을 아동을 교육하는 교사주도의 학습인 페다고지와는 다른 개념으로 성인교육으로서의 안드라고지(andragogy)라는 개념을 도입하였다.

그리고 페다고지와 비교하여 〈표 5-1〉과 같이 설명하였다. 이러한 안드라고지적 접근은 성인교육에 종사하는 사람들에게 성인학습자의 특성을 이해하고 효과적인 성인교육을 실천할 때 도움이 되는 지침을 제공해 주었다. 의존적인 아동과는 다르게 성인들을 독립적인 존재로 여겼으며 그래서 성인들은 자기 스스로 학습을 주도해 갈 수 있다고 보았다.

〈표 5-1〉 안드라고지와 페다고지의 가정 비교

가정	안드라고지	페다고지
학습자 개념	자기주도적으로 되어가는 유기체	의존적인 존재
학습자의 경험 역할	학습을 위한 풍부한 자원이 됨	경험 이상의 것을 기대함
학습 준비성	삶의 과업과 문제로 부터 발달함	성숙 수준에 의한 변화

학습 지향	개인별 과업과 문제 중심	교과중심
동기화	내적인 자극과 호기심	외적인 보상과 체벌
학습 분위기	비형식적, 상호존중, 협력적, 지지적	형식적, 권위 지향적, 경쟁적
계획	학습 참여자의 의사결정	교사가 주도하여 결정함
욕구진단	상호협의에 의해 결정함	교사가 주도하여 결정함
목표설정	상호협의 하에 결정함	교사가 주도하여 결정함
학습계획	학습프로젝트, 학습내용, 준비도에 따라 계열화함	교과내용의 단위, 전 과정의 개요, 논리적 연결
학습활동	탐구프로젝트, 독립적 학습, 경험적 기술	전달, 지시에 의해 부여된 분량 읽기
평가	자율적으로 확보한 자료에 의한 상호평가	교사가 주도

출처: Knowles(1975). Self-directed learning : A guide for learners and teachers. New York : Association Press, p60.

　그러나 1980년 노울즈는 배우는 방법이나 가르치는 방법에서 성인과 아동은 같지는 않지만 한 가지 학습 패러다임이 또 다른 학습 패러다임보다 더 좋고 나쁜 것이 아니라 이 모든 패러다임이 성인이나 아동의 학습을 위해 하나의 연속선상(continuum)에 위치한 개념이라고 수정 발표하였다(Knowles, 1980). 따라서 자기주도학습을 더 이상 성인학습자와 성인학습에만 한정되는 개념으로 주장하기 어렵게 되었다(배영주, 2005).

　결국 자기주도학습은 학습자를 의존적인 대상으로 바라보는 전통적인 교사 중심의 아동학습과의 차별적인 것이 아니라 전통적인 학교교육의 패러다임과의 차별성을 가진 개념으로 보아야 할 것이다. 즉, 자기주도학습은 교사주도의 학교학습과 차별적인 개념으로 보는 것이 타당하다. 이를 정리하면 〈표 5-2〉와 같다.

〈표 5-2〉 노울즈의 자기주도학습의 가정

요소	교사주도학습	자기주도학습
학습자 개념	의존적인 개인	자기주도적인 유기체
학습자 경험의 역할	그 이상의 것을 기대	풍부한 학습의 자원
학습 준비도	성숙 수준에 의한 변화	삶의 과업, 문제로부터의 발달
학습 지향성	교과내용 중심	개인의 과업이나 문제 중심
동기	외적 보상과 벌	내적 자극, 호기심

출처: Knowles(1975). Self-directed learning : A guide for learners and teachers, New York : Association Press, p60.

자기주도학습에 관한 최근의 연구는 성인교육의 주된 분야로서 크게 세 가지 관점으로 탐구되어지고 있다. 학습자의 개인적 특성인 심리적 측면, 학습의 과정인 교수법적인 관점, 그리고 학습자의 심리적 특성과 교수법적인 관점이 상호작용하는 통합적인 관점으로 나누어 고찰해 볼 수 있다.

첫째, 자기주도학습을 학습자의 심리적 특성, 즉 개인적 특성으로 보는 관점이다. 노울즈(Knowles, 1975)는 자기 주도적 학습이란 학습 경험을 계획하고 요구를 진단하며 자원을 찾고 학습을 평가하는 데 개인이 주도권을 갖는 과정으로 정의하였다. 즉, 타인의 도움 없이 학습자가 스스로 학습에 필요한 것들을 판단하고, 학습 목표를 설정하며, 학습에 필요한 인적, 물적 자원을 확보하고 적합한 학습 전략을 선택해서 실행하고, 자신이 성취한 학습 결과의 평가를 주도적으로 수행하는 것이라고 했다.

짐머만과 션크(Zimmerman & Schunk, 1989)는 자기 조절적 학습이라는 용어를 사용한다. 이들은 자기 조절적 학습능력을 학습자가 스스로 학습을 조직하고 조절할 수 있으며, 이 과정에서 독립적 또는 협력적으로 학습을 수행할 수 있는 정신자세로서 학습 과정에서 발생하는 여러 가지 어려움을 해결할 수 있는 능력으로 설명하였다. 거그리엘미노(Guglielmino, 1977)는 자기 주도적 학습능력을 개인적 특성으로 보고 학습자 자아개념, 자기 주도를 위한 준비도, 학습 습관 등에 초점을 두어 자기 주도적 학습능력을 조작적으로 정의하고 측정하였다.

둘째, 자기주도학습을 학습의 과정인 교수법인 측면으로 보는 견해이다. 터프(Tough, 1971)는 자기주도학습이란 어떤 지식이나 기술을 얻거나 주변의 변화를 야기하기 위한 계획적인 노력으로 정의하였다. 노울즈(Knowles, 1975)는 자기 주도적 학습력을 교수-학습 전략으로 정의하였고, 피스쿠리춰(Piskurich, 1989)는 자기주도학습이란 주어진 학습과제를 완수하는 데 교수자의 도움 없이 자신의 속도로 진행시켜 나가도록 하는 훈련 설계라고 하였다. 롱(Long, 1998)도 같은 맥락에서 자기주도학습이란 스스로의 통제와 관리에 의하여 어떤 학습상황에 임하고 집중하며, 의문점을 가지고 비교하며 대조하는 일을 하는 것과 같은 메타인지적 행동(meta- cognitivebehavior)의 과정이라고 하였다. 교육개혁 위원회는 자기주도학습이란 학습자들이 교사가 전달해 주는 교과내용을 무조건 이해 · 암기하는 수동적 학습태도에서 벗어나 어떤 문제가 주어진다 해도 각자의 다양한 능력과 개성을 최대한 발휘하여 적극적으로 문제를 해결하고, 나아가 창의적 생산을 할 줄 아는 능력을 기르는 학습체제를 가리킨다고 하였다(권대봉, 2006 재인용).

셋째, 자기주도학습을 학습자 개인의 특성인 심리적 특성과 학습의 과정으로서 교수법적인 측면이 모두 포함되는 통합적인 접근방법으로 보는 견해이다. 브롹켓과 스톡크댈리(Brockett & Stockdale, 2011)은 교수법으로서의 '자기주도학습'과 개인의 내적인 심리적 성향으로서의 '자기주도학습'을 이해하고 이들간의 공통점과 차이점을 설명해주는 포괄적 이론을 제시하였다.

게리슨(Garrison, 1997)은 학습자들이 수행해야 할 학습의 목표 설정, 통제권 행사, 학습에서의 인지적 과정, 타인의 협력, 관리를 통해 책임 있는 학습을 수행 하는 것이 자기주도학습이라 하였다. 즉, 자기주도학습의 환경적 차원과 동기적 차원, 그리고 인지적 차원을 포괄하여 자기주도학습 개념을 정의하였다. 자기주도학습이 학습자의 내적 · 외적 과정과 활동들과 서로 연계되어 수행 된다고 하였다.

이상으로 자기주도학습을 바라보는 주요한 세 가지 관점을 정리하면, 학습자의 특성에 초점을 둔 자기주도학습이란 학습자 개인의 심리적인 특성인 '학습자의 자기주도성'에 집중한다.

반면에 학습의 과정인 교수법 측면에서의 자기주도학습은 자기주도학습이 일어나는 단계와 그것이 필요한 환경에 중점을 둔다. 한편, 통합적인 관점의 자기주도학습은 학습의 과정과 함께 학습자 개인의 심리적 특성에 초점을 둔다.

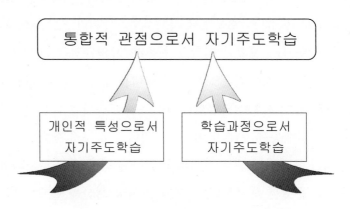

〔그림 5-1〕 자기주도학습의 세 가지 관점

결론적으로 자기주도학습이란 학습과정과 개인의 심리적 특성의 두 요소가 결합된 개념이며, 학습자 개인이 학습의 전 과정에서 의사결정과 행동의 주체가 되어 다른 사람의 도움을 받지 않고 스스로 학습욕구를 진단하고 목표를 설정하고 설정한 목표달성을 위해 자신이 스스로 학습경험을 수행하고 스스로 학습 결과를 평가하는 일련의 과정으로 정의 할 수 있다.

2) 자기주도학습자의 특성

자기주도학습은 성인이 전 생애 동안에 수행하는 보편적인 학습 방법으로서 성인교육의 중요한 연구 분야가 되고 있다. 호울(Houle)의 연구에 의하면, 자기주도학습자는 학습을 고립화시키는 것이 아니라 학습자 자신이 교사, 지도자, 동료, 교육기관 등의 다양한 형태의 조력자들과의 협력하에 자신의 학습전체를 기획하고 실행하고 평가하는 데 일차적인 책임을 진다(김지자·정지웅, 1994 재인용).

노울즈(1970)는 자기주도학습(SDL)을 학습자 스스로 학습요구를 진단하고, 학습목표를 설정하며, 관련된 학습 자원을 선택하여 이에 맞는 학습전략을 수립하고 학습을 실행한 후 평가하는 과정에서 자신이 전적으로 학습을 진행시켜 나가는 것으로 정의하였다. 그는 성인이 성숙해짐에 따라 자기주도성도 높아진다고 생각하였다. 즉, 성인학습자에게서 자기주도학습의 특성을 발견할 수 있다는 것이다. 그래서 성인은 성숙해짐에 따라 자기주도성에 맞는 교육을 구조화하려는 노력을 하고, 스스로 의도적인 학습을 한다는 것이다.

오디(Oddi, 1986)는 'The Oddi Continuing Learning Inventory'를 개발하여 연구한 후 자기 주도적 성인 학습자는 학습을 능동적으로 스스로 조절하며, 지속적으로 학습하며, 열린 사고를 하며, 변화를 수용하며, 모호한 것에 대해서 잘 참고 견디며, 학습에 긍정적으로 임하며, 사고력을 자극하는 학습에 열의를 보인다고 하였다.

차갑부(2000)는 자기주도학습이란 자신의 학습욕구 진단, 학습목표 설정, 학습을 위한 인적·물적 자원 파악, 적절한 학습전략의 선택과 실행, 학습결과의 평가 등에 다른 사람의 도움을 받거나 또는 받지 않고 개인이 주도권을 가지는 과정이라고 정의하고 있다.

이는 자기주도학습이 고립적인 상태에서 이루어지는 개인학습을 의미하는 것이 아니라 교사나 지도자 및 동료 등 다양한 조력자와 협력하고, 교재와 교육기관 등 다양한 형태의 자원을 활용하여 이루어지는 것을 뜻한다. 즉, 자기주도학습자는 학습자 자신이 학습전체를 기획하고 실행하며 평가하는 데 일차적인 책임을 지는 특성을 가진다.

〈표 5-3〉 자기주도학습자의 특성

요인	의미
새로운 학습기회에 대한 개방성	학습에 대한 높은 관심, 항상 학습하려는 태도, 학습에 대한 지적인 애정, 지식의 근원에 대한 탐구심, 애매모호함에 대한 인내심, 자신의 학습에 주어지는 비판의 수용과 사용능력, 학습에 대한 자신의 책임감 등
효과적인 학습자로서의 자아개념	학습에 대한 확신, 학습 시간의 활용 능력, 자기훈련을 위한 자율적인 학습, 강한 호기심, 학습자원에 대한 지식 등
학습에 주도성과 독립성	어려운 문제를 추구하는 태도, 학습에 대한 자신의 학습 욕구 수용, 학습 경험 계획의 능동적인 참여, 독학능력에 대한 믿음, 학습에 대한 사랑, 만족할 정도의 읽고 이해하는 능력, 새로운 학습을 주도적으로 계획하여 시작하고 실행하는 능력 등
자신의 학습에 대한 책임수용	자신의 지능을 평균이상으로 지각, 관심 있는 주제에 대한 진지한 학습의지, 교육의 탐구적 기능에 대한 믿음, 적극적인 학습계획 요구, 자신의 학습에 대한 책임을 받아들이는 의지, 자신의 학습 진도 평가능력 등
학습에 대한 사랑	지속적으로 학습하는 사람을 존경함, 새로운 것에 대한 학습 선호, 학습에 대한 강한 욕구, 체계적인 학문 탐색과 질문을 좋아함 등
정의성	새로운 방식의 문제해결 시도와 이것으로 인한 위험을 감수, 주제에 대한 다양한 접근법을 생각해 내는 능력 등
미래에 대한 긍정적 지향	학습자라는 자아 개념을 가지고 자신의 미래를 생각함, 어려운 상황에 도전적으로 대처하는 능력 등
기본 학습기능과 문제해결 기능을 사용하는 능력	학습에서의 애매함과 복잡함을 인내하는 능력, 직면한 학습문제를 해결하는데 사용되는 학습기술 소유 및 문제 해결능력

출처: Guglielmino, L. M. (1977). Development of the Self-Directed Learning Readiness Scale. Dissertation Abstracts International, 38, 6467A.

한편, 자기 주도성을 주제로 한 연구에서 가장 빈번히 연구되어 온 것은 자기주도학습 준비도(self-directed leaning readiness)에 관한 것이다(Merriam & Caffarella, 1999). 거그리엘미노(Guglielmino, 1977)는 자기주도학습 준비도를 학습자 개인이 자기주도학습에 참여할 가능성을 높이기 위한 개인의 능력, 태도, 가치의 복합체라고 정의하였다. 또한 학습자의 자기주도성을 다양한 학습상황에서 발생할 수 있는 개인의 심리적 특성으로 보고, 자기주도학습자의 특성을 〈표 5-3〉과 같이 제시하였다.

지금까지 살펴본 개념들을 종합하여 정리하면 자기주도학습자의 특성
은 다음과 같은 세 가지 특징을 지닌다. 첫째, 자기 학습의 목적과 방법에 대
한 타인의 통제로부터의 '독립성'이다. 둘째, 학습과정 전체에 있어서 '주도
성'을 갖는다. 학습자는 스스로 자기의 학습욕구를 진단하고 학습목표를 세
우며 학습자원을 파악한다. 이어서 학습전략을 선택·실시하며 학습결과를
평가한다. 셋째, 학습의 의미 이해와 학습을 통해서 실현되는 가치와 관련되
는 학습을 스스로 선택할 수 있는 '자율성'을 갖는다.

전통적으로 자기주도학습 관련 연구들은 성인 학습자의 자율성, 독립성,
자기통제, 자기책임 등을 바탕으로 하는 내적인 학습과정에 초점을 두어왔다.
따라서 학습에서 자기주도성이 높은 학습자의 특징은 학습자 자신의 성장을
목표로 하는 개인주의적 성향이 강한 존재로 많이 이해되어 왔던 것이다.

결론적으로 자기주도성이 높은 학습자들은 독립적이고 자율적인 존재일
뿐 아니라 다른 사람과의 관계를 존중하고 공통 목표 달성을 위하여 타인과
함께 정보를 공유할 수 있는 의지와 능력을 가지고 있다. 이와 같은 사회적
행동은 자신과 자신이 속한 집단 또는 직장을 위한 학습 기회의 창출과 직
접 연결될 수 있다.

2. 자기주도학습 관련 이론과 모델

자기주도학습을 학습의 과정으로 보는 연구자들은 자기주도학습이 이루
어지는 방법이 직선적으로 이루어진다는 관점과 상호작용을 통해 이루어진
다는 관점으로 나누어진다.

전자는 성인학습자가 학습을 할 때 사전에 계획된 일련의 단계를 거친다
고 보는 견해이다. 후자는 상황에 따라 적절하게 대처하면서 학습이 이루어
진다는 견해이다. 대표적인 선형적 모델은 터프와 노울즈의 모델이다.

1) 선형적 모델

자기주도학습 이론의 여러 모델 중 선형적인 유형은 터프(Tough, 1971)와 노울즈(knowles, 1975)가 제안한 이론이라 할 수 있다. 선형적인 모델은 자기주도학습의 초기 모델이다. 학습자들이 자기주도적으로 학습할 때 우선적으로 목표가 결정되면, 학습 계획, 실행, 평가의 일련의 선형(linear) 단계를 거치게 된다. 이 모델의 학습과정 양식은 전통적인 교수과정의 요소들을 많이 포함하고 있다.

(1) 터프(Tough, 1979)

터프(Tough, 1979)는 자기계획학습(self-planning learning)이라는 개념을 제안하여 자기주도적 학습의 과정에 관한 설명을 체계적으로 시도한 최초의 학자이다(배을규, 2006). 그는 호올(Houle)의 영향을 받아 66명의 성인들을 대상으로 연구를 하였다. 이 연구를 통해 성인학습자들이 수행하는 프로젝트 중에 약 70%가 학습자 자신에 의해서 자발적으로 계획된 것이라는 것을 발표했다.

그는 성인들이 자기계획적인 학습 활동(self-planned learning activity)을 수행할 때, 학습 내용, 장소, 방법 등에 대한 의사결정이 13단계로 이루어진다고 주장하였다. 이를 표로 정리하면 다음 〈표 5-4〉와 같다. 터프의 자기주도학습에 대한 모델은 학습과정의 한 형태로서 자기주도학습의 의미를 입증하는 많은 연구들의 기초가 되었다(차갑부, 2000).

〈표 5-4〉 터프의 자기 주도적 학습과정

단계	특성
1단계	학습할 구체적 지식과 기술을 결정함
2단계	구체적인 활동, 방법, 자원 경비를 결정함
3단계	학습할 장소를 결정함
4단계	구체적인 학습 종료 시점이나 중간 목표 달성 시점을 결정함

5단계	학습을 시작할 시점을 결정함
6단계	학습 진행 속도를 결정함
7단계	현재 자신의 지식과 기술 수준과 바람직한 지식 수준과 척도를 평가함
8단계	학습 저해요인과 현재 학습 절차의 비효율적인 측면을 탐색함
9단계	바람직한 학습 장소, 자원, 장비를 획득함
10단계	학습을 위한 강의 장소를 준비하고 기타 필요한 물리적 조건을 구축함
11단계	인적 · 물적 자원을 활용하기 위해 필요한 비용을 확보하고 준비함
12단계	학습 시간을 계획함
13단계	학습동기를 향상시키기 위해 필요한 조치를 취함

출처: Tough, A.(1979). The adult's learning projects: A fresh approach to theory and practice in adult learning(2nd ed.). Austin, TX: Learning Concepts.(Original work published in 1971).

(2) 노울즈(Knowles, 1975)

노울즈(Knowles, 1975)도 터프(Tough)와 같이 직선론적인 관점에서 자기주도적 학습과정을 5단계로 구분하여 제시하였다. 5단계를 살펴보면 첫째 학습요구 진단, 둘째 학습목표 설정, 셋째 학습을 위한 인적 및 물적 자원 파악, 넷째 적절한 학습 전략의 선택 및 실행, 다섯째 학습 결과의 평가이다(Knowles, 1975, 1980). 이를 그림으로 나타내면 〔그림 5-2〕와 같다.

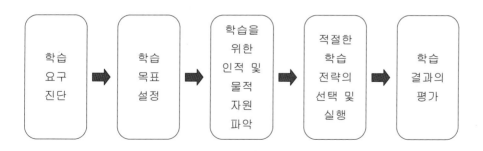

〔그림 5-2〕 노울즈(Knowles)의 자기주도학습의 5단계

출처: Knowles, M. S.(1980). *The Morden practice of adult education : From pedagogy to adragogy.*(2nd ed.), New York : Cambridge Books.

노울즈의 5단계 모델은 기본적으로 학습자가 성숙해질수록 자기주도적인 된다는 안드라고지적인 개념에 기초를 두고 있다. 노울즈의 자기주도학습은 고립된 과정이 아니며 학습자, 교사, 동료 간의 지원과 협력이 필요하다는 점을 강조하였다.

특히 노울즈는 이러한 5단계의 자기주도 학습 모델에서 교수자와 학습자들이 활용할 수 있는 학습자 자기평가와 학습 계약서와 같은 다양한 교육방법과 자료를 제공하였다. 또한 그는 학습촉진자(facilitator)라는 개념을 창안하여 자기주도적으로 학습을 할 때 자신만의 방법으로 학습을 수행할 수 있도록 옆에서 지원하고 도와주는 역할이 필요하다고 주장하였다. 이는 전통적으로 학교에서 학생들을 가르치는 교사의 역할과 구분되는 개념이다.

터프와 노울즈의 자기주도학습은 형식적인 수업 상황에서 이루어지는 성인학습의 경우와 같이 학습을 계획하고 실행하는 것과 같은 방법을 사용하여 개념화하였다. 그 과정을 학습요구 진단, 학습목표 설정, 학습을 위한 인적 및 물적 자원 파악, 학습전략수립 및 실행 그리고 학습결과의 평가로의 직선적 과정으로 구성된다는 측면에서 서로 비슷하다. 또한 터프와 노울즈는 자기주도학습의 관련 요인과 자기주도적 학습과정이라는 용어와 개념을 제공하였다는 점에서 그 의의가 크다.

2) 상호작용 모델

상호작용 모델은 자기주도적인 학습 과정이 계획적이거나 직선적이라는 터프와 노울즈의 주장에 도전하는 개념으로 등장하였다. 학습자의 주변 환경이나 학습기회, 인성적 특성, 인지과정 그리고 학습의 상황 등과 같은 요인들이 서로 상호작용하여 자기 주도적인 학습 사태를 만들어간다는 것이다. 성인학습자들은 스스로 학습할 때 사전에 계획하지 않는다는 것이다.

즉, 학습할 수 있는 방법은 경우에 따라 달라질 수 있으며 학습자의 독특한 방식에 따라 다양한 전략적 선택을 활용하여 수행한다는 것이다. 상호작용 모델은 선형적 모델과 달리 자기주도학습이 학습자의 다양한 노선에 따라 다양한 전략을 활용하여 이루어진다. 대표적인 상호작용 모델로는 스피어, 브롸켓과 햄스트라, 게리슨 모델 등이 있으며 각 모델에 대한 구체적인 내용은 다음과 같다.

(1) 스피어(Spear, 1988)

스피어(Spear, 1988)는 종전의 이론과는 달리 자기주도학습 과제는 일반적으로 직선적인 과정으로 이루어지지 않는다는 것을 주장하였다. 그는 그의 동료와 함께 고졸 이하의 학력을 가진 78명의 성인학습자를 대상으로 연구를 진행하였다. 그 결과 성인학습자들이 자신의 학습을 사전에 계획하는 것이 아니라 자신이 속해 있는 환경에서 발생하는 일들에 따라 학습과정을 선택하고 수행한다는 것을 발견하였다.

성공적인 자기주도적 학습이란 학습자가 관련된 여러 가지 학습활동에 참여하고 그러한 학습활동의 경험을 일관성 있게 전체적으로 통합시켜나가려는 과정이라고 주장하였다(Spear, 1988). 또한 학습자는 학습자 스스로 자신의 학습이 언제, 어떻게 통합되고, 어떤 지식이 가장 중요한지를 결정할 수 있는 가장 중요한 위치에 있다고 보았다. 따라서 그는 자기주도적 학습과정의 주요 요소로 학습자가 발견하는 기회, 기존의 지식이나 새롭게 습득한 지식, 그리고 학습기회의 발생 등이라고 설명하였다.

이러한 요소들이 서로 상호작용하게 되어 하나의 학습 경험을 완성하게 된다. 스피어는 〈표 5-5〉와 같이 다양한 구성 요소들의 상호 작용에 의해 자기주도적 학습 활동이 이루어진다고 보았다.

즉, 하나의 학습활동의 요소가 다음 요소로 바로 이어서 연결되지 않고 학습자가 수집한 지식이나 자원은 관련이 있는 다른 학습활동이 일어날 때까지 학습자의 창고 속에 저장된다. 그리고 학습자들이 여러 가지 학습 활동들을 충분히 경험하고 저장된 자원이 일관적이고 통합적으로 활용할 수 있을 때 성공적인 자기주도적 학습이 이루어지게 되는 것이다.

〈표 5-5〉스피어의 자기주도적 학습과정의 요소

요소		특징
지식	사전지식	학습자가 학습 활동을 위해 가져오는 사전 지식
	획득지식	학습자가 학습활동으로 획득하게 된 지식
행동	지향적 행동	의도하는 혹은 특정한 목표를 지향하는 행동
	탐색적 활동	결과를 모르거나 이익이 되는 것을 모르고 선택하는 행동
	우연적 행동	학습 활동과 관계없이 우연히 하게 되는 행동
환경	일관적 환경	일반적으로 규칙적으로 존재하고 접근이 가능한 인적·물적 요소가 갖추어진 환경
	우연적 환경	기대하거나 예측하지 않았지만 학습자와 학습활동에 우연하게 영향을 미치게 되는 만남을 제공하는 환경

출처: Spear, G. E.(1988). Beyond the organizing circumstance: A search for methodology for the study of self-directed learning. In H. B. Long & others(eds.). *Self-directed learning: Application and theory*. Athens: Department of Adult Education, University of Georgia.

따라서 학습자들은 한 가지 방법보다는 다양한 방법을 활용해 보면서 학습하고, 경로를 여러 가지로 변경해보고, 시행착오를 겪으면서 자신의 학습 활동을 수행한다는 것이다. 스피어의 모델은 끊임없이 변화하는 사회 여건과 다양한 환경 속에서 학습자들이 학습기회나 자원, 요구 등을 적절하게 활용하여 학습을 성공적으로 이끌어 가는 자기주도적 학습과정의 모습을 실제적이고 적절하게 반영한 모델이라고 할 수 있다.

(2) 브롸켓과 햄스트라(Brockett & Hiemstra, 1991)

브롸켓과 햄스트라(Brockett & Hiemstra, 1991)는 자기주도학습의 다양한 요소들을 통합하는 새로운 모델인 '개인적 책임 지향성 모델(PRO: Personal Responsibility Orientation Model)'을 개발하여 [그림 5-3]과 같이 정리하였다. 이 모델은 학습과정으로서의 '자기주도적 학습(self-directed learning)'과 개별학습자의 특성인 '학습자 자기주도성(leaner self-direction)'을 포함하는 '학습에 있어서의 자기주도성(self-directed in learning)'이라는 정의에 기초하고 있다.

첫 번째 차원인 교수방법으로서의 자기 주도적 학습은 학습자들이 자신의 학습 경험을 계획하고, 실행 · 평가하는 데 일차적인 책임이 있어야 한다는 것이다. 그 과정에서 교육자나 자원은 촉진적인 역할을 수행해야 한다. 이 때 교육자는 학습자가 학습 요구를 진단하고 학습 자원을 탐색하고 학습 방법과 평가 전략을 선택할 수 있도록 지원해야 한다.

두 번째로 학습자의 특성으로서 학습자의 자기 주도성은 학습과정에서 학습자가 자신의 생각과 행동에 대한 책임을 져야 한다는 것이다. 개인적 책임 지향성 모델은 특히 개인의 책임 개념이 핵심이다. 이러한 개인 책임 개념은 어떤 상황에 대응하는 학습자의 반응에 대해서 개인이 통제력을 가진다는 것을 의미한다. 학습자 자신의 잠재성 실현을 위해서 학습자가 책임을 지는 것이 중요한 교수 방법의 단계로 자기 주도적 학습과 학습자의 자기주도성에 크게 영향을 미친다. 이러한 교수 방법과 학습자의 특성이 부합되어 상호작용이 긍정적으로 이루어질 때 자기주도학습이 성공하는 것이다.

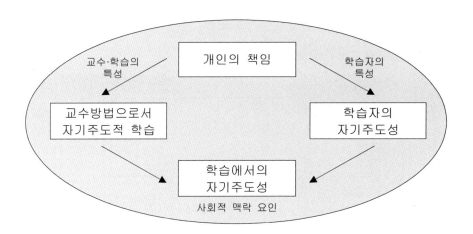

〔그림 5-3〕 **Brockett & Hiemstra의 PRO 모델**

출처: Brockett, R. G. & Hiemstra, E. R.(1991). Self-direction in adult learning: Perspective on theory, research, and practice. New York: Routledge, p25.

(3) 게리슨(Garrison, 1997)

게리슨(Garrison, 1997)의 자기주도적 학습 모델은 협력적 구성주의의 관점에 기초한다. 협력적 구성주의란 극단적인 급진적 구성주의와 사회적 구성주의의 중간에 위치하며 의미와 가치가 있는 지식이라는 것은 개인적으로 구성되고 사회적인 관점을 반영하는 것을 말한다. 따라서 게리슨의 자기주도적 학습 모델은 자기 관리를 통한 통제와 인지적 책임 있는 자기 점검, 그리고 학습활동에 진입하거나 과업을 수행할 때의 동기 등이 서로 상호작용하는 것이 중요하다는 것을 강조한다. 이를 도식화하면 [그림 5-4]와 같다.

첫째, 학습자가 자기 주도적 학습을 할 때 가장 중요한 것이 동기차원이다. 이것은 학습자가 자기 주도적 학습활동을 시작하려고 과업에 진입하거나 그 과업에 지속적으로 참여할 수 있는 지에 큰 영향을 미친다. 따라서 자기주도적 학습의 동기는 진입 동기와 과업 동기로 구분할 수 있다.

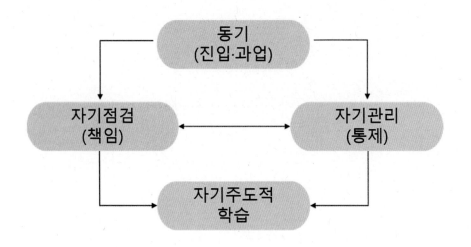

〔그림 5-4〕 개리슨(Garrison)의 자기주도적 학습 지원 모델

출처: Garrison, R. D.(1997). *Self-directed learning : toward a comprehensive model.* Adult Education Quarterly. 48(1), p22.

둘째, 자기주도적 학습에서 학습자가 자신의 학습에 책임을 지기 위해서는 자기 점검이 중요한다. 자기 점검을 통해 현재 자신이 가지고 있는 지식을 수정하거나 확장하고 더 나아가 새로운 지식도 개발해 나갈 수 있다. 자기점검 차원은 인지적 능력과 관련이 있으며, 자신의 학습에 책임을 지기위해서는 학습자 스스로 학습과정을 점검할 수 있는 의지와 능력이 필요하다. 학습자가 자기점검을 위해서는 내적 또는 외적인 피드백이 필요하다.

셋째, 자기 주도적 학습과정에서 자기 관리 차원은 학습과제를 통제하는 것으로 학습에 관계된 외적 활동에 집중된다. 즉, 자기관리는 학습목표를 달성하기 위하여 학습자원과 지원을 관리하는 것으로 협력적이고 지속적으로 평가되고 협상되어야 한다. 실제로 통제가 어려운 학습 환경 속에서도 학습을 성공적으로 이끌어가는 학습자는 소수에 불과하다. 대부분의 학습자는 의미 있는 지식을 구성하고 학습목표에 도달하기 위해서는 촉진자 역할을 할 수 있는 교육자가 필요하다. 학습 촉진자가 학습에 필요한 지원이나 지시, 가이드라인, 적당한 통제를 제공할 때 학습자는 성공적인 학습을 수행할 가능성이 더욱 커진다.

게리슨의 자기주도적 학습모델은 동기, 자기점검, 자기 관리 차원이 필요하고 이 세 가지 차원이 서로 상호작용한다는 점을 보여주었다. 모든 학습자가 교육에 참여할 때는 사회적 맥락에 영향받는다는 점을 보여주어 자기주도적 학습과정이 성공하려면 학습 촉진자의 역할이 매우 중요하다는 점을 시사하였다.

3) 교수 모델

자기주도적 학습과정에 대한 교수모형은 형식교육 상황에서 교수자들이 자기주도적 학습을 자신의 교육프로그램의 실제와 교육 실천 활동에 활용할 때 사용할 수 있다. 이 모델은 형식교육 상황에서 학습자에게 학습에 대한 보다 많은 통제권과 독립성을 허용해 주는 장점이 있다.

(1) 그로우(Grow, 1991)

그로우(Grow, 1991)는 단계적 자기 주도 학습(Staged Self-Directed learning) 모델을 제시하였다. 학습자의 자기주도성이 교수자에 의해 길러질 수 있다는 이론을 제시하였다. 즉, 교수자가 학습자의 자기주도성을 증진시키면서 자기 주도적 학습을 촉진시킬 수 있다는 것이다. 그는 학습자의 자기주도성 단계에 따른 교수자의 역할과 학습방법을 제시하였는데 이를 종합 정리하면 〈표 5-6〉과 같다.

또한 그는 학습자의 자기 주도성 수준에 따라서 교수자의 역할이 달라야 한다는 것을 주장하였다. 학습자의 자기주도성은 상황적 특성으로 보아야 하며, 교수자는 학습자의 수준에 따라 학습자의 행동과 과제 등을 검토하고 수준을 평가하는 일을 담당해야 한다. 이때 사용하는 평가는 주로 교수자가 직접 관찰을 통하여 학습자의 수준을 평가하는 것이 바람직하다.

〈표 5-6〉 그로우의 단계적 자기 주도적 학습 모델

학습자의 자기주도성 수준		교수자 역할	학습방법
1단계 : 의존적 학습자	자기주도성이 낮은 학습자로 권위 있는 존재가 무엇을 할지를 말해주기를 원함.	권위자	연습, 지도, 코칭, 요구 파악, 정보제공
2단계 : 관심 있는 학습자	자기주도성이 낮은 학습자로 동기화되어있고 자신감도 있으나 학습주제를 잘 알지 못함.	안내자	강의, 훈련, 교수자 중심 토론, 학습전략 결정
3단계 : 참여적 학습자	자기주도성이 보통인 학습자로 기본 지식과 기술을 갖춘 학습자로 좋은 안내자와 함께 학습주제 영역을 탐구할 준비가 되어 있고 능력도 있다고 스스로 생각함.	촉진자	학습계약, 학습하는 방법의 학습, 교수자가 촉진하는 참여식 토론, 세미나, 집단과제
4단계 : 자기주도적 학습자	자기 주도성이 높은 학습자로 전문가의 도움이 없어도 자신의 학습을 스스로 계획, 실행, 평가 할 수 있음	상담자	정보수집, 자원 활용, 목표달성, 자기평가, 동료평가, 학습자 주도의 토론, 독자적인 학습, 높은 수준의 토의

출처: Grow, G. O. (1991). Teaching learners to be self-directed. Adult Education Quarterly, 41, p125-149.

(2) 김판수 · 최성우(2013)

김판수와 최성우(2013)는 학습자 스스로 학습을 조절해 나가는 자기조절학습(SRL: self-regulated learning)을 강조한 SMMIS 모형을 제안하였다. SMMIS는 자기동기화(self-motivation), 동기유지(motivation), 메타인지(meta-cognition), 상호작용(interaction), 자기성찰(self-reflection) 등을 말한다.

첫째, 자기동기화란 학습자의 흥미, 가치, 장 · 단점, 학습양식, 적성 등에 대한 이해를 바탕으로 내재 동기를 불러일으키는 과정이다.

둘째, 동기유지에는 스스로 획득한 동기를 유지시키기 위한 자신감 향상 전략, 학습 목표 설정, 실패극복 전략 등이 포함된다. 동기는 어떤 행동에 대한 답을 찾는 것이며, 그 행동을 즐거운 것으로 여기게 하는 것이다. 자신의 행동에 부정적인 생각이 강한 학습자에게 행동에 대한 목표를 설정하고, 계획하고, 실행에 옮기는 것을 기대할 수 없다. 이러한 학습자에게 자기주도성이 만들어질 가능성 역시 매우 희박하다. 자기주도성이 떨어지는 학습자에게는 아무리 우수한 교육자나 교육프로그램, 물적 자원 등이 제공되어도 그 효과가 제대로 나타나지 않는다.

셋째, 메타인지적 실천은 계획 수립, 자기점검, 자기조절을 통해 배운 것을 표현하고 수정해 나가는 과정이다. 메타인지란 내가 무엇을 알고 무엇을 모르는지를 정확히 알고, 내가 하는 행동이 어떠한 결과를 낼지 알고 기대하는 능력이다. 자신이 무엇을 알고 모르는지 인지하고 있기 때문에 자신의 장점은 극대화하고, 단점은 최소화하며 끊임없이 노력하고 시도하므로 다양한 학습전략을 찾거나 활용하고 스스로 만들어 간다. 학습자들은 메타인지 능력을 통해 자신에게 더 의미 있고 때로는 즐거운 학습 방법을 찾아내고 이를 통해 만족감과 행복감을 느낄 수 있다. 그러므로 메타인지는 자신의 강점과 약점을 명쾌하고 정확하게 알려주는 등불과 같다.

넷째, 상호작용 단계에서는 주변의 인적 · 물적 자원의 활용을 통해 학습 내용을 정교화한다. 상호작용은 교사나 부모, 혹은 관련분야 전문가들과 상호작용, 또래 혹은 동료 학습자들과의 상호작용, 그리고 자신과의 상호작용,

학습 자료나 물적 자원의 활용 등이 포함된다. 상호작용이 원활하면 자신과의 상호작용에서 몰입 현상이 발생되며, 이러한 학습자들은 이제 자기 성찰로 자연스럽게 발전해 간다.

다섯째, 자기성찰 단계는 학습과정의 결과를 되돌아보며 자기평가를 기반으로 변화와 발전을 모색하는 일련의 과정이다. 자기성찰의 단계에 이른 학습자는 스스로 자신의 목표를 설정하고 이를 이루기 위한 구체적인 계획을 수립하고 이를 실행·평가한다. 또한 그 결과를 다시 다음 활동이나 새로운 과제 해결에 반영하는 행동조절 능력, 즉 습관을 갖게 된다.

이러한 자기성찰능력은 이후 학습활동에 대한 동기를 만들고, 이를 실행에 옮기며 평가하고 다시 자기성찰로 연결하는 선순환을 이어가는 완전한 자기주도성이 만들어진다. 자기성찰은 동기조절, 인지와 메타인지 조절, 행동조절의 모든 과정에서 진행된다. 학습자들은 자기성찰을 통하여 학습 활동에 대한 욕구와 자신감을 진단하고 자신만의 학습 전략을 되돌아본다. 때로는 다양한 상호작용을 통해 얻어진 지식과 이해를 바탕으로 다음 학습에 더 효과적인 방향을 모색한다. 이와 같이 자기성찰은 학습내용, 활동 프로그램, 교실환경, 재료, 교사 등 모든 영역에서 이루어진다. 학습자들의 자기 성찰에 대한 분석은 정기적으로 프로그램에 반영되어 학습자들의 향후 효과적인 학습 방향과 학습에 대한 근본적인 즐거움을 제공할 수 있다.

그러므로 김판수와 최성우(2013)는 자기주도학습이란 학습자 스스로가 자신의 학습 의지와 통제 아래 학습의 전 과정을 형성해가는 일련의 활동으로서, 자신의 학습욕구를 진단하여 학습목표를 설정하고 필요한 자원을 확보하며 적합한 학습전략을 선택 및 실행하고 학습결과에 대한 평가를 내리는 과정으로 정의하였다. 또한 모든 학습자는 어느 정도의 자기주도성을 갖추고 있지만 더 높은 자기주도학습 능력을 기르기 위해서는 조력자의 도움과 꾸준한 연습과 훈련이 이루어져야 한다는 점도 강조하였다.

자기주도학습 능력은 동기·인지·행동조절 능력을 포함하며, 각 영역의 유기적인 연계훈련을 통해서 자신의 이해 영역과 속도를 올바르게 이해하고 스스로를 통제하고 조절하면서 진정한 자기주도학습자로 거듭난다. 따라서 자기주도학습능력은 연습과 훈련을 통해서 개발될 수 있다는 것으로 [그림 5-5]와 같은 순환적 학습과정을 거쳐 계발되고 향상될 수 있다.

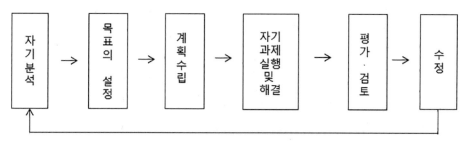

〔그림 5-5〕 **자기주도 학습능력을 길러주기 위한 학습과정**

출처: 김판수 · 최성우(2013). 자기주도학습 & 코칭 ABC 상. 테크빌닷컴(주), p23.

SMMIS 모형 자기주도학습은 자기조절학습 훈련 방법에 의해서 자신의 이해 영역과 속도를 올바르게 이해하고, 동의와 조절 단계에 바탕을 둔 동기-인지-행동영역에서의 연습과 훈련 프로그램의 작용을 통해 자기주도성을 완성해 나가는 것을 의미한다(김판수 · 최성우, 2013). 여기서 자기조절학습이란 학습자 스스로 학습을 조절해 나가는 것을 말한다.

이들의 이론은 자기주도성이 타고난 것이 아니라 잠재되어 있다가 교육자의 촉진적인 역할에 따라 연습과 훈련을 통해 더욱 개발되고 빛을 발한다는 것이다. 그러므로 교육 현장에서 학습자가 자기주도학습 능력을 기를 수 있도록 촉진자로서 교사의 역할과 중요성을 강조한 점에서 시사하는 바가 크다.

3. 문해교육에서 자기주도학습의 의미

노울즈(Knowles, 1975, 1980)의 연구에 따르면 지금까지 아동을 대상으로 이루어지는 교사중심의 페다고지(pedagogy)라는 개념과 성인을 대상으로 하는 자기주도적인 개념인 안드라고지(andragogy)는 연속선상에 있지만 서로 다른 점이 있다고 주장하였다. 이러한 관점에서 두 가지 개념을 비교해보면 페다고지는 안드라고지에 비해 권위적이고 형식적이며, 경쟁적인 수업 분위기를 갖는다. 또한 교사 중심으로 학습이 계획되고 실행되며 교사들이 전통적인 방법으로 지식을 전달한다고 볼 수 있다.

이러한 교육과는 다르게 안드라고지적 접근에서는 교사와 학습자 사이에 상호 존중의 분위기가 우선시된다. 학습을 위한 과정을 계획할 때도 학습자의 준비도에 따라서 학습자의 문제 중심으로 이루어진다. 학습방법은 그룹토의나 현장연구, 사례연구, 세미나, 실험 등이 중요한 기법이다.

게다가 성인들은 학습에 참여하기 전에 왜 학습에 참여하는지의 여부를 알고자 하며, 학습의 필요성을 인지한 이후 전적으로 자신들의 선택에 의하여 학습상황에 참여한다는 것이다. 또한 성인학습자들은 다양한 생활경험을 가지고 있어 구체적이고 직접적인 목표 하에서 효율적으로 대처하면서 자기 주도적으로 학습한다는 것이다.

노울즈는 이러한 생각을 정리하여 자기주도학습(SDL)이란 학습자 스스로 학습요구를 진단하고, 학습목표를 설정하며, 관련된 학습 자원을 선택하여 이에 맞는 학습전략을 수립하고 학습을 실행한 후 평가하는 과정에서 자신이 전적으로 학습을 진행시켜나가는 것으로 설명하였다.

노울즈는 성인은 스스로 자기주도적이 되려는 심리적 특성을 갖는다고 지적하였다. 바로 성인학습자에게 자기주도학습의 특성을 발견할 수 있다는 것이다. 평생학습에서 자기주도학습은 지속성, 자율성, 책임성, 일-학습 연계성을 강조한 개념으로 볼 수 있다(이정택, 2005).

성인학습자는 자기주도학습을 통하여 사회적 환경, 사전 지식, 그리고 학습의 정서적 측면에서 자기주도적으로 자신에게 필요한 학습을 수행할 수 있는 힘이 있다. 그런데 바로 그 힘의 원천이 되는 자기주도성이 문해자인가 비문해자인지의 여부에 따라 크게 차이가 난다.

비문해자들의 일상생활에서 그들을 관찰하면 그들은 어딘가 모르게 주눅이 들어 있고 의기소침해 있다는 것을 쉽게 발견할 수 있다. 가정에서는 그들의 어린 자녀들이 학교에 다니기 시작하면서 부모가 글을 모른다는 사실을 자녀들이 알게 될까 염려하여 마음고생을 한다.

자녀가 자라 부모가 비문해자인 것을 인지하면 자녀에게 무시당하는 부모가 적지 않다는 것을 알 수 있다. 또한 일터에서는 스스로의 답답함을 넘어서 직장 내의 여러 가지 상황에서 부당한 대우를 받아도 모르고 지나치는 경우에 처할 수 있다. 결국, 자신이 속한 가정과 주류 사회에서 당연히 누려야 할 문화의 혜택을 함께 공유하지 못하고 정서적으로 밀려나는 것이다.

성인학습자들이 평행학습에 참여하여 일정 기간의 문해교육 프로그램을 수료하거나 졸업하는 행사에 참석해보면 그들이 비문해자로서 그동안 어떠한 세월을 지내왔는지 짐작할 수 있다. 그동안 비문해자로서 받은 설움과 함께 이제는 글을 읽을 수 있다는 기쁨의 눈물을 흘리는 모습을 쉽게 찾아볼 수 있다.

또한 비문해자의 처지를 벗어나 이제 마음대로 글을 읽을 수 있게 된 졸업생들은 그 전보다 더욱 당당하고 자신감이 넘치며 얼굴 전체에 미소가 만연해 있다. 그들은 문해자로 거듭 태어난 순간부터 스스로 자신의 필요와 학습을 통해 자신들이 무엇을 하고 싶은지 자신의 욕구를 진단할 수 있고, 스스로 자신이 필요로 하는 목표를 정할 수 있다.

학습에 필요한 학습자원과 학습방법을 정하여 학습활동에 당당히 참여하고, 자신이 성취한 학습결과를 스스로 평가하는 학습방법을 수행할 수 있는 힘을 가지게 된다. 바로 이 힘이 자기주도적 학습 능력이다. 자기주도적인 학습을 할 수 있는 사람은 비문해를 극복할 수 있는 힘이 있다는 것이다.

칼슨(Carlson, 1980)에 따르면 학습에 대한 자기주도적인 성향은 연령을 떠나 누구에게서나 발견되는 보편적인 인간 고유의 특성이다. 자기주도학습과 연령에 관하여 연구한 학자들은 연령의 영향이 상대적으로 높지 않다는 것을 공통적으로 지적한다. 성인이라고 해서 모두 자기주도적인 학습을 더 선호하거나 학습효과가 더 높지는 않다는 것이다. 자기주도적이지 못한 성인은 대부분 잠재되어 있는 자기주도성을 어릴 때부터 개발하지 못했기 때문일 수도 있다.

자비스(Jarvis, 2001)는 노인도 배움을 계속할 수 있는 강한 욕구가 있다고 주장하며 노인의 자기주도학습의 가능성을 제기하였다. 이런 관점에서 오늘날 비문해자들의 인구비율을 살펴볼 필요가 있다. 2014년 고령자 통계를 살펴보면 65세 이상 노인인구 가운데 초등학력 이하가 62.9%로 나온다.

일반적으로 우리나라에서 문해교육의 주교육 대상을 노인 인구라고 생각하는 이유가 바로 여기에 있다.

칼마이어(Kallmayr)가 1976년 노인의 학습능력 가능성을 주장한 이후 노년기의 사회화 과정에 평생학습의 개념이 도입되었다. 노인교육에 안드라고지의 속성을 특징으로 하는 노인 학습의 개념이 접목되어 발전하기 시작하였다.

에드워드(Edwards, 2000)는 노인교육의 목적을 자기주도학습에 의하여 노인이 자신의 문제를 스스로 판단하고 필요한 것이 무엇인지 주체적으로 결정하여 구체적으로 실현하는 과정으로 설명하였다.

이는 노인교육의 개념이 정해진 틀을 따라가는 것이 아니라 노인이 자기주도적으로 자신의 삶을 만들어가는 과정인 생애사적인 패러다임이 되어야 한다는 의미를 담고 있다. 이것은 노인이 수동적인 존재가 아니라 노년기의 삶의 주인공으로서 자신의 지나온 삶의 자취를 뒤돌아보고 성찰을 통하여 남은 자신의 생애를 능동적으로 살아나가는 자기주도성을 가진 적극적인 주체자로서 변화된 것을 의미한다.

지금까지 성인학습자가 자기주도학습으로 평생학습 사회에서 어떻게 문해를 극복할 것인지 노인의 경우를 예로 들어 살펴보았다. 비단 노인교육의 문제만이 아니라 모든 학습자에게 자기주도적으로 책임감 있게 무엇을, 어디서, 어떻게, 학습할 것인가를 조절하고 결정하는 능력은 오늘날과 같이 빠르게 변화하는 사회에서 한 개개인의 삶과 생존 · 번영에서 매우 중요한 문제이다.

1장에서 언급한 바와 같이 현대 사회는 단순히 글자를 읽고 쓸 수 있는 문해의 차원을 넘어서 학력에 상관없이 누구나 비문해자가 될 수 있다. 요즘은 문해의 종류가 하룻밤 자고 나면 새로 생긴다고 할 수 있을 정도이다. 학력이 아무리 높더라도 요즘 IT 산업이나 로봇과 관련된 트랜드, 또는 정보통신 분야에서 새로 출시한 5G 스마트폰 사용법 등은 별도의 노력을 들여 학습하지 않으면 따라잡을 수 없다. 그래서 평생학습이 중요하다. 바로 이런 평생학습이 전 생애에 걸쳐 이루어지려면 자기주도력이 필요하고 자기주도학습이 요구된다.

그러므로 앞으로의 성인학습에서 문해교육 정책은 성인학습자가 스스로 삶의 주인으로서 문제해결을 위한 지식과 기술을 자기주도적으로 학습하도록 지지하고 지원하는 방향으로 수립되어야 한다. 이를 통해 모든 국민이 평생학습자로서 자신의 삶을 보다 더 의미 있고 능동적으로 개척해 갈 수 있으며 행복한 삶을 영위하여 궁극적으로 자아실현을 할 수 있는 지름길이 될 것이다.

【연구과제】

1. 자기주도학습의 개념과 특성을 설명하시오.

2. 자기주도학습 이론과 모델의 특징을 비교 설명하시오.

3. 문해교육에 자기주도학습이 어떠한 의미를 갖는지 논하시오.

【참고문헌】

권두승(2000).「평생학습사회 실현을 위한 성인학습 지도 방법의 이론과 실제」, 교육과학사.

권두승, 조아미(20001).「성인 학습 및 상담」, 교육과학사.

권대봉(2006).「성인교육 방법론」, 학지사.

김신일(1995).「학습권 개념내용과 교육학의 새 연구과제」, 평생교육연구, 1(1), 서울대학교 사범대학 교육연구소.

김신일(1998a).「학습주의: 몇 가지 질문에 대한 대답」, 평생교육연구, 4(1).

김영철(1997).「평생교육논의에 있어서의 학습주의, 개인주의, 현실문화론에 대한 비판적고찰」, 평생교육연구, 서울대학교 사범대학교육연구소, 3(1).

김지자, 정지웅(1994).「사회교육에 있어서 자기주도학습 이론의 발전과 실제적 적용」, 사회교육연구, 19, p25-46.

김판수, 최성우(2013).「자기주도학습 & 코칭 ABC 상·하」, 테크빌닷컴(주).

배영주(2005).「자기주도학습과 구성주의」, 도서출판 원미사.

배을규(2006).「성인교육의 실천적 기초」, 학지사.

백종억 역(1986).「성인교육의 이론과 실제」, 덕성여자대학 출판부.

성현숙, 김언주(2003),「성인학습자 집단 간의 자기조절학습전략 사용, 동기의 차이와 학습성취와의 관계」, 교육심리연구, 17(1), p333-354.

심미자(2001).「자기주도적 학습의 이해」, 도서출판 열린.

양미경(1997).「자기주도적 학습의 이론적 기초」, 중원인문논총, 16(1), p219-234.

윤여각, 최돈민, 정기수, 임상록(1999).「평생학습체제에서 학습자들의 자기주도 학습력 향상을 위한 방안연구」, 한국교육개발원 정책연구 보고서.

정지웅, 김지자역(1995).「자기주도학습의 길잡이」, 교육과학사.

성태제(2007).「교육연구방법의 이해」, 학지사.

이경화 최병연 박숙희 역(2004).「창의성 계발과 교육」, 학지사.

이정택(2005).「자기주도 평생학습관리 연구」, 한국직업능력개발원.

차갑부(2000).「사회교육방법의 탐구 -성인교육방법의 새로운 지평」, 양서원.

한국교육심리학회(1999).「교육심리학 용어사전」, 한국교육심리학회.

한국교육개발원(2009).「한국 성인의 평생학습 실태」, 교육과학기술부.

한상훈(2007).「성인학습자의 학습동기와 자기주도학습과의 관계」, 학습자중심교과교육연구, 7(2), p355-374.

Brockett, R. G. & Hiemstra, E. R.(1991). Self-direction in adult learning: Perspective on theory, research, and practice. New York: Routledge.

Carlson, R. A.(1980). The time of androgogy. *Adult education*, 30(1), p53-56.

Garrison, R. D.(1992). Critical thinking and self-directed learning in adult education : An analysis of responsibility and control issues. Adult Education Quarterly. 42(3), p37-45.

Garrison, R. D.(1997). *Self-directed learning : toward a comprehensive model*. Adult Education Quarterly. 48(1), p125-136.

Grow, G. O. (1991). Teaching learners to be self-directed. Adult Education Quarterly, 41, p125-149.

Guglielmino, L. M. (1977). Development of the Self-Directed Learning Readiness Scale. Dissertation Abstracts International, 38, 6467A.

Guglielmino & Associates. (2002). SDLRS [Online]. Retrieved from http://

www.guglielmino734.com/ prodOl.htm

Guglielmino, P. J., & Guglielmino, L. M. (1991). The Learning Preference Assessment [Brochure]. King of Prussia, PA: Organizational Design and Development.

Houle, C. O.(1961). *The inquiring mind. Madison* : University of Wisconsin Press.

Knowles, M. S. (1968). *Andragogy, not pedagogy*. Adult Leadership, 16(10), p350-352.

Knowles, M. S. (1970). *The modern practice of adult education: Andragogy vs pedagogy*. New York: Association Press.

Knowles, M. S.(1975). Self-directed learning : A guide for learners and teachers. New York : Association Press.

Knowles, M. S.(1980). *The Morden practice of adult education : From pedagogy to adragogy*.(2nd ed.). New York : Cambridge Books.

Malcolm S. Knowles, Elwood F. Holton lll, Richard A. Swanson(1973). The Adult Learner. 최은수 역(2016). 성인학습자 제8판, 아카데미프레스.

Long, H. B. (1998). *Theoretical and practical implications of selected paradigms of self directed learming.* In H. B. Long & Associates (Eds.), Developing paradigms for self-directed learning (p1-14). Norman, OK: Public Managers Center, College of Education, University of Oklahoma.

Merriam. S. B., & Caffarella. R. S. (1999). *Learning in adulthood* (2nd ed.). San Francisco: Jossey-Bass Publishers.

Oddi, L. F. (1986). Development and validation of an instrument to identify self-directed continuing learners. Adult Education Quarterly, 36, p97-107.

Pintrich, P. R.(1989). The dynamic interplay of student motivation and cognition in the college classroom. In C. Ames & M. L. Mahr(eds.).

Advances in motivation and achievement: Motivation enhancing environment (vol. 6, p117-160). Greenwich, CT: JAI Press

Schunk, D. H., & Zimmerman, B. J. (2003). *Self-regulation and learning. In W. M. Reynolds & G. E. Miller* (Eds.), Handbook of Psychology: Vol. 7. Educational psychology (p59-78). New York, NY: Wiley.

Sharan B. Merriam , Laura L. Bierema(2014) Adult Learning: Linking Theory and Practice. 최은수, 신승원, 강찬석 역(2016). 성인학습 이론과 실천, 아카데미프레스.

Spear, G. E.(1988). Beyond the organizing circumstance: A search for methodolog for the study of self-directed learning. In H. B. Long & others(eds.). *Self-directed learning: Application and theory.* Athens: Department of Adult Education, University of Georgia.

Tough, A.(1971). *The adult's learning projects*: A fresh approach to theory and practice in adult learning. Toronto: Ontario Institute for Studies in Education.

Tough, A.(1979). *The adult's learning projects*: A fresh approach to theory and practice in adult learning(2nd ed.). Austin, TX: Learning Concepts. (Original work published in 1971).

CHAPTER

06

전환학습과 문해교육

【개요】

성인학습이론은 경험학습에 기반한다. 역사적 사건과 가난, 전쟁, 그리고 건강 등의 이유로 비문해자가 양산되어 비문해자들은 주변인으로 살아왔다. 비문해자의 대다수를 차지하는 여성 노인들은 국가의 문해교육 활성화 정책에 따라 다양한 형태의 문해교육에 참여하고 있다. 주눅 든 삶을 살아 온 비문해자들이 문해교육을 통하여 자유로운 삶으로 관점전환이 일어나는 것에 대해 알아볼 필요가 있다. 따라서 본 장에서는 전환학습의 개념과 특성을 이해하고 메지로우(Mezirow)의 전환학습 이론을 고찰하여 전환학습으로서 문해교육에 대해 살펴보고자 한다.

【학습목표】

1. 전환학습의 개념과 특성을 이해할 수 있다.
2. 메지로우(Mezirow) 전환학습이론에 대해 설명할 수 있다.
3. 전환학습으로의 문해교육을 현장에 적용할 수 있다.

1. 전환학습의 개념과 특성

게리(Geri)는 두 아이의 어머니로 성공한 변호사이자 뛰어난 정원사다. 그녀는 다음해까지는 현재 근무 중인 법무법인에서 파트너로 승진될 예정이다. 현재 나이 37세로 골수암 진단을 받았다. 게리(Geri)는 어떤 치료방법을 선택해야 할지 연구해왔고 암 환자 지지자 모임에도 가입했다. 암 진단을 받기 전 그녀의 가장 큰 관심사는 부유한 동네에 있는 더 큰 집을 구입하는 것, 최고급 차를 사는 것, 그리고 유럽에서 가족들과 휴가를 보내는 것 등이었다.

그러나 진단을 받은 이후에는 달라졌다. 게리(Geri)는 자신의 내면을 깊이 들여다보고 자신에게 가장 중요한 것은 물질적인 것이 아니라 가족과 친구들과의 관계임을 깨달았다. 게리(Geri)의 이야기는 전환학습의 좋은 예다(Merriam, Caffarella, & Baumgartner, 2007, 기영화 외 공역 2009 재인용).

1) 전환학습의 개념

'Transformational Learning' 또는 'Transformative Learning'이라 불리는 전환학습은 변화(change), 즉 우리 자신과 우리가 살고 있는 세상을 보는 방식에서의 극적이고 근본적인 변화에 관한 것이다.

일정한 인지능력을 새로운 영역으로 확장시키는 정보학습과 달리 전환학습은 우리가 살고 있는 무엇인가를 변화시키는 것을 말한다. 경험의 정신적인 구성, 내적인 의미, 그리고 성찰은 이러한 접근방식에서 공통된 구성요소이며 구성주의적 학습이론이다.

전환학습의 핵심 개념

전환학습론의 핵심개념은 경험, 비판적 성찰, 개인 발달의 3영역이다. 전환학습에서는 경험을 전환학습의 출발점이고 성찰의 내용이다. 인생경험을 비판적 성찰방식으로 보는 것은 전환의 필요조건이다. 프로세스 전체는 변화, 즉 성장을 촉진하고 발달을 돕는 변화에 관한 것이다.

이들 주요개념들을 보다 구체적으로 살펴보면 다음과 같다(한우섭 외, 2019).

경험

학습에 필수적인 요소로서 안드라고지의 여러 가정들 중의 하나는 성인들이 넓고 깊은 경험을 가지고 있고, 그 경험은 그들과 다른 사람들의 학습자원으로 활용될 수 있다는 것이다. 경험의 종류에는 직접적인 신체 경험과 대리 경험, 모의 경험, 공동 경험, 그리고 명상과 같은 내적인 경험 등이 있다. 테넌트(Tennant; 1991)는 경험을 학습에 활용하는 방법으로 "교사들은 그들의 설명과 사례를 학습자들의 기존 경험과 연결시킬 수 있으며, 학습활동을 학습자들의 현재 직장 · 가정 · 공동체에서의 경험과 연계시키려고 할 수 있으며, 시뮬레이션 · 게임 · 역할극 등과 같은 활동을 만들어낼 수 있다"고 했다.

비판적 성찰

개인의 기존 삶의 구조로는 수용할 수 없는 경험을 하면서 전환학습 프로세스는 시작되는데 이때 필요한 것이 비판적 성찰이다. 효과적인 학습은 긍정적인 경험으로부터 나오는 것이 아니라 효과적인 성찰에서 나온다. 메지로우(2000)는 성찰을 세 가지 형태로 구분하면서 이들 중의 하나만이 전환학습으로 연결될 수 있다고 말한다.

첫 번째 형태인 내용 반성(content reflection)은 실제 경험 자체에 대해서 생각하는 것이다. 프로세스 반성(process reflection)은 그 경험을 처리했던 방식 즉 문제해결 전략에 관해서 생각하는 것이다. 전제 반성(premise reflection)은 그 경험 혹은 문제에 관해 오랫동안 갖고 있던 사회적으로 구성된 가정, 신념 그리고 가치를 점검하는 것을 포함한다.

〈표 6-1〉 메지로우의 비판적 반성모형

구분	내용
내용 반성 (content reflection)	행위하는 내용 주제에 대한 성찰, 문제핵심 파악 노력, 무슨 일이 벌어지고 있는가? 문제의 핵심은 무엇인가? 등을 반성하는 것
과정 반성 (process reflection)	행위를 수행하는 절차적 활동의 타당성, 가치판단과 노력, 사건이 어떻게 전개되는가의 과정, 그 사건에 타인은 어떻게 행동하는지 등을 살펴보는 것
전제 반성 (premise reflection)	문제적 상황이 내재된 기본적 통념, 가치규범 등을 점검하는 활동, 어떤 사회문화적 맥락에서 경험이 발생했는가? 강조되는 가치나 규범은? 나는 왜 이 현상을 그러한 방식으로 경험하고 이해했는가?

출처: 정찬남 외(2017). 문해교육론. p139.

발달

발달은 전환학습의 결과이다. 개인 발달은 프로세스 안에 내재되어 있기도 하고 프로세스의 결과이기도 하다. 비판적으로 생각할 수 있는 능력은 전환을 실천하는 데 필수적으로 그 자체가 발달적이다. 즉, 우리는 보다 뛰어나고 더욱 비판적인 사고를 하는 사람이 될 수 있다.

전환학습은 메지로우(Mezirow, J.)가 주창한 개념으로 지식을 습득, 축적하는 전통적 학습과는 달리 개인이 가진 많은 기본적인 가치와 가정들이 학습을 통해 변화하는 하나의 과정을 의미한다. 전환학습을 통해 전환되는 것은 관점이다. 메지로우는 전환학습의 과정을 비판적 성찰, 비판적 성찰에 의해 획득된 통찰력을 확인하기 위한 담론, 행동의 단계로 구분하고 있다. 전환학습의 과정에서 필수적인 비판적 성찰은 자신의 경험의 원인이나 의미에 대해 의문을 갖는 데서 출발하여 개인의 경험을 이해하기 위한 주요 신념과 가정들을 검증해 가는 것이다. 담론은 편견이나 오류, 개인적 관심사를 배제하고 개방적이고 객관적인 태도로 특정한 주장에 대한 논쟁과 증거를 검토하는 과정이다. 마지막으로 전환학습에서 습득한 결과를 행동으로 옮기는 것이다.

[네이버 지식백과] 전환학습[轉換學習, Transformative Learning] (HRD 용어사전, 2010. 9. 6. (사)한국기업교육학회)

2) 전환학습의 특성

전환학습에서 가장 중요한 것은 비판적 성찰과 이성적 담론을 바탕으로 한 삶에 대한 관점전환이다. 전환학습은 교육적 사고의 접근 방식에서 학습에 대한 의미 형성을 강조한다. 지식과 경험을 융합하여 학습자만의 독특한 가치가 만들어질 수 있다. 학습을 통해 가치와 변화를 추구하는 것이 전환학습의 의미이다. 즉 많이 아는 것이 아니라 다르게 아는 것을 요구하는 학습이다(이경화 외, 2017).

전환학습의 특성은 개인이 이미 가지고 있던 지식을 새로운 관점으로 전환시키고 관점의 전환을 통해 학습자를 해방시키는 학습으로 학습자의 먼 미래까지의 변화를 일으키며 이 변화는 후속되는 학습자의 경험에 중요한 영향을 미친다. 점진적일 수도 있고 급격할 수도 있는 전환학습은 구조화된 교육환경 외에도 일상생활에서도 발생할 수 있다. 전환학습은 사람을 형성하게 하는 과정이고 발달과정과 밀접히 관련되어 있으며, 학습자의 인지적 과정에 보다 초점을 두고 있다.

메지로우에 의해 1978년 처음 제시된 전환학습이론은 우리가 살고 있는 세계와 우리 자신들에 관한 극적이고 근본적인 변화와 학습을 설명한다. 우리가 알고 있는 사실에 대하여 단순히 무엇을 하나 더 알게 되었다는 것을 의미하는 것은 아니다. 즉, 전환학습은 학습활동에 의해 학습자 자신은 물론 타인들이 인식할 수 있는 방법으로 학습 이전과는 확연히 구분되도록 인간을 새롭게 만든다는 것이다(권두승 외, 2018).

전환학습에 대한 공통된 기본 가정은 다음과 같이 제시하고 있다.

첫째, 지식은 밖에서 발견되는 것이라기보다는 학습자에 의해 구성되는 것으로 본다. 둘째, 전환학습이 가능하게 하려면 대화(타인과의 대화 혹은 학

습자 자신의 정신세계 내면의 대화를 통한 관점의 확장)가 필요하다. 셋째, 변화
와 성장이 일어나려면 우리 내면에 잠재하고 있는 가정, 신념, 가치 등에 대
한 비판적 성찰이 필요하다. 마지막으로, 전환학습의 결과는 사회변화임을
지적하고 있다(Merriam, Cafferella & Baumgartner, 2007; 기영화 외 공역 2009 재인
용).

3) 전환학습의 한계

전환학습론의 중요한 특징은 도구적 학습을 중심으로 이루어지는 성인교
육이 성인의 발전적 삶을 형성하기 위한 성인교육의 목표를 달성하는 데 부
족하다는 한계를 인식하고, 성인학습에서 간과되었던 반성(reflection)을 성
인학습의 중심과정으로 해방적이고 의사소통적 성격의 학습을 장려하는 데
있다.

특히 전환학습에서 성인의 성숙은 의미구조의 확보에 있다기보다는 의미
구조의 확대에 있다고 봤다. 이러한 의미구조의 확대는 비판적 반성을 통한
전환학습으로 가능하다고 함으로써 반성적 성인학습을 성인교육에서 핵심
적 영역으로 부각시켰다는 데 전환학습론의 의의가 있다.

그러나 전환학습론은 학습의 개인주의화라는 비판을 받았다. 즉 메지로
우는 지나치게 개인의 전환에 초점에 맞추었기 때문에 사회적인 변화라는
중요한 면을 간과했다는 것이다. 개인의 사회적 삶을 전환해가는 과정에서
제기되는 인간의 사회적 삶에서 무시될 수 없는 권력관계, 권력의 압력구조
에 대한 비판적 인식과 분석을 하지 못했다(권두승 외, 2018).

2. 전환학습의 이론과 모델

테일러(Taylor; 2005)는 전환학습이론은 '학습의 중점(locus of learning)'에 따라 학습의 초점이 개인에 관한 것과 사회문화적인 것의 두 개의 그룹으로 나누었다. 학습의 초점이 개인에 관한 것에는 심리비평적, 정신발달적, 정신분석적 관점이 있으며, 사회문화적인 접근방법에는 사회 · 해방적, 문화 · 영적, 인종중심적, 지구적 접근방법이 해당된다. 이를 구체적으로 살펴보면 다음과 같다(Merriam, Caffarella, & Baumgartner, 2007; 기영하 외 공역 2009 재인용).

1) 메지로우의 전환학습

메지로우(1978)의 전환학습 이론에 대한 최초 연구는 장기간의 학업공백 이후 12개의 대학교에 재입학한 가정주부인 83명의 중신층 백인 중년 여성들이 겪는 학습경험에 대한 질적 연구였다. 그 가정주부들은 자신들의 기존 관점이나 세계관을 새로운 것으로 바꾸어 세상과 자신을 바라보는 특별한 경험을 했으며, 메지로우는 이러한 특별한 경험들을 전환학습(transformative learning)이라고 하였다. 그리고 그는 전환학습을 학습자가 자신과 세계를 보는 방식을 근본적이고 극적으로 변화시키는 과정으로서의 학습이라고 정의하였다(정경연, 2017).

메지로우(1981)의 전환학습은 어느 시점이나 어느 시기의 특정한 어떤 사건 혹은 경험에 중점을 두고 개인이 미래의 행동방향을 결정하기 위해 과거의 경험을 사용하여 자신의 경험의 의미를 새롭게 수정해가는 과정이라고 심리비평적 관점에서 설명하고 있다. 그리고 메지로우(1981)의 전환학습은 다로즈(Daloz; 1986)의 정신발달적 관점, 보이드(Boyd; 1989)의 정신분석적 관점, 프레이리(Freire; 2000)의 사회해방적 관점 등으로 다양하게 발전되면서 성인학습 분야에서 핵심적인 이론으로 부상하게 되었다(Merriam,

Caffarella, & Baumgartner, 2007; 기영화 외 공역 2009 재인용).

2) 전환학습의 학습유형

메지로우의 이론은 성인들이 자신들의 삶의 경험을 어떻게 이해하는가에 관심을 갖는다. 그는 학습을 "미래의 행동방향을 결정하기 위하여 과거의 해석을 사용하여 자신의 경험의 의미를 새롭게 혹은 수정해서 구성하는 프로세스"라고 정의한다(Merriam, Caffarella, & Baumgartner, 2007; 기영화 외 공역 2009 재인용).

메지로우(1991)는 성인학습의 유형을 도구적 학습(instrumental learning), 의사소통적 학습(communicative learning), 해방적 학습(emancipatory learning)의 3가지 학습 형태가 전환학습 내에서 함께 이루어지는 요소로 보았다. 관점전환 과정에서 해방적 학습이 중요하지만, 최근 들어 도구적 학습과 의사소통적 학습에서도 전환학습이 나타날 수 있다고 제안하고 있다(Mezirow, 2009). 도구적 학습, 의사소통적 학습, 해방적 학습은 순차적이고 직선적인 단계 혹은 단절적이고 일차원적 속성을 지니는 것이 아니라 인간의 총체적, 관계적 삶의 맥락 속에서 3가지 학습 유형이 통합되어 나타날 수 있는 것이다.

성인학습 3가지 유형을 살펴보면 다음과 같다(정경연, 2017).

첫째, 도구적 학습은 환경을 조정하고 조작하기 위한 학습으로 사실에 근거한 지식을 습득하는 것을 말한다. 성과 향상을 위한 과제 지향적인 문제해결을 통해 학습하는 것이다. 이때 사건들간의 원인과 결과의 관계 등을 규명하는 것이 중요하며, 일을 수행하는 데 실제적인 기술적 측면에 관심을 둔다.

둘째, 의사소통적 학습은 관심과 이해 속에서 의사소통하는 것을 배우는 것이다. 사회나 체제 속에서 이해하고 의사소통한다는 것은 그 사회의 문화, 언어적 기호, 규범적 가치, 정치 및 철학 등을 이해하고 설명하는 것이다. 의사소통적 학습에서의 타당성은 도구적 학습에서 사용한 실험적 분석을 통해서 결정될 수 없고 이성적 담론(rational discourse)을 통해 합법적인 형태로 가능하게 된다. 즉, 어떤 사건이나 이슈에 대해 타인들의 의견을 귀 기울여 듣고, 나와 다른 점을 생각하며, 자신이 가지고 있는 가치나 의미를 재구성하고 통합하는 것을 말한다.

셋째, 해방적 학습은 비판적 성찰(critical reflection)을 통해 과거에서 비롯된 왜곡된 의미 관점들을 수정하는 것이다. 해방적 학습은 그동안 자신의 선택을 제한시키고 합리적 통제라고 생각했던 제도, 관습, 인식론, 언어학적인 것들의 타당성을 자기성찰을 통해 검증하고, 새로운 의미와 관점을 가지는 해방의 의미를 가지고 있다(Cranton, 1994). 도구적 학습과 의사소통적 학습이 자신과 타인을 둘러싼 환경에 대해 학습하는 과정이라면, 해방적 학습은 우리가 인지하고 활동하는 모든 측면을 포괄적으로 학습하고 비판적 성찰을 통해 그것이 과연 타당한지 검증해 보는 것이다.

3) 전환학습의 형태

메지로우(1991)는 성인학습 상황에서 제시될 수 있는 4가지 형태의 학습을 제시하였다. 이는 곧 의미체계를 통한 학습, 새로운 의미체계 형성을 위한 학습, 의미체계의 전환을 통한 학습, 관점전환을 통한 학습이다.

메지로우(1991) 전환학습의 형태를 구체적으로 살펴보면 다음과 같다(정경연, 2017).

첫째, 의미체계를 통한 학습은 우리가 당연하게 받아들였던 이전의 의미체계를 더욱 세분화하고 수정해 가기 위한 학습이다.

둘째, 새로운 의미체계 형성을 위한 학습은 기존의 의미관점을 보완하기 위해 의미체계의 범위를 확장함으로써 기존의 의미관점과 새로운 의미관점이 서로 양립할 수 있는 새로운 의미들을 만들어가는 것이다.

〔그림 6-1〕 **Mezirow의 성인학습의 유형**

셋째, 의미체계의 전환을 통한 학습은 전제들에 대한 성찰을 포함하여 의미체계의 전환을 통한 학습으로 설명될 수 있다. 우리가 우리의 오랜 관점 혹은 신념들이 역기능적이라는 것을 발견하며, 세상을 이해하고 바라보는 이전의 방식들이 부적당하고 불충분하다는 것을 깨닫는다(Mezirow, 1991).

넷째, 관점전환을 통한 학습은 왜곡되고 불완전한 의미관점에 기반을 둔 특정한 전제들에 대한 비판적 성찰을 통하여 의미에 대한재구조화의 과정을 거친 후 관점을 전환하는 학습으로, 해방적 학습에서 가장 의미 있는 부류의 학습이다(Mezirow, 1991). 즉, 메지로우는 "우리가 기대에 어긋나고 무의미한 경험을 할 때 또는 의문이 제기되는 상황 속에서 우리의 의미체계들을 만들어낸 가정들에 대하여 비판적으로 재검토하고 재평가하는 과정을 통해 전환학습이 일어난다"고 하였다.

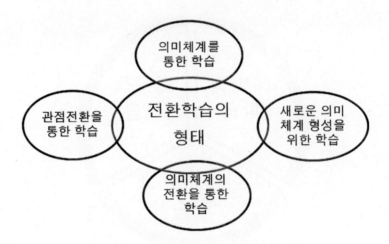

〔그림 6-2〕 메지로우의 전환학습의 형태

4) 전환학습 과정의 단계

Mezirow의 전환학습이론은 10단계로 이루어진다. 그러나 가장 주된 구성요소는 네 가지이다. 그것은 경험, 비판적 성찰, 이성적 담론, 그리고 행동이다.

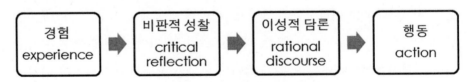

〔그림 6-3〕 메지로우의 전환학습 단계의 주된 구성요소

메지로우가 최종적으로 제시한 전환학습 과정 10단계는 〈표 6-2〉와 같다.

〈표 6-2〉 메지로우의 전환학습 과정 10단계

구분	단계별 내용
1단계	혼란스러운 딜레마(disorienting dilemma)
2단계	부정적 감정(두려움, 분노, 죄의식, 수치심)에 대한자기평가(self-examination)
3단계	기존의 가정(assumption)에 대한 비판적 평가(critically assessing)
4단계	자신의 불만과 전환 과정이 공유되고 있다는 인식(recognition)
5단계	새로운 역할, 관계 및 활동에 대한 대안 탐색(exploration)
6단계	일련의 새로운 행동 계획(planing)
7단계	계획을 실행하기 위한 지식과 기술의 습득(acquiring)
8단계	새로운 역할을 실험적으로 시도(trying)
9단계	새로운 역할과 관계를 위한 역량과 자신감 구축(building)
10단계	새롭게 형성된 관점에 근거하여 자신의 삶을 재통합(reintegrating)

출처: Mezirow(2009)재구성. p. 94. 정경연(2017), 중년기 위기 성인학습자의 전환학습 경험. p23 재인용.

1단계에서는 혼란스러운 딜레마(disorienting dilemma)를 경험한다. 즉, 이전에 경험하지 못한 삶 전체를 흔드는 중대한 사건이나 결정적인 경험에 직면하는 것이다. 메지로우는 "전환학습은 혼란스러운 딜레마의 발생과 동시에 시작되는 것이 아니고, 딜레마를 겪고 있는 개인이 자신의 삶 속에서 무엇인가 부족한 부분이 있다고 깨달을 때 비로소 전환학습이 일어난다"고 주장하였다(Mezirow, 1995).

2단계는 자기평가를 하는 단계이다. 혼란스러운 딜레마와 같은 중대한 사건이나 경험은 예전부터 사용했던 문제해결 전략으로 극복하기 어렵기 때문에 두려움, 분노, 죄책감, 수치심 등으로 혼란스러운 딜레마에서 경험한 구체적인 감정을 표현하면서 과거의 삶을 돌아보게 된다.

3단계에서는 인식론적, 사회문화적, 심리적인 삶의 전제들에 대해 비판적으로 검토하거나 평가한다. 즉, 비판적 성찰이 이루어지는 단계이다. 4단계에서는 다른 사람들에 대하여 공감과 이해를 갖게 되고 다른 사람들도 자신과 비슷한 변화를 거치고 있다는 인식을 가지게 된다.

5단계에서는 새로운 역할이나 관계, 활동을 위한 대안을 탐색한다. 6단계에서는 새로운 대안을 실천하기 위한 구체적인 활동계획을 수립한다. 7단계에서는 자신의 계획을 실행하기 위한 지식과 기술을 습득한다.

8단계에서는 새로운 역할을 위해 일시적으로 역할을 시도하거나 맡아본다. 9단계에서는 새로운 역할과 관계에 대한 능력을 쌓아 자신감을 구축한다. 10단계에서는 새로운 관점에서 자신의 삶을 자연스럽게 재조정하고, 재통합한다.

하지만 메지로우는 전환학습 과정이 반드시 이 순서대로 정확하게 이루어져야 하는 것은 아니라고 언급하였다(Merriam, Caffarella, & Baumgartner, 2007; 기영화 외 공역 2009 재인용).

3. 전환학습으로서의 문해교육

1) 전환학습에 대한 연구 접근

전환학습은 우리가 살고 있는 세상을 보는 방식에서 극적이고 근본적인 변화에 관한 것으로 우리 스스로 무엇인가를 변화시키는 것을 말한다. 개인이 이미 가지고 있던 지식을 새로운 관점으로 전환시키고 이를 통해 학습자를 해방시키는 학습으로 학습자의 먼 미래까지의 변화를 일으키며, 이 변화는 후속되는 학습자의 경험에 중요한 영향을 미친다.

문해학습은 단순히 글자를 읽고 쓰고 익히는 지식만을 습득하는 것이 아니고 글자를 통해 세상과 소통하는 해방적 학습이다. 즉 문해학습을 통해 삶을 살아가는 관점의 변화와 태도의 변화가 일어날 수 있도록 문해학습자의 경험을 이해하고 그들의 관점에서 접근해야 한다.

문해교육을 통한 문해학습자의 전환학습의 특성을 '성인 문해학습의 전환학습적 특성'에 대해 연구한 주명희(2012)에 의해 살펴보면 다음과 같다.

그들은 경제적인 여유가 생겨 학습할 수 있는 여건이 되었다. 그들은 교육의 필요성과 중요성을 절감하게 되었다. 비문해자로서의 경험은 자신만

하는 것이 아니라는 것을 문해교육 기관에 입문하여 알게 되었다. 학습 환경에 적응하고, 동료 의식을 느끼며, 관계를 형성하여 새로운 세상을 발견한다.

즉, 비문해 시절에 보았던 의미도식의 체계들이 문해교육을 통하여 의미관점으로 점진적으로 변화됨을 알 수 있다. 관점의 전환으로 이어져 사물을 보는 시각이 달라지며 본인의 생각을 말로 표현하는 능력이 형성되어 자신감을 형성해 가고 있다. 평생교육원에서 공부할 수 있다는 것만으로도 '한'의 해소가 되고 있다. 비문해로 겪었던 고통은 현대사회에서 문해의 중요성과 필요성을 느끼게 하였다.

문해교육은 자신감 회복뿐만 아니라 세상을 보는 시각도 바꾸어 주었다. Mezirow가 강조한 교육을 통해 비문해자 시절에 보았던 의미체계들은 문해교육을 통해서 관점의 전환으로 바뀌면서 세상과 소통하는 데 편리하고 사물을 보는 시각과 느낌이 달라진다.

비문해의 고통에서 해방되고 반성적 사고를 통해서 성인학습의 중요영역인 의미구조가 전환된 것이다. 교육의 힘은 꿈을 갖게 한다. 비문해 시절에 꿈꿀 수 없었던 생각이 현실로 다가온다. 상급학교 진학과 사회복지사 취득, 문해교사 봉사 등이 이루어진다. 교육을 통해 나타난 가치에 대한 인식의 변화는 관점 전환으로 생긴 교육의 힘이다.

문해교육에 참여하는 성인학습자들의 인식변화를 전환학습적 관점에서 접근한 김종천(2014)의 연구를 살펴보면 다음과 같다.

첫째, 비문해자에서 문해자가 되었을 때 세상을 보는 관점은 절망감, 고립감, 무능감 등의 부정적 자아를 극복하여 자신감, 행복감, 감사함 등의 긍정적 변화를 보였다. 이것은 세상을 바라보는 관점으로 인식의 전환이 이루어진 것임을 알 수 있다.

둘째, 학습을 통해 도구적인 문자와 인지적 결핍을 채워 문해자가 되어가고 점차 자신감을 회복하여 주변의 관계들이 개선되며 삶의 변화로 이어졌다. 그 결과 부정적 인식이 긍정적 인식으로 변화되었음을 볼 때 관점 전환이 일어났음을 알 수 있다.

셋째, 문해학습 참여과정을 메지로우가 주장하는 전환학습 10단계 과정으로 살펴보았을 때 비순서적으로 나타났는데, 비순차적이고 반드시 필요하지도 않을 수 있다는 것을 확인할 수 있다.

그리고 성인학습자들의 학습동아리 참여를 통한 전환학습 과정을 살펴보면 다음과 같다. 김영문(2010)의 근거이론 방법을 이용한'성인학습동아리 참여자의 전환학습에 관한 연구'에서 참여자들의 전환학습 과정은'부정적 가치체계를 넘어선 성장과 긍정적 경험의 선순환'을 중심으로 4단계 즉 갈등경험 단계-적극적 대처 단계- 돌아보기 단계- 성장과 나눔의 단계로 나타났다(그림 6-4).

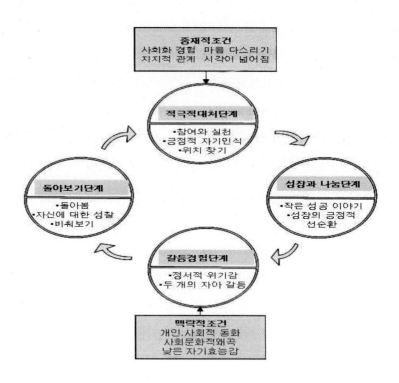

〔그림 6-4〕 학습동아리 참여자의 전환학습과정

출처: 김영문(2010). 성인학습동아리 참여자의 전환학습에 관한 연구 p123.

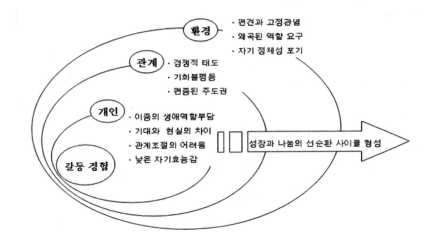

〔그림 6-5〕 학습동아리 참여자의 전환학습과정에 관한 상황모형

출처: 김영문(2010). 성인학습동아리 참여자의 전환학습에 관한 연구 p129.

아울러, 교육이수와 학습동아리 활동과 전환학습은 상호관계가 있음을 밝혔다(그림 6-5). 교육을 받고 학습동아리에 참여해 활동하는 동안 많은 것을 배우고 성장하였으며, 성장은 나눔을 통해 이들에게 또다시 배움과 성장의 동력으로 환치되고 있었다. 이처럼 새롭게 구성된 관점으로 행동하고 사고하며 성장과 긍정적 경험을 자신에게로 혹은 다른 학습자에게로 전이하는 선순환 사이클의 한 지점이 전환학습의 마지막 단계가 된다. 이 과정은 반복되면서 또 다른 사이클을 형성해 나가며 순환모형은 나선형을 보인다.

2) 문해교육을 통한 전환학습 사례

전환학습은 구성주의적 학습이론이다. 문해교육에 참여하여 관점의 전환을 보인 중중 장애여성의 탈수급 사례를 살펴보고자 한다(일부 각색).

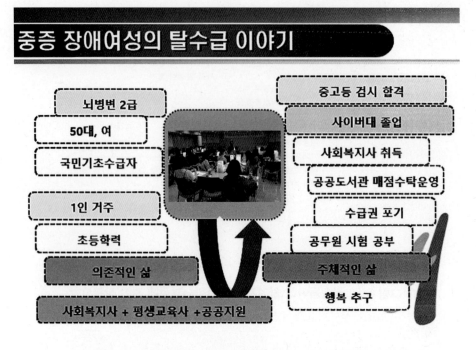

〔그림 6-6〕 문해교육에 참여한 중중 장애여성의 전환학습 사례

사례자는 어린 시절 뇌성마비로 인해 초등학교를 제대로 다닐 수 없었다. 가난한 가정에서 어렵게 성장하던 중 어머니의 사망으로 새 엄마 밑에서 살았으나 가정불화로 가출하였고, 그 후 가족과 단절된 채 40여년을 고향을 떠나 혼자 살았다. 50대 초반까지 국민기초수급과 장애수당 등 국가의 지원으로 생계를 유지해 왔다. 국가에만 의존하며 사는 자신의 삶에 무기력함과 회의감을 느껴 방황하던 중 지역의 야학을 접하게 된다.

지역 야학을 가보니 글도 몰라 밤마다 한글을 배우는 어르신들, 멀리 이국에서 시집 온 결혼이주여성, 지능이 낮아서 학교를 미처 마치지 못한 청소년, 사춘기 시절에 가정의 불화로 인해 가출하고 떠돌이 생활 끝에 찾아온 청년 등 다양한 사람들을 보며 비슷한 처지임을 공감하고 이해하였다.

야학 학습자들을 보면서 용기를 얻은 사례자는 야학에서 공부하기로 결심하고, 시청에게 파견한 도우미의 도움을 받아 중학교 졸업자격 검정고시에 합격하고 이듬해 고등학교 졸업자격 검정고시에도 합격한다.

　고등학교 졸업장을 받게 되니 세상을 다 얻은 것 같은 충만감이 느껴지고 뭐든지 할 수 있겠다는 자신감이 생긴 사례자는 그 동안 국가에 의존하며 무위도식하며 살아온 날들이 한없이 부끄럽게 느껴졌다고 했다. 공공도서관의 작은 매점을 위탁받아 운영하게 되자, 수입도 따져보지 않고 거침없이 국민기초수급권을 포기하였다. 혼자 사는 여성으로서 생활비를 줄여가며 살면 되지 않겠냐는 생각에서 한 결정이었다. 즉, 경제적 독립을 선포한 것이다.

　사례자는 경제적 독립을 선포하니 자유를 얻었으며 하고 싶은 일이 생겼다. 공부를 하여 대학생이 되어보고 싶었으며 사회복지사를 따겠다는 욕심이 생겨났다. 평소 자신을 돌봐주는 사회복지사가 되어 남에게 도움이 되어

〈표 6-3〉 메지로우의 전환학습 과정 10단계 사례 적용

구분	단계별 내용	사례 적용
1단계	혼란스러운 딜레마(disorienting dilemma)	국가에 의존-의식주를 해결하나 무기력함을 깨달음
2단계	부정적 감정(두려움, 분노, 죄의식, 수치심)에 대한자기평가(self-examination)	무위도식하는 삶에 대한 죄의식, 신세한탄, 주변에 대한 분노
3단계	기존의 가정(assumption)에 대한 비판적 평가(critically assessing)	의존적 삶에 대한 회의감, 비판적 성찰
4단계	자신의 불만과 전환 과정이 공유되고 있다는 인식(recognition)	야학 학습자들과 공감함 신체장애, 저학력, 가난, 독거
5단계	새로운 역할, 관계 및 활동에 대한 대안 탐색(exploration)	공부를 해보자
6단계	일련의 새로운 행동 계획(planing)	야학 입학(중고등 검정고시과정)
7단계	계획을 실행하기 위한 지식과 기술의 습득(acquiring)	중고등검정고시 합격
8단계	새로운 역할을 실험적으로 시도(trying)	매점수탁 운영, 국민기초수급권 포기
9단계	새로운 역할과 관계를 위한 역량과 자신감 구축(building)	사이버대 2년 졸업, 사회복지사 취득
10단계	새롭게 형성된 관점에 근거하여 자신의 삶을 재통합(reintegrating)	공무원시험 공부, 주체적인 삶

보겠다는 일념으로 사이버대학 복지경영학에 입학하여 졸업하였다. 원하던 전문학사와 사회복지사를 취득하였다. 장학금과 주변의 후원으로 학비를 충당했고 학교의 배려로 큰 어려움 없이 졸업할 수 있었다.

　나를 위하고 나를 돌봐줬던 사람들과 그 사회를 위해 남은 삶을 살아야겠다고 생각하는 사례자는 관점의 전환을 한 것이다. 사회복지공무원이 되기 위해 오늘도 공공도서관 모퉁이 작은 매점에서 공무원시험 준비를 하는 사례자는 "비록 부족하지만 생계를 지탱해주는 매점이 한없이 고마울 따름이다."고 말한다.

　"세상의 중심에 내가 있고, 세상이란 나를 중심으로 구성되는 것이니까."

【연구과제】

1. 문해학습자의 관점전환을 위한 고려사항에 대하여 설명하시오.
2. Mezirow 반성적 성찰의 3과정에 대해 사례를 들어 설명하시오.
3. 전환학습에 기반한 문해프로그램 개발 방안을 제시하시오.

【참고문헌】

권두승, 조아미(2018). 「평생학습사회 실현을 위한 성인학습 및 상담」, 교육
　　과학사.
이경화, 권옥경, 김숙기, 김경열, 황성용, 권희철, 송미정, 임제현, 최윤주, 이
　　은정(2017). 「평생교육론」, 태영출판사
정찬남, 김성자, 김종천, 노병윤(2017). 「문해교육론」, 양서원.
한우섭, 김미자, 신승원, 연지연, 진규동, 신재홍, 송민열, 김대식, 최용범
　　(2019). 「평생교육론」, ㈜학지사.
김영문(2010). 「성인학습동아리 참여자의 전환: 전환 학습에 관한 연구」, 숭
　　실대학교 교육대학원 석사학위논문.
김종천(2014). 「성인학습자의 문해학습 참여를 통한 생애경험과 인식전환에
　　관한 연구」, 백석대학교 대학원 박사학위논문.
주명희(2012). 「성인 문해학습의 전환학습적 특성」, 전남대학교 교육대학원
　　석사학위 논문
정경연(2017). 「중년기 위기 성인학습자의 전환학습 경험」, 전북대학교 대학
　　원 박사학위 논문
Merriam, S. B., Caffarella, R. S., & Baumgartner, L. M. (2007). *Learning in
　　Aulthood: A comprehensive guide* (3th ed.). John Wiley & Sons. 기영화,
　　홍성화, 조윤정, 김선주 공역(2009). 「성인학습론」, 아카데미프레스.

文解

PART

03

문해교육의 정책

문해교육의 제도

【개요】

우리의 역사적 경험을 통해서 알 수 있는 것처럼 문자시대의 시작이 오늘날과 같은 문해교육 활동을 촉발했다고 볼 수 없다. 오히려 정보화가 촉진되고 인구의 이동이 자유로워지면서 단순히 문자 문해에서 컴퓨터, 언어, 금융 등 다양한 형태의 문해가 나타나고 있다.

그동안 우리나라의 문해교육 제도는 문해학습 경험 인정을 위한 다양한 사회적 체제 구축, 현 학교체제로부터 독립적인 문해교육 학력인정체제의 구축, 시민사회의 문해교육 역량 강화, 다중으로서 학습 집단의 다양한 문해교육에 대한 요구에 맞추어 발전해 왔다.

평생교육 현장의 오랜 염원이었던 문해교육에 대한 규정을 평생교육법이 담고, 문해교육 실체를 제도적으로 인정하고 있을 뿐만 아니라 문해교육에 대한 지원과 문해교육 학습경험에 대한 학령인정에 대한 제도까지 규정하고 있다.

본 장에서는 우리나라 문해교육 제도를 이해하고, 한국의 문해교육의 법제화, 문해교육 지원제도 등에 대해 살펴보고자 한다.

【학습목표】

1. 우리나라 문해교육의 법체계를 이해할 수 있다.
2. 우리나라 문해교육의 지원정책에 대해 이해할 수 있다.
3. 우리나라 문해교육의 교원양성에 대해 알 수 있다.

1. 문해교육의 법제화

1) 연혁

1950년대 국가적 프로젝트로 실시되었던 '문맹퇴치 5개년계획'(1954~ 1958년) 이후 정부는 문해교육에 대해 무관심으로 일관하고 있었다. 문해교육은 대부분 시민사회의 영역에서 이루어지고 있었고 이에 대한 정부의 역할은 매우 소극적이었다. 1999년 평생교육법이 제정된 이후에도 국가 영역에서 이루어진 문해교육에 대한 정책은 재정 지원, 연수 지원 등에 한정된 것이었다.

2006년도에 들어 교육부는 '성인문해교육 지원 사업'을 실시하여 문해교육기관 운영비, 프로그램 운영비, 성인교과서 개발, 문해교사 연수 등에 대한 국가적 지원을 확대했으며, 2001년부터 이루어진 '평생학습도시 조성 사업'과 '소외계층 평생교육 프로그램 지원 사업' 등을 계기로 문해교육에 관심을 갖는 지방자치단체 등에 문해교육 프로그램을 실시하고 있다. 이러한 상황에서 평생교육법의 개정과 이에 따른 문해교육의 법제화는 정부와 지방자치단체의 부분적인 지원하에 제도권 밖에서 이루어지고 있는 문해교육이 이전과는 다른 환경을 조성하게 되었다.

2007년 12월 14일 평생교육법은 1999년에 제정된 평생교육법이 갖고 있는 한계를 넘어 평생교육 현장의 오랜 염원이었던 문해교육에 대한 규정을 담고 있다. 문자해득교육이라는 조항이 포함됨으로써 최초로 문해교육 실체를 제도적으로 인정하고 있을 뿐만 아니라 문해교육에 대한 지원과 문해교육 학습경험에 대한 학력인정에 대한 제도 및 정책내용을 담고 있다.

2014년 1월 28일 평생교육법 개정에는 문자해득(文字解得) 교육의 개념을 사회변화에 맞게 단순한 문자해득능력을 넘어 모든 일상생활을 영위하는데 필요한 기초생활능력을 갖추도록 하는 교육으로 확장하고, 문자해득교육 프로그램에 대하여 우선하여 재정적 지원을 할 수 있도록 함으로써 문자해득교육의 활성화를 도모하며, 읍·면·동 단위의 평생학습센터 운영에 관한 근거를 신설함으로써 평생학습 참여기회 확대를 위한 기반을 마련하였다.

2016년 8월 4일 평생교육법 개정에는 전체 인구 중 20세 이상 성인 약 577만명(전체 인구의 약 15%)이 의무교육에 해당하는 중학 학력 미만인 것으로 나타나고 있고(2010년, 통계청), 이민·국제결혼 등으로 다문화인구가 증가하는 등 사회환경변화에 맞추어 문자해득교육을 활성화시킬 필요가 있고, 문자해득교육의 진흥을 위해서는 조직적 지원체계의 구축 및 시설지원을 위한 조치가 필요하다는 측면에서 지원체계를 마련하려는 것이다. 이를 위해 국가문해교육센터를 국가평생교육진흥원에 두도록 하고, 시·도교육감 및 시·도지사가 시·도문해교육센터를 설치하도록 하였으며, 국가문해교육센터에서 문해교육종합정보시스템의 구축·운영하도록 하였다.

유네스코(1978)의 문해 기준에 따르면 비문해(Illiteracy)는 읽지도 쓰지도 못하는 수준으로 셈은 전혀 못한다. 준문해(Semi-literacy)는 자기이름이나 간단한 단어를 읽기는 하나 쓰지는 못한다. 문해(Literacy)는 일상생활에 관한 간단한 문장을 이해하며 읽고 쓸 수 있고, 가감승제를 할 수 있다. 생활기능문해(Functional-literacy)는 구청, 동사무소, 은행 등을 방문할 때 자유롭게 창구에서 신청서를 기입하고 모든 용무를 볼 수 있다. 또한 강연회, 기타 성인교육 강좌에 참석하는 데 필요한 지식과 의사소통 기능을 갖는다. 가감승제뿐 아니라 간단한 회계업무를 볼 수 있다.

UN에서는 1990년을 '세계 문해의 해'로 정하고 그 후 10년인 2000년까지 전 세계의 모든 국민들이 비문해를 해소하는 한편 기초교육의 기회를 확대해야 한다는 목표 'Education for All by 2000'을 결정하였다. 특히 4년에 한 번씩 개최하는 유네스코의 제5차 국제성인교육총회인 1997년 함부르크 회의에서도 문해교육 및 성인기초교육이 중요한 주제 중의 하나로 다루어졌다. '함부르크 성인교육선언'이라 불리는 의제에서 문해의 문제를 다음과

같이 규정하면서 향후 제2차 문해 10개년계획을 추진할 것을 강조하고 있다

〈함부르크 성인교육선언〉

9조   모든 이를 위한 기초교육이란 사람들이 나이와 상관없이 개인적으로
      나 집단적으로 자신의 잠재력을 실현할 수 있는 기회를 가진다는 것
      이다. 이는 단순한 권리만이 아닌 타인과 사회 전체에 대한 의무이자
      책임이다.

11조 성인문해 : 넓은 의미로 급속히 변화하는 세계에서 필요한 기초지식
      과 기술로 이해되는 문해는 기본적인 인권이다. 모든 사회에서 문해
      는 그 자체가 필요한 기술이고 다른 기술들의 바탕이 되는 기술 중의
      하나이다. 수백만명의 사람들(그 대분이 여성이다)이 학습의 기회를
      잃고 있으며, 이 권리를 주장하는데 필요한 방법을 갖지 못하고 있
      다. 우리의 목적은 그들이 권리를 주장할 수 있도록 하는 것이다. 이
      것은 주로 인식의 향상과 권리의 부여를 통한 학습의 전제조건을 만
      든다는 것을 의미한다. 문해는 또한 사회적·문화적·정치적·경제
      적 활동과 평생학습에 참여하도록 하는 촉매이다. 따라서 우리는 모
      두가 문해력을 습득하고 유지할 수 있는 기회를 보장하고, 모든 회원
      국들에 구두문화를 지지하는 문해 환경을 만드는 데 헌신할 것이다.
      혜택받지 못한 이들과 소외된 이들을 포함한 '모든 이를 위한 학습기
      회'를 제공하는 것이 가장 시급한 문제이다.

경제협력개발기구인 OECD도 성인기초능력이라는 관점에서 문해교육
에 관심을 보이기 시작하였다. 생활기능문해 수준의 국제문해 비교 조사인
ALL 조사(Adult Literacy and Lifeskill Survey)를 수행하였다.

미국이나 영국 같은 선진국들은 중·고등학교까지 무상 의무교육을 실시
하고 있으며 높은 문해율 성취에도 불구하고 여전히 문해교육 및 성인기초
교육을 위하여 많은 정부예산을 지원하고 있다. 1996년 OECD 교육장관회

의에서는 정보격차와 같은 새로운 불평등 문제를 최소화하기 위하여 강력한 조치를 취할 것을 결정하였다.

2) 평생교육법 속의 문해교육

문해는 다른 무엇보다도 우선되어야 할 인간의 기본적인 인권이며 국민의 기본권이다. 이는 국민으로서 모든 영역에서 차별받지 않아야 할 권리로서 이미 헌법에서 "정치 · 경제 · 사회 · 문화 모든 면에 있어서 각인의 기회를 균등케 하여…(前文)"와 "모든 국민은 정치 · 경제 · 사회 · 문화적 생활의 모든 영역에 있어서 차별을 받지 아니한다(제11조)", "모든 국민은 능력에 따라 균등하게 교육받을 권리가 있다(제31조 제1항)"등의 규정에 근거하고 있다. 교육기본법에도 "모든 국민의 평생에 걸쳐 … 교육받을 권리(학습권)(제3조)"를 가지며, " 모든 국민은 성별, 종교, 신념, 사회적 신분, 경제적 지위 또는 신체적 조건 등을 이유로 교육에 있어서 차별을 받지 아니하며 (교육의 기회 균등, 제4조)," "… 6년의 초등교육과 3년의 중등교육의 의무교육을 받을 권리를 가진다."(제8조 제2항)고 규정하여 국민의 의무교육에 대한 국가의 책무를 강조하고 있다. 여기서 말하는 국민은 글을 배울 시기를 놓친 성인도 포함된다. 따라서 성인의 문해 교육권은 헌법과 교육기본법 등에 규정하고 있는 국민의 기본권이며 국가의 책무이다.

평생교육법은 총칙 등 8장 46조와 부칙으로 구성되어 평생교육진흥기본계획, 생교육전담 · 지원기구, 학력 · 학위 취득기회 확대, 다양한 평생교육기관 운영 및 평생학습지원제도를 도입 · 운영하고 있다. 평생교육법시행령은 6장 78조와 부칙으로 구성되어 평생교육진흥위원회의 구성 및 운영, 평생교육전담기구의 출연금 요구, 지급, 평생학습지원제도의 운영방법, 학력인정 평생교육시설의 지정 또는 인가절차, 평생교육시설의 설치 및 등록(변경) 절차, 변경신고, 평생교육사 자격요건, 등급, 배치기준, 그리고 문해교육 프로그램에 대한 지정 및 지원 관련 절차 등을 규정하고 있다. 평생교육법 시행규칙은 25조와 부칙으로 구성되어 평생교육 실무행정과 관련한 구체적인 구성 및 절차 등에 관하여 규정하고 있다.

문해교육의 개념과 범위에 대해서는 그 잣대가 다양하다. 단순히 글자를 아는 것만을 문해로 보아야 하는지, 아니면 그 사회를 이해하고 그 사회의 일원으로 살아가는 데 어려움이 없는 것까지를 문해의 범위로 인정해야 하는지 그 의견이 다양하다. 오늘날 문해는 자신이 속해 있는 사회의 문화를 이해하고 그 사회에 적응하는 데 문제가 없는 범위까지를 문해의 범위로 보고 있다(황종건, 1990). 이는 자신의 의견을 자유자재로 표현할 수 있어야 하는 것이며, 자신의 생각을 글로 표현할 수 있어야 하는 것까지 문해의 영역으로 보는 것이다.

평생교육법 제2조에서는 평생교육을 "평생교육이란 학교의 정규교육과정을 제외한 학력보완교육, 성인 문자해득교육, 직업능력 향상교육, 인문교양교육, 문화예술교육, 시민참여교육 등을 포함하는 모든 형태의 조직적인 교육활동을 말한다."라고 정의하면서 문해교육을 평생교육의 중요한 한 영역으로 삼고 있다. 그러나 문해교육 현장에서 뿐만 아니라 정책적으로 문해교육은 문자해득을 포함하여 성인 기초교육 전반을 의미하는 것임에도 불구하고 평생교육법에서 문해교육은 '문자해득교육'이라 규정하고 있다.

제2조(정의) 3. '문자해득교육'(이하 '문해교육'이라 한다)이란 일상생활을 영위하는 데 필요한 문자해득(文字解得) 능력을 포함한 사회적·문화적으로 요청되는 기초생활능력 등을 갖출 수 있도록 하는 조직화된 교육프로그램을 말한다.

평생교육법 시행령 제75조에서는 문해교육에 대한 학력인정을 중학교 과정까지로 규정하고 있으므로 학교급별로 볼 때 문해교육은 성인들을 위한 초등학교 및 중학교 수준의 교육이라고 볼 수 있다.

평생교육법 [시행 2008. 2. 15.] [법률 제8676호, 2007. 12. 14. 전부개정]
평생교육의 개념을 "학교의 정규교육과정을 제외한 학력보완교육, 성인
기초·문해 교육, 직업능력 향상교육, 인문교양교육, 문화예술교육, 시민
참여교육 등을 포함하는 모든 형태의 조직적인 교육활동"으로 정의하여
평생교육의 활동내용을 구체적으로 파악할 수 있도록 함.

평생교육법 [시행 2015. 1. 29.] [법률 제12339호, 2014. 1. 28. 일부개정]
문자해득(文字解得)교육의 개념을 사회변화에 맞게 단순한 문자해득능력
을 넘어 모든 일상생활을 영위하는 데 필요한 기초생활능력을 갖추도록
하는 교육으로 확장하고, 문자해득교육 프로그램에 대하여 우선하여 재정
적 지원을 할 수 있도록 함으로써 문자해득교육의 활성화를 도모

    가. '문자해득교육'을 '문해교육'으로 약칭하고, 그 정의를 일상생활을
        영위하는 데 필요한 문자해득(文字解得) 능력을 포함한 사회적·문
        화적으로 요청되는 기초생활능력 등을 갖출 수 있도록 하는 조직화
        된 교육프로그램으로 규정함(제2조 제3호).

    나. 국가 및 지방자치단체는 문해교육 프로그램에 대하여 우선하여 재정
        적 지원을 할 수 있도록 함(제39조 제3항).

평생교육법 [시행 2016. 8. 4.] [법률 제13945호, 2016. 2. 3. 일부개정]
2010년 인구 총조사(통계청)에 따르면 전체 인구 중 20세 이상 성인 약
577만명(전체 인구의 약 15%)이 의무교육에 해당하는 중학 학력 미만인 것
으로 나타나고 있고, 이민·국제결혼 등으로 다문화인구가 증가하는 등 사
회환경변화에 맞추어 문자해득교육을 활성화시킬 필요가 있고, 문자해득
교육의 진흥을 위해서는 조직적 지원체계의 구축 및 시설지원을 위한 조
치가 필요하다는 측면에서 지원체계를 마련

    나. 국가문해교육센터를 국가평생교육진흥원에 두도록 하고, 시·도교
        육감 및 시·도지사가 시·도문해교육센터를 설치할 수 있도록 함
        (제39조의 2 신설).

    다. 문해교육종합정보시스템의 구축·운영을 규정함(제40조의 2 신설).

3) 자치단체 조례 속의 문해교육

평생교육법 제39조 제2항에서 시·도교육감의 평생교육관련 임무로서 문해교육 프로그램의 설치·운영 또는 지정·지원하도록 하였으며, 제3항에서 국가 및 지방자치단체는 문해교육 프로그램을 위하여 관계 중앙행정기관의 장 및 지방자치단체는 문해교육 프로그램 실시기관 운영비, 문해교육 교재비 및 교구비, 문해교육 교원의 인건비 및 연수비 등의 경비를 지원할 수 있도록 하였다. 또한 문해교육 프로그램의 지원에 필요한 사항은 관계 중앙행정기관의 장 및 지방자치단체의 장이 정하도록 하여 자치단체에서는 성인문해교육 지원조례를 제정하여 운영하고 있다.

법 제39조의 제2항에 국가는 문해교육의 활성화를 위하여 진흥원에 국가문해교육센터를 설치하도록 하였으며, 시·도교육감 및 시·도지사는 시·도 문해교육센터를 설치하거나 지정·운영할 수 있도록 하였고, 국가문해교육센터 및 시·도 문해교육센터의 구성, 기능 및 운영, 그 밖에 필요한 사항은 대통령령으로 정하도록 하였다.

법 시행령 73조의 제3항에 시·도 문해교육센터의 업무로 해당 지방자치단체의 문해교육 프로그램 운영·지원, 문해교육 대상자 발굴 및 상담 지원, 해당 지역의 문해교육 관련 기관 간 연계체제 구축, 문해교육 교원 양성 및 연수, 그 밖에 문해교육 진흥을 위하여 시·도교육감 또는 시·도지사가 필요하다고 인정하는 업무를 수행하도록 하였다. 또한 시·도교육감 및 시·

〈표 7-1〉 성인문해교육 관련 자치단체 조례 현황 : 2018년

구 분	계	광역	기초	교육청
문해교육 프로그램 운영	1			1
문해교육심사위원회 구성·설치	2	1		1
문해교육센터 운영	1		1	
문해교육 지원	51	4	47	
총합계	55	5	48	2

출처: 국가법령정보센터(법제처) 자료 재구성, 2018년

도지사는 시·도 문해교육센터를 설치하거나 지정하려는 경우에는 상호 협의하여야 하고, 시·도 문해교육센터의 조직, 시설 및 지정 등에 필요한 사항은 해당 시·도의 조례로 정하도록 하였다(표 7-1 참조).

4) 문해교육 법제화의 과정

(1) 1998년 평생교육법 개정과 문해교육 국가 지원 재개

2000년대 한국 문해교육 정책은 국가 평생교육 정책과 맥을 같이 하고 있다. 1998년 평생교육법 개정과 함께 평생교육 정책 추진체제 확립, 다양한 평생교육 정책 사업 추진은 문해교육 사업의 기반이 되었다. 평생교육 추진체제 정비와 정책사업들을 통해 평생교육의 기회가 제한되어 왔던 교육 소외계층에 대한 교육 필요성 인식이 확산되었다.

본격적인 성인 문해교육 지원 사업이 국가 차원에서 시작된 것은 2006년도이지만, 이미 이전에 지속적으로 평생교육 소외계층 프로그램 지원 사업 일환으로 시작되어 추진되어 왔다. 먼저 1999년 평생교육법이 선포되고, 2001년에 한국교육개발원(KEDI) 안에 '국가평생교육센터'가 설립되었으며, 지역에는 시·도교육청 단위로 '지역평생교육정보센터'와 '평생학습관'이 지정되어 지역단위 평생 교육 사업들이 추진되는 추진체제가 구축되었다.

한국교육개발원의 평생교육센터는 다양한 평생교육 정책들을 연구하고, 정책사업을 개발하여 운영하는 국가 평생교육의 중추적인 역할을 담당하였다. 특히 성인 비문해 실태조사, 문해교육을 통한 학력인정 방안 연구, 성인용 문해교과서 개발을 추진하였으며, 이를 기반으로 성인 문해교육 제도화의 필요성 인식이 확산되었다.

성인 문해교육 정책사업은 평생교육 정책 사업들 중에서도 2001년도부터 시작된 '소외계층 평생교육 프로그램 지원 사업'을 통해 부활되었다. 소외계층 평생교육 프로그램 지원 사업은 저학력, 저소득층, 장애우, 노인, 한

부모가정 및 다문화가정 등의 성인학습자들에게 평생교육의 기회를 제공함으로써 학력별, 소득별 평생학습 참여율 격차를 줄이면서 사회통합을 이루기 위한 사업이다.

이 사업은 대상별 소외계층 평생교육 프로그램을 운영하는 여러 평생교육기관에 프로그램 운영비를 지원하는 사업으로, 2006년 본격적인 '성인 문해교육 지원 사업'이 시작되기 전까지 비문해 성인을 위한 문해교육 프로그램을 지원해 왔다. 해마다 소외계층 평생교육 프로그램 지원 사업에 참여하는 문해교육 프로그램의 비율은 상이하지만, 2004년의 경우에는 전체 프로그램 중 36%가 문해교육 프로그램에 지원되었다.

또한 2001년부터 추진되어 온 평생학습도시 조성 사업은 지역단위로 평생학습의 자원을 연계하고, 지역주민의 평생학습을 촉진시키기 위하여 지역 행정력을 바탕으로 한 주요 평생교육 정책사업으로, 2001년 3개로 시작된 평생학습도시가 2018년에는 전국적으로 162개까지 늘어나면서 각 지역에서의 성인 문해교육 지원을 체계화하였다.

일부 평생학습도시에서는 지자체장 및 지역의회의 관심을 유도하여 성인 문해교육 조례를 제정하기도 하고, 이를 기반으로 지자체에서 문해교육 교·강사 연수를 수행하고, 국가 지원 사업의 대응투자를 확보하였다.

(2) 2008년 평생교육법 전면개정과 성인 문해교육 지원 제도화

2000년대 가장 결정적인 국가 성인 문해교육 정책 추진의 토대는 2008년 평생교육법 전면 개정과 국가평생교육진흥원 설립이다. 전면 개정된 평생교육법에는 성인 문해교육에 대한 개념 정의, 성인 문해교육에 대한 재정지원 근거, 성인 문해교육을 통한 학력인정의 근거 및 구체적인 절차를 명시하였다. 또한 2001년부터 한국교육개발원의 한 부서로 있던 '국가평생교육센터'가 2008년 '국가평생교육진흥원'으로 독립 문해교육 지원사업을 보다 체계적으로 추진할 수 있게 되었다.

평생교육법 전면 개정이 이루어질 당시, 성인 문해교육 현장 실천가들은 성인 문해교육 지원 사업의 안정적인 운영뿐 아니라 '성인 문해교육이 비문해 학습자들의 기본적인 학습권'이라는 인식에 따라 '문해교육특별법' 제정을 위해 별도의 노력을 추진하고 있었다. 그러나 '평생교육법' 전면 개정이 긴급히 추진되어 여러 차례 협의과정 끝에 평생교육의 중요한 한 영역으로 문해교육을 넣어 국가적 차원의 지원 근거를 마련하는 데 합의하여 평생교육법 개정안 국회통과에 힘을 모았다.

개정된 평생교육법 제2조에서는 평생교육을 "학교의 정규교육과정을 제외한 학력보완교육, 성인기초문자해득교육, 직업능력향상교육, 인문교양교육, 문화예술교육, 시민참여교육 등을 포함한 모든 형태의 조직적인 교육활동"이라고 정의하면서 문해교육을 평생교육의 중요한 한 영역으로 포함 시켰다. 또한 같은 조 3항에서는 문해교육의 정의를 보다 명확하게 하고 있다. 다만, 법 개정 과정에서 '문해(literacy)'의 개념이 모호하다 하여, '문자해득교육'으로 그 개념을 규정하였다. 또한 평생교육법 제 39조 1항에는 "국가 및 지방자치단체는 성인의 사회생활에 필요한 문자해득능력 등 기초능력을 높이기 위하여 노력하여야 한다"고 규정하고 있으며 제 39조 3항에는 "국가 및 지방자치단체의 문해교육에 대한 재정 지원 의무"를 명시하고 있다.

이에 따라 평생교육법 시행령 제 72조에서는 국가 및 지방자치단체의 문해교육 지원 내용을 규정하고 있다. 무엇보다 평생교육법 개정에서 문해교육에 대한 획기적인 의의는 문해교육을 통한 학력인정에 관한 사항이다. 이는 비문해 성인이 다시 정규 학교를 거치지 않고, 성인학습자 특성에 맞게 구성된 문해교육 프로그램을 통해 정규 학교와 똑같은 학력인정을 받게 될 수 있다는 것이다.

평생교육법에서는 성인학습자가 법이 정하는 문해교육 프로그램을 이수했을 경우 초등학교 및 중학교 수준의 학력인정을 해주도록 하고 있다. 평생교육법 시행령 제70조에서는 문해교사, 시설 및 설비, 교육과정 등 문해교육 프로그램 설치 및 지정 기준을 제시하고 있다.

2. 문해교육의 지원정책

성인 문해교육 정책을 추진하는 주요 추진체제는 크게 세 가지로 볼 수 있다. 먼저, 전반적인 정책 계획을 수립하는 '교육과학기술부 평생학습정책과'와 이 계획을 수행하는 수행조직으로서 '평생교육진흥원'이 있으며, 두 번째로는 지역에서 문해교육을 전반적으로 지원하는 지방정부로서 '기초자치단체'가 있다. 셋째는 문해교육 관련 NGO들로서 이들은 국가 성인 문해교육 정책 계획과 집행 및 평가 단계에서 적절한 형태로 참여하면서 정책의 현장 실효성을 높이는 데 기여하고 있다.

특히, 2006년 국가적 차원의 성인 문해교육 지원 사업이 추진되어지면서 계획 수립, 사업 집행과 평가 등 일련의 과정에서 '평생교육진흥원(구, 한국교육개발원 평생교육센터)은 정책 사업의 실행조직으로서 사업을 전담하게 되었다(그림 7-1 참고).

2008년 평생교육법 전면 개정에 따라 '평생교육진흥원'이 독립기구로 설립되면서 성인 문해교육 지원 사업을 담당하는 별도의 부서가 만들어졌다. 이 부서에서는 성인 문해교육 지원 사업의 추진, 성인 문해교육 교원 양성, 성인 문해교육 관련 연구 및 정책 개발 등의 기능을 수행하고 있다.

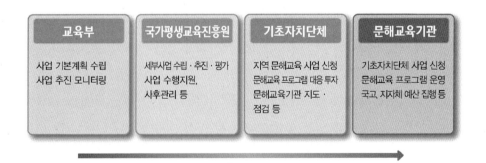

〔그림 7-1〕 성인 문해교육 지원 사업 추진체제

출처: 평생교육진흥원(2018), 2017 평생교육백서, 서울 : 평생교육진흥원, p131

1) 국가

2014년 국가평생교육진흥원에서 실시한 '성인문해능력조사'에 따르면 18세 이상 성인 인구 중 일상생활에 필요한 기본적인 읽고, 쓰고, 셈하기가 불가능한 비문해 성인은 약 264만명으로, 약 6.4%가 이에 해당된다. 20세 이상 성인 중 의무교육에 해당하는 중학교 학력 미만 인구는 517만명으로 약 13.1%가 문해교육의 잠재수요자라고 할 수 있다(통계청, 2015). 교육부와 국가평생교육진흥원은 문해교육 잠재수요자를 대상으로 2006년부터 성인문해능력 향상을 통한 국민행복 실현을 목표로 성인문해교육 지원사업을 실시하고 있다.

성인문해교육 지원사업은 문해교육 학습자의 교육기회 확대를 위한 '문해교육 프로그램 운영지원', 저학력 성인학습자가 교육과정 이수를 통해 초·중학교 학력을 인정받을 수 있도록 '성인학습자 학력인정체제 구축', 성인문해교육 필요성에 대한 인식제고 및 문해교육 학습자 참여 촉진을 위한 '성인문해교육 활성화 사업', 합리적·체계적 문해교육 지원을 위한 '성인문해교육 조사·연구'를 추진하고 있다.

평생교육법 시행령

제72조(문해교육의 지원) ① 관계 중앙행정기관의 장 및 지방자치단체는 법 제39조제3항에 따라 다음 각 호에 해당하는 경비를 지원할 수 있다.〈개정 2014. 6. 30.〉

　1. 문해교육 프로그램 실시기관 운영비

　2. 문해교육 교재비 및 교구비

　3. 문해교육 교원의 인건비 및 연수비 등

　② 제1항에 따른 문해교육 프로그램의 지원에 필요한 사항은 관계 중앙행정기관의 장 및 지방자치단체의 장이 정한다.

제39조의 2(문해교육센터 설치 등) ① 국가는 문해교육의 활성화를 위하여 진흥원에 국가문해교육센터를 둔다.

　② 시·도교육감 및 시·도지사는 시·도문해교육센터를 설치하거나 지정·운영할 수 있다.

　③ 국가문해교육센터 및 시·도문해교육센터의 구성, 기능 및 운영, 그 밖에 필요한 사항은 대통령령으로 정한다.

(1) 성인 문해교육 프로그램 운영 지원

성인 문해교육 지원사업은 시·도 단위 맞춤형 문해교육 지원체제구축을 위한 '광역문해교육 활성화 사업 운영 지원' 사업이다. 그리고 지방자치단체·야학, 학교 등 '문해교육 프로그램운영 지원' 문해교육 프로그램의 시범운영 등 선도사례 육성을 위한 '문해교육거점기관육성 지원'으로 구분된다.

'문해교육 프로그램 운영 지원'은 교육기회를 놓친 저학력·비문해 성인 학습자에게 제2의 학습기회를 제공하기 위한 교·강사비, 교재비 등 프로그램 운영비를 지원한다. 프로그램 운영비는 성인 대상 문해교육 프로그램을 운영하는 공공기관(지자체, 학교 등) 및 문해교육 전담 비영리기관에게 지원되며, 해당 지역의 기초자치단체를 통해 사업 신청이 가능하다.

성인문해교육 지원사업은 문해교육에 대한 지원 기반을 확대하고, 지역 문해교육에 대한 관심 확대를 위해 기초자치단체가 국고 지원액의 70% 이상에 해당하는 대응투자를 필수적으로 하도록 하고 있다. '문해교육거점기관 육성 지원'은 문해교육 프로그램의 시범운영을 통한 선도사례 육성을 위한 지원으로, 성인문해교육 지원사업에 5회 이상 선정된 기관을 대상으로 선정한다. 문해교육기관은 '프로그램 운영 지원'과 중복신청 가능하며, 기관당 최대 500만원 이내로 지원한다.

이 사업의 주요 추진체제는 교육부, 국가평생교육진흥원, 기초자치단체, 문해교육기관으로 구분할 수 있다. 교육부는 기본 계획을 수립하고, 사업 추진 상황에 대해 모니터링을 실시한다.

국가평생교육진흥원은 세부 사업을 추진하고, 사업 운영을 지원하고 있다. 기초자치단체는 관할 구역 내 다양한 문해교육기관의 운영계획을 종합하여 신청서를 국가평생교육진흥원에 제출하고, 교육부와 국가평생교육진흥원의 심사결과에 따라 참여 문해교육기관 및 프로그램을 지원하는 역할을 수행한다.

(2) 성인학습자 학력인정

2007년 12월, 「평생교육법」 전부개정에 따라 문해교육 관련 조항이 마련되면서 문해교육프로그램을 통해 의무교육에 해당하는 초·중학교 학력을 인정받을 수 있는 제도가 마련되었다. 「평생교육법」 제40조에 의거한 '성인학습자 학력인정제도'는 18세 이상 성인학습자가 시·도교육청이 설치 또는 지정한 문해교육 프로그램을 이수하고, 학력충족여부 심사를 기쳐 초·중학교 학력을 인정받는 제도이다. 성인문해교육 지원사업은 '성인학습자 학력인정 제도'가 안정적으로 운영될 수 있는 체제를 구축하도록 지원하고 있다.

문해교육 프로그램을 통한 성인학습자 학력인정체제는 교육부와 국가평생교육진흥원, 17개 시·도교육청, 문해교육기관의 추진체제로 구분할 수 있다. 교육부와 국가평생교육진흥원은 「평생교육법」 제76조에 의거하여 문해교육 전반에 걸친 주요 안건을 심의하는 문해교육심의 위원회를 구성·운영하고, 「평생교육법」 제70조에 따라 전문성 있는 문해교육 교원을 양성하며, 성인학습자를 위한 맞춤형 교육과정과 교과서 개발 등의 역할을 수행한다. 17개 시·도교육청은 지역의 전문가를 기반으로 문해교육 심사위원회를 구성하고, 「평생교육법」 제40조에 의거하여 문해교육 프로그램을 설치·지정하며, 문해교육 프로그램을 이수한 학습자에 대한 학습결과를 바탕으로 학력충족여부 심사과정을 거쳐 문해교육 프로그램에 대한 학력인정을 실시한다.

시·도교육청으로부터 설치·지정받은 문해교육기관은 교육과정을 운영하고 학습자 관리를 통해 학습자들을 관리함으로써 학습자들이 졸업장을 받을 수 있는 기회를 제공한다. 시·도교육청은 관할 구역 안에 학교 등을 활용하여「평생교육법」제39조에 의거하여 프로그램을 설치할 수 있으며, 지방자치단체, 법인 등은「평생교육법시행령」제70조에 의거하여 학력인정 문해교육 프로그램에 적합한 교육 프로그램, 문해교육 교원 확보, 교육활동에 적합한 시설 및 설비를 갖추어 지정받을 수 있다(그림 7-2 참조).

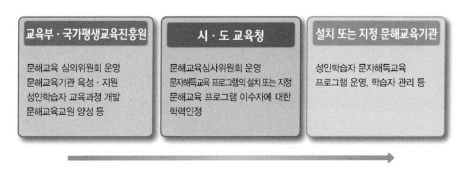

〔그림 7-2〕 성인학습자 학력인정제도 추진체계

출처: 국가평생교육진흥원(2018). 2017 평생교육백서.

(3) 성인 문해교육 활성화 사업

성인 문해교육 활성화 사업은 문해학습자의 참여 촉진과 사회적 관심 확대를 위해 2015년부터 실시하였다. 문해교육에 참여하는 데 필요한 최소한의 학습여건 조성을 위해 성인 문해 교과서를 무상 보급하고, 교육기관이 없는 소외지역을 위해 문해교육을 교육방송으로 제작·방영하였다.

또한 일상생활에 필요한 생활문해교육 프로그램 지원을 위해 '생활문해교과서'를 개발하는 등 문해교육 참여 촉진을 위한 다양한 사업을 추진하였다. '성인 문해 교과서 무상보급'은 문해 학습자에게 학습할 수 있는 최소한의 여건을 지원하기 위해 시작되었다.

'성인 문해교육방송'은 문해교육기관이 없는 지역에 있는 학습자에게 교육기회를 제공하고, 고령의 문해학습자에게 예·복습을 지원하기 위해 콘텐츠를 개발·보급하였다. 2016년 성인 문해교육방송은 초등 성인 문해교육과정 1~3학년 해당 내용을 바탕으로 총 78편을 제작하였으며, 2017년은 4~6학년 수준으로 52편을 제작하였다. 교육방송은 성인 문해 학습자의 눈높이에 맞춘 학습콘텐츠를 제공하기 위해, 일상생활 속 상황을 중심으로 교과 내용을 연계하였으며, 문해교육 학습자가 참여하여 현장감 있는 수업이 진행될 수 있도록 개발하였다. 특히, 4~6학년 수준의 교육방송에는 명사와 함께하는 수업으로 특별한 창의적 체험활동 수업을 마련하기도 하였다. 개발된 교육방송은 EBS를 통해 방영되었으며, EBS와 국가문해교육센터 홈페이지, 유투브를 통해서도 활용할 수 있도록 전면 공개하고, 상시 예·복습이 가능하도록 활용사례를 발굴·홍보하였다.

2014년 「평생교육법」 일부개정을 통해 '문해교육'의 정의가 읽고, 쓰고, 셈하는 기초능력 뿐만 아니라 사회적·문화적으로 요구되는 기초 생활능력까지 포괄하는 개념으로 확대되었다. 이에 일상생활에 필요한 생활문해교육 영역을 발굴하고, 생활문해 교과서를 개발하였다.

2016년 생활문해교육 교과서로 '금융문해 교과서', '교통안전문해 교과서'가 개발되었다. '금융 문해 교과서'는 금융 취약계층이라 할 수 있는 저학력·비문해 성인의 합리적인 금융생활을 위해, 금융감독원과 협약하고 금융감독원의 각종 금융교육 자료와 정보를 종합하여 문해 학습자 눈높이에 맞는 교과서를 개발하였다. 은행 창구 이용, 현금자동입 출금기 이용, 폰뱅킹 이용 등 기초 금융생활을 교과서에 담았다. '교통안전문해 교과서'는 고연령 문해 학습자의 교통사고 예방 및 교통안전 의식 함양을 위해, 도로교통공단과 업무 협약을 통해 개발하였다. 교통안전문해 교과서는 농산어촌에 생활하는 문해학습자가 학습공간으로의 이동이 잦아지면서 교통사고 예방 교육의 필요성에 따라 개발되었으며, 도로교통공단과 협약을 통해

2017년에는 문해교육기관으로 찾아가는 수업이 진행되었다.

2016년에 이어 2017년에는 '정보문해 교과서'가개발되었다. 한국정보화진흥원과 협약을 통해 소통메신저 어플 사용 방법을 교과서로 개발하였다.

(4) 성인 문해교육 관련 조사연구

합리적이고 체계적인 문해교육 지원 체제를 구축하기 위해 문해교육 조사 · 연구 사업이 함께 운영된다. 먼저 문해교육 대상자에 대한 파악을 위해 2013년 국민 문해능력 측정 도구를 개발하고, 2014년 전국 성인 문해능력조사를 실시하였다. 2014년 성인 문해능력조사는 전국 17개 시 · 도에 거주하는 18세 이상 성인 4,057명을 대상으로 조사 검사지를 이용한 대면 면접조사로 실시하였다. 2017년은 2014년 조사에 이어 2차 조사로, 조사 검사지를 외국인 주민에게도 친밀도 있는 문항으로 일부 교체하고 전국 4,000여 가구를 대상으로 조사를 실시하였다. 이 외에도 전국 지자체의 문해교육 지원 현황 및 운영기관에 대한 조사를 실시하고, 성인 문해교육방송을 활용한 교실 사례 연구 등을 진행하였다.

2) 자치단체

'광역문해교육 활성화 사업 운영 지원'은 2016년 2월 「평생교육법」 일부 개정을 통해 '시 · 도 문해교육센터' 설립의 근거가 마련됨에 따라, 시 · 도 단위 문해교육 활성화를 지원한다. 시 · 도별 1개 지자체(시 · 도청, 시 · 도교육청, 시 · 도평생교육진흥원)에 지원되며, 1개 기관당 최대 1,000만원 이내 보조금을 지원한다. 선정 기관은 '광역문해교육기관'으로, 문해교육 활성화를 위한 대한민국 문해의 달 행사에 공동 참여하고, 시 · 도 문해교육 교사 연수 등 문해교육 활성화를 위한 사업을 기획 · 운영한다. '광역문해교육 활성화 사업'은 2016년 14개 광역지자체 참여로 시작하여, 2017년에는 전국 17

개 광역 지자체가 사업에 함께하였다.

성인 문해교육 정책의 주요한 추진 주체 중 하나는 지역의 문해교육에 대한 인식을 확산시키고, 문해교육의 질을 높일 수 있도록 지원하는 '기초자치단체(시군구)'이다. 2006년도부터 국회에서 성인 문해교육 지원 사업 예산을 배정받아 본격적으로 성인 문해교육 지원 사업이 가동되었을 때, 당초 정책사업 설계 과정에서 주된 논의 중 하나는 이 사업의 주체를 단위 문해교육 기관으로 할 것인지, 아니면 지역단위로 할 것인가 하는 문제였다.

당시 성인 문해교육 지원 사업을 추진함에 있어 가장 어려웠던 난제 중 하나는 다양한 문해교육관련 민간단체들에 대한 정확한 실태조사나 기관 현황이 파악되지 않고 있어 어떤 기관들을 대상으로 어떤 형태의 지원이 얼마나 필요한지에 대한 사전 정보가 부족한 상황이었다. 이에 대한 신뢰와 안정성을 확보하기 위하여 여러 민간 문해교육기관을 설득하여 기초자치단체가 함께 사업단을 구성하였다.

기초자치단체가 참여하도록 함으로써 지자체의 행정력을 기반으로 하여 국고보조금 이외에 지자체의 대응투자를 통해 국가적 차원의 성인 문해교육 지원 사업의 규모를 확대할 수 있도록 하였다. 예산뿐만 아니라 성인 문해교육 지원 사업에 대한 지방정부의 관심을 유지시킴으로써 개별 기관단위로 이루어지던 성인 문해교육 지원 사업을 지역단위로 확대하면서 필요한 인적, 물적 자원의 연계 및 지역단위 문해교사 연수 등을 통해 지역의 문해교육 자원을 확장할 수 있도록 하였다.

평생교육법 시행령

제73조의 3(시ㆍ도문해교육센터) ① 시ㆍ도문해교육센터는 다음 각 호의 업무를 수행한다.

1. 해당 지방자치단체의 문해교육 프로그램 운영ㆍ지원

2. 문해교육 대상자 발굴 및 상담 지원

3. 해당 지역의 문해교육 관련 기관 간 연계체제 구축

4. 문해교육 교원 양성 및 연수 등

5. 그 밖에 문해교육 진흥을 위하여 시 · 도교육감 또는 시 · 도지사가 필
   요하다고 인정하는 업무

② 시 · 도교육감 및 시 · 도지사는 법 제39조의 2 제2항에 따라 시 · 도문
   해교육센터를 설치하거나 지정하려는 경우에는 상호 협의하여야 한다.

③ 시 · 도문해교육센터는 제1항에 따른 업무를 수행하는 데 필요한 조
   직과 시설을 갖추어야 한다.

④ 제1항부터 제3항까지에서 규정한 사항 외에 시 · 도문해교육센터의 조
   직, 시설 및 지정 등에 필요한 사항은 해당 시 · 도의 조례로 정한다.

3) 문해교육 관련 NGO와의 연대

국가 성인 문해교육 지원 사업 추진에 있어 또 다른 추진 동력은 NGO들
의 활동이다. 한국사회교육협회라는 평생교육 협의체 안에서 평생교육 학
자들과 문해교육 실천가들의 두터운 교류가 이루어졌고, 이를 기반으로 성
인 문해교육에 대한 관심을 공유하고 확산시키는 계기가 마련되었다.

특히, 1990년 세계 문해교육의 해를 맞이하여 그 이전부터 국제적 동향을
감지하고 있었던 평생교육학자들이 제안하여 한국사회교육협회에서 배태
된 '한국문해교육협회'를 통해 1970~80년대 개별적으로 활동해온 단체의
대표들이 연대하여 문해교육기관 실천가들이 참여하는 조직을 구성하였다.
또한 정부의 예산 지원 사업에 다양한 형태의 문해교육 활동 실천가들과 협
회 및 단체들이 참여하여 성인 문해교육 정책에 대해 함께 의견을 모으는
참여 구조를 만들었다.

그리고 2003년 정보통신부 산하 한국정보문화진흥원에서 주관하는 '비문
해자를 위한 정보화 교육 지원 사업'이 시발점이 되어 다른 상황과 의견을
가진 NGO들의 의견을 모의는 기회가 마련되었다. 이에 한국문해교육협회,
전국성인기초교육협의회, 전국야학협의회 등 주요 NGO 연합체들이 향후

있을 여러 정부 정책 사업 에서 유연하게 대응할 수 있도록 하기 위하여 단체간 대표를 선임하고, 정부와의 교섭 창구를 단일화하는 노력이 시작되었다. 이때 함께 참여한 대표기관들은 성인 문해교육 지원 사업이 추진되어지는 전 과정, 예컨대 성인 문해교육 기관 국고지원 심사, 교과서 개발 및 교원 연수과정 개발 등에서 항상 파트너로 참여하여 왔다.

2008년 개정된 평생교육법 시행령 제76조를 근거로 '문해교육심의위원회'를 두어 상시 고졸 학력자의 문해교육 교원 심사와 문해교육 정책 전반에 걸친 자문을 획득하도록 하는 심의 및 자문권한을 법적으로 부여하고 있다. 이때 문해교육심의위원회는 평생교육, 국어교육, 문해교육 전공의 존경받는 학자, 문해교육 협회 대표, 중앙정부 관계 인사 등으로 구성되어 있어 민관협력 기구로 작동하고 있다. '문해교육심의위원회'에는 주로 NGO 대표들이 지속적으로 참여하여 문해교육 정책전반에 걸친 자문을 제공하도록 하고 있다.

4) 외국의 문해교육지원 정책

(1) 미국

미국은 1960년대 경제적으로 어려움을 겪는 사람들, 사회적으로 소외된 사람들, 교육적 혜택을 받지 못한 사람들의 존재와 그들의 권리를 인식하기 시작하였고 이들의 지위 향상을 위한 법적 제도적 개혁이 진행되었다. 이것이 존슨 대통령의 '위대한 사회' 프로그램이다. 소외계층의 지위향상 프로그램 가운데서 제일 먼저 강조된 것이 성인 문해교육 프로그램이었다. 1966년 성인교육법을 제정하고 거국적인 성인 기초교육(Adult Basic Education)사업을 전개하였다. 이 법에서 성인기초교육의 목적을 ① 언어 능력의 제한을 극복하고(문해교육), ② 직업훈련과 고용에 필요한 기초교육을 증진하고(기초교육), ③ 생산적이고 책임 있는 시민이 되도록 도와주는 것(시민교육)으로 종합적으로 규정하고 있다.

이 법을 근거로 전국 모든 학구(學區)에 성인학교를 설치하고 원하는 시민들에게 무상의 문해교육을 제공하였다. 그 후 1971년 '읽을 권리의 전국 프로그램'과 1983년 '성인문해사업(Adult Literacy Initiative)' 등을 계기로 연방정부부의 적극적인 지원하에 주정부가 성인기초교육사업을 활발하게 전개하였다.

미국의 성인기초교육정책은 1991년 기존의 성인교육법을 개정한 문해교육법(The National Literacy Act)이 공포하면서 또 한 번의 전기를 마련하였다. 이 법의 제정과 함께 1992년 교육부 교육평가국에 의해 시행된 전국 성인 문해조사에서 16세 이상 인구 중 최하 수준의 1단계 문해자가 21~23%로 나왔다.

이러한 결과로 인하여 문해교육프로그램에 대한 연방정부의 재정지원이 확대되었고, 문해교육 관련 연구·사업 지원을 할 수 있는 국립문해교육원(National Institute for Literacy)의 설치, 각 주마다 문해자원센터(State Literacy Resource Center) 설립 등을 통한 체계적인 지원 체계를 갖추게 되었다. 한편, 1998년에는 한사법인 성인교육·가족문해법(Adult Education and Family Literacy Act)도 제정되면서 가족 문해프로그램이 개발되어 지원되게 되었다.

(2) 영국

영국은 과거의 식민지지배 역사를 가진 국가이며, 오늘날은 세계상권의 요충지로서 이민자가 급증하는 국가 중의 하나이다. 특히, 1980년 1말 냉전 종식 이후 동유럽 국가들의 경제여건이 급격히 악화되면서 상대적으로 경제수준이 높은 영국은 프랑스 등의 서부유럽 선진국과 함께 신이민자들의 동경지가 되고 있다. 이와 같은 상황은 영국의 인구구조에도 적지 않은 영향을 미치고 있다. 영국통계청(Office for National Statistics)의 가장 최근의 인구총조사(Census) 결과에 의하면, 잉글랜드(England)와 웨일즈(Wales) 지역에는 백인이 아닌 기타 인종 2300만 명이나 거주한다. 이 중 80%가 해외에서 태어났으며, 다시 이 중 34%는 서구 유럽국가에서 태어났고, 14%는 동구유럽국가에서 태어났다. 그리고 유럽외 지역 중에서는 이민자들의 10%가 북미 출신이고, 7%가 아프리카 출신이며, 그리고 5%가 아시아 출신이다(Office for National Statistics, 2001).

이와 같은 여건에서 미국과 마찬가지로 영국에서도 성인교육은 국가의 주요정책 영역으로서 부각되고 있다. 1995년부터 영국 정부는 지식기반 경제에 대응하기 위해서 교육부, 노동부, 보건복지부를 연계하여 중앙정부차원에서 효율적이며 체계적인 성인교육지원체제를 구축하기 위해서 노력하고 있다(백은순, 1999; 최돈민 외, 2003). 2001년에는 저학력 이민자 등 교육취약계층의 기초기술능력을 함양시키기 위한 국가정책을 담은 '삶을 위한 기술(Skills for Life)' 보고서를 발표한 바 있다.

더 나아가 영국 정부는 2004년에는 '기술공조(Skills Alliance)'라는 정책 슬로건을 제시하면서 정부 각부처간의 적극적인 협력을 통해서 효율적인 평생교육지원체제를 구축하기 위해서 노력하고 있다. 비문해 성인뿐만 아니라 그 자녀를 대상으로 교육서비스를 제공하는 가족문해 역시 이러한 맥락에서 논의되고 있다.

(3) 독일

1970년대에 독일에서 많은 독일인들이 읽기와 쓰기 능력이 충분하지 않다는 사실에 주목하고 문해 강좌(알파 강좌)는 먼저 독일어가 모어인 사람들에게만 제공되었다. 독일에서 이민자들을 대상으로 하는 문해 강좌는 1980년대 중반까지 산발적으로 제공되었다. 독일어 강좌에서 많은 학습자들, 특히 여성들의 읽기와 쓰기 능력이 매우 부족하다는 사실을 알고 1986년 외국인 근로자들을 위한 독일어 협회(Sprachverband Deutsch für ausländische Arbeitsnehmer e.V)는 문해 교육을 하고 있는 독일어 강좌에 대한 지원을 장려

지침으로 수용했다. 문해 교육에 대한 강좌 모델, 수업 구상과 자료개발 등에 대한 연구가 이어졌다. 현재 독일에서 성인 이민자들을 대상으로 하는 문해 교육은 2005년부터 통합강좌의 알파 강좌에서 제공되고 있다.

(4) 일본

일본의 성인문해교육은 부락차별해방운동과 야간중학교 등의 장에서 시작되어 근년에는 외국인에 대한 일본어학습 지원의 중요성이 부각되면서 지자체의 시책으로 실시되고 있다. 이러한 성인문해교육의 발전의 역사와 현상에 입각하여 일본의 성인문해교육의 과제를 다음과 같이 제기하고 싶다.

첫째, 성인문해교육에 관한 정부의 정책을 정비해 나가는 것이 필요할 것이다. 앞에서 본 것처럼 일본에서는 정부에 의한 문해조사가 1955년 이후 실시되고 있지 않아 비문해자에 관한 실태가 충분히 파악되고 있지 않다. '문해'가 인간으로서 살아가기 위한 인권의 보장이라는 점을 생각하면, 문해에 관한 상황을 파악하고 그에 대해 대응하는 정부 정책을 정비해 나갈 필요가 있다. 지금까지 지자체를 중심으로 발전해 온 문해 · 일본어교육을 정부의 정책으로 이어가기 위한 노력이 일본의 성인문해교육의 첫 번째 과제라 생각한다.

둘째, 일본의 문해 · 일본어교육이 재일외국인의 증가로 인해 발전한 것과 관련하여 문해 · 일본어교육을 보다 적극적으로 다문화공생을 위한 것으로 파악하는 시점이 필요할 것이다. 가와사키시의 사례에서 알 수 있듯이 문해 · 일본어교육을 실시하는 데 일방적으로 일본어를 가르치는 것이 아니라 학습지원자가 외국인 시민과 같이 배우고 같이 가르치는 것을 기본이념으로 하고 있었다. 앞으로 더욱 증가할 외국인과의 공생을 생각하는 데 문해 · 일본어학급을 다문화공생의 장으로 이해하고 어떻게 '문해'의 이념을 실현해 갈 것인지 생각할 필요가 있을 것이다. 재한외국인이 급증하여 한국어교육의 필요성이 높아지고 있는 한국사회에서도 성인문해교육을 다문화공생의 장으로 인식하는 시점은 의미가 있을 것이다.

국제문해년으로 제정된 1990년에 가나가와현에서 개최된 「가나가와 문해국제포럼」에서는 '가나가와 문해선언'을 다음과 같이 발표하였다.

1. 글을 읽고 쓰고 말할 수 있는 것과 없는 것에 상관없이 모든 사람들이 차별받지 않는 공정한 사회를 만들어가자.
2. 희망하는 사람들이 누구나 언제든 말과 글을 배울 수 있는 다양한 배움의 장을 각지에 조속히 만들어가자.
3. 문자를 가지고 있지 않은, 혹은 다른 언어를 가지고 살아온 사람들이 그들의 문화를 마음껏 표현할 수 있는 조건을 만들자. 문자를 가지고 있는 사람, 가지고 있지 않은 사람, 다른 문화와 다른 민족의 사람이 서로 각자에게 배울 수 있는 장을 만들자.
4. 행정기관은 이에 대한 지원을 아끼지 않는다.
5 . 일본 국내뿐만이 아니라 아시아, 아프리카, 라딘 아메리카를 중심으로 세계 각지에서 하고 있는 '문해활동'을 주시하며 연대와 협력을 키워 나가자.

문해는 모든 사람들이 평등하고 공정하며 배울 수 있는 사회를 만들어 나가는 데 중요하며, '문해'를 통해 일본뿐만 아니라 그 연대를 더욱 넓혀 나갈 필요성이 1990년의 「가나가와 문해선언」에서 주창되었다.

(5) 캐나다

캐나다 브리티시컬럼비아 주의 북서쪽에서 실시되고 있는 성인 문해력 프로그램(Adult literacy programs)은 성인 학습자들이 가계 예산을 이해하고, 다양한 지역사회 활동에 참여하며, 자녀의 숙제를 도와주는 데 필요한 기본적인 읽기와 쓰기, 수학, 컴퓨터 기술 향상을 목적으로 개설되었다. 브리티시컬럼비아 주 고등교육 및 직업교육부 장관 멜라니 마크(Melanie Mark)는 "너무 많은 사람들이 문해력과 계산 능력의 결여로 일상생활의 많은 부분에서 불편을 겪고 있다"고 언급하며, 지역사회에 기반한 성인 문해력 프로그램이 이들을 지원하는 첫걸음이 되었다.

현재 브리티시컬럼비아 주 정부는 코스트 마운틴 컬리지(Coast Mountain College)를 통해 개설되는 13개 프로그램 지원을 위해 29만 9,180달러(약 2억 5,871만 원)의 예산을 지원하기로 결정했다. 특히 대학은 지역 도서관 등 다양한 지역 기반시설 등과 잘 연계되어 성인 학습자들이 프로그램 참여가 편리하다는 장점이 있다. 본 프로그램은 자원봉사자로 구성되어 1:1로 개인 교습이 가능하며, 소그룹 교육도 포함되었다. 현재 주 고등교육부는 2018~19학년도에 걸쳐 75개 지역에 101개의 프로그램을 지원하였다.

브리티시컬럼비아 주는 70만 명 이상의 성인이 문해력과 관련된 문제를 겪고 있는 것으로 집계되었다. 구체적으로 주 전체 성인의 45%가 신문 내용을 잘 이해하지 못하거나 건강 관련 정보를 읽고 이해하는 데 어려움을 겪고 있는 것으로 드러났다. 또한, 주 전체 성인의 52%는 자동차 구매에 따른 대출 이자 계산이나 그래프나 약 복용량 계산 등 제한된 산술 능력으로 어려움을 겪고 있는 것으로 나타났다.

5) 국제기구의 문해교육

(1) UNESCO

1960년대 초반, 서구 국가들로부터 아프리카와 아시아의 신생독립국 발생하기 시작하였다. 유네스코는 1959년 카라치 플랜과 1961년 아디스아바바 플랜을 실시하였다. 신생독립국들의 경제성장에 있어 교육이 매우 중요하였으며, 특히 사회경제개발에 있어 문해의 중요성이 강조되었다. 비문해자 3억3천만명을 10년 내 문해화시키는 세계캠페인을 시작하였고, 모국어로 읽고 쓰기를 가르치기 위한 효율적 방법 찾기와 적절한 자료 설계하기, 특히 토착어에서 읽기 자료 만들기, 시청각 자료의 사용, 그리고 멕시코와 이집트에 교사양성센터 설립 하는 등 전문가의 양성에 노력하였다 (UNESCO, 1997).

'변화하는 세계에서의 성인교육(adult education in a changing world)'을 주제로 개최된 1960년 Montreal 회의에서 급속한 산업화와 도시화로 사회적 신분의 변화를 겪는 많은 성인들을 위해 성인교육의 역할과 내용, 성인교육의 방법과 기술, 성인교육의구조와 조직을 주제로 논의하였다. Montreal 선언문(Montreal Declaration)을 통해 성인학습이 선택의 문제를 넘어서 생존과 직결된 것임을 선언하였다(UNESCO, 1960).

1960년대 초반, 유네스코는 단기간 내에 비문해 퇴치를 논의하였으며 선진국의 지원으로 대량 캠페인을 실시하였다. 1961년 UN총회에서는 유네스코의 비문해 퇴치를 위한 건의를 받아들이고, 1963년 총회에서 Maheu의 세계문해 캠페인을 제안하는 보고서를 만장일치로 채택하였다(UNESCO, 1997).

Maheu는 '보편성(l'universalite)'을 추구하였는데, 이는 유네스코의 업무 중 가장 핵심적인 것으로 바로 인권을 옹호하는 것이다. 그는 "평화보다는 인권의 개념이 훨씬 광범위하며, 평화 그 자체는 아무런 가치를 가지지 않으며, 더 엄밀히 말해, 유네스코로서는 현실성이 없는 것이고, 정의에 기초하지 않고서는 실천에 있어서 인권보다 더 한 것은 없다. 그러므로 보편성은 정의를 의미한다."고 주장하였다(Jones, 1998).

1964년 UN총회는 유네스코의 유엔발전기간(the United Nations DevelopmentDecade) 동안 비문해 퇴치에 관한 선언문을 채택하였다. 신생독립국들의 경제성장에 있어 교육이 매우 중요하였으며, 특히 사회경제개발에 있어 문해의 중요성이 강조되었다(UNESCO, 1964). 1965년 Teheran에서 비문해 퇴치를 위한 세계교육장관 회의가 개최되었고, 1967년부터 1973년까지 세계문해실험에서 기능문해 프로젝트를 실시하였다.

1965년 Lengrand은 '평생교육(l'education Permanente)' 보고서를 제출하였

다. 이 보고서에서 그는 "인간은 태어나 죽을 때까지 평생교육을 통해 교육 받을 권리가 보장되어야 한다. 그리고 이것을 위해 새로운 교육제도를 만들어야 한다. 이제 파편화되고 분절되어 있는 교육제도들은 인간의 종합적 발달이라는 축을 중심으로 해체되고 재구성되어야 하며, 이것은 가히 교육의 혁명을 의미하는 것이다."고 주장하였다.

1970년 '세계교육의 해(International Year of Education)'의 기본이념으로 받아들여져 평생교육으로 제창되었고, 이후 유네스코 교육사업의 기본 틀을 형성하게 되었다. 평생교육의 등장은 세계전반에 걸쳐 교육체제와 방법, 내용에 있어 급속한 변화를 불러일으켰다.

1972년 Tokyo 회의는 '평생교육에서 성인교육의 역할'을 주제로 Montreal 회의 이후의 성인교육을 흐름을 돌아보고, 평생교육적 맥락에서 성인교육의 기능을 숙고하고, 성인교육에 대해 교육 발전전략 검토를 목적으로 하였다. 특히 안건 7항, 경제와 사회발전의 요소로서의 성인교육에는 문해가 들어 있으며, 각국에서 성인교육을 구축하기 위한 통합적 요소로서, 그리고 평생학습의 핵심(keystone)임을 만장일치로 동의하였다(UNESCO, 1972).

Tokyo 선언을 통해 성인들의 비문해 문제에 더 많은 노력을 요구하였다. 읽고 쓰기, 셈하기와 그가 속한 사회에서 모든 활동을 효과적으로 참여할 수 있는 정도의 지식과 기술 습득을 위한 기능문해를 실시하였다(UNESCO, 1997).

1975년 개최된 Persepolis 회의는 유네스코의 비문해 퇴치를 위한 대량문해나 프로젝트 등의 노력이 그동안 양적(quantitative)인 부분에 치중되어 있었으며, 이에 대한 반향으로 문해의 질적(qualitative)인 면에서의 논의가 시작되었다. Persepolis 회의에서는 Freire 등의 영향으로 무엇을 위해 문해가 되어야 하나, 누가 비문해자인가, 글로 적힌 말만 열쇠인가 등의 반성이 일었다.

1970년대부터 80년대 중반까지는 기능문해가 이어지면서도 Freire 등의 영향으로 제삼세계에서는 의식화 문해가 시행되었다. 급속한 과학기술의발전과 사회변화에 적응하기 위해서 평생교육이 급속히 확산되었고, 교사중심에서 학습자 중심 교육, 특히 성인단계에서 학습자가 변화하는 사회에서 필요한 지식을 계속하여 습득하기 위한 학습사회가 등장하였다. 대학과 시민사회를 중심으로 한 기존체제에 대한 비판과 저항운동으로 새로운 사회질서와 교육에 대한 변화를 모색하였다.

이와 같이 유네스코의 문해교육은 태동 당시에 인권과 기본적 자유의 존중에 기여함 생존을 위한 필수요소로 발전각국의 실정에 맞는 성인기초교육으로 문해교육이 논의되었으며, 문해의 중요성이 강조되었다. Lengrand에 의해 제시된 평생교육이 세계교육의위기와 학교교육의 한계를 극복하고 '존재를 위한 학습'의 평생교육으로 발전하게 되어 성인교육을 평생교육체제 속의 불가결의 요소로 인식하게 되었고 성인들의 비문해 문제가 더 많이 부각되었다. 그리고 소외된 사람들을 위한 의식화 문해의 등장으로 유네스코 문해교육에 일대 전환을 가져왔다.

1980년대 중반부터 냉전, 경제위기, 국가의 채무급증, 성인 문해 프로그램의구조적 조정, 사회사업 침체, 시장과 기술의 세계화, 사유화, 빈약한 예산, 가난과 실직증대 등의 여파로 성인문해교육이 약화되었다. 1985년 Paris 회의에서는 Elsinore나 Montreal보다 더 구체적으로 성인 비문해의문제가 논의되었고, 기초문해뿐만 아니라 문화나 기술 문해로까지 확대하여, 개인의환경에 관련해서만이 아닌 역사적, 문화적, 정치적, 경제적 그리고 사회적 특성을 고려 하는 복합적인 문제임에 주목하고, 기본적 개인의 권리이며 국가의 기본 의무이며, 국가와 국제사회의 연대를 위해 필요한 것임을 강조하였다.

제4차 회의에서는 특히 학습권을 선언하였으며, 이는 1948년의 '세계인권선언' 제26조의 교육권, 1975년 'Persepolis 선언'의 읽고 쓸 수 있는 능력, 1976년 Nairobi의 '성인학습의 발전에 대한 권리'를 통해 발전되어 온 것으로 학습자의 학습할 수 있는 권리를 인정한 것이다(UNESCO, 1985).

유네스코는 모든 사람들이 기초적 학습욕구를 만족시키도록 교육 기회 부여를 위해 1990년 Jomtien에서 '모든 사람을 위한 세계교육회의(World Conference ofEducation for All)'를 개최하고, 1990년 '국제문해의 해'를 선포하였다. 그러나 Lind(2008)는 정부의 역할이 축소되었던 국가에서 1990년

〈표 7-2〉 UNESCO, World Bank, OECD 특성 비교

구분	UNESCO	World Bank	OECD
조직	· 회원국 : 191개구 · 의결기구 : 총회, 집행위원회 · 사무국 : 사무총장 및 직원2160명, 56개 지역사무소	· 회원국 : 184개국 · 기구 : IBRD와 IDA로 구성 · 사무조직 : 총재 및 위원회(the Boardsof Directors) – 직원 약 10,000명, 109국가사무소	· 회원국 : 선진30개국 · 의결기구 : 이사회(Council), 위원회 · 사무국 : 사무총장 및직원 2,300명
설치목적	· 세계 평화와 인간의 기본적인권의 학립을 위하여 교육,문화, 과학, 정보통신과 관련한 지원 사업 수행	· 신용부재 등으로 일반 은행에서 대출받기 어려운 저개발 국가들의 기아극복 및 경제사회발전을 위한 저금리대출(loans) 및 무상지원(grants) 사업	· 민주 정부와 시장경제의 발전을 위한 협력 사업추진. 세계경제의 발전을위한 국제법규의 생산 및 성장의 혜택을 나누기 위한 노력 동시 추구
교육관련 특성	· 조직 : 본부교육 섹터(education division) 4개의 교육전담 지역사무소 · 예산 : 전체사업 예산의 약33% · 사업특성 :- 역량강화(capacity building)를 위한 기술지원(technical assistance) 사업중심- EFA 중심의 초등교육에치중(문해율 증대, HIV/AIDS예방사업 등 포함)-아프리카, 동남아, 캐리비언, 동구지역 중심	· 조직 :*정봉근의 WB협력방안(정봉근) 참조 · 예산 :* 교육에 대한 투자비율 :3%(60년대)→4.5%(7,80년대)→7.1%(90년대) · 사업특성 :-MDG(문해율 증대, EFA,FTI 등 사업에 대한 대출 사업과 무상기술지원(대출/지원국가에 교육발전 장기종합계획수립 요구)	· 조직 :-교육국(Directorate forEducation)-CERI, IMHE 등 운영 · 예산 :*OECD 2004 전체예산3억2,700만 달러 · 사업특성 :- 교육의 효율과 효과 증대를 위한 정책의 평가와 개발-PISA(학력평가 국제비교) 사업, Education atthe Glance 출판 등

출처 : 엄상현(2006). 유네스코 교육활동 협력 강화 방안. 유네스코와 교육: 유네스코등 국제기구 교육사업과 한국의 참여전략. p67.

대 동안 나타났던 성인교육과 무형식교육의 비정부화 기구화(Ngo-ization)는 Jomtien '모든 이를 위한 회의'의 편협한 해석으로 오히려 심화되었다고 주장하였다. 실제로 형식적 초등교육으로 어린이의 문해는 Jomtien 회의 이후 부양되었지만, 성인기초교육 프로그램은 '모든 이를 위한 교육(EFA:

Education for All)'과 아젠다에 의해 사실상 지연되었다는 것이다. 이 시기15세 이상 성인비문해 인구는 약 8억7100만명(UNESCO, 2006)으로 유네스코의 많은 노력에도 불구하고 전보다 줄어들지 않았음에서도 알 수 있다.

'세계교육포럼(World Education Forum)'이 2000년 4월 26일부터 28일까지 세네갈의 Dakar에서 개최되었다. 이 회의의 결과로, 2015년을 목표 연도로 하여 '모든사람을 위한 교육 Dakar 실천계획: 공동의 약속 지키기(Dakar framework for action,Education for All : Meeting our collective commitment)'를 발표했다. 세계 모든 국가가 나이, 성, 계층, 지역 등에 따른 차별 없이 누구나 평등한 양과 질의 교육을 받을 수 있어야 한다는 것을 기본 취지로 하였다.

Jomtien 회의 이후의 10년을 평가하면서 2015년까지 달성해야 할 6가지 목표를 담은 'Dakar 실천계획'을 채택했다. 여섯 가지 목표는 취학 전 아동의 복지 및 교육의 개선, 모든 아이들을 위한 양질의 무상 초등의무 교육 달성, 성인 및 어린이를 위한 생활 기술 훈련 및 교육의 증진, 성인 문해율 50% 개선, 2005년까지 초·중등 교육에 대한 남녀 격차 해소 및 2015년까지 교육성 평등 달성, 모든 면에서의 교육의 질 향상 등이다(UNESCO, 2000).

(2) World Bank

World Bank(세계은행)는 세계대전 이후 세계 여러 나라의 재건과 발전을 돕기 위해 1944년 설립되었으며, 오늘날은 이에 더해 세계의 빈곤을 완화하는 것을 최상의 목표로 삼고 있다. World Bank가 가장 주력하는 교육분야는 ① 초등학교 졸업률 ② 중·고등학교 입학률 ③ 초·중등교육에서의 양성평등이다(World Bank, 2012). World Bank는 각 분야에 대해 2010년부터 매년 연차보고서에 성과지표를 제시하여 각 목표의 달성정도를 평가하고 있다. World Bank는 다른 국제기구와 같이 반복적으로 국제비교 연구를 수행하기보다는, 재원과 지식, 그리고 경험을 토대로 각국의 필요에 따른 교육 연구 및 사업을 수행한다. World Bank가 교육 연구 및 사업을 수행함에 있어서 사용하는 기본전략은 각국의 교육시스템을 강화하고 World Bank 내 지식기반 시스템을 구축하는 것이다(World Bank, 2011).

World Bank는 UNESCO와 마찬가지로 모두를 위한 교육이라는 MDGs 교육분야 목표를 이루기 위해 많은 노력을 하고 있다. 특히 World Bank는 2010년 MDGs 회담에서 2011년에서부터 2015년에 이르기까지 교육분야 MDG 달성을 위해 기초교육에 더 많은 재정을 투자할 것을 약속하였다. 실제로 World Bank는 기초교육 목표달성을 위해 재정 투자는 물론, 정책적 자문, 기술적 지원, 지식 및 경험 공유 등을 아끼지 않고 있다.

세계은행은 2014년 8월 1일 기준, 세계은행이 교육관련 프로젝트로 수행해온 3592종의 프로젝트 중 10대 주요 주제의 프로젝트 수는 2595종이며, 그 가운데 '모두를 위한 교육(Education for all)' 주제의 프로젝트 수는 924종(35.6%)으로 집계된다. '모두를 위한 교육' 주제 중 초등교육 하위 주제가 가장 많았으며, 그 다음으로 중앙정부 교육부처의 행정, 중등교육, 고등교육, 일반교육 순서로 낮았다(표 7-3 참조).

〈표 7-3〉 세계은행의 '모두를 위한 교육' 주제 현황

하위 주제	프로젝트(종)*	하위 주제	프로젝트(종)*
유치원교육	120	직업훈련	94
초등교육	493	성인 문해 교육 비형식 교육	51
중등교육	317	중앙교육부처 행정	445
고등교육	271	공립학교 행정	103
일반교육	258	일반공립학교 행정	84

* '모두를 위한 교육' 주제 프로젝트 924종에 포함된 부문을 모두 구분하여 표시한 것임.
출처: www.worldbank.org/projects/P098496/science-technology-higher-education?lang=en 내용을 재구성.

세계은행(2011)은 사업 수행의 세 가지 전략 축을 갖고 있는데, 첫째는 초기에 투자하고, 둘째는 스마트하게 투자하고, 셋째는 모든 이를 위해 투자한다는 것이다. '모두를 위한 학습(Learning for All)'은 이 세 번째 축의 일환이며, 그 의미는 모든 이, 특히 어린이와 청년에게 교육의 기회를 주어, 건강하고 생산적인 삶을 영위하고, 의미 있는 직업을 갖는데 필요한 지식과 기술을 습득할 수 있도록 한다는 것이다.

'모두를 위한 학습'은 UN의 'DGs'와 유네스코의 '모두를 위한 교육'을 지원하는 세계은행의 교육 사업 실천 전략이라는 기능도 갖고 있다. 이 전략을 달성하는 목표 연도는 2020년이다. '모두를 위한 학습'의 출발점은, 교육은 인간의 기본 권리이며, 개발도상국의 발전은 인간의 심성 교육에 기반한 글로벌 아이디어와 혁신을 통해 가능하다는 데 있다. 세계은행은 유엔의 'MDGs'와 유네스코의 '모두를 위한 교육' 실현은, 학교 안팎에서 일어나는 모든 '학습(learning)'으로 가능하며, 이는 유치원에서 산업현장, 평생학습을 포괄하는 것으로 보았다.

(3) OECD

유네스코와 함께 평생교육관점에서 교육개혁의 패러다임 정립과 국제적인 확산, 보급에 지대한 영향을 미치고 있는 양대 산맥의 하나는 바로 OECD이다. 선진국들의 글로벌 경제협력 개발기구인 OECD에서는 평생교육의 관점에서 순환교육과 같은 새로운 전략적 교육개념을 창안하여 이를 지식 기반사회의 평생학습과 인적자원개발 모델을 제시하고 있다.

국제 성인 문해조사(IALS)에 의하면 현재 지식기반사회의 근로자들은 고학력뿐 아니라 새로운 기술을 배우고 숙련하여 빠르고 효율적으로 적용하는 능력을 가지고 있어야 한다. 오늘날의 경제는 지식기반경제이며 또한 필요한 복잡한 기술들을 적용할 수 있어야 하므로, 정책결정자들은 이러한 변화에 대응할 수 있는 보편적인 성인 교육 프로그램 전략을 구축해야 한다.

이에 IALS는 "문해는 일상적인 활동, 가정, 일터, 그리고 지역사회에서 문서화된 정보를 이해하고 활용할 수 있는 능력을 말한다."라고 정의하였다. 다시 말해서 문해는 더 이상 읽고 쓰는 능력을 말하는 것이 아니라 좀 더 복잡한 기술을 종합한 것이다. IALS에서는 조사의 많은 부분에 신문, 팜플렛 등으로부터 필요한 정보를 이용할 수 있는 산문문해 영역과, 지도, 버스 시간표, 차트, 그림을 보고 정렬하거나 파악하는 문서문해, 그리고 수량적 계산 능력인 기본적인 수량문해를 포함시켰다. 이러한 문해의 정의를 기본으로 하여 문해 측정 영역을 산문문해(prose literacy), 문서문해(document literacy), 수량문해(quantitative literacy)의 세 영역으로 분류하였으며, 각 영역의 특징은 다음과 같다(OECDand HUMAN RESOURCES DEVELOPMENT CANADA, 1997).

- 산문문해 : 논설, 기사, 시, 소설을 포함하는 텍스트 정보를 이해하고 사용하는데 필요한지식과 기술
- 문서문해 : 구직원서, 급여 양식, 대중교통 시간표, 지도, 표, 그래프 등 다양한 형태의 문서에 포함되어 있는 정보를 찾고 사용하는데 필요한 지식과 기술
- 수량문해 : 금전출납, 팁 계산, 주문양식 완성, 대출이자 계산 등 인쇄된 자료에 포함된 숫자를 계산하거나 수학공식을 적용하는 데 필요한 지식과 기술

OECD의 국제성인역량조사(PIAAC)에서는 성인들의 언어능력, 수리력, 그리고 컴퓨터 기반 환경에서의 문제해결력을 평가하고 있다. 이 능력들은 다양한 사회 환경 및 직업생활에서 필요한 핵심적인 정보처리 역량으로 노동시장, 교육 및 훈련과정, 사회생활 등에서 필수적인 요소이다. 일상생활과 직업생활에서 다양한 스킬들(읽기, 쓰기, 수리력, ICT, 문제해결력, 과업재량, 직장내 학습, 영향력, 협동, 자기관리, 손기술, 신체활동)이 어느 정도 요구되는가

에 대한 정보 수집, 아울러 스킬과 학력불일치 여부, 노동시장과 사회적 성과 관련 변인들을 함께 조사한다. 국제성인역량조사(PIAAC, Programme for the International Assessment of Adult Competencies)는 경제협력개발기구(OECD, Organization for the Economic Cooperation and Development)에서 주관하고 있는 국제협력사업으로 OECD 국가 성인 인적자원의 수준과 분포 등을 다양한 평가도구를 활용하여 측정하는 국제비교조사이다. 국제성인역량조사 사업은 OECD 컨소시엄의 주관하에 2008년부터 진행된 사업으로 2010년 예비조사, 2011년 하반기부터 2012년 상반기까지 본조사가 진행되었으며, 1차 조사결과는 2013년 10월 발표되었다.

한국도 2008년부터 본 사업에 참여하고 있는데, 고용노동부와 교육부가 재정지원을 담당하고, 통계청이 조사를 실시하며, 인적자원개발 분야 국책연구기관인 한국직업능력개발원이 국내사업을 총괄 담당하고 있다. 국제성인역량비교(Programme for the International Assessment of Adult Competencies, PIAAC) 16~65세 성인을 대상으로 성공적인 사회 · 경제 활동을 하기 위해 요구되는 21세기 성인 역량(인지능력 및 직업능력)을 측정하고 국가간에 비교한다.

3. 문해교육의 교원 양성

1) 사업 개요

문해교육 교원 연수과정은 「평생교육법」 제40조에 근거한 학력인정 문해교육 프로그램운영을 위한 전문성 있는 교원 양성을 목적으로 운영되고 있다. 아울러 「평생교육법시행령」 제70조에는 문해교육 프로그램의 설치 및 지정기준, 문해교육 교원 연수과정 등에 관한 법적근거가 제시되어 있다. 시행령에 근거하여 시 · 도평생교육진흥원에서는 문해교육심의위원회에서 정한 자격을 갖춘 교원을 선발하고, 문해교육 교원 연수과정을 운영되고 있다.

학력인정을 위한 문해교육 프로그램 운영 기관에서는 반드시 문해교육 교원 연수기관에서 양성한 문해교육 교원을 확보하여야 한다. 이에 따라 국가평생교육진흥원 또는 시·도평생교육진흥원에서는 전문성 있는 문해교육 교원 양성을 목적으로, 초등·중학과정 문해교육 교원연수 프로그램을 운영하고 있다.

2) 사업추진 현황

(1) 문해교육 교원 연수

문해교육 교원연수는 문해교육 프로그램 운영 현장에 대한 이해도를 높이고, 현장 활용능력 향상을 위해 집합교육과 더불어 현장 실습을 운영한다. 초등과정 문해교육교원 연수과정은 대학·전문대학 졸업자와 고등학교 졸업 이후 20주 이상의 기간 동안 총 120시간 이상 문해교육 관련 경력을 가진 자를 대상으로 집합교육 5일, 현장실습 15시간의 교육과정으로 구성되어 있다(표 7-4 참조).

중학과정 문해교육교원 연수과정은 성인학습자를 위한 중학과정 문자해득교육 교육과정(교육부 고시 제2013-6호, 성인학습자 문자해득교육 프로그램 교육과정 고시)이 있다. 또한 중학 성인학습자를 위한 교과서 개발 등 제반 환경이 마련됨에 따라 2013년부터 중학과정 문해교육교원 연수과정이 추진되었다. 중학과정 문해교육교원 연수과정은 중학교학력인정 문해교육 프로그램을 설치·지정 운영할 경우 「초·중등교육법」에 따라 교사 자격을 가진 사람(과목별 전공 교원 자격증 소지자)만이 문해교육 교원이 될 수 있었으나, 문해교육 활성화를 위해 대학 졸업자도 가능하도록 자격을 완화 운영하였다. 학과정은 집합교육 3일과, 현장실습 15시간 교육으로 구성되어 있다.

〈표 7-4〉 문해교육 교원 연수과정 자격 요건

과정	신청자격
초등 과정	– 고등학교 졸업 이후 연속 20주 이상의 기간 동안 총 120시간 이상 문해교육 관련 경력을 가진 자 – 대학* 졸업자 – 전문대학** 졸업자
중학 과정	–「초 · 중등교육법」에 의한 교원자격 소지자 – 대학* 졸업 이후 연속 20주 이상의 기간 동안 총 140시간 이상 문해교육 관련 경력을 가진 자

* 고등교육법 제35조 제1항 4)에 따른 학사학위와 같은 수준의 효력을 가지는 학위 소지자
** 고등교육법 제50조 제1항 5)에 따른 전문학사학위와 같은 수준의 효력을 가지는 학위 소지자
출처: 국가평생교육진흥원(2018), 2017 평생교육백서.

(2) 문해교육 교원 연수과정 운영절차

문해교육 교원 연수과정 운영절차는 1단계로 문해교육 교원연수과정 기본계획 수립 및 공고, 2단계는 연구과정 대상자의 심사 및 선발, 3단계는 집합교육, 4단계는 현장실습으로 이루어지며 이수 후 수료증이 교부된다.

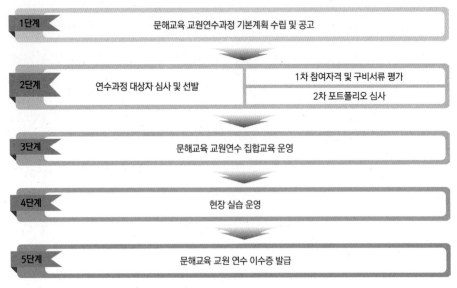

〔그림 7-3〕 문해교육 교원 연수과정 운영절차

출처: 국가평생교육진흥원(2018), 2017년 평생교육백서.

3) 문해교육사 자격증 과정 운영

(1) 운영주체

(사)한국문해교육협회는 유엔이 1990년 '세계문해의 해'로 제정한 것을 계기로 유네스코와 세계성인교육협회(ACAE; International Council of Adult Education)가 각 국에 문해교육단체를 설립하도록 권고함에 따라 1989년 8월 한국사회교육협회(현재 한국평생교육총연합회)와 유네스코한국위원회가 공동으로 주최하였던 '전국문해교육 관계자 워크숍'에서 한국문해교육협회를 창립하기로 결의하여 1989년 9월 2일 출범하였다.

설립 당시 한국문해교육협회는 한국의 성인 및 청소년의 문해 및 기초사업을 진흥함으로써 국민생활의 질적 향상과 국가사회의 진전한 민주주의 발전에 기여함을 목적으로 하고 있다. 한국문해교육협회는 ① 문해 및 성인 기초교육에 관한 연구, ② 자료 개발과 보급을 통한 교육진흥, ③ 문해학습 관련 독서 진흥, ④ 문해교육지도자 연수 및 학술회의 개최, ⑤ 문해 및 기초교육에 관한 국제교류와 협력, ⑥ 문해교육 유공자(한국문해교육상 시상), ⑦ 문해교육 교사자증격 과정 시행 등의 사업을 추진하고 있다.

(2) 문해교육사 자격증 운영방식

지방자치단체 위탁으로 문해교사양성과정(문해교육사 민간자격증 부여)을 운영하였다. 2017년에는 총 21회가 운영되었으며, 이 가운데 보수교육 혹은 역량강화교육이 3회 운영되었다. 문해교육 연수에 참가한 인원은 총 689명이 교육사업에 참여하였으며, 이 가운데 문해교육사 3급 자격증 취득자는 544명, 2급자격증 취득자는 11명이다(표 7-5 · 6 참조). 문해교사 연수사업은 위탁(지자체가 한국문해교육협회에 위탁), 프로그램 파트너(지자체가 사업을 수행하고 한국문해교육협회는 프로그램운영 담당), 자체운영 등 3가지 방식이 있다.

〈표 7-5〉 2008~2017년 과정별 문해교육 교원 양성 현황

(2017.12. 31. 기준/단위:명)

구분	2008	2009	2010	2011	2012	2013	2014	2015	2016	2017	합계
초등과정	60	267	129	356	546	496	303	382	400	358	3,297
중등과정	-	-	-	-	-	133	134	30	167	320	784
합계	60	267	129	356	546	629	437	412	567	678	4,081

출처: 국가평생교육진흥원(2018), 2017 평생교육백서.

〈표 7-6〉 2008~2017년 지역별 문해교육 교원양성 현황

(2017.12.31. 기준/단위:명)

구분	서울	부산	대구	인천	광주	대전	울산	경기	강원	충북	충남	전북	전남	경북	경남	제주	세종	합계
초등과정	528	257	154	89	126	95	104	705	111	79	281	159	190	165	164	88	2	3,297
중등과정	147	40	58	24	40	43	2	217	2	3	54	36	27	41	25	25	0	784
계	675	297	212	113	166	138	106	922	113	82	335	195	217	206	189	113	2	4,081

출처: 국가평생교육진흥원(2018), 2017 평생교육백서.

문해교육사 자격증 관리운영 규정

제2장 자격규정

제3조 (자격등급) 문해교육사의 자격 등급은 1급, 2급, 3급으로 한다.

제4조 (자격요건) 제3조의 규정에 의한 등급별 응시자격과 자격요건은 별표 1과 같다.

제5조 (자격기준) ① 협회는 문해교육 전문가로서 문해교육의 이해를 바탕으로 문해교육과정을 기획하고 프로그램을 개발, 운영할 수 있는 능력과 교수 및 평가의 능력을 갖추어 즉시 현장에 투입 가능한 수준인지 등급별 검정기준을 정한다.

② 자격증의 등급별 검정기준은 다음과 같다.

자격종목	등급	검 정 기 준
문해교육사 자격증	1급	전문가 수준의 문해교육사로서 문해교육기관의 최고경영자 및 주요 문해교육 연구 및 정책 사업에 참여할 수 있는 능력을 갖춘 최고급 수준
	2급	준전문가 수준의 문해교육사로서 기관운영 실무능력을 갖춘 고급 수준
	3급	일반인으로서 문해교육기관에서 문해교사 임무를 수행 할 기본 능력을 갖춘 상급 수준

제6조 (검정방법 및 검정과목) 자격증의 검정과목과 과목별 주요내용은 다음과 같다.

등급	검정방법	검정 과목(분야 또는 영역)
1급	논문	1편
	이수	문해교육론, 문해교육정책론, 바른국어생활, 문해교육방법론, 문해교육경영론, 문해교육프로그램개발론, 현장실습, 논문시험 외(총 10과목)
	기타	문해교육기관의 최고경영자 경력, 문해교육 연구 실적 등
2급	필기	자격시험
	과제	현장 탐방 보고서
	이수	문해교육론, 문해교육정책론, 바른국어생활, 문해교육방법론, 문해교육경영론, 문해교육프로그램개발론, 문해교사론, 현장탐방, 자격시험 외 (총 10과목)

3급	과제	현장실습 보고서
	이수	문해교육론, 문해교육정책론, 바른국어생활, 문해교육방법론, 문해교육경영론, 문해교육프로그램개발론, 문해교사론, 현장실습 외(총 10과목)

〈별표 1〉 등급별 자격요건(제4조 관련)

구분	자격요건
1급	1. 고등교육법에 의한 대학원에서 평생교육과 관련된 분야를 전공한 자로서 석사학위 이상을 취득한 자로서 본 협회가 인정하는 문해교육에 관한 전문교육과정을 이수하고 논문이 통과된 자 2. 문해교육사 2급 자격증을 소지하고 문해교육과 관련된 업무에 5년 이상 종사한 경력이 있는 자로서 본 협회가 인정하는 문해교육에 관한 전문교육과정을 이수하고 논문이 통과된 자 3. 초·중등교육법 제2조의 규정에 의한 정교사 2급 이상 자격을 소지한 자로서 본 협회가 인정하는 문해교육에 관한 전문교육과정을 이수하고 논문이 통과된 자 4. 평생교육법 제17조 및 동 시행령 제5조 제1항의 규정에 의한 평생교육사 2급 이상 자격을 소지한 자로서 본 협회가 인정하는 문해교육에 관한 전문교육과정을 이수하고 논문이 통과된 자 ※ 본 협회가 인정하는 문해교육에 관한 심화교육과정을 이수한 후 2년이 경과해야 전문교육과정을 이수할 수 있다.
2급	1. 전문대학 이상을 졸업하거나 이와 동등 이상의 학력이 있는 자로서 본 협회가 인정하는 문해교육에 관한 심화교육과정을 이수하고 자격시험에 합격한 자 2. 초·중등교육법에 의한 고등학교를 졸업하거나 동등 이상의 학력이 있는 자로서 문해교육과 관련된 업무에 3년 이상 종사한 경력이 있는 자로서 본 협회가 인정하는 문해교육에 관한 심화교육과정을 이수하고 자격시험에 합격한 자 3. 문해교육사 3급 자격증을 소지하고 문해교육과 관련된 업무에 3년 이상 종사한 경력이 있는 자로서 본 협회가 인정하는 문해교육에 관한 심화교육과정을 이수하고 자격시험에 합격한 자 4. 평생교육법 제17조 및 동 시행령 제5조 제1항의 규정에 의한 평생교육사 3급 이상 자격을 소지한 자로서 문해교육과 관련된 업무에 2년 이상 종사한 경력이 있는 자로서 본 협회가 인정하는 문해교육에 관한 심화교육과정을 이수하고 자격시험에 합격한 자 ※ 본 협회가 인정하는 문해교육에 관한 기본교육과정을 이수한 후 2년 이내에 심화교육과정을 이수해야 안다.
3급	1. 초·중등교육법에 의한 고등학교를 졸업하거나 동등 이상의 학력이 있는 자로서 본 협회가 인정하는 문해교육에 관한 기본교육과정을 이수한 자 2. 제1호에 규정된 자와 동등 이상의 자격이 있다고 협회가 정하는 자

【연구 과제】

1. 지역 문해교육의 활성화를 위한 지원체제 구축에 대해 설명하시오.
2. 문해교육의 질 관리를 위한 다양한 지원체제 마련에 대해 논하시오.
3. 우리나라 문해교육의 정책과정을 분석하시오.
4. 국가와 자치단체에서 추진하는 문해교육 지원의 효과성 검증방안에 대해 논하시오.

【참고문헌】

교육부. www.moe.go.kr

국가문해교육센터. www.le.or.kr

국가교육교육진흥원. www.nile.or.kr

허준(2008).「학습사회론에 비추어 본 문해교육 법제화의 의미」, 평생교육학연구, 14(4), p57-81.

국가평생교육진흥원. 2009-2017「평생교육백서」.

한국문해교육협회(2005).「한국의 문해교육」, 문음사.

정찬남, 김성자, 김종천, 노병윤(2017).「문해교육론」, 양서원.

윤복남(2002).「문해교육의 의의와 문해조사의 문재」, 한국교육학연구, 8(2), p255-274.

교육부(1999).「평생교육백서」

황종건(2001).「세계문해교육의 동향과 우리나라의 처지」, 연구보고 RR90-14, 한국교육개발원, p1-18.

양병찬(2004).「학습권 관점에서 본 성인 문해교육 지원 정책 분석」, 평생교육학연구, 10(4), p207-230.

김윤정(2008). 일본 성인 문해교육의 현황과 전망, 평생교육진흥원.

【개요】

본 장에서는 평생교육법 제40조, 평생교육법 시행령 제70조 제2항 및 평생교육법 시행규칙 제22조 제4항에 의거하여 초등 · 중학 문해교육 과정에 대한 교육부 고시내용에 대하여 알아보고, 시도 교육청으로부터 설치 또는 지정을 받지 못한 모든 학력 미인정 기관과 운영에 대하여 알아보기로 한다.

【학습목표】

1. 문해교육의 학력인정과정에 대해 이해할 수 있다.
2. 문해교육의 학력미인정과정에 대해 이해할 수 있다.
3. 각 과정별 교과과정에 대해 알 수 있다.

1. 학력인정 교육과정

2007년 12월, 「평생교육법」 전부개정에 따라 문해교육 관련 조항이 마련되면서 문해교육 프로그램을 통해 의무교육에 해당하는 초·중학교 학력을 인정받을 수 있는 제도가 마련되었다. 「평생교육법」 제40조에 의거한 '성인학습자 학력인정제도'는 18세 이상 성인학습자가 시·도교육청이 설치 또는 지정한 문자해득 교육프로그램을 이수하고, 학력 충족여부심사를 거쳐 초·중학교 학력을 인정받는 제도이다. 교육부는 초등·중학 문해교육 교육과정은 평생교육법제40조, 평생교육법 시행령 제70조 제2항 및 평생교육법 시행규칙 제22조 제4항에 의거하여 초등·중학 문해교육 교육과정을 3년마다 개정하여 고시하고 있다(교육부 고시 제2018-157, 2018. 5. 30).

2017년 말 성인 문해교육 학력인정 프로그램을 통한 학력취득자는 8,802명으로 초등이 7,878명이고 중등이 924명이다. 지역별 성인 문해교육 학력인정 프로그램 설치·지정 현황은 〈표 8-1〉과 같다

〈표 8-1〉 학력인정 문해교육 프로그램 설치·지정현황 (2017. 11. 1 기준)

(단위 : 개)

구분		서울	부산	대구	인천	광주	대전	울산	세종	경기	강원	충북	충남	전북	전남	경북	경남	제주	계
초등	설치	22	10	5		1				21			1				8		68
	지정	28	8		6	3	1	6	1	30	7	5	20	10	14	5	5	1	150
	계	50	18	5	6	4	1	6	1	51	7	5	21	10	14	5	13	1	218
중학	설치	1		1		1													3
	지정	1				1	1			2									5
	계	2	0	1	0	2	1	0	0	2	0	0	0	0	0	0	0	0	8
초/중	설치																		0
	지정	11				1				5			1		1	1			20
	계	11	0	0	0	1	0	0	0	5	0	0	1	0	1	1	0	0	20
합계		63	18	6	6	7	2	6	1	58	7	5	22	10	15	6	13	1	246

*출처 : 교육부(2018. 3), 2018년 성인문해교육 활성화 지원 기본계획.

〔초등 성인문해 교육과정〕

1) 교육과정

문해교육과정은 평생교육법 제40조, 평생교육법 시행령 제70조 제2항 및 평생교육법 시행규칙 제22조 제4항에 의거하여 고시한 것으로, 문해교육 프로그램을 통해 초등·중학 학력을 인정하기 위한 국가 수준의 교육과정이며, 18세 이상의 저학력 성인 및 비문해자를 위해 편성·운영하여야 할 문해교육 프로그램의 공통적이고 일반적인 기준을 제시한 것이다.

초등 문해교육은 성인 학습자의 일상생활에 필요한 기초적인 지식과 능력을 함양하고, 자기 주도적인 생애 역량을 함양하는 데 중점을 둔다. 이를 위해 첫째 읽기, 쓰기, 셈하기 능력을 포함하여 성인 학습자의 일상생활에 필요한 기초 지식을 함양한다. 둘째 자신의 삶에 능동적으로 대처하는 데 필요한 기초적인 학습 능력, 생활 능력, 문제해결 능력 등을 기른다. 셋째 다양한 문화를 이해하고 공감하는 기초적인 태도를 기른다.

교육과정은 1, 2, 3단계로 구성한다. 각 단계별 교육과정은 교과 영역과 창의적 체험활동으로 편성한다. 1단계 교과는 초등 1~2학년 수준의 국어와 수학을 중심으로 하고 나머지 교과를 부분적으로 포함한 통합 교과로 편성한다. 2단계 교과는 초등 3~4학년 수준의 국어, 수학, 영어, 기타 교과를 포함한 통합 교과로 편성한다. 3단계 교과는 초등 5~6학년 수준의 국어, 사회, 수학, 과학, 영어, 기타 교과를 포함한 통합 교과로 편성한다.

창의적 체험활동은 일상생활, 사회생활, 직업생활, 문화생활 등 생활을 영위하는데 요구되는 생활문해교육 활동을 중심으로 문해교육기관의 특성, 교육 환경 등을 고려하여 성인 학습자의 수준에 적합한 학습 경험을 선정, 편성한다.

1시간의 수업은 45분을 원칙으로 하되 기후 및 계절, 학습 내용의 성격 등을 고려하여 탄력적으로 편성·운영할 수 있다. 각 단계는 연간 40주를 기준으로 하여 주당 6시간, 총 240시간의 수업을 실시한다. 수업 운영은 주당 최소 3회, 회당 2시간을 기준으로 한다. 단, 1단계 주당 운영 횟수는 2회 이상으로 한다. 〈표 8-2〉는 각 단계를 이수하는 데 필요한 최소 수업 시수이다.

〈표 8-2〉 초등 문해교육 교육과정

구분		단계	초등 1단계	초등 2단계	초등 3단계
교과영역		국어	172	154	115
		사회			20
		수학	28	28	23
		과학			13
		영어		8	14
	기타교과	음악/미술		10	15
		한문			
		소계	200	200	200
창의적 체험활동			40	40	40
연간 총 수업 시간 수			240	240	240

출처: 교육부(2019), 교육부 고시 제2018-157호.

2) 편성 · 운영 방침

초등 학력을 인정받고자 하는 18세 이상의 성인들을 대상으로 초등 수준 교육과정을 편성 · 운영한다. 초등 문해교육의 시간 배당 기준에 제시된 각 단계별 교과 수업 시수는 각 단계를 이수하는 기간 동안에 대상 학습자들이 필수적으로 이수해야 할 기준 수업 시간 수이다. 창의적 체험활동은 매 단계마다 40시간씩, 총 120시간으로 편성하며, 운영 과정에서 안전에 유의하여야 한다. 각 단계별 교육 목표, 교과 내용, 교수 · 학습 방법, 평가 방법 간의 일관성이 유지되어야 한다.

초등 3단계 교육과정은 중학교 교육과정과 연계성이 유지될 수 있도록 편성한다. 이론 혹은 개념의 일방적 전달보다는 성인 학습자들의 문제 해결 중심으로 교육과정을 편성한다.

성인 학습자의 경험을 중요하게 고려하여 교육과정을 편성한다. 성인 학습자들의 과거 경험, 이해력 등을 바탕으로 문제해결을 위한 학습이 가능하며 새로운 것을 학습하는 데 기반이 될 수 있도록 편성한다. 성인 학습자의 특성을 고려하여 반복 학습을 할 수 있도록 교육과정을 편성한다. 각 교과별로 단계 간 내용의 비약이 이루어지지 않도록 편성한다.

(1) 초등 1단계

1단계 교육과정은 초등학력을 지니지 못한 18세 이상의 성인 학습자들이 초등학력을 인정받기 위해 이수하는 3단계 교육과정 중에서 초등학교 1, 2학년 수준에 해당하는 교육과정이다. 1단계 교육과정은 성인 학습자들이 일상생활과 새로운 지식과 정보를 받아들이는 데 기본이 되며 필수적인 '문자를 읽고 쓰는 능력'을 함양하고, 수학 기초 지식과 기능을 익히는 단계이다. 따라서 1단계 교육과정은 문해교육의 핵심요소가 되며 기본적인 문해교육과 이에 대한 지식함양을 교육 내용으로 구성한다.

교육 내용 구성은 국어와 수학을 중심으로 하고 나머지 교과를 부분적으로 포함하는 통합교과로서의 성격을 지닌다. 성인 학습자들은 그 동안의 사회생활을 통해 일상생활을 하는 데에 필요한 말하기와 듣기의 기초 의사소통능력은 이미 함양하고 있으므로, 국어 영역에서는 문해 능력을 습득하고, 수학 영역에서는 생활 속 수학을 통해 수학적 기초지식과 기능을 익히도록 한다.

교수 · 학습과정에서는 1단계 교육과정임을 감안하여 학습자들이 자신감을 갖고 도전할 수 있도록 하며, 성인 학습자의 특성을 고려하여 단순하면서도 지속적인 반복학습을 통하여 문해 능력과 수학 기초 지식을 체계적으로 향상시킬 수 있도록 한다.

(2) 초등 2단계

2단계 교육과정은 기초단계인 1단계와 학력인정을 위한 마지막 단계인 3단계를 연결해주는 중간 단계로서 1단계에서 학습한 기초 문해력을 생활의 여러 장면에서 확인하고 적용하는 단계이다. 따라서 교육내용은 일상생활을 소재로 하여 학습과 생활현장이 자연스럽게 연계되도록 하고 이를 말과 글로 표현할 수 있도록 구성하며 실생활의 다양한 활동(축하 카드 쓰기, 전화 메모하기, 대중교통 시간표 보기, 교통 표지판 보기, 달력 보기 등)을 활용하여 교육과정을 구성한다. 아울러 통합적 언어능력을 향상시키기 위해 읽고 쓰기뿐만 아니라 말하기와 듣기를 적절하게 활용하여 언어영역의 고른 발달을 유도한다. 또한 교육과정과 연관된 다양한 실습활동을 진행하여 사회의 구성원으로서 갖춰야 할 기본적인 소양과 인식을 함양할 수 있도록 한다.

생활 영역과 언어 영역이 밀접하게 연관될 수 있도록 교육과정을 구성하고 기초적인 이해와 사고력을 함양하여 자신의 생각과 느낌을 비교적 쉽고 간단히 표현할 수 있도록 한다. 국어 영역에서는 단어를 익히고 다양한 종류의 짧은 글을 읽고 글에 나타난 정보와 줄거리를 이해하여 자신이 느끼거나 생각한 것을 간단한 말과 짧은 글로 표현할 수 있는 능력을 익힌다.

수학적 영역에서는 덧셈, 뺄셈 등의 간단한 셈하기와 측정 단위를 익힌다. 영어 영역에서는 외래어 및 생활 속 영어를 익히며 기초적인 영어 단어를 읽고 그 뜻을 구별할 수 있는 능력을 익힌다. 기타 음악과 미술 영역은 기초적 가창, 그리기 활동을 통해 예술적 경험을 한다.

(3) 초등 3단계

3단계 교육과정은 성인 학습자의 초등학력 인정을 위한 문해교육 교육과정 중 최종 단계로서 이후 중등과정으로의 계속 교육을 희망하는 성인 학습자에게 필요한 마지막 단계로서의 역할도 한다. 이를 고려하여 3단계 교육

과정에서는 다양한 교육내용에 대한 통합적 구성을 통해 학습과정 및 결과
가 학습자의 경험과 생활 현장에서 유기적으로 반영되도록 한다.

이에 따라 학습자의 수준과 환경을 고려하여 내용을 구성하므로 현재 중
·고등학교 수준에서 다루고 있는 문해 지문 및 내용을 담을 수 있으며 필요
한 경우 교과내용의 난이도를 낮출 수 있다. 또한 지역 및 수행기관의 특성과
학습자의 성취도 등을 고려하여 자율적이고 탄력적인 교육과정을 운영한다.

3단계에서는 1, 2단계의 학습 내용을 바탕으로 다음과 같은 학습목표를
달성한다. 국어 영역에서는 다양한 읽기 자료에 대한 내용을 충분히 이해하
고 이를 토대로 자신의 생각이나 의견을 글로 표현할 수 있다.

수학 영역에서는 사칙 연산의 이해와 계산기를 이용한 연산, 생활에서 자
주 사용하는 단위 및 도형의 이해, 간단한 표와 그래프를 해석할 수 있다. 과
학과 사회 영역에서는 생활 주변에서 빈번하게 만나는 생활 문제의 해결 과
정을 중심으로 생활 상식을 함양하고 문제 해결 방법을 익힐 수 있다.

영어 영역에서는 생활 주변에서 구어체로 자주 사용하거나 간판 등에서
볼 수 있는 간단한 영어 단어와 짧은 표현을 익히고 외국어에 대한 관심을
갖는다. 한자 영역에서는 상형문자를 중심으로 생활한자 30자 내외를 익힐
수 있다. 음악 및 미술 영역에서는 다른 문해교육 영역과 연계하여 문자 이
외의 양식을 활용하여 다양하게 표현하고 감상할 수 있다.

〔중등 성인문해 교육과정〕

1) 교육과정

중학 문해교육은 초등 문해교육의 성과를 바탕으로, 성인 학습자의 일상
생활에 필요한 기본 능력을 기르고, 민주시민의 자질을 함양하는 데 중점을
둔다. 첫째 인간, 사회, 세계, 자연 등 현대사회에 필요한 기본 지식을 함양
한다. 둘째 민주 시민으로서 타인을 존중하고 함께 소통할 수 있는 공동체

의식을 기른다. 셋째 다양한 문화 활동에 대한 이해를 바탕으로 새로운 문화 창출에 기여할 수 있는 자질과 태도를 기른다.

　교육과정은 1, 2, 3단계로 구성한다. 각 단계별 교육과정은 교과 영역과 창의적 체험활동으로 편성한다. 교과 영역은 필수 교과와 선택 교과로 한다. 필수 교과는 국어, 사회, 수학, 과학, 영어로 한다. 선택 교과는 체육, 음악, 미술, 한문, 컴퓨터 등으로 한다.

　그러나 단위 기관의 재량에 따라 다른 과목을 설정할 수도 있다. 창의적 체험활동은 일상생활, 사회생활, 직업생활, 문화생활 등 생활을 영위하는 데 요구되는 생활문해교육 활동을 중심으로 문해교육기관의 특성, 교육 환경 등을 고려하여 성인 학습자의 수준에 적합한 학습 경험을 선정, 편성한다.

　1시간의 수업은 45분을 원칙으로 하되, 기후 및 계절, 학습 내용의 성격 등을 고려하여 탄력적으로 편성 · 운영할 수 있다. 각 단계는 연간 40주를 기준으로 하여 주당 10시간 이상, 총 450시간의 수업을 실시한다. 수업 운영은 주당 최소 3회 이상을 기준으로 한다. 〈표 8-3〉은 각 단계를 이수하는 데 필요한 최소 수업 시수이다.

〈표 8-3〉 초등 문해교육 교육과정

구분 / 단계			중학 1단계	중학 2단계	중학 3단계
교과영역	필수교과	국어	100	100	100
		사회	70	70	70
		수학	60	60	60
		과학	70	70	70
		영어	60	60	60
	선택교과		50	50	50
	소계		410	410	410
창의적 체험활동			40	40	40
연간 총 수업 시간 수			450	450	450

출처: 교육부(2019), 교육부 고시 제2018-157호.

2) 편성 · 운영

중학 학력을 인정받고자 하는 18세 이상의 성인들을 대상으로 중학 수준 교육과정을 편성 · 운영한다. 중학 문해교육의 시간 배당 기준에 제시된 각 단계별 교과 수업 시수는 각 단계를 이수하는 기간 동안에 대상 학습자들이 필수적으로 이수해야 할 기준 수업 시간 수이다. 창의적 체험활동은 매 단계마다 40시간씩, 총 120시간으로 편성하며, 운영 과정에서 안전에 유의하여야 한다.

교과 영역 또는 창의적 체험활동은 주당 수업시수, 주당 수업일수를 조정하여 편성 · 운영할 수 있다. 필수 교과영역은 교육기관 간의 통일성을 살릴 수 있도록 국가 수준에서 교과서를 개발한다. 다만 선택교과 및 창의적 체험활동은 교육기관의 자율성을 살릴 수 있도록 교육과정에서 정한 기준 등을 충족하는 범위 내에서 다양한 활동으로 편성 · 운영할 수 있다.

필수 교과 영역은 국어, 사회, 수학, 과학, 영어이며, 선택 교과 영역은 체육, 음악, 미술, 한문, 컴퓨터 중에서 학습자가 원하는 교과목을 이수할 수 있도록 편성한다. 단, 선택 교과 영역의 경우 단위기관의 재량으로 다른 교과목을 선택교과로 선정하여 편성 · 운영할 수 있다.

선택 교과 영역은 학습자들이 매 단계에서 서로 다른 교과목을 선택하는 것이 가능하도록 편성한다. 또한 선택 교과 영역은 방송중학교 과목 이수, 평생학습계좌제, 검정고시 시험합격, 국가 및 민간자격 취득, 직업능력개발 훈련시설에서의 학습경험 등으로 대체하여 이수할 수 있다. 학습자는 교육기관에서 실시하는 진단평가를 거쳐 2단계 또는 3단계로 진입하여 교과목을 이수할 수 있으나, 중학 학력인정을 받고자 하는 학습자는 3단계 교과 이수기준 등을 모두 충족하여야 한다.

(1) 국어과

국어 교과는 국어를 정확하고 효과적으로 사용하게 하고, 건전한 국민 정서를 함양할 수 있게 하는 교과이다. 국어 교과에서 학습자는 국어에 대한 지식을 바탕으로 담화 또는 글의 내용을 정확하고 비판적으로 이해하고, 사상과 정서를 효과적이고 창의적으로 표현하는 능력을 향상시킬 수 있어야 한다. 또한 문학에 대한 지식을 바탕으로 인간의 삶을 이해하는 능력을 기르고 심미적 정서를 함양하여 성숙한 문화 시민의 소양을 기를 수 있다.

성인 중학 과정에서의 국어 교과는 학교교육에서 지향하는 교육목표 및 내용을 바탕으로 하되, 교육의 기회를 놓친 성인들을 대상으로 하는 교육과정인 점을 감안하여 성인으로서 일상생활에 기본적으로 필요한 국어 능력의 신장은 물론 국어문화를 향유할 수 있는 능력을 기르는 데 중점을 둔다.

국어 교과의 목표는 타인의 생각이나 주장을 정확하게 이해할 수 있고, 자신의 생각이나 주장을 분명하게 표현할 수 있는 능력을 기르며, 일상적인 언어생활에 필요한 기초적인 국어 규범을 정확하게 이해하고 적용하고, 국어 문화를 향유하는 데 필요한 능력을 기른다. 또한 일상생활에서 문학 작품을 즐겨 읽고 문학적으로 표현할 수 있는 능력을 기르는데 있다.

내용체계는 먼저 이해와 표현에서 대화와 토론, 일상생활과 정보 확인, 뉴스와 정보 파악, 인터넷과 언어생활, 글쓰기로 구분되어 있다. 다음은 국어 규범으로 맞춤법·정서법, 한글과 언어문화로 구분되어 있다. 마지막으로 문학의 이해와 표현인데 시 낭송과 창작, 희곡과 소설 읽기, 연극이나 영화 감상, 수필 감상과 쓰기로 구분되어 있다. 이들 각 과정은 3단계로 구성된다.

교수학습 방법은 성인 학습자라는 점을 고려하여 많은 내용을 다루기보다는 적은 내용을 충분히 다루도록 교수·학습 계획을 수립한다. 학습 목표와 내용에 맞게 과제를 중심으로 한 다양한 교수 방법을 적용한다. 학습자의 수준에 맞게 학습이 이루어질 수 있도록 다양한 학습 자료 및 학습 활동을 제공한다. 시청각 자료 및 멀티미디어를 풍부하게 활용하여 다양한 언어

상황이 제공되도록 한다. 학습자들의 일상적인 언어생활 경험에 근거하여, 국어 현상을 이해하고 국어 능력을 기를 수 있도록 지도한다.

평가는 각 단원에 포함되어 있는 주요 지식 및 그것을 바탕으로 한 언어 수행능력을 중심으로 평가한다. 국어에 관한 지식이나 원리 등에 대한 평가는 선택형 평가를, 실질적인 국어 활용 능력에 대한 평가는 수행평가 방식을 활용한다. 교사에 의한 직접 평가, 학습자에 의한 자기 평가 및 상호 평가 등을 구분하여 실시한다.

(2) 사회과

사회교과는 사회생활에 필요한 지식과 기능을 익혀 사회현상을 올바르게 인식하고, 민주주의 시민으로서 자질과 태도를 갖추도록 하는 교육과정이다. 사회교과는 성인 학습자의 특성을 고려하여 학습자의 경험과 믿음 체계를 토대로 사회 현상에 대하여 반성적으로 사고함으로써 학습자 스스로 실제적 지식과 아이디어를 만들어 갈 수 있도록 하는데 중점을 둔다.

학습자는 사회교과 학습을 통하여 자신의 시각으로 가족 · 지역 · 국가 · 세계 등의 사회를 이해하고, 자신과 타인 · 제도 · 환경 등과의 상호 관련성을 인식할 수 있으며, 이를 기반으로 사회활동에 참여할 수 있게 된다.

사회 교과의 교육목표는 다음과 같다. 주변에서 전개되는 여러 사회 현상을 공간적 배경, 역사적 흐름, 상황적 조건 등과 관련지어 통합적으로 이해한다. 인간과 자연, 그리고 사회 간의 상호작용에 관한 통합적 이해를 토대로 환경과 삶의 관계에 대한 실제적 지식을 주도적으로 만들어 간다.

공간과 역사를 이해하는 데 필요한 관련 기능을 습득하고, 사회 현상과 관련된 문제 해결 및 의사 결정 과정에서 요구되는 기능과 절차를 신장한다. 사회의 유지 및 기능에 필요한 사회적 가치를 내면화하고 자신과 사회의 관계에 대한 자신의 신념 체계를 만들어 사회적 삶을 적극적으로 주도한다.

사회 교과의 내용체계는 인간과 환경, 문화와 생활, 경제와 생활, 역사, 정의와 정치, 정보화와 계화로 구분되어 있으면 3단계로 구성되어 있다.

　사회 교과의 교수·학습 방법 학습자가 사회현상에 대한 흥미와 관심을 갖고, 현상의 원리를 발견하며, 이를 적용할 수 있도록 한다. 성인 학습자의 경험, 신념, 학습력, 조건 등을 고려하여 개별화 학습이 이루어질 수 있도록 한다. 교과서 내용과 관련된 다양한 사례와 이야기, 이미지, 통계 자료 등을 활용하여 귀납적 사고를 동원한 의미의 구성이 이루어질 수 있도록 한다. 인지적 갈등을 유발할 수 있는 열린 질문을 제시함으로써 고등사고능력이 신장될 수 있도록 한다. 학습자가 생활하는 지역 및 환경과 관련된 일차 자료를 다양하게 활용하여 지역화 학습이 이루어질 수 있도록 한다.

　사회 교과의 평가는 교육과정에서 제시하고 있는 목표, 내용, 교수·학습 방법과 일관성을 유지하도록 평가한다. 학습 결과를 서열화하는 상대평가를 지양하고 학습 과정의 하나로 기능할 수 있도록 수행 평가를 적용한 형성 평가를 활용한다. 평가 결과가 학습자의 학습 과정을 반성하고 향후 학습 계획에 적극적으로 반영될 수 있도록 활용한다.

(3) 수학과

　수학은 인류가 수천 년 동안 발전시켜 온 학문으로, 사고를 정돈하고 질서를 부여하여 추론할 수 있게 해주는 인간 사고의 정수(精髓)라고 할 수 있다. 수학교과에서 다루는 수량 관계, 도형, 확률과 통계에 대한 수학적 지식 및 그를 통해 연마되는 논리적인 사고력과 합리적인 문제해결 능력 등은 일상생활을 영위하는 데 필요한 것이다.

　수학교과는 성인 학습자의 구체적인 경험과 실생활에서 출발하여 수학적 개념, 원리, 법칙을 이해하고, 생활 주변의 현상 등을 수학적으로 해석하며 다양한 문제를 해결할 수 있도록 한다. 그렇게 함으로써 수학의 필요성과 실용성을 인식하고 수학 학습의 즐거움을 느끼며, 수학에 대한 긍정적인 태도를 갖도록 한다.

수학 교과의 교육목표는 다음과 같다. 일상생활에 필요한 수학의 기본적인 개념, 원리, 법칙을 이해한다. 수학의 기본적인 개념, 원리, 법칙을 일상생활의 구체적인 상황과 관련지어 이해한다. 수학의 개념과 원리를 이용하여 실생활에서 접하는 여러 가지 사물과 현상을 수학적으로 해석하는 안목을 기른다.

수학 교과교육의 내용체계는 가정생활과 수학, 쇼핑 · 외식과 수학, 미디어와 수학, 교통 · 통신, 여행과 수학, 레크리에이션과 수학, 금융, 보험, 임금과 수학 등으로 구분되며 3단계로 구성되어 있다.

수학 교과의 교수 · 학습 방법은 구체적인 사고에 익숙한 성인 학습자의 사고 양식을 존중하여 가능한 실생활 맥락에서 개념과 원리를 설명한다. 성인 학습자의 경험 세계를 존중하고 구체적 조작 활동과 탐구 활동을 중시하여 학습자 스스로 원리나 법칙을 발견할 수 있도록 유도한다.

수학 내용의 성격과 성인 학습자의 선수 개념 이해 정도를 고려하여 전체 수업, 소집단 활동 수업, 개별화 수업 등을 적절히 활용한다. 실생활이나 다른 교과에서 접할 수 있는 수학과 관련된 내용을 다룸으로써, 수학에 대한 흥미와 관심을 가지게 하고 수학의 필요성을 느낄 수 있도록 한다. 성인 학습자가 수학에 대한 흥미와 자신감을 갖도록 성인 학습자의 성취에 대하여 가능한 한 긍정적인 피드백을 제공한다.

수학적 의사소통 능력을 신장시키기 위하여 수학적 아이디어를 말과 글로 설명하고 시각적으로 표현하여 자신의 사고를 명확히 하고 반성하는 기회를 갖도록 한다. 교수 · 학습의 전 과정을 통하여 계산기와 같은 공학적 도구를 적절히 이용하여 수학 학습의 효과를 높이도록 한다.

수학 교과의 평가는 다양한 배경을 가진 성인 학습자는 선수개념에 대한 이해의 정도가 다르므로 진단평가를 통하여 성인 학습자의 출발점 상태를 정확하게 파악한다. 성인 학습자의 학습이해 정도에 대한 정보를 수집하기 위하여 수업에서 수시로 형성평가를 실시하여 그 결과를 수업에 반영한다. 수학 및 수학 학습에 대한 학습자들의 흥미, 관심, 자신감, 가치 인식 등을 포함하는 수학적 성향에 대한 평가가 이루어지도록 한다.

(4) 과학과

과학 교과는 과학의 기본 개념을 이해하고 과학적 사고 능력과 태도를 함양하여 합리적으로 문제를 해결하는데 필요한 과학적 소양을 기르기 위한 과목이다. 과학 교과는 일상생활을 살아가는 데 필요한 기본적 과학 지식을 이해하고, 과학 지식을 활용해 과학적으로 사고하고 문제를 해결하는 기능을 함양하며, 과학에 대한 올바른 태도를 가진 과학적 소양을 기르는 것을 목표로 한다.

과학 교과의 교육목표는 다음과 같다. 일상생활에 필요한 과학의 기본적인 개념, 원리, 법칙을 이해한다. 과학의 기본적인 개념, 원리, 법칙을 일상생활의 구체적인 상황과 관련지어 이해한다. 과학의 개념과 원리를 이용하여 실생활에서 접하는 여러 가지 사물과 현상을 과학적으로 해석하는 안목을 기른다.

과학 교과교육의 내용체계는 생명과 건강, 지구와 환경, 힘과 에너지, 물질의 변화로 구분되며 3단계로 구성되어 있다.

교수 · 학습 방법은 실생활 상황에 따른 주제를 중심으로 개인 또는 소집단별 과제를 설정하고 수행하도록 한다. 과학적 토의의 기회를 자주 제공함으로써 과학 학습을 경험하며 이를 통하여 실생활에서의 문제 해결 기능을 기르게 한다. 깊이 있는 사고를 유도하는 교사의 발문을 통해 활기 있는 과학 수업이 이루어지도록 한다. 성인의 생활 속에서 쉽게 접할 수 있는 자료를 가지고 조작하는 활동을 강조한다.

평가는 지필검사 이외에 관찰이나 면담, 토론 등을 통한 태도나 참여로 평가를 다양하게 실시한다. 평가의 대상으로서 지식 자체보다는 이를 실생활에 적용하는 능력을 강조하도록 한다. 생활 속에서 경험하는 문제를 과학적인 방법으로 해결하는 능력을 평가한다. 진단평가나 형성평가의 기능을 활성화하도록 한다.

(5) 영어과

영어는 국제적으로 가장 널리 쓰이고 있는 언어이다. 우리 사회가 세계화, 국제화, 다문화 사회로 급속히 진입하면서 실생활 속에서 영어를 사용하는 일이 일상화되고 있다. 이러한 변화는 누구에게나 일상적인 영어 사용 능력을 필수적으로 요구하고 있다. 또한 영어는 서로 다른 모국어를 가진 사람들간의 의사소통과 유대를 가능하게 하는 국제어로서의 중요한 역할도 수행하고 있다.

영어 교과는 이러한 영어 사용능력의 함양을 목표로 하되, 성인을 대상으로 한다는 점과 이미 개발된 초등 문해교육 교육과정과 잘 연계되어야 한다는 점을 고려하여 기초적이고 일상적인 영어 사용능력을 함양하는 것에 교육의 중점을 두도록 한다.

영어 교과의 교육목표는 다음과 같다. 영어에 대한 지속적인 흥미와 기초적인 영어 사용에 대한 자신감을 가진다. 세계화 시대를 살아가는 성인으로서 일상생활에 필요한 영어를 이해하고 사용할 수 있는 기초적인 의사소통 능력을 기른다. 영어 학습을 통하여 영어권 국가의 관습과 문화를 이해한다.

영어 교과교육 내용체계는 모임, 쇼핑, 식당, 여행으로 구분된다. 세부 내용으로 모임에는 인사하기, 사과하기, 칭찬하기이다. 쇼핑에는 제안하기, 길 묻기, 물건 사기이다. 식당은 전화하기, 주문하기, 사실 묘사하기이다. 여행은 사실 확인하기, 지시하기, 취미 묻기로 구성되어 있다.

교수 · 학습 방법으로는 생활 주변에서 쉽게 찾아 볼 수 있는 외래어나 관용적 표현을 활용하여 성인 학습자의 흥미와 동기를 유발하도록 한다. 성인 학습자의 특성을 고려하여 팝송, 잡지, 신문 등 다양하고 실용적인 자료를 활용함으로써 흥미 있는 영어 학습 경험을 제공한다. 성인 학습자의 인지적, 정의적 특성을 고려하여 다양한 멀티미디어 자료와 정보통신기술(ICT) 도구를 활용하여 수업하도록 한다. 말하기와 쓰기 지도의 경우, 정확성보다는 의미 전달에 중점을 두어 지도한다. 영어권 국가의 문화를 관련 음성언어 및 문자 언어 도입과 연계하여 소개함으로써 자연스럽게 타문화를 이해하도록 한다.

평가는 교육과정 및 교과서에 제시되어 있는 의사소통기능을 중심으로 형성평가를 실시하여 학습자들의 학습 정도를 진단한다. 교수 · 학습 활동과 평가를 연계하여 실시하되 결과보다는 과정 위주로 평가한다. 언어적 지식보다는 언어적 수행을 중심으로 평가한다. 평가 결과는 학습자의 학습 수준을 점검하고, 효과적인 교수학습을 계획하는 데 활용한다.

2. 학력미인정 교육과정

학력미인정 교육과정은 시 · 도 교육청으로부터 설치 또는 지정을 받지 못한 모든 문해교육으로 기초자치단체별로 운영되고 있다. 교육부는 기본계획 수립, 거점 및 프로그램 운영 기관 공모 · 선정을 하고, 지방자치단체는 사업시행주체, 문해기관 관리를 하고 있다. 교과과정 동 자유롭게 운영되며 수업시간은 최소 80시간 이상 편성하고, 자체 개발 교과서 및 성인문해교과서를 활용한다. 교원자격기준이나 배치기준의 적용을 받지 않으며, 자원봉사자를 중심으로 운영된다. 특별한 시설기준도 없으며 야학, 복지관, 학교 등에서 실시한다.

〈표 8-4〉에서 보는 바와 같이 학력미인정기관은 교육과정이 자유롭고 교원의 자격기준이나 배치기준 및 시설기준도 없다.

〈표 8-4〉 학력인정 및 학력미인정 교육기관

구분	학력미인정 문해교육기관	학력인정 문해교육기관
주관	· 기초자치단체 중심	· 시도교육청 중심
사업기간	· 2006년~현재	· 2011년~현재 ※ 법적근거 마련 : 2008. 2.
추진체제	· (교육부) 기본계획 수립, 거점 및 프로그램 운영 기관 공모 · 선정 · (지자체) 사업시행주체, 문해 기관 관리 · (문해교육기관) 프로그램 운영	· (교육부) 문해교육교원 양성, 교육과정 및 교과서 개발 · (시도교육청) 문해기관 설치 · 지정 · (문해교육기관) 프로그램 운영

대상기관		· 초 · 중학교, 지자체 · 평생교육기관 · 비영리 시설 · 법인 및 단체 등	· 동일
재원		· 국고('06~'16) 총 229억원 투입 ※ '16년 2,436백만원 · 지자체 매칭 50% 이상	· 시도교육청 자체 예산 편성 · 지원 ※ '16년 총 3,458백만원
지원기관 ('16.현재)		· 384개 기관 ※학력인정문해교육기관과 중복기관 70여개	· 235개 기관
수혜자 수		· 261,703명('06~'16년 누계)	· 6,329명(초등 5,926명, 중학 403명) ('11~'16년 누계)
교육과정 (교과서)		· 자유롭게 운영 – 수업시간은 최소 80시간 이상 편성 – 자체 개발 교과서 및 성인문해 교과서 활용	· 초등 · 중학 문해교육과정 고시로 운영 (초등 3단계, 중학 3단계) – 초등은 1단계 160, 2~3단계 240시간 – 중학은 정규 중학과정의 40% 수준 · 초등 성인문해교과서 12권 및 중학 영어, 수학, 사회, 과학 교과서 각 3권 개발('06~'12)
교원	자격기준	· 자격 기준 없음 (자원봉사자 중심 운영)	평생교육법 시행령 제70조에 의한 문해교원 – (초등) 대학 졸업자(단, 고졸 학력자가 문해교육 교원연수를 받고 문해교육심의위원회 인정 받을 경우 가능) – (중학) 교사자격증을 가진 자 (단, 대졸 학력자가 문해교육 교원연수를 받고 문해교육심의위원회 인정 받을 경우 가능) ※문해교육 교원연수과정 이수 필수
	배치기준	· 배치 기준 없음	· (초등) 학급당 1명 · (중학) 3학급까지는 학급당 1명 초과시 1학급 증가시 1.5명 추가
시설기준		· 시설 기준 없음 (야학, 복지관, 학교 등)	· 수업실 1실 및 교원연구실 1실 이상 (단, 시 · 도 여건에 따라 시설기준을 교육규칙으로 정할 수 있음)

출처: 교육부(2019), 2017년 성인문해교육 활성화 지원 기본계획.

【연구 과제】

1. 학력인정 문해교육기관과 학력미인정 문해교육기관의 차이를 설명하시오.
2. 검정고시 중심의 일관된 학력인정 시스템의 문제점과 개선 방안을 논하시오.
3. 문해교육에 있어서 보완적 학력인정제도의 필요성에 대해 설명하시오.

【참고 문헌】

교육부. www.moe.go.kr

국가문해교육센터. www.le.or.kr

국가교육교육진흥원. www.nile.or.kr

허준(2008).「학습사회론에 비추어 본 문해교육 법제화의 의미」. 평생교육학
　　　　연구, 14(4), p57-81.

국가평생교육진흥원(2018). 2017「평생교육백서」.

한국문해교육협회(2005).「한국의 문해교육」, 문음사.

정찬남, 김성자, 김종천, 노병윤(2017).「문해교육론」, 양서원.

2011 경제발전경험모듈화사업.「한국 성인 문해교육의 발전과정과 성과」,
　　　　교육과학기술부, 한국교육개발원.

한상길(2017).「문해의 개념과 문해교육 실천 방향」.

교육부(2018). 2018년 성인문해교육 활성화 지원 기본계획.

한국교육과정평가원(2017).「보완적 학력인정제도의 쟁점과 개선방안」, 연
　　　　구자료 9(3).

양명희(2013).「문해교육의 개념과 내용분석연구」, 인문학연구 67호, p319-348.

이지혜(2011).「문해교육에서 '문해됨'의 의미」, 평생교육학회연구, 17(3). p1-2.

문해교육의 기관

【개요】

2006년부터 시작된 성인 문해교육 지원사업은 전국 문해교육 프로그램을 운영하는 개별 기관을 지자체 단위로 사업단을 구성하여 공모와 심사 절차를 거쳐 프로그램·기관 운영비를 지원하고 있다. 2009년부터 지역 문해교육 인식 확산에 보다 기여할 수 있는 '지역거점기관'을 지정하여 더 많은 역할을 부여하고 있다. 사업 추진에 정부가 직접 프로그램을 운영하지 않고 공모하는 것은 문해교육 전문성을 가진 다양한 교육기관들이 참여하기 위함이다.

성인 문해교육 지원사업이 해를 거듭하면서 국가 지원예산의 규모도 늘면서 참여하는 지자체, 문해교육 기관, 학습자들의 수도 증가하였다. 그러나 2011년부터 국고지원예산이 감소하여 새로운 사업 방향 모색이 필요해졌다. 이는 최대한 많은 문해교육 프로그램을 지원하는 것으로부터 벗어나 보다 질적으로 개선하여 양질의 교육을 학습자에게 제공하는 필요성이 제기되었기 때문이다.

본 장에서는 문해교육을 운영하는 전문기관, 특히 야학과 프로그램기관에 대해 살펴본다.

【학습목표】

1. 현재 야학 현실과 교사들이 생각하는 야학수업의 목적을 알 수 있다.
2. 문해교육 전문기관의 역할과 기능에 대해 알 수 있다.
3. 문해교육 프로그램기관 역할과 기능에 대해 알 수 있다.
4. 문해교육기관의 운영과 문제점을 살펴볼 수 있다.

1. 전문 기관

성인 문해교육 지원 사업에 참여하는 문해교육기관은 사실상 문해교육 프로그램을 운영하는 기관으로 여러 유형의 교육기관이 참여하고 있다. 해마다 기관 유형의 비율은 약간씩 상이하지만 문해교육만을 주로 운영하는 야학이나 문해교육 전담 기관, 복지관, 지자체 직영 기관, 학교, 기타 평생교육기관 등이 참여하고 있다.

우리나라에서 문해교육 프로그램을 제공하는 기관은 어디이며 그 수는 어느 정도인가? 문해교육 특성상 문해교육기관을 정확히 파악하는 것은 현실적으로 불가능하다. 소위 다산다사형으로 어디에 등록하는 것도 아니고 필요에 의해 생겼다가 없어지는 경우가 많기 때문이다.

한국정보문화진흥원(2004)이 시도한 '전국 문해교육기관 실태조사연구'에 의하면 전국에 1,000여개의 문해교육기관이 있는 것으로 파악하였다. 그 당시는 대부분의 문해교육기관이 민간기관이었으며, 일부 사회복지관이 프로그램 운영을 하던 실정이었다. 이후 문해교육기관에 대한 조사는 이루어지지 않고 있으나 당시에 비해 문해교육을 실시하는 기관은 많이 증가했을 것으로 추정한다.

문해교육기관은 기준에 따라 몇 가지 유형으로 분류할 수 있다. 첫째 문해교육프로그램 운영 비율에 따라 구분할 수 있다. 기관에서 운영하는 대부분의 프로그램이 문해교육과정으로 이루어진 '문해교육전문기관'으로 야학 등이 여기에 속한다.

또 다른 유형은 '문해교육프로그램기관'이다. 다양한 프로그램들을 운영하면서 그 중의 한 프로그램으로 문해교육과정을 운영하는 기관을 의미한다. 지자체의 평생교육센터, 사회복지관 등이 여기에 속한다.

둘째는 누가 운영하느냐에 따라서 공공기관과 민간기관으로 구분하는 것이다. 또한 지방정부가 운영하는 평생학습관 혹은 센터에 문해교육프로그램들의 개설이 확대되고 있으며, 문해교육학력인정프로그램의 상당수는 초

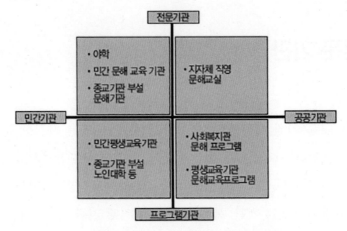

〔그림 9-1〕 성인문해교육기관의 유형

출처: 전은경(2014), 「현시대의 문해교육 – 성인문해교육의 현황과 과제」.

등학교에서 직접 운영하고 있다(그림 9-1 참고).

현재 주류를 이루는 문해교육기관의 유형은 변화하고 있다. 불과 2000년 전까지만 하더라도 민간문해교육기관이 중심이 되었다면, 2000년대 이후 성인문해교육이 법세화 최근 국가 및 지방정부의 문해교육지원과 직접 참여로 공공기관의 참여가 확대되고 있다. 또 문해교육프로그램의 비율을 기준으로 보면 기관에서 운영하는 프로그램의 대부분이 문해교육인 문해교육전문기관 중심에서, 문해교육 프로그램을 여러 평생교육 프로그램의 한가지로 운영하는 문해교육프로그램 기관이 증가하고 있는 추세이다(그림 9-2 참고).

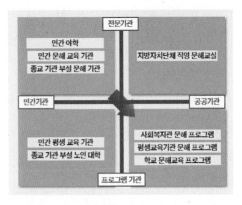

〔그림 9-2〕 문해교육기관 유형의 변화

출처: 고대신문(2018. 2), 생활문해교육으로 역할 확대되는 문해교육기관.

〈표 9-1〉과 같이 2018년 현재 광역자치단체의 성인문해교육기관은 17개로, 시도평생교육진흥원에서 운영하고 있다(출처: 국가평생교육진흥원).

〈표 9-1〉 광역자치단체의 성인문해교육기관 현황

연번	기관	홈페이지
1	서울시평생교육진흥원	http://smile.seoul.kr
2	부산인재평생교육진흥원	http://www.bitle.kr
3	대구평생교육진흥원	http://www.dle.or.kr
4	인천평생교육진흥원	http://www.damoa.incheon.kr
5	광주광역시평생교육진흥원	http://www.gie.kr
6	대전광역시평생교육진흥원	http://www.dile.or.kr
7	울산광역시평생교육진흥원	http://www.uill.or.kr
8	세종특별자치시 인재육성평생교육진흥원	http://damoa.sejong.go.kr
9	경기도평생교육진흥원	https://www.gill.or.kr
10	강원도평생교육진흥원	http://www.e-room.or.kr
11	충청북도평생교육진흥원	http://www.cblll.or.kr
12	충청남도평생교육진흥원	http://www.cile.or.kr
13	전라북도평생교육진흥원	http://jbdamoa.jeonbuk.go.kr
14	전라남도평생교육진흥원	http://www.jnile.or.kr
15	경상북도평생교육진흥원	http://www.gile.or.kr
16	경상남도평생교육진흥원	http://www.gndamoa.or.kr
17	제주특별자치도 평생교육진흥원	http://jiles.or.kr

출처: 국가문해교육센터(http://le.or.kr) 자료 재구성.

국가평생교육진흥원 · 기초지자체는 문해교육기관이 당초의 계획대로 운영을 충실하게 하고 있는지를 확인 · 점검하기 위해 '중간운영점검 보고서'를 바탕으로 중간운영점검을 실시해야 한다. 중간운영점검 항목은 내용점검으로 계획된 프로그램의 내용이 성인 문해교육 지원사업의 취지 및 목적과 일치하는지 확인을 하고, 운영점검으로 프로그램을 계획대로 운영하고 있는지 확인한다. 그리고 예산점검에는 계획된 예산 항목으로 운영비를 적합하게 집행하고 있는지 확인한다.

국가평생교육진흥원은 문해교육 프로그램의 질 관리를 위해 중간운영점검을 실시하며, 이를 바탕으로 문해교육기관의 우수사례를 발굴하고 미흡한 기관에 대해서는 추후 조치를 실시한다.

중간운영점검 결과 운영이 미흡하거나 본 사업운영 목적에 부적합하다고 판단되는 기관에 대해 보조금 관리에 관한 법률과 기타 관계법령 등에 의거하여 사업 선정 취소, 사업비 반환 조치를 취하도록 요청할 수 있다. 실사ㆍ점검을 통하여 예산과 프로그램(주당 최소 운영횟수 및 운영시간 등)이 변경 승인 없이 운영되는 경우 관련 사유서를 확인하여 추후 선정에 불이익이 있을 수 있다.

【교부금 관련 참고 법령】

제30조(법령 위반 등에 따른 교부 결정의 취소) 중앙관서의 장은 보조사업자가 다음 각 호의 어느 하나에 해당하는 경우에는 보조금 교부 결정의 전부 또는 일부를 취소할 수 있다.

1. 간접보조금을 지급 목적과 다른 용도에 사용한 경우

2. 법령을 위반한 경우

3. 거짓이나 그 밖의 부정한 방법으로 보조금을 교부받은 경우

문해교육기관에서는 프로그램이 종료되기 이전에 성인문해교육 지원사업에 참여한 학습자 중 10명 내외를 대상으로 '만족도 조사 설문지'로 조사하여 설문지 원본은 국가평생교육진흥원 국가문해교육센터로 우편발송하고, '만족도 조사 결과표'는 국가평생교육진흥원 국가문해교육센터 이메일로 발송한다.

1) 야학

(1) 개념

야학은 야간에 수업을 하는 비정규의 학교 또는 강습회로, 대한제국부터 1980년대까지 문맹퇴치를 주도한 비제도권 교육기관으로, 강연회, 토론회, 연극회, 학예회 등을 통하여 새로운 변화에 부응하는 민중문화를 창출하는 공간이었다.

야학에 대한 정의를 단순히 '야간'이라는 시간적 구분에 따르는 것은 무의미하다. 야학을 일반 대중이 '배우는 곳'이라는 공간적이고, 눈에 보이는 것으로만 규정한 개념이다. 그래서 야학을 '야간에 진행하는 대중교육'이라는 시간에 따른 단편적인 정의보다는 '일반 대중이 주·야간 시간의 구분 없이 필요한 교육을 받는 곳'이라는 정의가 합당하다.

야학의 주요 특징은 첫째, 대안적 대중교육기관이다. 지금이야 의무교육이나 고등학교와 대학교에 대한 높은 진학률, 등록금을 받쳐줄 수 있는 경제력 등으로 많은 사람들이 제도교육을 받고 있지만, 민주화 이전만 하더라도 많은 사람들이(특히 노동자, 농민) 제도교육으로부터 비켜서 있었다. 이들은 고학은커녕 제대로 된 교육조차 받기 힘들었다. 이들의 교육을 위해 야학은 교육기관으로서의 역할을 톡톡히 해주었다.

둘째, 비제도권 민중교육기관이었다. 야학은 제도교육과는 분명 달랐다. 정식으로 인가를 받지 않은 교육기관들이 민중을 교육하였다. 야학은 공교육과도 달랐고, 사교육과도 차이가 있는 존재였다. 야학은 자유롭게 교육을 진행했고, 제도교육에 소외된 자라면 누구든지 받아들여 교육시켰다. 그리하여 노동자와 농민들의 고학이나 검정고시 합격을 통해 민중의 지식수준을 끌어올리는 데 기여했다.

(2) 수업

야학에 새로 찾아오는 사람들(그들이 교사이건, 학생이건간에)에게 무엇보다도 중요한 것은 수업이다. 처음 오는 이들에게 수업이 존재하지 않는 야학이란 상상할 수도 없을 것이다. 하지만 야학을 실제로 해 나가면서 가장 관성화되면서 주의를 잃게 되는 것 역시 수업이다. 수업과 관련하여 이야기하는 부분은 크게 두 가지이다.

첫째, 수업상에 교사와 학생 사이의 삶 조건 차이와 관련된 부분이다. 흔히 교사들은 학생들보다 우월한 위치에 있고, 문화적으로 야학 속에서 '학생들의 대학생화'를 이끌어낸다고 말한다. 따라서 야학에서 교사들만의 학교 이야기 등은 자제되고 주된 화제는 야학 공동의 것, 혹은 학생들의 생활환경과 관련된 이야기로 한정되어야 한다. 극단적으로는 교사들이 MT, CC 등의 단어를 사용해서는 안 된다는 이야기까지 나온다.

수업은 분명히 교사와 학생이 함께 어울리는 공간이다. 그 속에서 보통 대학생 교사는 한 사람이고 나머지는 모두 노동자이다. 따라서 수업의 효율적인 운영을 위해 수업의 배경 환경이 노동자들의 직업환경과 생활환경이 뒤따라야 더 나은 것은 사실이다. 하지만 인간관계에서까지 극단적으로 자신을 은폐시키고 상대방을 만날 필요가 있을까? 대화는 서로가 솔직할 때 진실되게 이루어지는 것이 아닐까? 분명한 것은 야학은 교사가 학생들을 일방적으로 가르치는 곳이 아니라는 점이다.

둘째, 수업 방법에서 대화식, 혹은 토론식 방법이 중요하다는 이야기이다. 이 부분은 강의식 수업을 맹목적으로 비판하면서 강조되는 경향이 있다. 사실 이러한 구분은 무의미하다. 야학 속에서 성과가 좋은 수업과 그렇지 못한 수업 사이에 가시적인 차이가 존재한다면 그것은 앞의 수업은 분위기가 좋고 뒤의 수업은 그렇지 못하다는 정도일 것이다.

분위기 좋은 수업에서는 곧 학습자의 적극적인 참여가 이루어지고, 학습효과도 훨씬 향상된다. 분위기 좋은 수업을 만들어 나가기 위해서는 학생들과 친숙한 관계를 통해 활발하게 참여하는 수업을 진행하는 것이 한 방법이 될 수도 있고, 재미있게 수업을 진행하는 것이 한 방법이 될 수도 있고, 머리에 쏙쏙 들어오는 명강의를 하는 것이 한 방법이 될 수도 있다. 이러한 점은 일면으로는 각 교사 개인이 창의적으로 개발하여야 할 부분이고, 또 다른 일면으로는 교과모임 등을 통해 충실한 교안을 작성하고 수업함으로서 해결될 수 있는 부분이기도 하다.

따라서 야학에서 수업 방법에 대한 고민을 한다면 그것은 단순히 강의식이냐 아니면 토론식, 대화식이냐의 문제는 아닐 것이다. 오히려 학습자의 적극적인 참여를 이끌어내면서 학습 효과를 극대화할 수 있는 방법에 대한 연구 개발을 고민할 필요가 있다. 교재연구 교구개발이 보다 적극적으로 이루어 질 필요가 있고, 슬라이드 OHP 프리젠테이션 등의 도입을 시도해 볼 수도 있을 것이다. 물론 가장 기본적인 수업준비노트 및 평가서의 작성을 제대로 하는 것도 예외가 아니다.

(3) 교사

대체적으로 문해교육의 교사활동은 제도교육보다는 국가의 법령에 얽매이지 않으며 수업과정도 각 기관의 상황에 따라 비교적 자율적으로 진행된다. 이들의 역할은 비문해학습자와 가장 가까운 곳에서 기꺼이 그들의 학습여행 가이드를 자처하며 문해교육의 의미와 성인교육자의 실천을 동시에 이해할 수 있다.

문해교사의 활동은 정부의 지원 이전부터 활동한 민간 문해기관인 야학이나 지역협회, 여성교실 등 현장을 기반으로 시작되었다. 이들은 봉사적인 뜻을 위해 현장에 진입하였고 주로 실천적인 활동을 강조하였다는 점에서 제도권 교사들과 차이점을 보인다.

사명과 같은 가치를 중심으로 하는 자원 활동은 제도에 속한 교사에 비해 비체계적이며 비전문적으로 인식되기도 한다. 그러나 최근의 문해교육은 학력을 인정하는 정책과 제도의 규준 안에서 전문성이 요구되고 있으며 체계적인 교육을 통해 양성되는 교사들의 숫자가 점차 늘고 있다. 이와 같이 문해교육이 성공적으로 진행되기 위해서는 문해교사의 역할이 가장 중요한 요인으로 작용하고 있다.

(4) 교재

야학에는 국어, 영어, 수학, 사회, 과학, 국사, 도덕, 한문, C · A, 가정과학 등 여러 교과가 개설되어 있다. 이러한 교과들이 선정된 유래는 이전의 검시야학 시절로 거슬러 올라간다. 검정고시의 주요과목인 국어, 영어, 수학, 과학, 역사, 사회 등은 예전부터 주요하게 다루어 질 수밖에 없었다. 반면에 한문, 문화, 법 등은 생활야학적인 모습을 갖추기 위하여 교양 과목으로서 등장한 것들이다(그림 9-3 참고).

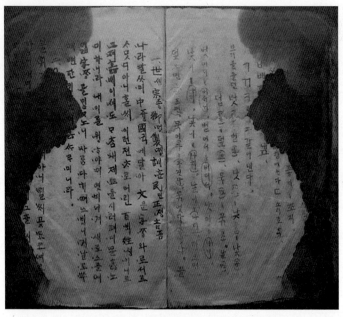

〔그림 9-3〕 매헌 윤봉길 의사(1908~1932)가 농민과 청소년에게 한글을 가르치는
데 사용한 「농민독본」. 충남 예산 충의사

　야학 교육과정은 중·고등학교 과정이 있으며, 중등과정 2년, 고등과정 2
년으로 구성하고 있다. 매 학년 1학기는 9월 1일부터 시작하여 2월 28일까
지 계속된다. 2학기는 3월 1일부터 8월 1일 전후로 한다(2회 검정고시가 끝날
때까지). 신입 학생 입학, 신입 교사 모집은 학기 중 수시로 실시한다.

　현재 문해교육은 민간기관과 공공기관에서 맡아 진행하고 있다. 민간기
관은 1980년대 이전 근로 청소년을 대상으로 한 야학의 형태에서 시작해 현
재까지 명맥을 이어온 경우가 많다. 반면 현재 운영되는 형태의 공공부문
문해 사업은 역사가 짧다. 2010년 전후로 정부의 지원책이 발표되고 지방자
치단체의 관심이 높아지며 활성화되기 시작했다. 지방자치단체의 평생교육
기관이나 초등학교 내에서 문해교육 프로그램을 운영하는 경우를 들 수 있
다. 기존에는 야학으로 대표되는 민간의 전문기관이 다수였다면 최근에는
공공기관이 운영하는 프로그램 기관이 많아지는 추세이다.

(5) 장애인 야학

　장애인 야학의 대부분은 운영비 등 예산 지원의 부족, 교육공간의 부족
또는 낙후된 교육환경의 문제, 학생들의 통학 문제, 교육기자재 부족, 교사
수급의 어려움, 보조인력 확보의 어려움 등으로 인해 운영난을 겪고 있는
것이 현실이지만, 그럼에도 불구하고 현재 우리나라 장애인 야학은 교육 수
혜의 혜택으로부터 철저하게 외면당해 왔던 장애성인들에게 다양한 평생교
육의 기회를 제공하고 있으며, 명실공히 대표적인 장애인 평생교육 시설로
서 자리매김하고 있다.

　장애인 야학이 향후 중장기적 계획과 제도적 기반 위에서 안정적으로 장
애인 평생교육 프로그램을 제공하기 위해서는 정부와 지방자치단체의 보다
적극적인지원 방안이 수반되어야 함은 주지의 사실이다. 하지만 장애인 야
학이 향후 장애인 평생교육을 더욱더 활성화하고 양질의 프로그램을 제공
하기 위해서는 다음과 같은 과제를 우선적으로 해결하기 위해 노력해야 할

것이다.

첫째, 장애인의 다양한 특성과 욕구를 고려한 양질의 프로그램을 개발하고 실행하며 평가하는 과정이 필요하다. 우수한 프로그램은 장애성인의 평생교육 참여유도에 있어서 핵심요인이기 때문이다. 이를 위해서는 야학 학생들의 교육적 욕구를 파악하고 이에 상응하는 평생교육 프로그램을 연구하고 개발해야 할 것이다. 특히 직업능력향상교육 프로그램의 개발 및 보급을 위해 좀 더 노력을 기울여야 한다.

둘째, 장애성인의 경우 장애 특성과 수준이 다양하여 동일한 기준으로 만든 교재의 경우 적용하기 어려울 때가 많다. 따라서 다양한 장애유형별 특성과 수준을 고려한 교재 및 교구를 개발하고 이를 활용할 수 있는 다양한 교수모델을 개발·보급해야 한다.

셋째, 장애성인 교육은 전문적인 프로그램의 개발과 그것을 수행하는데 필요한 고도의 전문적인 역량을 구비한 전문가의 지원과 그들의 지속적인 전문성 함양에 의해 결정된다. 따라서 장애인야학 교사들의 전문성을 함양하기 위해 다양한 연수 기회를 확대하고 연구수업 등 수업의 질을 확보하기 위한 노력을 계속적으로 실천해야 한다.

넷째, 사전준비 지도 단계, 관찰실습 단계, 현장실습 단계, 사후 지도 단계 등 체계적인 신임교사 교육 프로그램을 개발하고 실천해야 한다.

대부분의 장애인 야학은 교사를 채용함에 있어 학력 등 특별한 자격을 요구하기보다는 투철한 사명 의식과 책임감이 있는 사람이면 누구나 할 수 있다고 규정하고 있다. 야학마다 소정의 신임교사 연수 기간을 거쳐 장애인 야학 교사로 임명하게 되면 바로 수업에 투입된다.

장애인 야학 교사는 상근교사와 비상근교사로 구분된다. 상근교사는 야학에 상근하면서 많은 수업과 행정 일을 맡아 처리하게 되고, 비상근교사는 일주일에 한두 번 정도 나와 수업 또는 수업보조를 맡아 일하는 교사를 말한다.

2. 프로그램 기관

성인문해교육 프로그램 운영 지원은 저학력·비문해 성인에게 교육기회를 제공하기 위해 기초 지자체 및 소속기관, 학교, 평생교육시설, 비영리 민간단체 등 프로그램 운영비(교·강사비, 체험활동비 등)를 지원하는 사업이다. 2006년부터 저학력·비문해 성인 대상 성인문해교육 프로그램 운영을 지원하였으며 2017년까지 약 30만명에게 교육기회를 제공하였다.

2018년 말 기준 사업별 프로그램운영기관은 〈표 9-2〉와 같이 총 450개로 사업신청기관이 352개소로 가장 많다.

〈표 9-2〉 사업별 프로그램운영기관 현황

	합계	1문해	사업	사업 1문해	사업 중학	사업 초등	사업 초등 중학	초등
총합계	450	1	352	1	2	65	14	15
강원도	18		17			1		
경기도	59		31		1	22	5	
경상남도	20		20					
경상북도	12	1	10			1		
광주광역시	18		16			1	1	
대구광역시	32		31					1
대전광역시	15		15					
부산광역시	67		62	1		4		
서울특별시	73		53		1	12	7	
울산광역시	4		2			2		
인천광역시	20		19					1
전라남도	29		25			3	1	
전라북도	24		19			5		
제주특별	5		4			1		
충청남도	36		13			10		13
충청북도	18		15			3		

사업: 사업신청기관, 초등:초등학력인정기관, 중등:중등학력인정기관, 1문해: 1면1문해연구학교
출처: 국가문해교육센터(http://le.or.kr) 재구성(2019. 1).

〈표 9-3〉 기관별 프로그램운영기관 현황

시도	총합계	1.지자체직영	2.교육청등유관기관	2.지자체직영	3.국공립학교	4.기타(국공립)	5.민간단체	6.문해교육전담기관	7.야학	8.복지관	9.(사립)학교및학교형태평생교육시설	10.종교단체	11.기타(사립개인)
계	450	86	24	1	6	5	31	42	48	175	22	6	4
강원	18	8	2					3		4	1		
경기	59	10	1			1	6	8	6	24	1	1	1
경남	20	9					1		1	7	2		
경북	12	3			1		1	1	3	2	1		
광주	18	2						2	3	10			1
대구	32	2	1				1	4	2	21	1		
대전	15	1					7		3	3	1		
부산	67	8				1	2	8	5	40	1	2	
서울	73	8	4			1	4	8	7	32	5	2	2
울산	4						2		2				
인천	20	3	3		3	1	1	1	1	6	1		
전남	29	9	3	1			1	1	2	7	4	1	
전북	24	5			1		2	2	9	5			
제주	5									2	3		
충남	36	12	10		1	1	1	2		8			
충북	18	6					2	2	3	4	1		

출처: 국가문해교육센터(http://le,or,kr) 재구성(2018. 1).
※ 장애성인 대상 기관은 기관당 최소 10명 이상
※ 농산어촌 등 교육소외지역은 프로그램당 최소 5명 이상, 기관당 최소 10명 이상

〈표 9-4〉 프로그램 수준별 운영시간

프로그램 수준	최소 운영횟수	최소 운영시간	비 고
초등 1단계	주 2회	주 4시간	초등 1 · 2학년 수준
초등 2단계	주 3회	주 6시간	초등 3 · 4학년 수준
초등 3단계	주 3회	주 6시간	초등 5 · 6학년 수준
중학 1~3단계	주 3회	주 10시간	중학 1~3학년 수준

출처: 국가문해교육센터(http://le.or.kr).

또한 기관별 프로그램운영기관을 보면 〈표 9-3〉과 같이 지자체직영, 복지관, 야학 등 다양하게 운영하고 있다. 프로그램은 상시 출석학습자가 프로그램당 10명 이상, 기관당 30명 이상을 필수로 하며, 전담 교 · 강사의 지도 하에 단계별로 최소 운영 횟수와 운영시간을 준수하여 최소 연간 80시간 이상 운영하여야 한다(표 9-4 참고).

프로그램 개설 후 1개월 이내에 개설 프로그램에 대한 '프로그램 개설 현황'을 해당 기초지자체에 보고하여야 한다. 문해교육기관은 '프로그램 개설보고서'를 작성하여 해당 기초지자체에 보고하고, 기초지자체는 문해교육기관의 '프로그램 개설보고서'를 문해교육기관별로 수합 · 정리하여 국가평생교육진흥원에 보고한다.

문해교육 프로그램 개설시 학습자의 개인정보 수집에 있어서, 「개인정보보호법」 제15조에 의거하여 '개인정보 수집 및 이용 동의'를 받아야 한다. 보고된 프로그램 개설 현황에 대한 수시 현장 실사가 계획되어 있는바, 허위 작성이나 기타 부정한 방법에 의한 교부 요청 사항임이 판명될 경우, 「보조금 관리에 관한 법률」 제40조 내지 제43조에 의거 벌칙 적용 또는 경고 조치 후 국고 보조금 회수 등의 조치가 있을 수 있으므로 정확히 기재하여야 한다.

프로그램이 공고 요건과 상이하게 운영되거나 프로그램 내용 변경이 있을 경우 '프로그램 변경 승인 요청서'를 작성하여 프로그램 변경에 대한 승인을 받아야 한다. 기초지자체와 문해교육기관은 사업 기간 중 사업성과 혹은 학습자 사례와 관련하여 언론매체 보도 등의 홍보사례가 있을 경우, '사업성과 홍보사례 보고서'를 작성하여 국가평생교육진흥원에 제출한다(그림 9-4 참고).

〔그림 9-4〕 프로그램 내용 변경: 주당 운영횟수 및 운영시간, 프로그램 수준

승인 요청서 발송	기초지자체 내용 검토 후 승인요청서 발송	승인여부 결과 통보
문해교육기관 → 기초지자체	기초지자체 → 국가평생교육진흥원	국가평생교육진흥원 → 기초지자체 → 문해교육기관

출처: 교육부(2019), 2019 성인문해교육 활성화 지원 기본계획.

3. 문해교육 기관의 현안

문해 교육의 개념은 초기에 읽고 쓰고 셈하는 '기초 문해'에서, 기초 직업 능력과 계산 능력과 같은 생산성 향상에 필요한 '기능 문해'를 거쳐 사회 한 구성원으로 존재하는 데 요구되는 '비판 문해'에 이르기까지 개념의 확대를 이루어왔다. 이렇게 점차 확대되었던 문해교육의 개념은 [그림 9-5]와 같이 다양한 역사적 사회적 상황에 따라 다음의 스펙트럼과 같이 다양화되었다.

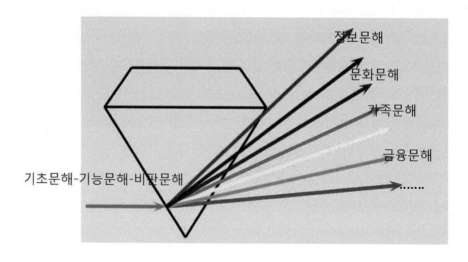

〔그림 9-5〕 문해교육 개념의 진화

출처: 문해창작을 위한 성인 문해교육정책(박인종, 2009)

스펙트럼처럼 문해개념은 시대의 변화에 따라 새로운 문해대상과 내용을 가지고 등장한다. 먼저, 정보화 시대 도입에 따라 정보의 소재를 파악하고 정보를 평가할 수 있는 정보 문해(Information Literacy) 능력은 시대의 요구되는 필수능력으로 간주된다. 이전까지 문해 개념이 문자와 관련한 1차적인 해석이었다면, 정보 문해의 등장은 정보를 적절히 활용하고, 문제를 해결해 나아가는 다차원적 측면에 이르는 의미 확장으로 볼 수 있다.

(1) 교사 체제

각 기관마다 글을 배우고자 하는 학생은 있으나 문해교육만을 위해 애쓰는 진정한 선생님의 모습을 찾아보기는 힘들다. 재정여건의 어려움으로 교사들의 수급에 있어 정규교사자격증을 가진 강사를 고용하기가 어려운 실정이다. 복지관은 보수를 받고 일하는 일반강사이지만 자격증을 가진 정식교사가 아니었다. 자원봉사활동을 하시는 분들중 정식교사 자격증을 가진 분들도 있지만 대부분은 일반 자원봉사자이어서 문해교육의 질을 저하시키는 부분도 생각을 해봐야 한다.

(2) 교육 프로그램

문해교육기관의 교육프로그램은 대부분 성인학습자들을 위한 문해교육 프로그램을 자체 개발하여 사용하고 있다. 자체 개발하여 사용하는 이유는 문해교육에서 정해진 교육과정이 없기 때문이다. 교재는 물론 학기수와 수업일수, 수업시간 등 그 어떤 것도 정해진 것이 없다. .

(3) 교재

교재 역시 앞서 언급한 프로그램처럼 자체 개발하여 사용하고 있다. 정해진 교육과정이 없어 공통의 교재를 사용하지 못하고 있다. 기존의 교재들은 성인학습자들의 특성에 맞지 않는 일반 초등학교 교재인 경우가 많다. 문해교육기관의 교육과정에 대한 통일된 기준이 없이 자체 제작된 교재 혹은 초등학교 교재로 학습이 이루어지고 있어 교재의 재정비가 요구된다.

문해교육기관의 교과편성은 한글 읽고 쓰기에 치중하고 있다. 따라서 한글교재가 매우 중요하다. 대부분 자체 제작하여 사용하고 있고 초등학교 교재도 사용하고 있다.

성인문해교육은 학습자의 연령과 실생활에 적용할 수 있는 언어와 문자를 사용하여 그들의 이해력을 돕고 흥미를 유발하여 실생활에 적응할 수 있게 하여야 할 것이다. 이것은 성인문해교육을 담당하는 모든 기관들의 평생교육과제이다.

(4) 교수방법

성인 문해교육기관에서 이루어지고 있는 일반적인 교수방법은 대부분 반복학습을 통하여 교재내용을 익히는 것이 일반적인 학습방법이다.

교수·학습방법은 가르치는 내용과 연관되어 있기 때문에 학습내용과 연관지어 알맞은 교수형태를 계획하여야 한다. 성인 문해교육의 학습내용에서 가장 큰 비중을 차지하고 있는 것이 한글 익히기이므로 이를 효과적으로 교수하기 위한 교수형태가 일반적인 교수법이다.

즉 성인 비문해자들의 가장 큰 특징은 글자에 대한 경험이나 인지된 지식이 거의 전무하기 때문에 처음부터 한글 익히기를 위한 반복학습법이 강화되어 일반적인 교수법으로 자리하고 있다.

또한 학습자들 자신도 학교에서 공부하는 방법은 교사의 설명을 듣고 이에 대한 내용들을 쓰거나 외워서 처리하는 것으로 인식하고 있다. 그 외의 다른 교수방법에 대하여는 거부적인 반응을 보이기도 하고 많이 쓰고 많이 따라 읽어서 학습의 결과가 양적으로 축적되는 것을 만족스럽게 생각하고 있는 경향이 있다.

(5) 다문화 교육 대상자

문해교육은 외국이주민(결혼이주여성, 중간입국자녀, 외국인근로자 등)들의 한국어 기초능력 향상으로 한국 사회 연착륙 지원 및 내국인과의 갈등해소를 할 것으로 기대된다. 특히 결혼이주여성들에게는 한국인으로 잘 살아가게 하기 위해서는 사회진출이 필요하나 학력의 미비로 취업 등이 어려우므로 검정고시과정을 통해 국내 학력을 취득함으로써 사회진출 능력을 향상시키고 나아가 사회통합 발전에 적극적으로 참여하게 유도하여 국내생활의 안착을 유도할 수 있다.

① 결혼이민여성

우리나라에 결혼이민여성은 2017년 16만명 정도이다(통계청, 2019). 이들은 내국인 즉 선주민 비문해자가 주로 글자에 대해 비문해인 것과는 달리 말과 글, 일상정보, 문화 등 모두가 비문해여서 또 다른 접근을 필요로 한다. 특히 이들이 문제되는 이유는 비문해로 인해 가족생활, 지역사회생활, 자녀교육, 취업 등이 어렵기 때문이다. 특히 자녀교육에서 엄마의 역할이 중요한데 이를 충분히 수행하지 못해 자녀들의 학교생활 적응, 학업성취 등에서 불리한 형편이다. 이들을 위한 문해교육은 '한국어교육'으로 접근하고 있다. 그러나 이들을 위한 문해교육이 언어를 기반으로 다른 문해력도 함께 개발하여야 한다는 측면에서 문해교육적 접근을 필요로 하고 있다.

② 이주노동자

2016년 말 현재 체류외국인은 약 200만명을 넘었다. 그리고 2021년에 300만명을 돌파할 것으로 예상하고 있다. 이주 노동자들을 위한 한국어 교육은 이들이 이국땅에서 최소한의 인간다운 삶을 보장받으며 스스로 생활

할 수 있도록 도와주는 데 그 목표가 있다. 물론 더 나아가면 이주 노동자들이 능동적으로 사회 활동을 하여, 한국 사회에 자연스럽게 적응할 수 있도록 하는 것이다. 이렇게 되려면 이주 노동자들이 자신이 원하는 것을 막힘없이 표현할 수 있어야 하는데, 실제로 입국한 지 얼마 되지 않은 이주 노동자들 중에서 한국 생활에 불편함 없을 정도의 언어를 구사할 수 있는 이들은 그렇게 많지 않다.

따라서 이들은 언어 때문에 한국에서 매우 제한되고 고립된 생활을 하게 되므로 한국 문화와 한국 사회에 대한 적응력도 떨어지게 된다. 뿐만 아니라 건강에 이상이 있거나 일터에서 문제가 있어서 도움을 받아야 하는 상황임에도 불구하고 의사소통의 불편함 때문에 이와 같은 일상생활 문제를 해결하지 못해서 최소한의 인간다운 삶조차도 보장받을 수 없는 결과를 가져오게 되는 경우도 있다. 이러한 관점에서 볼 때 이주 노동자들에게 한국어는 한국에서 생활하기 위해 갖추어야 하는 여러 조건 중에서 가장 우선적으로 해결되어야 하는 조건임에 틀림없다.

③ 북한이탈주민

통일부에 따르면 2017년 말 북한이탈주민 수가 3만명을 넘었다. 북한이탈주민은 한국어를 모어로 하고 있기는 하지만 장기간 분단상태에서 이질적인 문화를 가지게 되어 남한의 언어와 문화에 이질감을 가지고 있다. 특히 이들은 영어를 거의 사용할 줄 모를 뿐 아니라 서구문화와 친숙한 우리의 문화에 적응하기까지 어려움을 겪는다. 이들에게는 한국 적응에 필요한 문화 문해교육이 필요하다. 특히 북한을 이탈한 후 제3국에서 학령기를 보낸 사람들을 위한 기초문해력 개발과 함께 초중등학력을 취득하도록 하는 문해교육이 필요하다. 또한 한국에서 취업을 하기 위해서는 일반적인 한국어와 한국문화에 익숙해지고, 직장에서 필요한 문화, 문해력 등이 추가적으로 개발되어야 한다.

(6) 새로운 문해의 확장 등

미국의 서브 프라임 모기지 사태로 촉발된 금융 위기는 세계의 경제를 흔들리게 하면서 국가는 물론 개개인의 재정 관리의 중요성을 보여주고 있다. 이에 새롭게 등장한 개념은 금융 문해(FinancialLiteracy)로 이는 금융과 관련한 내용을 이해할 수 있는 기초 능력을 의미한다.

이러한 금융 문해 결핍은 각 개인 또는 가족의 돈을 매일 관리하는 능력과 집을 산다든지 고등교육 기회를 확보한다든지, 정년퇴임 관련 재정관리와 같은 장기적 목표를 세우는 능력에 영향을 미친다. 비효율적인 재산 관리는 또한 소비자로 하여금 혹독한 재정적 위기에 취약해질 수 있는 행동을 초래한다(Braunstein & Welch, 2002 Lusardi &Mitchell, 2005).

2003년 OECD는 일반 금융 문해 원리 개발을 통해 금융교육과 문해 기준을 제시하는 프로젝트를 시작하였으며, 2008년에는 IGFE(International Gateway for Financial Education)를 설립하여 금융교육에 관한 프로그램, 정보 및 연구 등을 추진하고 있다.

이러한 문해 교육 개념의 확장은 성인 문해 능력이 단순히 문자를 읽고 이해하는 능력을 의미하는 것이 아니라 급변하는 사회, 경제, 문화적 상황 속에 일원으로의 역할을 할 수 있도록 하는 기본적인 토대가 됨을 보여주고 있다. 더불어 '문해' 개념은 늘 변화하는 사회적 맥락과 상황에 따라 요구되는 능력이 변화될 수 있는 가변적인 성격을 가지고 있음을 보여주고 있다 (표 9-5 참고).

〈표 9-5〉 부처별 문해교육 연계 가능 사업 현황(2017.12.기준)

부처명	정책 대상자	지원 내용
문체부	북한이탈주민, 외국인근로자, 다문화 가정 등	· 국립국어원에서 북한이탈주민, 다문화 학생을 위한 국어교육 콘텐츠 개발 · 다양한 수준 및 계층별 한국어 교육 실시 및 한글 관련 행사 개최

여가부	결혼이민자 및 중도입국청소년	· 건강가정 · 다문화가족지원센터(78개소 → 101개소) 확대를 통해 한국어 교육, 통 · 번역 등 다문화 통합적 가정 정착 지원 서비스 강화 · 중도입국청소년 등의 한국어능력 및 기초학력 향상, 학교생활 초기적응을 위해 교과 보조교재 개발 · 보급, 다문화 예비학교(138→160학급) 및 레인보우스쿨(17→23개소) 등 확대 운영
통일부	북한이탈주민	· 북한이탈주민정착지원사무소(하나원)에서 12주간 표준어 교육을 포함한 적응교육 실시 · 퇴소 후 지역에 전입하는 탈북민을 위해 전국 31개 지역적응센터(하나센터)에서 의사소통 및 표준어 사용 등 언어교육 실시
법무부	결혼이민자, 동포, 난민 등	· 이민자들의 국내 생활에 필요한 한국어 등 기본 소양을 체계적으로 습득할 수 있는 사회통합프로그램(거점 · 일반) 운영 ※ '18년 지정기관수 : 전국 총 296개 · 이민자들의 적응 · 자립 지원을 위해 조기적응프로그램 운영기관을 지정하여 한국어 교육 및 사회통합프로그램 제공 ※ '18~'19년 지정기관수 : 전국 3개 조기적응지원단, 131개 조기적응지원센터
경찰청	전국민	·「보행자 사망사고 절반 줄이기 대책」킹핀 과제에 따른 교통질서 확립 및 교통안전의식 제고를 위해 안전교육 실시 – 교통안전교육 표준 콘텐츠, 댄스 · 트로트 음원 등 제작
고용 노동부	전국민	· 직업능력 향상을 위한 디지털화 교육 실시 – 직업능력 기능(디지털 기기, 프로그램, 데이터 활용 능력)과 대응력(새로운 직업과 직무형태 등에 대응할 수 있는 개인역량) 향상 목적
과기 정통부	정보화 소외계층	· 장애인 · 고령층 등 정보소외계층의 정보격차 해소를 위한 중장기(5개년) 종합계획 마련 – 교육 강화, 정보접근성 제고 등 취약계층의 삶의 질 개선 및 사회양극화 해소 등

출처: 교육부(2019), 2019 성인문해교육 활성화 자원 기본계획.

【연구과제】

1. 야학운영에서 교사의 역할과 자세가 학습자에게 미치는 영향에 대해 논하시오.
2. 야학기관에서 운영자와 교사의 표준화된 자격요건과 경력기준 마련을 위한 방안을 설명하시오.
3. 문해교육 운영기관의 확대방안에 대해 논하시오.

【참고문헌】

전은경(2015).「현 시대의 문해교육 - 성인문해교육의 현황과 과제」, 교육비평, 36, p233-255.

평생교육진흥원. 1999-2017,「평생교육백서」.

국가평생교육진흥원(2015).「유럽 2020 발전 전략과 EU의 평생교육의제」, 국가평생교육진흥원.

교육부, 국가평생교육진흥원(2018).「2018년 성인문해교육 지원사업 운영지침서」.

이희수, 한유경, 박현정, 이세정, 이정희, 권재현 (2001).「한국 성인의 비문해 실태 및 OECD 국제비교조사연구」, 한국교육개발원, 수탁연구 CR 2001-47, 한국교육개발원

이희수, 이지혜, 안도희 외(2002).「한국 성인의 비문해 실태 조사 연구」, 한국교육개발원.

박인종(2009).「문해력 향상을 위한 성인 문해 교육 정책」, 국립국어원.

교육부(2019).「2019 성인문해교육 활성화 지원 기본계획」, 교육부.

김두영·박원희(2014).「장애인야학의 운영 현황 및 발전 방안」, 특수교육저널, 이론과 실천, 15(2).

조성표(1993).「야학의 올바른 자리 매김을 위해」, 숙대학보, 32.

文解

PART

04

문해교육의 실제

문해교사의 역량

【개요】

비문해자의 학습을 도와 그들이 건강한 사회활동을 할 수 있도록 지원하는 문해교사는 학령기 학생의 성장을 촉진하는 교사의 역할과 다른 부분이 있다. 우리나라의 문해교육은 이들의 삶을 개선하기 위한 계몽의 일환으로 야학을 중심으로 발전되어 왔다. 2015년 문해교육 활성화 정책에 따라 많은 변화가 있었으나 여전히 문해교육 현장상황은 문해교사의 열정과 봉사로 진행되는 부분이 많다.

따라서 문해교사에게 필요한 역량이 무엇인지 개념을 이해하기 위해서는 아직 미정립된 이들의 특성과 자질, 역할을 알아볼 필요가 있다. 이를 위해서 현재 공공 및 민간 영역에서 진행되고 있는 문해교사 역량 개발 프로그램의 내용과 종류 및 절차를 알아보고, 해외사례를 알아보았다. 문해교사 역량개발 프로그램의 개선점과 발전방안을 고민함으로써 현재 교사양성을 위한 기본과정을 중심으로 진행되는 현장의 문해교원 양성의 실태를 보수과정과 맞춤형 컨설팅 중심으로 하는 변화의 필요성을 강조하였다. 이것은 체계적인 문해교사 양성 프로그램 개발 및 실행에 도움이 되고, 다양한 현장의 요구사항을 수용하여 수업의 질적 성장을 도모할 수 있을 것이다.

【학습목표】

1. 문해교사의 특성, 자질, 역할을 통해 역량을 정의할 수 있다.
2. 문해교사 역량개발 프로그램을 이해하여 말할 수 있다.
3. 문해교사 역량개발 과제를 인식하고 해결안을 제시할 수 있다.

1. 문해교사의 역량 개념

문해교육현장에서 문해교사는 주로 그동안 비문해자의 삶을 도와주기 위한 야학선생님으로서 역할을 수행해 왔다. 2015년부터 비문해자의 삶을 지원하기 위한 성인문해교육 활성화 사업이 국가평생교육진흥원에서 진행되면서 문해교육이 확대되기 시작하였고, 이에 따라 문해교사의 역할과 자세에 대한 고민이 좀 더 깊어지고 있다.

현재까지는 문해교사의 특성·자질·역할을 중심으로 정의하고 있으나 문해학습자 또한 성인학습자의 특성을 이해하고 지식과 기술, 태도를 기반으로 양성되어야 하므로, 본서에서는 이를 기반으로 성인학습자를 위한 교수자의 특성을 고려해서 문해교사의 역량을 정리하였다.

1) 문해교사의 특성·자질·역할

요즘 같은 고학력 시대에 비문해자가 없을 것 같지만 2017년 '성인문해능력조사' 결과를 보면 18세 이상 성인 중 일상생활에 필요한 기본적인 읽기, 쓰기, 셈하기가 불가능한 수준의 비문해자는 311만 명으로 전체 인구의 약 7.2%가 해당된다(교육부, 국가평생교육진흥원, 2017).

이 시대 사회 환경을 볼 때 글을 모르고 사는 삶이란 상상하기 어렵고 그래서 그들은 학습을 희망한다. 그럼에도 불구하고 문해교육 과정에서 만나는 학습자들은 글을 모르는 삶에 대해서 "창피하니까 숨겼다"고 하면서 자신이 비문해자인 것을 또 문해교육을 받고 있는 것을 숨기고 싶어 한다. 실제 지방자치단체에서 문해 학습자를 대상으로 하는 학습축제나 성과공유의 장은 다른 평생교육 현장과 분리되어서 진행되는 경우가 많다. 배우는 과정을 숨기고 싶고 빨리 글을 깨우쳐서 당당하게 생활하고 싶은 그들의 심리적 요인을 고려했기 때문이다.

문해는 건강하고 즐겁게 이 시대를 살아갈 수 있는 기본적인 인권이라 할 수 있으므로 비문해자에게 있어 문해교육은 글을 읽고 쓰는 문자해득과정을 넘어 주체적인 지역사회의 구성원으로서 설 수 있는 기본적인 성장의 출발이다. 그래서 이들의 경험과 삶의 환경을 이해하고 공감하며 교육을 진행해야 하는 교사에게는 학령기 학습자를 지원하고 촉진하는 교사와는 다른 특별함이 있다. 성인학습자를 위한 교사의 자질·특성·역할을 중심으로 학자들의 이론을 탐색함으로써 문해교사에게 필요한 역량들을 반추해 볼 수 있다.

먼저 로저스(Rojers, 1969)는 성인학습에서 교수자의 역할로 촉진 스킬을 강조하였다. 일방적인 지식전달은 끊임없이 변화하는 환경을 반영하지 못하며, 그 속에서 경험을 학습으로 연결하는 학습자의 환경도 이해할 수 없다고 하였다. 촉진자 역할을 위한 핵심적인 요소는 촉진자와 학습자의 인간관계로서 이를 바르게 수행하기 위한 자질로 진실성, 신뢰와 존중, 공감적 이해와 경청을 이야기했다.

로드코프스키(Wlodowski, 1985)는 전문성, 공감, 열정, 명료성을 성인학습자를 위한 교수자의 자질과 특성이라고 하였다. 전문성(expertise)이라 함은 성인학습자의 경우 유익한 것이 무엇인지 알고 있으며, 그것에 대해 정통하기 때문에 교수과정을 통해 내용을 잘 전달할 수 있는 능력이 필요함을 뜻한다. 공감(empathy) 능력은 학습자의 욕구를 현실적으로 이해하여 경험수준에 따라 수업을 조정할 수 있고, 지속적으로 학습자의 입장을 고려할 줄 알아야 함을 의미한다. 그리고 학습자의 학습내용에 관심을 가지고 소중히 여길 수 있으며, 적정한 수준의 감정과 활력을 기반으로 하는 열정(enthusiasm)과 학습자의 이해력을 높일 수 있는 명료성(clarity)이 있어야 함을 강조하였다. 향후 그는 후속 연구를 통해서 문화적 반응성(cultural responsiveness)을 추가하였다. 이는 학습자에 대한 인간적인 존중 태도와 학습 장면에 내재되어 있는 다양성을 수용하여 모든 학습자에게 친화적 학습 환경 조성 능력이 매우 중요함을 언급한 것이다(Wlodowski, 2008).

성인의 자기주도 학습을 강조한 노울즈(Knowles, 1980)는 성인학습자의 특성을 안드라고지의 개념을 통해 설명하면서 "이를 이끄는 교수자의 활동이 일방적인 지식전달이 아니라 학습자의 학습동기를 자극하여 지속적으로 참여할 수 있어야 한다"고 했다. 이것은 결국 참여자의 자발성과 주도성에 중점을 두는 관점으로 문해교육의 교사자질과 유사한 맥락으로 이해될 수 있다. 이처럼 교수자의 자질과 특징은 규정된 학업의 결과로 얻게 되는 '교사자격증'의 유무와는 다른 개념이다.

콜브(Kolbe, 1984)는 경험학습이 성공하기 위한 교사의 자질을 세 가지로 구분하였는데 세부 내용은 아래와 같다.

첫째, 학습자의 경험구성, 문제제기, 범주결정 및 신체적·정신적 안정을 보장하는 학습과정을 지원할 수 있어야 한다. 둘째, 학습자의 자발적인 학습기회를 인식시키고 격려할 수 있어야 한다. 셋째, 학습자들에 대한 편견과 판단을 감지하고 그것이 학습자들에게 어떤 영향을 끼치는지 인식하기 위해 애써야 한다. 그는 학습자가 단순경험을 넘어 새롭게 인식하고 지식을 만들어 갈 수 있도록 교사로서 지원하고 촉진할 수 있어야 함을 강조하고 있다.

크랜톤(Cranton, 1992)은 성인학습자들의 학습이 자기주도성에 따라 타자주도형, 자기주도형, 그리고 상호변혁형의 학습 등과 같이 구분될 수 있다고 하였다. 그는 〈표 10-1〉과 같이 학습상황별 교수자의 특성과 장·단점을 설명함으로써 상황에 부합하는 교수자의 역할을 구체화하였다.

학습자의 유형에 따라서 의존적일 경우에는 교사가 좀 더 주도적으로 학습자에게 다가가는 교수자와 전문가로서의 역할에 집중하고, 자기주도성이 강한 경우에는 스스로 지속할 수 있도록 촉진자·관리자로서의 역할을, 학습자가 끊임없이 성찰하고 관계 속에서 성장을 모색하는 학습을 선호할 때는 멘토와 연구자로서 함께해야 함을 강조하고 있다.

즉, 성인교육자는 상호 변혁적 학습을 통해 학습자의 인식 변화까지도 모색할 수 있으며, 학습자의 학습 스타일과 상황에 부합하게 그 역할을 유연

〈표 10-1〉 학습 유형에 따른 성인교육자의 역할변화 관계

학습 유형	교수자 역할	특성	역할 발휘 시기	단점
타자 주도적	전문가 (expert)	정보와 기술 전수	-학습자 경험 부족시 -시간 부족시 -지식위주 교육제공시	-상호작용부족 -의존적학습자양성 -수동적학습자양성
	계획자 (planner)	프로그램개발ㆍ기획	-학습자 경험 부족시 -자료개발시 -학습내용 미친숙시	-제한된 상호작용 -무기력한 학습자 양성 가능성
	교수자 (instructor)	학습경험 전체 총괄	-특수지식 습득시 -학습자 경험 부족시	-상호작용 부족 -의존적 학습자 양성 -개별경험ㆍ개성 간과
자기 주도적	촉진자 (facilitator)	학습촉진 지원 학습자 요구 반응	-자기주도학습시 -다양한 학습방법 숙지시 -내용관련 학습경험 풍부시	-기술ㆍ지식 습득에 부적절
	관리자 (manager)	기록저장ㆍ평가ㆍ조정	-자기주도적인 학습자 -개별교육&원격교육	-상호작용 부족 -학습자요구충족 부적절
	모델 (Model)	학습자 행동과 가치의 모델	-교수자는 모델링의 대상 -외향적 성격의 학습자	-부적절한 행동 모델링 가능성 존재
상호 주도적	멘토 (Mentor)	조언, 인도, 지원 학습자와 동반자	-쌍방간 상호작용 가능시 -상호동의 학습 희망시	-교수자 인식 부족 -부적절한 방향 모방
	공동학습자 (co-learner)	함께 계획수립 학습자 책임ㆍ권리부여	-상호믿음과 편안함 전제시 -동등한 권리와 관심유지	-의존적학습자 부적절 -교수자 많은 노력 要
	성찰적실천가 (reflective practitioner)	실천의 문제제기 철학과 이론개발	-교육원리 인식시 -지속적인 실천ㆍ발전시	-끊임없는 성찰ㆍ발전 -자신만의 실천 이론

출처: 권두승, 조아미(2016). 성인학습 및 상담, p242-244 재구성(P. Craton, 2002).

하게 수행해야 함을 주장하였는데 이를 위해 교사에게 다양한 학습지도 방법과 스킬의 필요성을 제기하였다.

이러한 결과를 볼 때 성인학습자를 위한 교수자의 역할은 전문지식 못지않게 그들이 학습을 지속할 수 있도록 하는 학습촉진 스킬이 있어야 함과 학습자 및 환경에 유연하게 작용할 수 있어야 함을 강조하고 있음을 알 수 있다. 이러한 특성은 다양한 학습요구를 가지고 문해교육 현장을 두드리는 많은 비문해자에게 문해교사가 어떻게 다가가야 하는지를 안내한다고 볼 수 있다.

2) 문해교사의 역량 개념

비문해자에게 기본적인 읽기, 쓰기, 셈하기를 가르쳐 주고 변화하는 사회 적응을 위해 필요한 정보를 습득하여 활용할 수 있도록 도와주는 사람을 문해교사라 한다. 문해교사는 이처럼 개인적 이유로 기본적인 학업을 놓친 이들의 학습을 지도하고 촉진하므로 학령기 학생의 지도방식과 다른 특수함이 요구된다. 그러나 문해교육 현장에서는 이와 관련해 교사의 자질·특성·역할 등 다양하게 언급되고 있을 뿐이고 이를 통합적인 관점에서 역량으로 구체화하지는 못하고 있다.

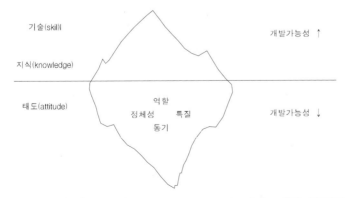

〔그림 10-1〕 맥클랜드(McClelland, 1973. 역량모델링 재구성)

역량의 사전적 의미는 '어떤 일을 해낼 수 있는 힘이나 기량'으로 정의하나 학자들의 의견을 종합해 볼 때 보통 지식(knowledge), 기술(skill), 태도(attitude)로 대표된다. 맥클랜드(McClelland, 1973)는 [그림 10-1]과 같이 역량모델을 구체화하면서 지식과 스킬 부분의 개발 가능성이 비교적 높은데 잠재의식과 내면에 해당하는 태도 부분의 개발 가능성은 어렵기에 여기에 좀 더 집중해야 한다고 했다.

이처럼 우수한 수행에 영향을 미치는 개인의 행동특성과 기대되는 수행을 해내도록 하는 특성을 모두 포함하고 있으므로 특정 역량의 규명은 우수한 인력 확보를 위한 양성과정의 설계와 성과평가에 매우 중요하다고 볼 수 있다. 역량의 개념은 50년대 후반부터 나오기 시작하여 80년대부터 조직에 도입되어 발전한 개념으로 아직까지도 학자마다 다양하게 정의되고 있다(white, 1959).

문해교육의 제도적 지원이 시작된 이후 체계적인 교사양성에 대한 현장의 목소리가 점점 더 높아지고 있다. 이것은 곧 문해교사 역량규명과 이를 기반으로 한 체계적인 교사역량개발의 시대적 요구라 할 수 있는데, 아직 이와 관련된 연구가 활발하지는 않은 상태이다(양민화, 박미경, 이애진, 김보배, 2014; 이지혜, 채재은, 2017).

그러나 역량의 기본 구성요소가 되는 지역, 특성, 역할을 기반으로 반추해 보면 많은 학자들이 전문성을 밑바탕으로 공감, 열정, 진실, 존중의 역할을 충실히 하고 학습자를 상황에 따라 지속적으로 촉진해야 한다고 주장한다(Rojers, 1969; Wlodowski, 1985).

또 성인학습자는 학습자 이외 다양한 사회 구성원으로서의 역할을 하므로 지속적으로 학습하려면 동기부여와 학습실행을 위한 자기 주도성이 강조되는데, 이는 교수자의 촉진을 통해서 더욱 강화될 수 있다는 주장을 뒷받침한다고 볼 수 있다(Cranton, 1992; Knowles, 1980).

문해교사는 현장에서 내용 전문가, 전달자, 평생교육사, 봉사자로서 역할을 수행하고 있다(국가평생교육진흥원, 2016). 문해교사는 수준별·단계별 학습지도를 위한 전문가이자 일반인의 문해교육에 대한 인식전환과 문해교육을 증진시키는 전달자로서, 또 문해교육 프로그램을 개발하고 운영하며 학생들의 상담과 학습촉진을 하는 평생교육사이자 아직까지도 열악한 문해교육 현장에서 학습자들의 학습을 지원하는 봉사자로서 역할을 수행한다.

빠르게 변화하는 현대사회에서는 비문해자들이 글자 해독능력을 넘어 통합적인 의사소통을 할 수 있도록 교수자에게 더욱 다양한 지식과 기술, 태도를 요한다. 따라서 문해교사의 역량은 문해교육 현장에서 학습자의 상황을 이해하여, 건강한 사회생활을 위한 기본적인 의사소통을 할 수 있도록 문해교사가 수행하는 데 필요한 지식, 기술, 태도를 기반으로 하는 행동이라 할 수 있다.

2. 문해교사의 역량개발 프로그램

1) 공공영역 문해교사 역량개발 프로그램

국가평생교육진흥원에서는 2016년 법적근거 마련에 따라 국가문해교육센터를 2월에 출범시켰고, 문해교육 교원연수 시행을 위한 표준안을 마련하였다. 이를 기반으로 각 시·도평생교육진흥원에서는 각 지역에 부합하는 구체적인 문해교사 양성 프로그램을 개발하여 진행하고 있다.

〈표 10-2〉는 국가평생교육진흥원에서 제시하는 표준 문해교육 교원연수 초등 교육과정의 프로그램이다. 총 6개의 교과목에 대해 50시간 동안 문해교육 교원으로서 갖추어야 할 지식과 기술, 태도에 대해서 강의, 팀학습, 사례발표 및 멘토링의 학습방법으로 진행되고 있다. 직접 수업지도안을 작성해 보고, 모의 수업과 상담 등을 진행함으로써 자칫 지식전달 위주로 진행될 수 있는 교육 내용에서 현장 적용성을 높이고자 했다.

또한 팀학습을 적절히 활용함으로써 문해교육 현장에서 발생될 수 있는 문제 상황에 스스로 대처할 수 있는 장치도 마련하였다. 6개의 교과목 중 교수법에 대한 시간을 전체 이수 시간의 28%로 가장 많이 배정하였다. 이는 다양한 경험과 지식 및 가치관을 가지고 있는 성인학습자의 특성을 고려하여 학습내용이 학습자들에게 효과적으로 전달될 수 있도록 노력하기 위함이다.

그 다음으로는 필수학습 6개 교과 영역 중 하나로 문해교육의 가치와 교사 사명을 강조한다. 이를 위해서 문해교사 역할과 중요성을 인식하고, 비전을 수립하며, 사례기반 학습으로 현장 적응력을 높이고자 멘토와 실습도 진행하고 있다. 비전가치체계 수립과 사례중심의 학습내용이 많은 것은 효과적인 학습이 일어나기 위한 환경을 고려할 때 실제 교사로서 사명감과 학습자의 특성을 이해하는 것이 학습자에게 적절한 동기부여를 하여 실질적인 학습촉진의 기본이라 보기 때문이다. 이외에도 학급 및 기관운영, 개론 및 기획개발, 네트워크의 교과목 순으로 시간을 구성하였다.

〈표 10-2〉 초등과정 문해교육 교원연수 교육과정

차시	영역	시간	세부 교과목	세부내용	방법
1	문해교육개론	2.0	평생교육과 문해교육	평생교육의 의미 · 개념 평생교육법과 문해교육	강의
		2.0	문해교육의 역사와 정책	문해교육 실천의 역사 문해교육 제도와 정책	강의
		2.0	문해학습자 이해	비문해자의 특성 문해학습자 특성과 요구	멘토링 그룹티칭, 팀토의
2	문해교육기획개발	1.5	문해교육과정 이해	문해교육과정 목표와 성격 문해교육과정 구성요소 문해교육과정 분석	강의, 팀토의
		1.5	문해교육과정 편성	문해교육과정 편성 실습 문해교육과정 편성 방법	실습, 사례발표 팀토의
		3.0	프로그램 기획 및 마케팅	프로그램개발 및 마케팅 문해학습자 모집 및 홍보	강의, 멘토링 그룹티칭

3	문해교 수법	4.0	교수전략	성인 교수방법의 이해 교수절차, 설계안 작성 · 발 표	강의, 팀토의 강의, 실습
		3.0	문해교육 평가	평가 이해 · 적용 · 실습	강의, 실습
		3.0	성인한글 교육론	문자교육론, 국어 문법교육	강의, 실습
		1.0	글쓰기지도론	쓰기 교육	강의, 실습
		3.0	수업시연실습	수업지도안 작성 및 방법 모의 수업지도안 작성 모의수업 시연 · 피드백	실습
4	학급 · 기관 운영	2.0	학급운영방법	학습자 특성별 학급편성 · 교육 학급별 교육 · 평가 · 운영 사례	강의 사례공유
		3.0	경영전략 & 운영방법	공동학습활동 기획 · 운영 관리방안, 노하우 공유	멘토링(그룹티 칭)
		3.0	연간수업 계획서	수업계획서 작성 · 실습 · 피드백	강의, 실습
5	네트 워크	3.0	실무자를 위한 네트워크구축	네트워크 이해, 관련법 사례제시 및 공유	강의, 사례공유
		5.0	네트워크 활성화	활성화 전략, 노하우 공유 액션러닝 및 발표	강의, 실습 멘토링(그룹티 칭)
6	교육 가치 · 교사 사명	4.0	교사의 역할과 중요성	교사의 역할 교사로서 어려움, 장애요인	강의, 팀토의 사례공유, 실습
		5.0	문해교사 비전수립	기관 및 교사 비전수립 교사 비전공유 교사의 철학과 사명감 확립	강의, 실습 사명서 작성 · 발표
총 6개 과목, 50 시간 이수						

출처: 국가평생교육진흥원(2016). 문해교육 교원연수과정 운영매뉴얼, p118-126, 재
구성.

　시 · 도평생교육진흥원에서는 국가평생교육진흥원에서 제시하는 기본 교
육안을 근거로 하여 현장성을 제고하고자 사전교육과 현장실습을 강화하여
진행하고 있다. 시 · 도평생교육진흥원에서 2018년 실시되었던 대표적인 문
해교원 양성과정의 세부내용은 〈표 10-3〉과 같다.
　첫 번째는 사전교육과정의 진행이다. 교수자로 하여금 미리 현장에서 발

생될 수 있는 문제와 해결방안 교수법 등을 플립러닝으로 진행하도록 구성함으로써 향후 진행될 집합교육과정에서의 학습효과를 높이고자 구성하였다. 이러한 과정은 함께 학습할 문해교사의 수준을 파악할 수 있고 문해교육에 대한 교사 자신의 사명 등을 점검할 수 있는 계기가 된다.

두 번째는 집합교육과정의 진행이다. 주로 문해교육개론, 문해교육 프로그램 기획과 개발, 문해교육 교수법, 문해교육 기관 경영, 네트워크, 교사의 사명 등의 교과목을 초등과정은 7일 50시간 전후, 중등과정은 3일 20시간 전후로 학습하고 필요시 멘토링의 진행으로 현장성을 높이도록 구성되었다. 중학 문해교육 과정의 경우 초등과정 교과목의 핵심사항을 중등과정의 내용에 부합하도록 재편하였다. 교육과정은 일방적으로 진행되지 않고 팀 토의 학습을 통해 서로가 가지고 있는 노하우나 생각을 공유하도록 함으로써 집중력을 높일 수 있도록 하였다.

세 번째는 현장실습이다. 5일간 15시간으로 구성되어 있다. 문해교육이 활발히 진행되고 있는 기관을 방문하여 기관운영 현황을 이해하고 문해교육 프로그램 운영 및 수업을 참관한다. 그리고 과정 마무리 즈음 참관내용에 교수자와 참여한 교사가 함께 토론함으로써 문해현장에서 교사의 역량이 발휘될 수 있도록 지원한다. 이러한 과정은 이론학습 내용을 실제 현장 사례로 직접 체험함으로써 현장에 배치되었을 때 교사의 적응력 제고를 모색할 수 있다.

기본과정은 교육과정 이수 후 교원자격을 취득하여 문해교사로서 첫 출발을 돕고자 문해교육의 지식과 현장 상황에 대해서 기본적인 지식을 전달하고 이에 필요한 기술과 태도를 알려주는 형태로 진행된다. 일정부분 사례발표와 팀 토의가 있으나 아직 문해교육 현장의 특수성을 경험하지 못한 예비 교원이 학습대상이므로 학습내용을 숙지하거나 정리하여 예비 교사의 내면을 다지는 수준으로 진행된다.

〈표 10-3〉 2018년 시 · 도평생교육진흥원 문해교육 교원연수 과정

	광역	과정	내용	인원
1	전남	초등 중등	사전교육(플립러닝)-(2.5h) 문해교육개론 · 활동에피소드 · 우수사례(1h) 문해교육 가치와 교사 사명(0.5h) 문해수업 준비 · 실행 · 정리 · 평가(1h) 집합교육 중등과정-(3일, 20h) 개론 · 교수법 · 기관경영 · 네트워크 · 사명 초등과정-(7일, 50h) 개론 · 기획 · 개발 · 교수법 · 기관경영 · 네트워크 · 사명 현장실습(5일) 기관 및 교육현장 참관 · 토론	50 명
2	서울	초등	사전교육(플립러닝)-(2.5h) 문해교육개론 · 활동에피소드 · 우수사례(1h) 문해교육 가치와 교사 사명(0.5h) 문해수업 준비 · 실행 · 정리 · 평가(1h) 집합교육-(7일, 50h) 개론 · 기획 · 개발 · 교수법 · 기관경영 · 네트워크 · 사명+멘토링 현장실습-(5일, 15h) 기관운영 현황분석, 교육현장 참관 · 토론	40 명
3	경기도	중학	집합교육-(3일, 24h) 개론 · 기획 · 개발 · 교수법 · 기관경영 · 네트워크 · 사명+멘토링 현장실습-(5일, 15h) 기관운영 현황분석, 교육현장 참관 · 토론	30 명
4	충남	중학	집합교육-(3일, 24h) 개론 · 기획 · 개발 · 교수법 · 기관경영 · 네트워크 · 사명+멘토링 현장실습-(5일, 15h) 기관운영 현황분석, 교육현장 참관 · 토론	35 명
5	경남	중등	사전교육(플립러닝)-(2.5h) 문해교육개론 · 활동에피소드 · 우수사례(1h) 문해교육 가치와 교사 사명(0.5h) 문해수업 준비 · 실행 · 정리 · 평가(1h) 집합교육-(3일, 21.5h) 개론 · 교수법 · 네트워크+멘토링 현장실습-(5일, 15h) 기관운영 현황분석, 교육현장 참관 · 토론	30 명

출처: 국가문해교육센터 자료실 공고문 재구성.

〈표 10-4〉 2018년 시 · 도평생교육진흥원 보수교육

	광역	시간	내용	인원	비고
1	강원도	7시간	강의기법(1h), 부교재활용법(1h) 문제해결과정-수업방법 · 맞춤법(3h) 생활문해-금융 · 교통안전문해(2h)	150명	1일
2	경기도	7.5시간	글쓰기(2h), 독서(2h), 조별심화학습(2h), 정보교육(1.5h)	140명	1박2일
3	경북	8시간	특강(1h), 수업설계도(2.5h) 네트워크(2.5h), 교수법-교육방법 · 맞춤법(3h)	80명	1박2일
4	경남	3시간	교수법-성인한글 교육방법(3h)	80명	1일 2차
5	광주	2.5시간	교수법-성인한글 교육방법(3h)	40명	1일
6	서울	3시간	문해교육 정책기조 및 경영(1h) 생활 속 응급처치 및 시화전 기획(2h)	30명	1일
7	대전	4시간	문해교육 교수법(2h) 문해교육 학급운영(2h)	40명	1일
8	전남	6시간	생활문해교육 방법(2h) 문해교육 학급운영-훈민정음이해, 맞춤법(4h)	60명	1일

출처: 국가문해교육센터 자료실 공고문 재구성.

2018년에는 좀 더 나아가 센터 운영 내실화의 일환으로 현장지원을 위한 문해교원 연수, 보수교육과정, 기관 컨설팅을 강화하였다. 특히 보수교육에서는 현장에서 필요한 교수법과 학습현장의 애로사항을 전문가나 현장의 선배교사로부터 깊이 있게 알아볼 수 있는 멘토링이나 현장실습을 강화했다. 〈표 10-4〉와 같이 2018년에 진행된 일부 보수교육과정을 살펴보면 다음과 같은 몇 가지 특징이 있다.

첫째, 일부 지역의 경우는 광역에서 네트워킹 강화 시간과 생활문해교육 내용을 포함하기도 하였으나 대부분이 문해교육 방법과 한글 맞춤법에 집중되어 있다. 둘째, 하루 6시간 전후 프로그램으로 운영하고, 학습인원이 30명에서 150여명까지 차이가 나는 상태로 효과적인 다양한 학습전략보다는 내용 전달 중심의 학습방법으로 접근되었다. 셋째, 함께 공유해야 하는 내용

전달 및 행사진행을 위한 사전 협의 통로로 활용되고 있다.

　보수교육은 문해교사로 현장에 활동하는 사람들을 대상으로 하고, 문해교육 시간이 각자 오전, 오후, 저녁 등 기관, 지역 상황에 따라 다르므로 일괄적인 보수교육 진행의 어려움이 있다. 그러나 실질적인 보수교육의 목적과 효과를 위해서는 보수교육이 필요하게 된 배경을 다시 한 번 고민해야 한다. 자격증 제도와 연결해 연 필수교육과정을 운영하기 위한 제도적 보완이 필요하다. 또 현장 문해교사의 역량 개발에 장애요소와 교사들의 요구사항을 정확하게 분석함으로써 실질적인 교육 프로그램이 운영되게 할 필요가 있다.

2) 민간영역 문해교사 역량개발 프로그램

　2006년 문해교육의 국가 제도권 진입 이후 다양한 지원정책이 있었으나 여전히 문해교육 현장은 비영리민간단체에 의해 진행되는 비율이 더 높은 현실이다. 이러한 문해교육 현장을 볼 때 교사역량개발을 전문적으로 진행하는 기관은 매우 드문 편이다. 민간영역의 문해교사 역량개발 과정은 주로 국가평생교육진흥원이나 시·도평생교육진흥원, 지방자치단체에서 진행하는 교사양성과정에 참여함으로써 이루어진다. 그나마 체계적인 문해교육 및 교사 양성을 하고 있는 민간기관으로는 (사)한국문해교육협회가 있다.

　(사)한국문해교육협회는 유엔이 1990년 '세계문해의 해'로 제정한 것을 계기로 유네스코와 세계성인교육협회가 각 국에 문해교육단체 설립을 권고함으로써 1989년 창립되었다. 설립 당시부터 현재까지 한국문해교육협회는 '한국의 성인 및 청소년들의 문해와 기초교육 사업을 진흥함으로써 국민생활의 질적 향상과 국가사회의 진정한 민주주의 발전에 기여함'을 목적으로 하고 있다. 2017 평생교육백서에 의하면 한국문해교육협회의 주요 사업은 ① 문해 및 성인기초교육에 관한 연구, ② 자료 개발과 보급을 통한 교육 진흥, ③ 문해학습 관련 독서 진흥, ④ 문해교육지도자 연수 및 학술회의 개최, ⑤ 문해 및 기초교육에 관한 국제교류와 협력, ⑥ 문해교육 유공자(한국문해

교육상 시상) 포상, ⑦ 문해교육사자격증 과정운영 등이 있다. 비영리민간단체 중심의 문해교육사 민간자격증을 부여하고, 문해교사 역량강화를 위한 사업들도 전개하고 있다.

　문해교사양성과정(문해교육사 민간자격증 부여)은 주로 지방자치단체의 위탁으로 진행되거나 자체로 학습자를 모집하여 유료로 진행한다. 이는 기본교육과 보수교육 혹은 역량강화 교육으로 구분되어 있다. 문해교육사 3급 자격증이 발급되는 기본과정의 세부내용은 〈표 10-5〉와 같다.

〈표 10-5〉 문해교육사 3급 양성 과정 세부교과 내용

차시	시간	시간(1일 6시간)	세부내용
		*선행조사 분석 및 선발	
1	10:00~17:00	3	연수 과정과 안내/문해교육사 입문 워크숍
		3	문해교육의 이해
2		3	문해교육과 평생교육
		3	문해교육과정의 이해
3		3	문해학습자의 이해
		3	학급운영과 상담
		과제2 (개인과제)안내 및 검토 평가	
4	10:00~17:00	2	문해교육에서 어문규정
		4	교수설계 교수학습과(안) 작성
5		3	문해교육의 방법 – 국어, 영어, 사회
		3	문해교육의 방법 – 수학, 과학
6		3	재량: 특별활동 프로그램 개발
		3	이웃지역의 문해교육과 새교실 만들기
		과제3 안내 및 검토(문해교실탐방)	
7	10:00~17:00	3	문해수업안 개발 및 발표(조별)
		3	문해교육에서 평가
8		3	문해교사의 역할과 자세
		3	평가와 네트워크
		*종합 평가(운영결과보고서)	

출처: 한국문해교육협회 2018년 문해교육사 3급 양성과정

16과목을 48시간으로 나누어 이수하며, 개인 및 팀과제와 평가를 통해 구체적으로 학습하도록 되어 있다. 문해교육사 자격과정은 문해교육 현장에서 사명감을 가지고 진심으로 헌신할 사람을 양성하기 위함이므로 자격증 취득 또는 취직만을 목적으로 하는 대상을 제외하고자 노력함으로써 문해교사의 나눔을 통한 문해교육 운동가로 양성하고자 노력하고 있다.

국가에서 진행하는 문해교육 교원 양성과정은 무료인 반면 2018년을 기준으로 한국문해교육협회에서 진행되는 과정은 12만원의 기본 학습비를 부과하고 있다. 특이할 점은 각 과목별 세부 학습전략 및 특별활동에 대한 시간을 별도로 구성하고 있다는 것이다. 문해교육과정은 단순 글자해독 및 교과목 학습뿐만 아니라 체험학습과 생활문해 영역에 대한 학습도 진행되고 있다. 따라서 협회에서 제시한 교육과정은 예비 문해교육사에게 이와 관련된 학습기회를 제공하고 있다는 점에서 보다 현장 중심적이라 할 수 있다.

3) 해외 사례

미국은 연방교육부에서 문해교육 교원 양성을 위해 온·오프라인으로 체계적으로 지원한다. 문해교원의 역량개발을 위해 문해정보 및 소통 시스템(Literacy Information and Communication System)을 구축하여 온라인 교육훈련과 소통 기회를 제공하고 있는데 세부내용은 〈표 10-6〉과 같다.

〈표 10-6〉 문해교사를 위한 정보 및 소통 시스템의 4요소

No	요소	내용
1	The LINCS Resource Collection	성인교육자들이 필요한 고품질의 멀티미디어 수업자료 제공
2	LINCS Professional Development Center	4개 센터에서 성인수학 티칭 연수과정 제공
3	The LINCS Community	2012년 9월 출범한 성인교육자 및 관계자들을 위한 온라인 전문훈련 공간

4	The Learning Portal	성인교육자들을 위한 온라인 자율학습시스템

출처: Literacy Information and Communication System(http://lincs.ed.gov)

첫째, LINCS 자원 자료실은 성인교육자들이 필요한 고품질의 멀티미디어 수업자료를 제공함으로써 문해교원의 성인학습자 교수활동을 지원하고 있다. 주로 성인영어학습자 평가, 경력개발 대학 및 진로 표준 교정교육, 장애성인교육, 다양성 및 문해, 금융문해, 건강문해, 수학 및 수리, 중등이후 교육, 프로그램 관리, 읽기와 쓰기, 과학, 기술 및 학습 등의 자료를 제공한다.

둘째, LINCS 교수개발 센터는 성인대상의 수학 교수법에 대해 연수과정을 제공한다.

셋째, LINCS 커뮤니티는 2012년 9월에 출범한 성인교육자 및 관계자들을 위한 온라인 전문훈련 공간으로 성인교육 관련 16개 주제에 대한 집단토론을 운영한다. 또 주제별 전문가와의 상호작용 및 성인교육자간 네트워킹을 촉진하며, 최신 성인교육 정보를 제공한다.

넷째, LINCS 학습포털 사이트는 성인교육자들을 위한 온라인 자율 학습 시스템으로 경력개발 학생의 다양성을 반영한 수업 차별화, 영어가 제2외국어인 학습자의 학습장애, 과학, 기술, 일기, 수업연구, 교사 효과성의 주제로 학습을 할 수 있도록 지원한다.

특히 캘리포니아 커뮤니티 칼리지(community colleges)에서는 비학위과정 문해교사가 되기 위해 관련 분야 학사학위 이상 자격 또는 자격 교육이수 3년 이상 등 경력 증빙으로 협의회 승인을 요구하고 있다. 주정부 승인 성인 교육센터 교사의 경우에는 이외에도 성인교육분야 관련 자격증을 취득해야 하고(CTC and ASCCC, 2016: 10), CTC는 통산 9학기(또는 135 시간 이수) 동안 진행되는데 그 외에 미국헌법 지식보유, 예비 성인교사자격 취득을 위한 교육을 2년간 이수해야 하는 등 그 조건이 매우 엄격하다.

영국은 문해교사가 되기 위해서 필수학점을 이수해야 자격증이 발급되는 데, 여기에 필요한 학점은 자격증 수준에 따라 12학점에서 120학점까지 다양 하다. 또한 자격이 부여된 문해교사의 지속적인 전문성 개발을 위해서 Society for Education and Training(SET)을 설립해서 지원하고 있다. SET는 교사, 튜터, 평가 전문가, 기타 교육분야 종사를 위해 회원제로 운영된다. 인증교사 학습 및 역량 배지를 제공하고 교사를 관리시스템에 등록하여 관리함으로써 교사로서 지속적인 역량개발을 강조한다. 또한 수학, 영어, 미래 실습 및 리더십 과정 등 문해교사로서 추가 필요한 역량개발 부분을 유료로 제공함으로써 교사가 스스로 역량개발을 할 수 있는 환경을 조성하였다.

호주도 문해교사를 위한 자격증 제도를 운영하고 있다. 4개의 필수과목과 2개의 선택과목을 이수해야 하는데 성인문해수업 분석 및 응용, 성인문해영어 역량개발, 문해교육과정 실행 평가 등의 내용이 있다. 전문성 개발을 위해 장학 프로그램과 우수 문해교사 시상 제도를 운영하고 있고, 전문성 개발 워크숍과 연구 사이트의 정보를 제공하고 있다. 또한 문해교육 과정, 평가, 금융 및 일터 문해교육을 위한 문해교육 자료도 제공하고 있다. 호주의 경우 개별 특화된 전문가 과정을 추가로 제공하기보다는 교육현장에서 교사가 자율적으로 개발하고 이를 경진대회나 장학 프로그램으로 지원함으로써 지속적으로 개인의 역량개발에 집중하도록 하는 특징이 있다(http://www.education.gov.au).

미국, 영국, 호주의 사례분석에 의하면 제도적인 지원에 앞서 문해교사가 스스로 역량 개발의 필요성을 인지하고 다양한 학습을 할 수 있도록 환경을 만든 시스템에 주목할 필요가 있다. 문해교사를 위한 역량 개발이 아니라 문해교육이 출발하게 된 목적(mission)을 잊지 않고 문해교육 현장을 움직이게 하는 그들의 가치중심 역량개발에 대해 주목할 필요가 있다. 문해교사가 되기 위한 필요 학습 과목을 오랜 시간 동안 학습하도록 하고 있으며, 지속적인 자기개발과 스스로 학습을 촉진하고자 다양한 정책들을 시행하고 있다(경기도평생교육진흥원, 2016; 2017).

3. 문해교사의 역량개발 과제

일제 강점기 이후 독립과 전쟁을 겪으면서 우리나라의 문해교육은 야학의 개념으로 진행되어 왔다. 비문해자의 아픔을 이해하고 함께하고자 했던 많은 봉사자들의 헌신이 그 출발인 셈이다. 그러나 이후 빠른 사회변화와 국가의 성장은 단순 문자해득과정을 넘어 학력인정과정과 늘어나는 생활문해 영역까지도 문해교육 과정으로 인식하게 했다.

이러한 변화를 통해 2006년 문해교육이 국가 제도로써 받아들여지고 국가평생교육진흥원의 2015년 활성화 사업 이후 국가문해교육센터를 부설로 설립하면서 체계적인 문해교육기반이 구축되었다.

국가문해교육센터에서 제시하는 문해교원 양성과정은 그간 개별적으로 진행되었던 교원 양성과정을 표준교안으로 제시함으로써 문해교육에 필요한 기본적인 교육내용, 교사로서 역할, 기관과 제도 이해를 위한 학습기회를 체계적으로 제공하게 했다.

그러나 이러한 제도는 아직까지는 시행초기로 기본양성에 집중되어 있고 점점 더 문해교사에게 요구되는 높은 역량개발을 지원하기에는 제도적 지원과 관리제도가 미흡한 실정으로 현실적인 장벽이 높다. 이러한 장벽의 해소를 위해서는 문해교사가 처한 환경과 요구사항을 깊이 있게 살펴볼 필요가 있다.

이지혜와 최재은(2017)의 연구 결과에 의하면 아직까지도 문해교사는 우연한 기회에 봉사자로 문해교육 현장의 업무를 시작하게 된다고 한다. 그리고 학습자와의 교류와 미흡한 문해교육 현장의 한계를 보면서 진정한 문해교사로 성장해 나간다.

〈표 10-7〉 문해과정에 참여한 문해교사의 역할과 변화과정의 학습목표

단계	역할	상태	목표
1	'봉사자'로 첫 입문	우연한 불시착	사회참여
2	'성인교육자'로의 적응	낯선 신세계	성인학습자와 새로운 관계설정
3	'문해교사'가 되기 위한 시행착오	외로운 분투	눈높이 교수법과 학습목표 정립
4	'순회강사' 시스템의 한계	절반의 정착	교사 정체성 정립 필요성 인식

출처: 이지혜, 채재은(2017). 성인중학문해과정에 참여한 문해교사의 경험 분석, 재구성.

　여기서 말하는 진정한 문해교사는 부족한 문해교육 현장에 좌절하는 것이 아니라 학습자의 성장을 돕기 위해서 스스로 교수법과 교재를 개발하고 자료를 찾으며 수업목표도 조정하면서 개별 학습동기를 인지하고 지원해 가게 됨을 의미한다.

　이러한 교사의 경험을 볼 때 문해교사의 역할을 명확히 찾아내고 이를 배양할 수 있는 교육지원이 그들에게 절실함을 엿볼 수 있다. 그런데 우리의 문해교원 양성과정과 보수교육과정, 개인별 맞춤 컨설팅 사업을 보면 아직까지 지식 및 정보전달 수준에서 진행되고 있다.

　물론 정체성과 비전 찾기 내용을 담고 있으나 현실의 다양한 욕구를 담아내기에는 부족하다.

　국가평생교육진흥원과 시·도 평생교육진흥원, 국가문해교육협회에서 시행하고 있는 문해교육은 표준교안과 교육을 제공하고 있으나 이것은 문해교원 양성을 위한 기본과정이라 할 수 있다. 2018년 국가평생교육진흥원에서 배포한 성인문해교육 지원사업 운영지침서를 보면 점점 더 늘어나고 있는 생활문해 교육지원 사업을 확대하고, 소외지역의 소규모 문해교육 지원도 늘리겠다고 했다. 보수교육과 네트워킹 형성 그리고 각 종 부교재를 제공하고 있으나 여전히 정보전달과 일부 교수법과 특강 형식으로 진행되고 있는 현실이다.

　그런데 현대사회에서 문해교육은 가장 기본적인 평생교육 영역이며, 기

초문해 관점에서 문해는 기본적인 읽기·쓰기·셈하기를 의미하고 생활기능문해의 관점에서는 직장과 일상생활에서의 문자 활용 능력까지도 강조하고 있다. 더 나아가 현대사회에서 문해교육에 대한 관심은 다양한 방식으로 나타나고 있다.

최근에는 생활문해가 좀 더 세분화되어 문화문해, 가족문해, 정보문해, 금융문해 등 새로운 문해 영역이 등장하기 시작하였다. 정보화시대의 도래로 온라인 공간에서의 전자적 글쓰기와 글 읽기라는 정보문해와 컴퓨터 문해에 대한 요구, 정치·경제·언어의 습득과 정치·경제적 상징체계들에 대한 정치문해와 경제문해에 대한 요구(Euringer, Buddeberg & Grotl schen, 2016) 등 현대사회에 들어 문해 실천들도 복잡한 양상으로 나타나고 있다.

이러한 시대적 흐름을 반영하고 학습자의 다양한 요구와 양질의 교육을 위해서 이제는 기본교육을 강화하고 형식적으로 진행되는 보수교육을 넘어서야 할 때이다. 현장의 상황으로 체계적인 문해교원 양성이 어렵다면 제도를 정비하고, 현장에서 스스로 노력하고 있는 그들의 노하우가 전파되고 우수함을 지원할 수 있는 다양한 정책적 고찰이 필요하다. 또한 교사 개인 맞춤별, 지역특색을 반영한 교원양성을 위해 체계적인 역량개발프로그램의 개발도 고민해 봐야 한다.

한 가지 더 깊이 고민해 볼 문제가 봉사자로 시작한 이들의 인식변화이다. 2016년부터 정부에서 문해교육을 지원하면서 그동안 야학과 자원봉사로 진행되었던 문해교사의 현장참여 동기가 봉사자로써 다가갔던 '자원활동 개념의 교사'와 실질적인 일자리의 개념으로 접근이 되는 '직업개념의 교사'로 나누어지기 시작하였다. 직업개념이 두드러지면서 근무환경 및 현실적인 보수 개선에 대한 현장 목소리 또한 높아지고 있다(이지혜, 채재은, 2017; 정찬남 외 2017). 더욱이 학력인증과정의 문해교육이 정책 및 제도로 제안되고 진행되는 일련의 교육현장을 고려하고 문해교사의 전문성에 대한 요구가 점점 더 확대되고 있는 상황에서 자원활동을 하는 봉사자로서만 문해교사로 바라볼 수는 없는 현실이다.

문해교사의 강의료는 2019년 현재 시간당 20,000원에서 50,000원으로 각 기관 및 단체에 따라 차이가 크고 평균 강의료는 25,000원이다. 이는 지방자치단체에서 최하의 강사료가 시간당 30,000원 정도이고, 특수 경력과 전문성을 요할 경우 50,000원 이상인 경우와 비교하더라도 현실적인 고민이 필요하다(국가문해교육센터, 2016).

문해교사가 단순히 글을 읽고, 쓰며, 셈하는 단순 지식과 정보, 스킬만을 제공하는 것이 아니라 학급 관리를 통해 학령기 교사가 학생 개개인의 삶과 사회적응을 위해 지원하는 그 이상의 관심과 전문성을 요하고 있음은 부인할 수 없는 현실이다. 따라서 문해교사 개인의 적극적인 역량개발에 대한 책임과 전문성에 대해서 요구하되 봉사자의 개념을 넘는 보수체계에 대한 고민도 필요하다.

【연구과제】

1. 문해교사의 특징, 자질, 역할에 대하여 이해하여 역량개념으로 설명하시오.
2. 문해교사 역량개발의 현황을 알아보고 개선방안을 제시하시오.
3. 봉사자와 직업개념의 문해교사의 역할과 한계에 대해 서술하시오.

【참고문헌】

경기도평생교육진흥원(2016). 「2016년 경기도 중학과정 문해교육 교원연수」.

경기도평생교육진흥원(2017). 「경기도 문해교육 정책 방향 연구」.

교육부, 국가평생교육진흥원(2018). 「2017 평생교육백서」.

교육부, 국가평생교육진흥원(2017). 「2017 성인 문해 능력 조사」.

교육부(2016). 「2016년 성인문해교육 운영기관 컨설팅 워크숍」.

국가문해교육센터. http://www.le.or.kr 2018. 12. 22 검색.

국가평생교육진흥원(2016). 「문해교육 교원연수과정 운영매뉴얼」.

권두승, 조아미(2016). 「성인학습 및 상담」, 교육과학사.

양민화, 박미경, 이애진, 김보배(2014). 「초기문해 교수방법에 대한 교수자 집단 간의 이론적 경향성 및 파닉스 지식비교 연구」, 특수교육, 13(3), p301-315.

이지혜, 채재은(2017). 「성인중학문해과정에 참여한 문해교사의 경험 분석」, 평생학습사회, 3(2), p81-107.

정찬남, 김성자, 김종천, 노병윤(2017). 「문해교육론」. 양서원.

한국문해교육협회. http://cafe487.daum.net/_c21_/home?grpid=19bJo 2019. 2. 10 검색.

ACDET. http://www.education.gov.au. 2019. 2. 8 검색.

Cranton, P.(2002). *Working with Adult Learner*. Toronto(ontario : Wall & Emerson.

CTC and ASCCC(2016). Requirements for California Instructors of Adult Education.

Euringer, C. K., Buddeberg & Grotl schen, A.(2016, September). *German adult literacy survey 2017/18: concepts and methodological approach*. Paper at the 8th Triennial Conference of European Society of Research on the Education of Adults, Maynooth University, Dublin.

Kolb, D.(1984). *Experiential learning: Experience as the source of learning and development*. Englewood Cliffs, NJ: Prentice-Hall

LINCS. https://lincs.ed.gov/about. 2019. 1. 15 검색.

McClelland, D. C.(1973). Testing for competence rather than for intelligence. *American Psychologist*, 28(1), p1-14.

Raymond J. Wlodkowski(1985). How to plan motivational strategies for adult instruction. *International society for performance improvement*, 24(9), p1-6.

Rojers, C.(1969). *Freedom to Learn. Columbus*, Ohio: Merril.

SET. https://set.et-foundation.co.uk 2019. 1. 30 검색.

White, R.(1959). Motivation reconsidered: The concept of competence. *Psychology Review*, 66, p297-333.

Wlodkowski, R. J.(1985). *Enbaneing adult motivation to learn*. San Francisco: Jossey-Bass.

Wlodkowski, R. J.(2008). *Enhancing Adult Motivation to Learn: A Comprehensive Guide for Teaching All Adults* (3rd ed.). San Francisco: Jossey-Bass.

문해교육 프로그램

【개요】

　문해교육 현장에서는 주로 교육부에서 제시한 제도와 교과서를 활용하여 프로그램들을 개발한다. 창의적 체험활동과 생활문해 영역에서 기관별 다소의 차이가 있으나, 일반 문해교육 현장에서 활용하고 있는 프로그램은 대동소이하다. 그러나 표준화된 교사용 매뉴얼이 부재하고 교사 개인역량에 따라 진행하고 있어 표준 수업 질을 담보하기가 어려운 현실이다.

　따라서 현재 개발된 문해교육 프로그램의 사례를 찾아 그 형식과 내용을 이해하고 교수개발 체제인 ADDIE 모형을 이해함으로써 실질적인 문해교육 현장 적용점을 생각해 보았다. 또 사례 중심과 현장의 목소리를 담아 문해교육 프로그램을 분석함으로써 향후 과제와 지속적으로 강조되고 있는 학습동아리로의 확장성에 대해서도 고민해 본다.

【학습목표】

1. 문해교육 프로그램 개발의 필요성과 현장의 실제를 이해할 수 있다.
2. 문해교육 프로그램을 개발하여 기획안을 작성할 수 있다.
3. 문해 학습동아리의 필요성과 과제를 말할 수 있다.

1. 문해교육 프로그램 개발 필요성

빠른 사회변화와 4차 산업혁명은 건강한 시민으로서 원활한 의사소통을 지원하기 위한 문해교육의 개념을 문자해득능력을 넘어 기초생활능력까지 확대시켰다. 문해교육과정 학습자가 다문화가족과 학령기를 놓친 다양한 학습자로 확대되면서 이들의 특성을 반영한 교육지원 요구도 높아지고 있다.

〈표 11-1〉 문해교육 인간상과 교육과정에서 양성하고자 하는 핵심 역량

인간상	핵심역량
가) 자긍심을 가지고 삶의 의미와 가치를 추구하는 사람 나) 기초 능력을 토대로 창의적인 능력을 발휘하는 사람 다) 폭넓은 교양을 쌓아가며, 자신의 삶을 개척하는 사람 라) 우리 문화에 대한 이해의 토대 위에 다른 나라의 문화를 존중하는 사람 마) 민주 시민 의식을 기초로 공동체의 발전에 기여하는 사람	가) 자아정체성과 자신감을 가지고 자신의 삶에 필요한 기초능력과 자질을 갖추어 자기 주도적으로 살아갈 수 있는 자기 관리 역량 나) 문제를 합리적으로 해결하기 위하여 다양한 영역의 지식과 정보를 처리하고 활용할 수 있는 지식정보처리 역량 다) 일상생활에 필요한 기초 지식을 바탕으로 삶의 경험을 융합적으로 활용하여 새로운 것을 창출하는 창의적 사고 역량 라) 인간에 대한 공감적 이해와 문화적 감수성을 바탕으로 삶의 의미와 가치를 발견하고 향유하는 심미적 감성 역량 다양한 상황에서 자신의 생각과 감정을 효과적으로 표현하고 다른 사람의 의견을 경청하며 존중하는 의사소통 역량 마) 지역 · 국가 · 세계 공동체의 구성원에게 요구되는 가치와 태도를 가지고 공동체 발전에 적극적으로 참여하는 공동체 역량

출처: 국가문해교육센터(2018). 초등 · 중등 문해교육 교육과정 2차 개정 고시 안내, 재구성.

이러한 사회문화를 반영하고자 2014년 1월 평생교육법 제2조가 생활문해교육을 강화하는 내용으로 개정되고, 교육과정은 전면 개편되어 2019년 3월 과정부터 적용하였다(국가문해교육센터, 2018).

〈표 11-1〉은 초등, 중등 문해교육과정의 개정을 고시한 내용이다. 문해교육이 추구하는 인간상은 개인 중심에서 지역사회와의 교류 및 연계를 중심

으로 확대되었다. 또 초등과 중등과정의 문해교육 인간상은 중등의 내용으로 통합하여 상향하고 이를 구현하기 위한 핵심역량을 신설하여 구체화하였다. 문해교육을 통해 기르고자 하는 핵심역량에 변화하는 시대를 반영하여 명시함으로써 현장에서 이를 위한 교육체계 수립과 방법에 대한 방향이 제시되었다고 볼 수 있다. 또 창의적 체험활동은 일상생활, 사회생활, 직업생활, 문화생활 등을 영위하는데 요구되는 생활문해교육 활동을 중심으로 문해교육 기관의 특성과 교육환경 등을 고려하여 성인학습자의 수준에 적합한 학습경험을 선정하여 편성한다고 정의하였다.

핵심역량과 창의적 체험활동의 구체화는 그 동안 단순히 글자를 깨우쳐 읽어내고, 셈을 하며, 금융과 기본적인 IT활용 능력을 기르는 문해교육을 넘어 성숙한 민주시민으로 성장하여 건강한 공동체의 구성원으로서 살아갈 수 있는 힘을 기르는 데 중점을 두고 있음을 알 수 있다. 이러한 제도개정은 문해교육 현장의 변화와 교육수요에 부합한 것이었다. 그러나 현장 문해교육 프로그램의 경우 이러한 것을 반영하기에는 현실적인 어려움들이 있다. 그러한 어려움은 다음의 몇 가지로 제시될 수 있다.

첫 번째로는 개정 전 내용으로 시대흐름을 소극적으로 반영하고 있는 문해교육 현장의 개선 수준이다. 여전히 문해교육 현장에서 창의적 체험활동은 현장학습이나 각종 행사를 준비하는 형식으로 이전에 교육과정을 그대로 진행하고 있으며, 생활문해 영역의 하나인 정보문해교육은 컴퓨터 및 SNS 활용능력 프로그램을 소극적으로 지원하고 있다.

두 번째로는 다양한 교수방법에 대한 학습기회 부족을 들 수 있다. 앞서 10장에서 살펴본 문해교사 양성 기본 및 보수과정의 교과목은 문해교육 방법에 대한 시수가 가장 많았다. 이는 현장의 교육 요구를 반영하여 프로그램을 개설하여 운영한 결과로 문해교육 현장에서 다양한 교수법에 대한 요구가 높음을 반증한다. 다양한 교수법 습득을 위해 교사들 간의 사례를 공유하기도 하고, 멘토로부터 현장을 반영한 교수법을 습득하기도 한다. 그러나 여전히 너무나도 많은 교사를 대상으로 일방적인 지식전달 형태로 진행되고 있어 사례 공유차원으로 진행되는 한계가 있다. [그림 11-1]의 문해교육 국가 지원 항목을 보면 교사양성 및 역량개발에 대한 고민보다는 학습자 및 기관지원과 강사료 등 가장 기초적인 지원을 중심으로 이루어지고 있음을 알 수 있다. 문해교육현장이 열악해서 기초적인 인프라와 기본 교재 관련 지원이 시급하나 교사의 역량이 결국 문해교육 현장 학습의 질로 연결됨을 고려해야 한다. 이는 향후 이와 관련해서 교수법을 집중 제고할 수 있고 현장의 교사를 지원할 수 있는 형태로의 확대가 필요함을 제시한다고 볼 수 있다.

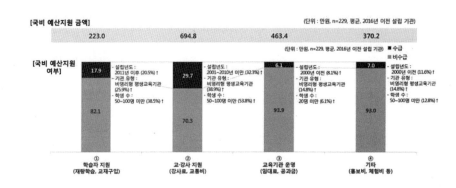

〔그림 11-1〕 **국비지원 수급여부 및 지원금액**

출처: 경기도평생교육진흥원(2018). 2017년 경기도 문해교육기관 현황 조사, p26.

세 번째로는 교수활용을 위한 부교재의 추가개발과 학습지원의 미흡을 들 수 있다. 경기도평생교육진흥원에서 조사한 자료에 의하면 현장에서는 [그림 11-2]와 같이 문해교육 주교재와 부교재를 적절히 활용하고 있다.

주교재는 교육부 발간 교재를 73.7%가 사용하고 있으나 부교재의 경우는 사용기관의 59.6%가 시중 출판 교재가 아닌 다른 교재를 활용하고 있다. 이는 문해교육 현장을 반영하기에 부교재를 통한 다양한 교수법 및 우수사례 제시가 미흡함을 나타낸다고 볼 수 있다.

아직 문해교육 현장에서는 그러한 편제를 고민한 교수요목과 방법이 제시되지 않았고 열악한 문해교육 현장을 고려할 때 사실 그러한 고민을 현장 기관 스스로 반영하고자 하는 노력도 쉽지 않다. 이제 문해교육의 핵심역량도 명시된 만큼 그 동안 문해교육 현장에서 자율적으로 적용 개발하는 한계를 넘어설 수 있는 기반이 한 단계 더 다져지게 되었다.

이러한 시대 변화와 문해교육 현장의 특수성을 고려해서 다문화 학습자, 다양한 연령, 그리고 각 교과목에 따른 차별화된 교수요목을 성실히 수행하는 문해교육 프로그램개발에 대한 고민이 국가 및 실행기관을 중심으로 전개되어야 한다.

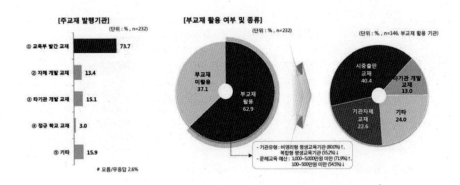

〔그림 11-2〕 문해교육 주교재 및 부교재 활용현황

출처: 경기도평생교육진흥원(2018). 2017년 경기도 문해교육기관 현항 조사, p20.

2. 문해교육 프로그램 개발 사례

교육 프로그램은 특정한 교육목표를 달성하기 위해 사전에 구체적으로 짜놓은 효율적인 교육활동 계획서로 교육목표, 교육내용, 교육방법, 교육활동, 교수자, 학습자, 교육시간, 장소, 교육매체, 교육평가 등의 내용을 담고 있다.

문해교육은 학력인정과정과 학력미인정과정으로 구분하여 운영하고 있지만 대부분 교육부에서 제공하고 있는 교과서와 부교재를 활용하여 운영하고, 이에 따르는 교수 방법도 대동소이하다.

현장의 교사와 기관을 중심으로 인터뷰한 결과 시대변화와 학습자의 요구를 체계적으로 분석하고 단계별로 반영하여 개선되기보다는 문해교육프로그램의 개발은 전임자가 사용했던 자료를 수정 보완하여 개발하고 있는 현실이다. 문해교육 프로그램이 개발되는 과정을 인터뷰와 사례를 통해 공유하고, 교수개발 체제인 ADDIE 모형을 기반으로 분석함으로써 문해교육프로그램개발의 기초를 이해할 수 있다.

1) 문해교육 프로그램 사례

문해교육 프로그램은 기초생활 및 사회생활에 필요한 기본적인 지식을 갖추고 문화 활동에 참여하고 즐길 수 있는 태도함양 및 기회를 부여하고자 진행된다. 그래서 프로그램은 문자해득능력 제고를 넘어 생활 문해 및 건강한 사회생활을 위한 다양한 내용들을 담고 있다.

〈표 11-2〉는 광명시에서 진행 중인 초등학력인정 3단계(지혜의 나무) 과정의 문해교육 편성표다. 본 프로그램은 총 40주로 국, 영, 수, 사, 과 5과목을 주 3회 운영하며 과목에 따른 주요 교육내용과 방법이 명시되어 있다. 실제 이를 진행하는 교사와 기획자의 면담 결과 각 과정별 학습목표와 내용의 흐름은 공유하되, 구체적인 학습강의 매뉴얼이 지원되기보다는 수업을 진

행하는 교수자의 역량에 따라 자율적으로 진행되었다.

주로 강의로 학습내용이 전달되고 있는데 문해 학습자의 특성을 고려할 때 체험학습과 게임을 활용한 교육방법의 제시 등을 고려할 필요가 있다. 일방적인 강의는 내용이해 및 학습 흥미도 부분에서 학습자가 오감으로 경험하게 되는 학습방법보다 효과가 낮아지고 장기 기억으로 전이되기가 쉽지 않다. 수업세부 내용에는 정보 문해를 보완하는 내용도 구성되어 있으며, 특별활동으로 미술관이나 도서관 등을 방문하여 학습한 내용을 심도 있게 익히고 학습자간 친목도 도모한다.

2018년 수원제일학교 문해교육의 특별활동을 보면 백일장 이외에도 박물관, 고궁 등 체험학습과 영화 관람 등 문화생활을 진행한 후 방문 보고서 제출 등의 방법으로 학습자의 심화과정을 지원하고 있다. 다소 아쉬운 점은 보고서 제출보다는 학습과정 종료 후 과정에 대해 서로 이야기를 나누어 성찰의 시간을 구성하고 학습요소를 찾는 방법으로 학습효과를 제고할 수 있는 방법에 대한 고민이 다소 약하다는 것이다. 이러한 것들은 프로그램개발의 체계적인 접근으로 해결될 수 있다.

〈표 11-2〉 광명시 문해교육과정 편성표(초등학력인정 3단계: 2018년)

주	과목	단원명	주요 교육내용	수업방법
1	국어3, 수학1 과학1, 특수1 (9권)	1. 나의 소원 2. 느낌 살려 3. 생활 속의 시	자기소개방법 알기, '김구의 소원'을 읽고 발표 시 낭송, 감정 살려 읽기, 큰 수 읽고 쓰고 자릿수 점찍기	강의 발표
2	국어2, 사회2 수학1, 음악1	4. 시와 노래 5. 예산 이야기 6. 관광지도	전래동화 읽고 느낌 쓰기 등산 안내문 이해하기 예산 내역 읽기	강의 발표
3	국어2, 사회2 수학1, 한문1	7. 어머니의 쑥떡 8. 삶의 지혜 9. 옛날과 오늘날	한자의 유래를 알기 옛날과 오늘날의 생활모습 비교하기 곱셈구구 2단과 3단	강의 발표
4	국어4, 영어1 수학1	10. 남을 위한 11. 노력하는 삶 12. 승부전	알파벳 읽기 주변인물의 본받을 점 찾기 곱셈구구 4단과 5단	강의 발표

5	국어4, 한문1 재량1	13. 우리글 한글 14. 오늘 무슨 일 15. 우리마을	일기의 내용을 알아보기 숫자를 한자로 쓰기 마음의 민속놀이, 풍속, 옛날이야기 알기	강의 발표
~				
10	재량3, 특별3	재량학습	영어-간단한 인사 나누기(나의소개) 미술-주어진 도형으로 그림 그리기	실습 강의
~				
11	국어1, 사회2 영어1, 과학2	시조에 담긴 인물 민족을 빛낸 인물 복으로 바꿔	역사적인 인물들의 시조를 알기 광개토대왕에 대해 알기, 고사성어 도형 이해하기	강의 실습
~				
20	재량3, 특별3	형성평가 재량학습	미술-직소 끼우기 음악-애국가 4절까지 부르기 형성평가(지필고사)	실습 평가
21	국어4, 수학1 사회1(11권)	1. 기원전 2. 우리마을 전설 3. 화폐 속 인물	고조선에 대해 알아보기 우리마을에 전해 오는 전설 알기 화폐 속 인물에 대해 이해하기	강의 실습
~				
25	국어4, 미술1 재량1	13. 버릴게 없는 14. 컴퓨터 15. 작품 꾸미기	재활용을 해야 하는 이유 알기 컴퓨터의 구조와 쓰임 알기 글에 그림을 만들어 보기	강의 발표 실습
~				
30	재량3 특별3	재량학습 특별활동	기초 한자 쓰기 음표와 박자	강의 실습
31	국어3, 수학1 특별2(12권)	1.자서전 2.신사임당 3.보는 눈에	도서관에서 책 대출하는 방법 알기 국민의 복지를 위해 국가가 해야 할 일 알기 풍물놀이에 대해 알고 이해하기	강의 발표
~				
40	국어2, 재량2 특별2	28. 뒤돌아보자 재량학습 특별활동	나의 초등과정에 대해 뒤돌아보고 이야기 나누기 앞으로 하고 싶은 일에 대해 의견 나누기 총괄평가(지필평가)	강의 평가

출처: 광명시문해교육지원사업 신청서(2018). 광명 J 기관 프로그램 운영 예시

2018년 광명시 문해교육 지원기관의 사전점검 및 컨설팅 결과와 문해교육 기관 및 교사의 간담회를 보면 대부분의 문해교육 기관의 경우 이와 같이 진행하는 어려움을 이야기하며 다양한 교육방법을 습득할 기회제공이 필요함을 이야기했다.

> "우리 기관은 교육부 교재와 부교재를 사용하고 있습니다. 교재가 잘 구성되어 있어요. 그런데 좀 더 재미있고 즐겁게 할 수 있는 교육방법으로 교사들이 고민하는 듯합니다. 문해교육 대상자도 다양해지고 연령대도 이전과는 달리 젊어진 편이라서 어떠한 방법으로 수업을 해야 할지 교사들의 고민이 있습니다."
>
> A기관 문해교육 담당자(2018년 5월)

> "오후 수업시간은 식곤증으로 수업집중이 힘듭니다. 좀 더 재미있게 집중할 수 있는 방법이 무엇일지 항상 고민합니다. 현장 문해교사를 위해서 그런 학습 기회가 있었으면 합니다."
>
> B기관 문해교사(2018년 10월)

아직 정비되고 체계화되어야 할 요소가 많은 문해교육 현장의 한계는 있으나 2019년 교육내용 및 체계 개편에 따라서 체계화된 문해교육 프로그램 개발 기회를 제공함으로써 실질적인 현장지원을 모색할 수 있다.

2) 문해교육 프로그램 개발

개인학습자의 성장과 발달을 통해 변화를 촉진시키기 위해서 프로그램이 개발된다. 그래서 프로그램개발은 순서를 정하고 학습을 해 나갈 방향을 결정하여 학습자에게 효과적으로 목표를 수행할 수 있도록 구조화하는 과정이라 할 수 있다. 프로그램 개발의 협의는 교수·학습 경험을 선정하고 순서를 정해서 조직하는 설계의 의미이나 광의로는 기획, 설계, 개발, 홍보 및 마케팅, 실행 및 평가와 프로그램개정 모두를 포함한다.

문해교육 현장에서는 아직까지 체계적으로 문해교육 프로그램개발이 진행되기에는 여러 가지 어려움이 있다. 교육부에서 문해 현장의 특수성을 감안하여 이미 주교재 및 부교재를 개발하였고 이를 전국 문해교육 기관에서 활용하고 있다. 그러나 이와 관련된 교수자 대상의 교수학습체계 및 방법에 대한 방안 제시는 여전히 부족한 현실이다.

교수학습체계를 개발하는 방법에는 여러 가지가 있지만 여기서는 ADDIE(Analysis; 분석 – Design; 설계 – Development; 개발 – Implementation; 실행 – Evaluation; 평가) 모형에 따라 일반적인 절차를 살펴봤다.

(1) 분석(Analysis)

학습과 관련된 요인들을 분석하는 단계로 학습자가 누구인지 현재 어느 수준인지 학습자의 특성을 파악하고, 학습자가 필요로 하는 것과 기대되는 것이 무엇인지 학습자의 요구를 분석한다. 또한 교육현장에 사용할 수 있는 물적 자원과 학습공간의 물리적 환경을 분석하며, 교수자가 목표 달성을 위하여 필요로 하는 지식, 기능, 태도들을 파악하고 분석한다. 문해교육 학습자가 점점 더 다양해지고 있는 상황에서 실제 각 지역과 기관에서 진행되는 문해교육과정의 학습자 특성을 분석하고 이를 지원할 수 있는 환경을 분석하는 것은 효과적인 교육진행을 위한 가장 기초적인 요소라 할 수 있다.

(2) 설계(Design)

분석과정에서 나온 결과를 기반으로 교육제반 사항에 대해 설계하는 단계다. 학습목표를 행동용어로 명확히 하며, 그 목표가 제대로 이루어지는지 평가도구도 선정한다. 학습자에게 효율적인 프로그램이 되도록 계열화하며 어떻게 가르칠 것인지 교수전략과 학습활동을 촉진시킬 수 있는 적절한 교수매체를 선정한다. 문해교육은 각 과정별 학습목표가 명확히 제시된다. 그리고 그런 단계가 어떠한 평가 전략을 통해 확인할지도 구체화되어 있다. 단지, 성인학습자의 특성을 고려할 때 문서상의 계획이 실제 문해교육 현장에서도 제대로 적용되는지 보다 엄격한 실행이 요구된다.

> "사실 문해교육 현장에서도 학습목표와 평가방법은 정확하게 제시되어 있습니다. 단지, 어머님들이 학령기 아이들보다도 다소 민감한 부분이 있어 평가나 과제제출 시 마음이 앞서 진정한 실력보다는 가족의 도움으로 그것이 희석될 때가 있습니다. 이런 것을 잘 선별하여 제대로 된 평가가 될 수 있는 방법을 찾아내는 것이 어려울 때가 있습니다."
>
> 수원 J학교 교장(2019년 2월)

실제 문해교사들은 다양한 교육방법에 대한 고민을 가장 큰 숙제로 가지고 있다. 문해교육현장은 대부분 강의식으로 수업이 전개된다. 기본적인 문해를 해결하기 위해 지식을 습득하는 것이 최우선되나 실제 학습자가 학령기가 아닌 성인학습자임을 고려할 때 다양한 학습 전략들이 고민되어야 한다. 실제 학령기 학생의 경우 교사의 일방적인 전달식 수업방식보다는 거꾸로 학습(Flipped learning), 다양한 프로젝트 수업, 체험학습을 적재적소에 활용하고 있다. 문자해득과정의 기초에서는 이러한 수업방식 적용이 어려울 수 있으나 단계가 올라갈수록 이러한 전략들을 활용함으로써 학습효과가 배가된다.

특히 경험학습을 기반으로 하는 문해교육은 성인학습자의 특성을 반영할 필요가 있다. 콜브(Kolb)에 의하면 성인은 구체적 경험을 하면서 성찰을 하고 이를 다시 개념화하여 삶에 적용하면서 성장한다고 한다. 따라서 문해교육 현장에서도 이와 관련된 다양한 방법들을 고민해 볼 필요가 있다.

〈표 11-3〉은 콜브(Kolb)의 경험학습 모델 각 단계별 효과적으로 제시될

수 있는 교수학습방법의 예이다. 모의실험이나 사례연구 및 현장학습은 구체적 경험단계에서 활용할 수 있고, 이를 기반으로 논의하거나 버즈집단 토론을 통해 서로의 생각과 경험에 대해 관찰과 반추가 가능하며, 이러한 내용 공유를 통해 추상적인 개념이 명확해진다. 이것을 자신의 삶에 반영하거나 하는 일에 반영한다면 적극적 실험이 완성되었다고 볼 수 있다.

실제 문해교육 현장에서 창의적 체험활동으로 현장학습이 자주 활용되고 있는데, 학습 후 관련 보고서를 내는 방식이 주로 선호되고 있다. 그러나 결과보고서 제출보다는 서로의 경험을 이야기하고 성찰하는 시간이 더욱 학습적 효과가 높음을 고려할 때 Kolb의 단계별 교수학습방법을 잘 활용해 봄으로써 성장을 촉진할 수 있다.

〈표 11-3〉 각 단계별 문해학습 전략

Kolb의 단계	교수학습방법 예시
구체적 경험	모의실험, 사례연구, 현장학습, 실제 경험, 시연
관찰과 반추	논의, 소그룹, 버즈집단(buzz groups), 지정 관찰자
추상적 개념화	내용공유
적극적 실험	실험실 경험, 직무경험, 실습

출처: Knowles, M. S., HoltonⅢ, E. F., & Swanson, R. A.(1973). The Adult Learner (8th ed.). 최은수 역(2016). 「성인학습자」, p233, 재구성.

(3) 개발(Development)

본 단계는 수업에 사용될 교수자료를 개발하고 제작하는 단계로 수업청사진 개발이라고도 할 수 있다. 교수자료의 초안을 개발하여 형성평가를 실시하고 프로그램을 수정한 뒤에 마지막으로 최종 산출물을 제작한다. 문해교육 현장에서는 이를 기반으로 표준 주교재와 부교재가 개발되어 있어 교육시 활용도를 높였다. 단지 이를 활용할 표준 교사용 매뉴얼이 부재하여 수업질의 평준화에 어려움이 있다.

보통 교사용 매뉴얼에는 교수자가 교육운영을 위해 필요한 학습내용, 전달 포인트, 교육방법 등을 자세히 기술해 놓는다. 이는 앞에서도 언급하였듯이 교수자의 자질로 인해 교육효과가 좌우되는 것이 아니라 표준화된 매뉴얼을 통해 교수자로서의 질을 일정하게 맞추고 학습자에게 동일한 정보가 전달되도록 한다.

교수자용 매뉴얼의 구성요소에는 교과목명, 과정 교육체계도, 교과 주제의 흐름도, 과목 교육 운영 일정, 교과의 목적, 개요, 소요시간, 각 단원별 교안이 포함된다. 교안을 작성할 때는 먼저 구체적으로 작성되어야 하고, 명확하게 볼 수 있어야 하며, 실제 현장에 사용될 수 있도록 작성되어야 한다. 또한 누구나 쉽게 이용할 수 있는 언어로 작성되어야 하며, 이론적이고 체계적으로 작성되어야 한다(김용현 외, 2010).

(4) 실행(Implementation)

실행은 설계되고 개발된 교육프로그램을 실제의 현장에 사용하고 이를 계속적으로 유지하고 변화 관리하는 활동이 포함된다. 교수자는 다양한 교육방법과 촉진전략을 통해서 학습목표가 효과적으로 달성될 수 있도록 노력한다. 실제 문해교육 현장에서는 학습자의 학습 촉진을 위하여 정기적인 상담과 활동들을 시행하고 있다. 다양한 소그룹 모임과 학습활동을 통해 서로가 서로를 지지하면서 학습과정을 끝까지 갈 수 있도록 돕고 있으며, 교사도 단순 전문지식을 알려주는 차원을 넘어 학습자의 생활을 이해하여 학습을 촉진한다.

(5) 평가(Evaluation)

실행과정에서의 모든 결과를 평가하는 것이다. 설계, 개발한 교수자료와 프로그램, 교수매체의 적합성과 효율성, 그 과정을 계속 이어나가도 될지에 대한 지속성 여부, 문제점이 발생했다면 어떻게 수정해서 재적용할 것인지에 대한 수정사항 등을 평가한다. 실제 문해교육 기관에서는 한 해 프로그램 운영성과분석을 통해 교육프로그램을 수정·보완한다. 이를 위해 교사 및 문해학습자 대상의 설문을 시행하고, 유관기관 및 대상자와 간담회를 통해 현장의 소리가 담아질 수 있는 노력을 하고 있다.

3. 문해 학습동아리의 필요성과 과제

학습동아리란 일정한 인원의 성인학습자들이 자발적으로 모임을 구성하여 정기적으로 만나 정해진 주제에 대하여 학습과 토론을 진행하는 지역학습공동체의 한 형태이다. 문해교육을 통해 글을 깨우친 늦깎이 학습자들이 자신의 학습과정을 숨기며 그들만의 학습공동체를 만들어 간다. 그래서 지역사회 축제에 자신들을 들어내지 않고 그들만의 백일장과 합창대회, 워크숍, 체험학습을 진행한다.

매년 신규학습자를 모집하는 문해교육기관에는 이미 각 단계를 종료하고도 남아서 함께 학습하기를 희망하는 사람들이 있다. 그들은 졸업 후 상급학교로 진학하는 경우도 있지만 교사와 함께 하는 그 시간이 좋아서 또 동급생이 좋아서 그대로 진급하지 않고 학습활동에 참여하는 경우가 많다.

"한 반에 약 20여분의 어머님들이 함께 학습하고 있습니다. 여기에는 과정이 종료되었는데도 계속 오시는 분들도 있습니다. 아마도 비슷한 학습수준에 이렇게 모여 함께 학습하고 이야기 나누는 시간을 즐기는 것 같습니다. 그러나 이 분들이 한 단계 더 성장하고 다음 단계로 넘어갈 수 있는 장치들이 부재한 상황이라 이를 지원할 수 있는 프로그램은 무엇인지 고민이 됩니다."

Y기관 담당자(2018년)

이러한 상황을 인지하고 수원제일평생학교는 문해학습자를 대상으로 학습동아리를 결성하여 잘 운영하고 있는 기관 중 하나이다. 수원제일평생학교는 1963년 10월 서울 농대생들을 중심으로 하여 밀알학원을 만든 것이 전신이 되었다. 대안학교로 검정고시 준비, 초등, 중등, 고등부 반 이외 문해 1~3단계(소망, 배움, 지혜), 행복 1~3단계(중학 1 · 2 · 3단계)뿐만 아니라 학습자들의 학습촉진을 위해 문해 학습동아리도 운영하고 있다. 개설된 문해 학습동아리는 합창반, 영어 1 · 2반, 문학 및 창작, 컴퓨터 1 · 2반, 수학반이 운영되고 있다. 그 외 찾아가는 문해교실 운영을 통해 학습을 희망하고도 함께 하지 못한 이들의 학습요구를 충족하고 있다.

광명시평생학습원에서도 13개의 문해교육 기관의 네트워크를 중심으로 25,000여명의 광명시 비문해자를 대상으로 다양한 문해 과정을 운영하고 있으며, 초보 PC방을 통해 정보문해 교육의 활성화도 모색하고 있다. 더불어 문해교사협의회를 중심으로 기관방문이 어려운 문해 학습자를 위해 찾아가는 문해교실도 운영하고 있다.

그러나 아직까지 문해 학습동아리는 결정되지 않은 상태이다. 물론 개인의 요구에 따라 다양한 학습동아리의 구성원으로 활동을 하고 있지만 문해 심화 학습과정 및 다양한 학습활동을 위한 그들만의 학습동아리 결성을 통해 좀 더 지역사회와 연계하는 활동이 필요하다. 정규학습과정의 기회는 신규 학습자에게 제공하고 졸업자에게는 다양한 학습의 장이 필요하다. 그리고 그 시작은 이를 지원하는 기관과 교사의 의지가 중요하다고 볼 수 있다.

[그림 11-3]은 교사가 활용하는 학습관리방법을 제시하고 있는데, 문해교사가 수강생 학습관리를 위해 상담일지와 포트폴리오등 학습성과를 통해 학습관리를 하고 있음을 알 수 있다. 이러한 과정 속에 학습자들 대상의 학습모임인 학습동아리 결성을 제안하고 촉진함으로써 좀 더 학습자의 학습 질을 제고할 수 있다.

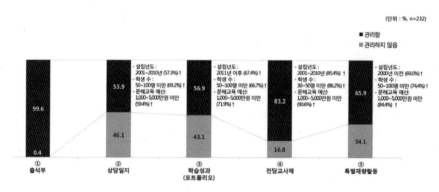

〔그림 11-3〕 수강생 학습관리를 위한 방법

출처: 경기도평생교육진흥원(2018). 경기도 문해교육기관 현황조사, p21.

2018년 경기도평생교육진흥원에서 조사한 자료에 의하면 문해교육 정규과정 종료 후 후속과정을 운영하고 있는 기관은 28.4%밖에 되지 않는다. 문해교육과정의 학습자는 그들만의 추가 학습과 활동을 희망하는데 실제 기관에서는 이에 대한 지원이 부족하다.

[그림 11-4]에 의하면 운영하고 있는 기관의 '후속 프로그램 종류'는 '심화단계의 연결 프로그램'이 62.1%로 가장 높게 나타났다. 그 다음으로 '취미, 교양활동(42.4%), 수강생들과의 친목을 위한 동아리 활동(19.7%)' 등의 순으로 조사되었다. 실제 문해교육 과정만으로 글자를 해득하고 생활 및 정보문해까지 완전히 해결하기에는 어려움이 있다.

물론 문해교육 학습자가 점점 더 다양해지고 젊어지는 추세를 보면 이러한 문제가 어느 정도 해결될 수 있는 환경으로 개선되고 있다고도 볼 수 있다. 여전히 문해 학습자는 어려웠던 시절 배움의 시기를 놓친 어르신들이 많고, 고령화로 학습인지능력이 다소 낮은 편이다. 그래서 그러한 학습자를 대상으로 문해교육이 수반 될 때는 요구분석 단계에서 학습자의 특징을 파악하여 지원할 수 있는 심화과정을 그렇지 않은 그룹은 다양한 학습활동을 지원할 수 있는 문해학습 동아리 결성을 촉진할 필요가 있다.

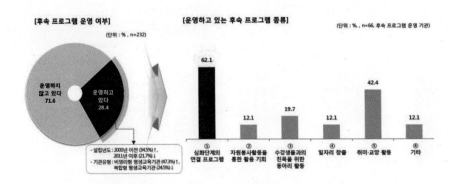

〔그림 11-4〕 후속 프로그램 운영여부 및 종류

출처: 경기도평생교육진흥원(2018). 경기도 문해교육기관 현황조사, p23.

6장의 전환학습에서 다루었던 김영문(2010)의 '성인학습동아리 참여자의 전환학습에 관한 연구' 결과는 학습동아리의 운영과 참여의 중요성을 시사한다. 학습동아리를 통해 학습자는 학업성취 향상 및 자신의 관점 개발, 인간관계 형성 그리고 지역사회와의 연계를 갖게 된다. 또한 지역사회 측면에서는 지역사회 내 인적자원 개발, 시민공동체 기반형성, 지역주민을 위한 평생학습기회가 실질적으로 확대된다. 그동안 소극적으로 검토되던 문해학습동아리 결성과 촉진에 관심을 가져야 한다.

4. 문해 학습동아리 운영 모델 개발

문해 학습동아리 운영 모델을 개발하여 학습동아리를 운영하게 되면, 문해학습자들(학력인정 및 학력미인정)이 정규 수업시간에 각 과목의 특성에 따른 학습방법을 제대로 파악하지 못해 학업성취도가 저조한 학생들에게 적절한 수준의 교육을 제공할 수 있다. 일부 문해학습자들은 해당 단계를 마쳤음에도 불구하고 다음단계로 진입을 못하고 똑 같은 단계에 머물기도 한다. 피어 튜터링은 이러한 학습자들에게 학업 및 자신감 향상으로 다음단계로의 진입을 도울 수 있다. 또한 동료 및 선후배간의 친밀한 관계형성은 즐거운 학습분위기 조성과 학습과정 적응에 도움이 된다. '피어 튜터링 제도'를 이용한 문해 학습동아리 운영 모델은 문해학습자들 뿐만 아니라 학교(초·중·고·대)학생들에게도 적용하여 학업성취 및 관계형성 향상, 학교생활 적응, 의사소통 및 리더십 능력 향상 등 개인과 조직 관계에 대한 기술을 익힐 수 있는 학습공동체 프로그램이라고 볼 수 있다. 튜터링은 일반적으로 튜터(tutor)에 의해 이루어지는 다양한 학습 지도 활동을 말한다. 피어 튜터링은 교수, 조교, 대학원생을 튜터로 하는 튜터링과 동일하거나 유사한 학과의 동기간 또는 선후배간의 학습지도 활동을 칭한다(Remedios, 2006). 피어 튜터링은 문제해결 능력 중심의 자기주도학습 교육기술이며, 소그룹 학습과정에서 학생의 사고나 추론기술을 개발하고, 독립적인 자기주도 학습자가 될 수 있도록 도움을 주는 중요한 교수법이다(Barrows, 1994).

〈표 11-4〉와 [그림 11-5, 11-6]은 문해교육과정으로 학력인정 초등단계(1, 2, 3단계) 학생들 중 2단계 학생들을 튜티로, 3단계 학생들을 튜터로 하여 학습동아리 운영 모델을 개발한 것이다. 물론 튜티 초등 1단계/튜터 초등 2, 3단계, 튜티 초등 2단계/튜터 초등 3단계, 중등 1단계, 튜티 초등 3단계/튜터 중학 1, 2단계 등으로 기관의 상황에 따라 튜터와 튜티를 정해 운영할 수 있다. 또한 튜터와 튜티의 적정한 수도 기관의 상황과 튜티의 개별상담(학업성취도 등)의 결과에 따라 달라질 수 있다.

따라서 광명시평생학습원에서 연계한 13개 문해교육 기관, 12장과 13장에서 제시한 부산동구 및 천안시다문가족지원센터, 광주희망평생교육원, 담양군 찾아가는 문해교육, 그리고 14장의 장애인 문해교육 등의 다양한 문해교육과정에서 학업성취도가 저조한 학생들이 이 모델을 활용할 수 있다.

〈표 11-4〉 초등 2단계 학생의 문해 학습동아리 피어 튜터링

대상	튜티: 초등 3단계 튜티: 초등 2단계
모집시기	수시신청
수업시간	정규수업시간 후: 주 3회(2시간/1회) *기관에 따라 다를 수 있음
목적	-학습자들의 자발적인 참여로 수업시간 외에 학습할 시간 제공 -각 과목별 학업성과가 저조한 학생들에게 적절한 수준의 학습보완 -다음단계 진입을 꺼려하는 학습자들에게 학업성취 및 자신감 향상 -Peer tutoring으로 상호 학습보완
기대효과	학업성취향상, 의사소통 능력 및 리더십 향상 동료 및 선후배간 친밀한 관계형성, 학습문화조성, 학습적응

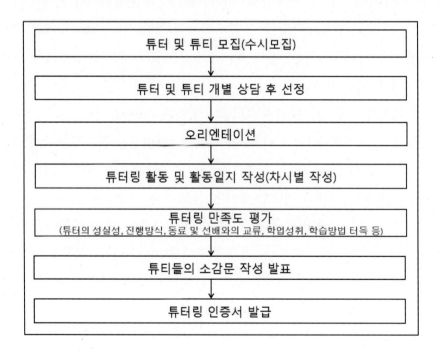

〔그림 11-5〕 문해 학습동아리 피어 튜터링 프로그램 운영

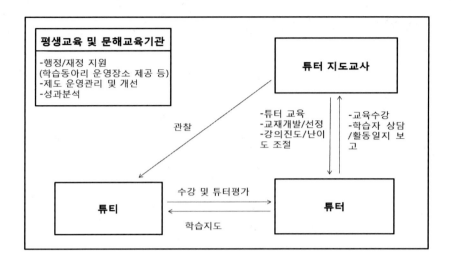

〔그림 11-6〕 문해 학습동아리 피어 튜터링 운영 모델

【연구과제】

1. 문해교육 인간상을 이해하여 이를 각 문해교육 현장에서 어떻게 학습목
   표로 구체화시킬 수 있는지 설명하시오.
2. 생활문해 교육으로 구분될 수 있는 문해교육 프로그램을 ADDIE모형에
   따라 개발하시오.
3. 문해 학습자를 대상으로 하는 학습동아리의 영역은 무엇이 있을지 기술
   하시오.

【참고문헌】

경기도평생교육진흥원(2016). 「2016년 경기도 중학과정 문해교육 교원연
    수」, p1-161

경기도평생교육진흥원(2018). 「2017년 경기도문해교육기관 현황조사」.

교육부(2016). 「2016년 성인문해교육 운영기관 컨설팅 워크숍」.

국가문해교육센터(2018). 「초등·중등 문해교육 교육과정 2차 개정 고시 안
    내」, p1-48.

김용현, 김종표, 문종철, 이복희(2010). 평생교육프로그램개발론」, 양서원.

Barrows, H. S(1994). *The Tutorial Process, 3rd Edition*. Southern Illinois
    University, School of Medic; Rev edition.

Knowles, M. S., HoltonⅢ, E. F., & Swanson, R. A.(1973). *The Adult Learner*
    (8th ed.). 최은수 역(2016). 「성인학습자」, 아카데미프레스.

Remedios, Z. Miciano.(2006). *Piloting a Peer Literacy Program: Implications for
    Teacher Education*. Asia Pacific Education Review. 7(1), p76-84.

文解

PART
05

세계시민사회의 문해교육

다문화 문해교육

【개요】

　21세기 세계화시대, 세계화는 하나의 운명 공동체를 형성하면서 국가들 간의 상호협력과 인류공존의 문제를 중요한 과제로 삼는다. 이는 우리가 지리적, 인종적, 정치적, 문화적 구분의 시대를 넘어 하나의 통합된 세계문화로 나아가야 함을 말해주는 것이다.

　그러나 한국의 다문화주의적 관용과 인정은 개인주의와 공동체주의가 혼재하면서 복합적 정체성, 다양한 혼종적 개인성이 형성되고 있지만, 동화와 배제의 역학을 극복하지 못하는 한계를 드러낸다.

　이제는 다문화교육의 한계를 극복하고 보완하는 실천 전략으로서 상호문화교육 즉 개별문화의 특성을 보전하면서도 통합되는 세계문화와 삶의 조건에 적응할 수 있는 상호문화교육이 강조된다. 또한 세계화 시대에 국가공동체를 넘어서는 세계공동체에 대한 세계시민교육은 학교교육을 넘어 모든 대상을 포함하는 글로벌 차원에서, 그리고 평생교육 차원에서 이루어져야 한다.

　본 장에서는 다문화사회의 이해, 다문화교육과 상호문화교육, 다문화문해교육의 범위, 다문화문해교육의 실제 사례를 살펴보고자 한다.

【학습목표】

1. 다문화사회에 대해 이해한다.
2. 다문화교육과 상호문화교육의 차이를 이해한다.
3. 다문화교육을 통한 세계시민성 형성에 대해 알 수 있다.
4. 다문화 문해교육의 사례를 통해 다양한 교육과정과 내용을 이해한다.

1. 다문화사회의 이해

1) 다문화와 다문화주의

문화는 한 사회의 개인이나 인간 집단이 자연을 변화시켜온 물질적·정신적 과정의 산물로 예술, 문학, 생활양식, 함께 사는 방식, 가치체계, 전통과 신념을 포함한다. 다문화(multi-culture)는 기존의 단일문화와 대비되는 개념으로 문화의 다양성을 말한다.

즉 다문화는 한 사회 안에 여러 민족·국가의 문화가 혼재하는 것을 이르는 말이며, 종족이나 계층간뿐만 아니라 지식, 정보, 생활양식 및 가치관 등에서 다양함과 독특함이 공존하는 시대적 배경에서, 각 나라의 문화를 연결·반영하여 적용하는 것으로 각 문화의 차별화를 강조하고 문화의 다양성을 추구하는 것이다(유흥옥 외, 2009). 따라서 다문화사회는 한 국가나 사회 속에 서로 다른 인종·종교·민족·계급 등 여러 문화가 함께 공존하는 사회이다.

다문화주의(多文化主義)는 "사회적 소수집단의 정체성과 문화적 이해를 공공영역에서 적극적으로 인정하려는 일련의 흐름"으로 정의할 수 있다. 세계화가 진행됨에 따라 다문화주의는 단일한 민족 국가들이 가지고 있던 다양한 문화를 서로 인정하고 교류하기 위해 여러 문화를 존중하고자 하는 이론으로 여성문화, 소수파문화, 비서양문화 등 여러 유형의 이질적인 문화의 주변 문화를 제도권 안으로 수용하자는 것이다(이정은, 2017).

또한 다문화주의는 사회적 인정과 문화적 생존을 중요하게 보며, 공공영역에서 문화적 표현을 인정하는 데 초점을 둔다. 즉 다문화주의는 서로 다른 문화에 대한 존중과 문화적 차이에 대한 관용을 중시하고, 모든 문화의 가치는 동등하다는 문화상대주의와 서로의 지향점이 다르더라도 문화를 존중하는 관용이라는 맥락은 동일하다.

이러한 다문화주의의 이념은 1970년대에 서구 민주주의 사회에서 등장하여, 우리나라에서는 1980년대 말 이후에 다문화주의의 민족 국가와 소수집단 현상이 등장하면서 다문화주의 이념이 논의되기 시작했다. 그러나 한국의 다문화주의적 관용과 인정은 개인주의와 공동체주의가 혼재하면서 복합적 정체성, 다양한 혼종적 개인성이 형성되고 있지만, 동화와 배제의 역학을 극복하지 못하는 한계를 드러낸다(이정은, 2017).

현대 세계사회에서 여러 국가의 문화를 자유롭게 접하며 문화의 다양성을 이해하고 수용할 필요가 커지고 있다. 따라서 문화간 대화와 문화 내에서 도전적인 자기분리 경향에 대한 지원할 수 있는 상호문화주의를 수용하고 상호문화교육을 실시해야 한다. 상호문화주의는 다문화주의의 한계를 극복하고 "모든 문화들이 동등성으로 참여하는 상호문화성의 확대"를 지향한다.

또한 상호문화교육은 모든 학습자 대상이 문화적 차이에 긍정적으로 접근하여 적절하고 효과적으로 상호작용하게 하는 교육으로 상호문화역량을 함양할 수 있다.

2) 상호문화와 상호문화주의

상호문화는 문화 상대주의론적 가치로 낯설고 이질적인 타문화를 편견 없이 바라보고 상호 대화를 통해 타문화를 이해하려는 것이다. 상호문화주의는 서로 다른 문화들의 복수적 공존을 주장하는 다문화주의와는 구별되며, 문화간 대화와 문화 내에서 도전적인 자기분리 경향에 대한 지원을 의미한다. 즉 각기 다른 다양한 문화들 사이의 역동적이고 쌍방향적인 상호작용을 중시하는 이념 또는 철학이라고 할 수 있다. 상호문화주의는 문화 다양성의 가치와 이것이 가져오는 문화혼종에 대한 가능성을 매우 긍정적으로 해석한다.

이는 유럽연합이 문화와 교육 교류정책을 통해 추구하는 것으로 다양성을 역동성, 혁신, 그리고 창조와 성장의 원천으로 본다. 상호문화주의의 핵심은 바로 쌍방향 '소통'에 있는데, 유럽연합은 '문화 간 대화'를 문화정책의 주요 아젠다로 설정하고 여러 문화적인 실천을 해 나가고 있다. 예를 들어, 상호문화적 전략을 바탕으로 다양한 문화적 배경의 정체성들이 서로 교류되고 공유될 수 있도록 시민들의 참여를 독려하여 유럽공동체의 발전에 기여할 수 있도록 한다.

유럽에서는 1970년대 말에 서유럽으로 이주해 온 노동자들의 통합 문제와 관련해 유럽이사회에서 사회제도의 구성과 확충을 위해 이른바 '상호문화적 선택'으로 전환을 최초로 요청했다. 즉 다문화주의에 대한 한계를 극복하기 위해 상호문화적 관점에서 여러 가지 문화적 실천을 하는 것이다.

이에 유럽평의회는 1970년대 상호문화적 대화, 민족중심주의의 거부, 문화적 상대주의의 옹호, 이민 가정 자녀를 위한 교육 등에 대해 많은 논의를 거듭했다. 1984년에는 '상호문화 이해를 위한 교사 양성 계획'을 모든 회원국 내에서 실시할 것을 권고했다. 그리고 1980년대 후반부터는 상호문화 교육을 이끌어 가며 다문화 문제를 다문화주의로부터 상호문화주의로 전환할 것을 주도했다. 유럽연합은 출범 이후 문화를 위한 아젠다 가운데 하나로 '상호문화적 대화(intercultural dialogue)'를 내세우며 문화정책을 실천하고 있다.

2. 다문화교육과 상호문화교육

1) 다문화교육

우리나라는 2000년대에 들어서 이주 노동자, 결혼이민자, 이들의 자녀가 차지하는 비중이 급속도로 증가하고 있다. 2018년 교육기본통계 주요내용에 따르면, 우리나라 외국인주민 수(비율)는 2007년 72만 명(1.5%) → 2016

년 176만 명(3.4%), 우리나라 체류 외국인 수는 1998년 31만 명 → 2007년 107만 명 → 2016년 205만 명에 이른다.

다문화학생은 2006년 9,383명에서 2018년 122,212명으로 증가하여 국내출생 자녀가 98,263명, 중도입국 자녀 8,320명, 그리고 외국인 자녀가 15,629명으로 나타났다. 이 중 초등학생 93,027명, 중학교 18,068명, 고등학교 10,688명, 각종 학교 429명으로 분포되었다.

이처럼 이주 노동자, 결혼이민자, 이들의 자녀 숫자 급증은 동시에 소수자로서 겪는 차별과 함께 이들 자녀의 교육문제가 심각한 사회문제로 대두되고 있다. 더욱이 우리나라의 출산율 감소로 초·중·고등학교에서의 다문화학생의 비율이 점차 높아짐에 따라 다문화 학생뿐만 아니라 일반학생까지 포함한 다문화교육정책에 대한 정부의 정책적 대응의 필요성이 점차 강조되고 있다.

다문화 교육은 인종, 민족, 사회적 지위, 성별, 종교, 이념에 따른 집단의 문화를 동등한 가치로 인식하며, 다른 문화에 대한 편견을 줄이고, 다양한 문화를 이해하기 위한 지식, 태도, 가치 교육을 가르치는 것이다. 다문화 교육에서는 다른 문화와 접촉하고, 상호작용할 수 있는 기회제공과 특히 사회적, 국가 차원에서 다문화교육 정책을 수행하는 것이 중요하다.

하지만 우리나라에서는 지금까지 이들을 대상으로 하는 다문화교육은 주로 동화주의의 맥락에서, 그리고 다문화가정 구성원들을 중심으로 이루어지고 있다. 이로 인해 이들을 한국 문화에 동화되어야 할 객체가 아니라 하나의 문화 주체로 보는 견해가 대두되었다. 이들이 가진 모문화(母文化)를 존중하고, 모어(母語) 능력을 하나의 자산으로 보려는 새로운 시각이 등장하면서 동화주의와 다문화주의를 절충한 다문화 교육형태가 제시되었다(손다정, 2009).

즉 한국사회에서 이들이 타자적 정체성을 극복하고 한국사회의 구성원으로서 주체적이고 긍정적인 자아정체성을 확립할 수 있는 상호문화교육이 그 대안이 될 수 있다. 또한 이주 노동자, 결혼이민자들의 자녀 급증과 우리나라의 출산율 감소로 초 · 중 · 고등학교에서의 다문화학생의 비율이 점차 높아짐으로써 다문화 학생뿐만 아니라 일반 학생까지 포함한 다문화교육정책에 대한 정부의 정책적 대응의 필요성이 점차 강조되고 있다.

이제는 그들만을 대상으로 하는 다문화교육이 아니라 상호문화교육으로 일반 학생들을 포함하여 광범위하게 다뤄 단일의식을 완화하고, 타인의 문화를 이해하기 전에 자신의 문화를 비판적으로 성찰하는 상호문화교육이 필요하다.

2) 세계화와 상호문화교육

21세기는 공간적으로 전지구적이면서 시간적으로는 동시대적인 세계화시대이다. 세계화는 하나의 운명 공동체를 형성하면서 국가들간의 상호협력과 인류공존의 문제를 중요한 과제로 생각하게 되었다. 이제 우리는 인간의 사유(思惟)와 생존조건이 전지구적으로 획일화되는 경향에서 개별문화의 특성을 보전하면서도 통합되는 세계문화와 삶의 조건에 적응할 수 있는 길을 모색해야 한다(정영근, 2001). 이를 실천하기 위해서는 무엇보다도 다른 국가의 인간과 문화를 이해하는 교육인 상호문화교육과 세계시민교육이 중요시된다.

사람마다 각기 주관이 다르지만 사람들 사이에 공통된 주관성이 존재하듯이 독특한 개별성을 지닌 각각의 문화들 사이에도 공통된 보편성이 존재한다. 따라서 상호문화성은 단순히 문화들의 접촉이나 교류의 차원을 말하는 것이 아니라 문화들 속에 내재한 보편적 성격과 문화 사이에 존재하는 깊은 유대감과 내적 연관성을 드러내는 개념이다(신행철, 1997; 정영근, 2001).

이러한 상호문화성을 바탕으로 한 상호문화교육은 다양성 교육인 동시에 인권교육이고 평화교육이다. 문화다양성은 공동유산이며, 상호문화 대화는 갈등의 예방과 조정, 난민의 통합, 폭력적 극단주의 극복, 문화유산 보존 등의 세계적인 문제를 해결하는 데 일조할 수 있다(Michael Reiterer, 2019).

상호문화교육은 문화의 상이함이 전제가 되므로 다양한 문화를 가진 학습자들 사이의 상호작용, 협력, 이해의 긍정적 관계 수립이 목적이다. 이는 다문화사회에서 문화와 문화 사이의 상호작용 또는 교류접촉을 강조한다. 즉, 교육은 여러 문화가 접촉하는 순간에 어느 한쪽의 일방적인 적응과 동화를 요구하는 것이 아니라 문화간 대면과 접촉의 현장에 존재하는 주체들과 이들 쌍방간의 학습과 교육을 전제하는 '상호문화 학습'의 형태가 되어야 한다.

정영근(2001)은 상호문화교육은 넓은 의미의 사회적 학습에 속하는 것으로 감정이입능력, 관용, 갈등해결능력, 협동심, 연대성 등을 추구하여 역사·사회적 현실을 다양한 관점에서 파악·획득하고, 인종과 문화적 차별을 극복하기 위한 정치교육이 포함된다고 한다.

다수자의 문화에 소수자가 일방적으로 동화되기를 기대하는 것이 아니라 소수자가 가진 모문화(母文化)와 모어(母語)를 유지하면서 다수자의 언어를 사용할 수 있고 다수자의 문화에 융합되어 다문화사회를 구성해야 하는 것이 다문화 교육의 중요한 목표로 설정한다면, 문화간 대면과 그 상황에서 이루어지는 상호작용 과정을 강조하는 '상호문화 학습'이 문화교육의 방법으로 유용하게 활용될 수 있다(손다정, 2009).

이는 상호문화 소통을 위한 도구로서의 이중언어교육 활성화로 볼 수 있다. 다문화가족들이 새로운 사회에서 타국 언어를 사용하도록 강요당할 때 모국어 사멸의 위협을 받는다. 따라서 그 다문화가족의 자국 언어도 인정하면서 타국 언어를 수용하도록 한다. 모어(母語)는 언어 사용자가 자기 생각을 가장 바르고, 깊고, 풍부하게 표현할 수 있는 생활도구로 그 나라와 민족의 지식문화 자산이 녹아 있는 사고체계이기 때문에 중요시해야 한다.

상호문화주의의 핵심은 바로 '소통'에 있다. 따라서 교육정책에서는 소통을 위한 '상호문화적 기술'이 강조된다. 다문화사회에서 학교는 문화 간 소통 기술을 배우는 데 중요한 기관으로서 개인은 물론 사회에도 그 의미가 크지 않을 수 없다. 학교는 상호문화주의에 입각한 교육 시스템을 도입해 학생들이 미래의 사회를 위해 미리 다양한 문화적 배경의 사람들과 서로

소통할 수 있는 기술을 익히는 장이어야 한다(P. Wood & C. Landry, 2008). 즉 상호문화교육은 모든 학생이 문화적 차이에 긍정적으로 접근하여 적절하고 효과적으로 상호작용하게 하는 교육으로서 상호문화역량을 함양할 수 있어야 한다.

같은 맥락에서 서울특별시교육청(2019)은 기존 다문화교육의 한계를 극복하고 보완하는 실천 전략으로서 상호문화교육을 도입하였다. 서로 다른 문화 간 대화의 아젠다를 실현하기 위해서는 교육을 통해 다양성에 대한 긍정적 이해와 상호문화적 관계의 진화를 이끌 수 있기 때문이다. 구체적으로 모든 학교 구성원의 다문화 감수성 제고 및 성숙한 교육환경 조성과 다문화학생의 교육기회 보장 및 교육격차 해소를 목표로 한다.

추진 과제로는 첫째, 다문화 감수성 제고 및 역량강화(학교: 교육과정과 연계한 상호문화교육 실천, 학생: 상호문화역량 함양, 교원: 상호문화교육 역량강화)이다. 둘째, 다문화학생 맞춤형 교육지원 확대(교육기회: 공교육 진입 지원, 언어교육: 맞춤형 한국어교육 제공 및 이중언어능력 개발, 진로진학: 미래 한국사회 인재로 성장 지원). 셋째, 다문화교육 추진 체계 구축(통합지원: 다문화교육지원센터 운영, 협업체계: 자치구 및 유관기관과의 협력 강화, 제도정비: 다문화교육 법령과 제도 정비)이다. 또한 상호문화교육을 위한 추진 과제별 세부 사업은 〈표 12-1〉과 같다.

〈표 12-1〉 상호문화교육의 추진 과제별 세부 사업

추진 과제	세부 사업
학교: 교육과정과 연계한 상호문화교육 실천	-학교 교육과정 및 수업을 통한 다문화 이해교육 실시 -다문화교육 정책학교 운영 -다문화교육 연구학교 운영
학생: 상호문화역량 함양	-반(反)편견, 평등, 다양성 프로젝트 실천 -모든 학생을 위한 이중언어교육 지원
교원: 상호문화교육 역량 강화	-다문화교육 역량 강화를 위한 교원 연수 -다문화교육지원단 및 학교간교원학습 공동체 운영

교육기회: 공교육 진입 지원	–다문화학생 편·입학 및 학적생성 지원 –다문화학생 학교생활 적응 지원 –홈페이지 다국어 서비스 제공
언어교육: 맞춤형 한국어교육 제공 및 이중언어능력 개발	–다문화 특별학급 설치·운영 –맞춤형 한국어교육을 위한 한국어(KSL) 교육과정 지원 –다문화학생 이중언어능력 개발
진로진학: 미래 한국사회 인재로 성장 지원	–미래직업체험 프로그램을 통한 진로탐색 지원 –다문화학생 진로·진학 상담 지원
통합지원: 다문화교육지원센터 운영	–다문화학생 통합지원을 위한 다문화교육지원센터 운영
협업체계: 자치구 및 유관기관과의 협력 강화	–유관기관 네트워크 구축을 통한 연계·협력 강화 –다문화학생 밀집지역 지원을 위한 협의체 구성
제도정비: 다문화교육 법령과 제도 정비	–다문화교육 관련 법령 제·개정 추진 –지침 및 제도 정비

출처: 서울특별시교육청(2019). 2019 다문화교육 지원 기본계획, p6-19.

3) 다문화교육 관계 법령

　　다문화교육활성화를 위해서 교육기본법, 다문화가족지원법, 초중등교육법 시행령 등 다문화 관계 법령에 따라 다문화학생 중심의 맞춤형 교육지원과 다문화사회에 대한 인식제고를 위한 사업을 수행하고 있다(〈표 12-2〉참고). 그리고 〈표 12-3〉은 올해 서울특별시교육청(2019)이 다문화교육 관련 법령 제·개정 추진을 위한 법령들이다.

〈표 12-2〉 다문화교육활성화를 위한 관계 법령

법령명	내용
교육기본법 제4조	제4조(교육의 기회균등) ①모든 국민은 성별, 종교, 신념, 인종, 사회적 신분, 경제적 지위 또는 신체적 조건 등을 이유로 교육에서 차별을 받지 아니한다. ②국가와 지방자치단체는 학습자가 평등하게 교육을 받을 수 있도록 지역 간의 교원 수급 등 교육 여건 격차를 최소화하는 시책을 마련하여 시행하여야 한다.

다문화가족지원법 제10조	10조(아동 · 청소년 보육 · 교육) ①국가와 지방자치단체는 아동 · 청소년 보육 · 교육을 실시함에 있어서 다문화가족 구성원인 아동 · 청소년을 차별하여서는 아니 된다. [개정 2015.12.1] [[시행일 2016.6.2]] ②국가와 지방자치단체는 다문화가족 구성원인 아동 · 청소년이 학교생활에 신속히 적응할 수 있도록 교육지원대책을 마련하여야 하고, 특별시 · 광역시 · 특별자치시 · 도 · 특별자치도의 교육감은 다문화가족 구성원인 아동 · 청소년에 대하여 학과 외 또는 방과 후 교육 프로그램 등을 지원할 수 있다. [개정 2015.12.1] [[시행일 2016.6.2]] ③국가와 지방자치단체는 다문화가족 구성원인 18세 미만인 사람의 초등학교 취학 전 보육 및 교육 지원을 위하여 노력하고, 그 구성원의 언어발달을 위하여 한국어 및 결혼이민자등인 부 또는 모의 모국어 교육을 위한 교재지원 및 학습지원 등 언어능력 제고를 위하여 필요한 지원을 할 수 있다. [개정 2013.3.22, 2015.12.1] [[시행일 2016.6.2]] ④「영유아보육법」 제10조에 따른 어린이집의 원장, 「유아교육법」 제7조에 따른 유치원의 장, 「초 · 중등교육법」 제2조에 따른 각급 학교의 장, 그 밖에 대통령령으로 정하는 기관의 장은 아동 · 청소년 보육 · 교육을 실시함에 있어 다문화가족 구성원인 아동 · 청소년이 차별을 받지 아니하도록 필요한 조치를 하여야 한다.
초등교육법시행령 제19조	19조(귀국 학생 및 다문화학생 등의 입학 및 전학) ① 다음 각 호의 어느 하나에 해당하는 아동이나 학생(이하 이 조에서 "귀국학생등"이라 한다)의 보호자는 제17조 및 제21조에 따른 입학 또는 전학 절차를 갈음하여 거주지가 속하는 학구 안에 있는 초등학교의 장에게 귀국학생등의 입학 또는 전학을 신청할 수 있다. [개정 2010.12.27, 2013.10.30] 1. 외국에서 귀국한 아동 또는 학생 2. 재외국민의 자녀인 아동 또는 학생 3. 「북한이탈주민의 보호 및 정착지원에 관한 법률」 제2조제1호에 따른 북한이탈주민인 아동 또는 학생 4. 외국인인 아동 또는 학생 5. 그 밖에 초등학교에 입학하거나 전학하기 전에 국내에 거주하지 않았거나 국내에 학적이 없는 등의 사유로 제17조 및 제21조에 따른 입학 또는 전학 절차를 거칠 수 없는 아동 또는 학생 ② 제1항의 신청을 받은 초등학교의 장은 「전자정부법」 제36조제1항에 따른 행정정보의 공동이용을 통하여 「출입국관리법」 제88조에 따른 출입국에 관한 사실증명 또는 외국인등록 사실증명의 내용을 확인하여야 한다. 다만, 귀국학생등의 보호자가 그 확인에 동의하지 않을 때에는 다음 각 호의 어느 하나에 해당하는 서류를 첨부하게 하여야 한다. [신설 2010.12.27] 1. 출입국에 관한 사실이나 외국인등록 사실을 증명할 수 있는 서류 2. 임대차계약서, 거주사실에 대한 인우보증서 등 거주사실을 확인할 수 있는 서류 ③외국에서 귀국한 아동은 제1항에도 불구하고 교육감이 정하는 바에 따라 귀국학생 특별학급이 설치된 초등학교에 입학 또는 전학할 수 있다. [개정 2010.12.27, 2013.10.30] ④「다문화가족지원법」 제2조제1호에 따른 다문화가족의 구성원인 아동이나 학생(이하 "다문화학생"이라 한다)은 제17조 및 제21조에도 불구하고 교육감이 정하는 바에 따라 다문화학생 특별학급이 설치된 초등학교에 입학하거나 전학할 수 있다. [신설 2013.10.30] [본조제목개정 2013.10.30]

〈표 12-3〉 다문화교육 관련 법령 제 · 개정 추진(2019)

법령명	내용	한계
유엔 아동권리 협약	모든 아동에게 교육권 보장 및 무상교육 제공	협약의 내용을 뒷받침하는 국내 법규 불충분
초 · 중등교육법	다문화학생이 체류자격과 관계없이 공교육에 진입할 수 있도록 서류요건 완화 등	학교에서의 다문화교육 실시 근거, 구체적 교육지원 내용 등 미비
다문화가족지원법	다문화가족 자녀를 위한 교육시책 마련 및 다문화가족에 대한 편견 예방 교육 실시	다문화가족 정의 제한적 (부모 중 한국인 포함)
재한외국인 처우기본법	외국인의 사회적응 지원 및 다문화에 대한 이해 증진	미등록 이주아동 제외, 구체적 지원내용 미비
유아교육법 및 초 · 중등교육법	법 제5조 제6항 : 교육부장관과 특별시 · 광역시 · 특별자치시 · 도 · 특별자치도의 교육감은 「유아교육법」 제2조 및 「초 · 중등교육법」 제2조에 따른 학교의 교원에 대하여 대통령령으로 정하는 바에 따라 다문화 이해교육 관련 연수를 실시하여야 한다.	

출처: 서울특별시교육청(2019). 2019 다문화교육 지원 기본 계획, p19.

4) 다문화교육 지원 추진 체계 및 네트워크 구축

다문화교육자원 추진은 중앙다문화교육센터를 통해 중앙정부 차원의 시 · 도 지원 다문화 교육사업에 대한 평가 · 컨설팅 · 지원 기능 강화, 다문화교육 관련 통계 수집 및 분석, 사업성과 분석 · 평가, 지역다문화교육지원센터 지원, 관계자 워크숍과 홍보 등 업무 수행, 그리고 다문화교육 우수사례 공모전, 포럼, 교육자료 개발 등을 통해 다문화 인식 제고와 다문화교육의 활성화를 도모한다(그림 12-1 참고).

또한 다문화교육 유관기관 네트워크 구축과 연계 · 협력을 통해 효율적인 정책 추진을 한다. 연계협력 분야는 입국 초기 적응 지원, 돌봄 서비스 제공, 각종 교육 프로그램 연계, 체험 시설 공유, 학부모 교육, 지역 커뮤니티 활성화, 관련 법령 제 · 개정 등이다(그림 12-2 참고).

현재 다문화가족(여가부), 외국인(법무부출입국관리사무소), 외국인근로자(고용부), 다문화학생(교육부, 시도교육청) 등 유형·부처별로 서비스를 제공 중이지만 센터별로 시설을 설치(12개 지역: 인천 1, 경기 9, 충남 1, 경남 1)하고 한국어교육상담 등 서비스를 제공하는 다문화이주민 센터를 설치·운영하여 연계부족을 기관간 협업으로 서비스를 제공한다(그림 12-3 참고).

< 다문화교육지원 추진 체계 >

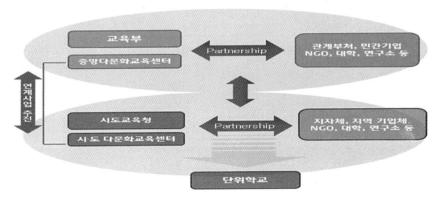

〔그림 12-1〕 다문화교육지원 추진 체계

출처: 교육부(2017). 다문화교육 지원 계획, p21.

〔그림 12-2〕 다문화교육 유관기관 네트워크 구축 및 연계·협력 구축

출처: 서울특별시교육청(2019). 다문화교육 지원 기본 계획, p18.

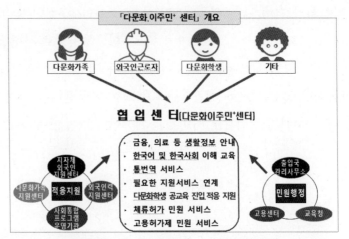

〔그림 12-3〕 다문화·이주민 센터

출처: 교육부(2017). 다문화교육 지원 계획, p25.

3. 다문화 문해교육의 범위

21세기 세계화·정보화 시대의 한국 다문화교육은 교육공동체를 포함한 전 국민들의 관심과 배려, 그리고 동참 속에서 이루어져야 한다. 또한 다문화교육은 평등을 추구하는 철학적 개념이 교육과정 속에 적용되어야 하며, 다문화가족 뿐만 아니라 일반인을 포함한 모든 사람들을 위한 교육으로 상호문화교육, 세계시민으로의 세계시민교육을 지향해야 한다.

1) 한국어 교육

언어(言語)란 생각이나 느낌을 나타내거나 전달하는 데에 사용하는 음성·문자·몸짓 등의 수단 또는 그 사회관습적 체계이다. 인간사회는 언어로 구성된 사회로 인간은 언어를 통해 자기 정체성을 정의하고 관계를 맺으며 실재를 구성한다. 이러한 이유로 어떤 나라의 민족의 특징과 문화를 알기 위해서는 그 나라의 언어를 모르고는 그 나라의 사상과 생활양식을 깊이 이해할 수 없다. 다문화, 세계화 시대에 언어소통이 가장 우선시되는 문제로서 문화의 핵심요소인 그 나라의 언어를 알고 문화를 이해해야 한다.

한국사회에서 다문화가족 일원들의 언어장벽은 개인의 심리적·정신적인 고통과 자존감 상실, 부부갈등, 고부간의 갈등, 자녀양육 문제 등에 노출되어 한국사회의 적응을 힘들게 한다. 이러한 문제들을 해결하기 위해 정부와 지자체, 법무부, 교육부, 보건복지부, 노동부, 여성가족부, 국가평생교육진흥원, 중앙다문화센터 등에서 다양한 교육프로그램을 실시하고 있다.

그러나 기본적으로 한국어 능력이 갖추어지지 않으면 다양한 교육프로그램 및 관련 행사프로그램을 원활하게 실시할 수 없고 한국정착이 힘들어진다. 따라서 다문화가정 일원들의 가장 기본적인 다문화교육으로 한국어교육(방문한국어 포함)이 실시된다(표 12-5 참고).

현재는 문해교육 확산으로 한국어 해득을 넘어 생활문해교육으로 확대되고 있다. 한국어와 생활문해교육을 통해 다문화가정의 삶의 질 향상과 소통이라는 보다 의미 있는 우리사회 구성원으로서의 다문화가정 일원들의 적응에 도움이 되도록 한다.

한국어 교재는 글로벌, 세계시민 시대에 발맞추어 2019년 새로 개편된 「즐거운 한국어」와 「정확한 한국어」 책으로 본래 2010년 국립국어원에서 집필한 「결혼이민자와 함께하는 한국어」의 개정판이다(표 12-4 참고).

교재 내용은 다문화가정 구성원들이 한국 문화를 이해하는 바탕 위에서 구어와 문어 영역에서 고른 수준의 한국어를 구사할 수 있도록 구성되었다. 또한 날이 갈수록 다문화가정 구성원들의 사회활동이 늘고 성평등 의식도 높아져 가고 있다.

이러한 이유로 학습자들이 한국사회의 일원으로서 확고한 정체성을 지니고 가족생활, 이웃 교류, 직업 활동을 포함한 여러 사회생활에서 필요한 한국어를 자연스럽게 구사하고, 나아가 한국사회를 함께 이끌어 간다는 능동적 태도를 지니고 살아갈 수 있도록 구성되었다.

그리고 다문화가족지원센터 사업의 목적은 다문화가족의 안정적인 정착과 가족생활을 지원하기 위해 가족 및 자녀 교육 · 상담, 통 · 번역, 정보제공, 역량강화 지원 등 종합적인 서비스를 제공하여 다문화가족의 한국사회 조기 적응과 사회 · 경제적 자립을 지원하는 것이다.

〈표 12-4〉 다문화 한국어 교육 대상, 과정, 교재, 다문화가족지원센터 사업 내용

교육대상	결혼이민자, 배우자, 시부모, 다문화가정 자녀, 친인척, 외국인 근로자, 외국인 유학생, 북한이탈주민, 기타(재외동포, 난민 등). ※다문화가정 자녀(국제결혼가정의 국내출생자녀, 중도입국자녀, 외국인가정 자녀)
교육과정	한국어교육, 부모교육, 자녀생활교육
교재	「즐거운 한국어 초급, 중급」: 구어 위주 「정확한 한국어 초급, 중급」: 문어 위주
다문화가족지원센터 사업	-다문화가족 통합교육, 취업연계 지원, 상담 등. -센터 내 다문화가족을 위한 '집합교육'과 지리적 여건 등으로 센터 이용이 힘든 다문화가족에 대한 '방문교육(찾아가는 교육)'으로 진행

출처: 전주성 외(2016). 교육복지 프로그램개발의 이론과 실제, p296-297.

〈표 12-5 〉 한국어 교육: 한국 적응 지원서비스운영 내용

교육명	교육내용	교육대상	교육기간
한국어교육	-한국어교육 -어휘, 문법, 읽기, 쓰기, 말하기, 듣기 -가족상담 및 정서지원 서비스 -기타 한국생활에 필요한 정보제공	-한국입국 5년 미만 초기입국자 -만 19세 이하 중도 입국자녀 -여성결혼이민자(주 대상자)	1회 원칙(10개월 총 80회기 수업)
부모교육	-자녀양육 역량강화를 위한 부모교육-부모 성장, 부모 · 자녀 성장 -관계증진, 영양 및 건강지도, 생활지도 및 학교입학 준비 등 -가족상담 및 정서지원 서비스 -기타 한국생활에 필요한 정보제공	-임신 신생아기(임신~12개월) -유 아 기(13~18개월) -아동기(49개월~만 12세 이하	-생애주기별 각 1회 지원(5개월 총 40회기 수업) -최대 3회 교육(15개월 교육)

자녀 생활 교육	-인지영역: 독서코칭, 읽기, 속제지도 -정서 · 사회영역: 자아, 정서, 사회성발달을 위한 지도 -문화역량강화 영역: 문화인식, 정체성 확 립, 공동체 인식 지도 -시민교육 영역: 기본생활습관, 건강 및 안 전, 가정생활, 진로지도 -가족상담 및 정서지원 서비스	-만 3~12세 이하 초등학생 자녀 및 중도입국 자녀	1회 원칙(10개월 총 80회기 수업)

출처: 전주성 외(2016). 교육복지 프로그램개발의 이론과 실제, p297-298.

2) 생활문해교육

기초생활 능력을 개선하고 사회활동 참여기회를 확대하기 위한 기초 문해교육 프로그램으로 금융문해, 교통안전문해, 정보문해, 가족문해, 과학문해, 문화예술문해 등의 생활문해교육 프로그램 등이 있다. 다문화사회의 생활문해교육은 문해교육(한국어) 개념이 읽고 쓰는 것에서 기초생활능력으로 확대됨에 따라 교과서를 개편하고, 스마트폰 등 정보기기 사용법을 알려줄 '정보문해교과서' 등을 만들어 제공한다. 생활문해교육은 보다 안정적인 다문화가정의 한국사회 적응과 다문화학생의 원활한 학교생활을 위한 다문화교육의 일환이다.

따라서 교육부는 성인문해교육 활성화 차원에서 다문화가정 · 북한이탈주민 등 문자로 소통하는 능력을 필요로 하는 모든 국민이 누구나 쉽게 문해교육을 받을 수 있도록 지원 대상을 넓혀가고, 관련 예산을 확대하여 문해교육 대상자들을 위한 다양한 프로그램을 지속적으로 마련해오고 있다(교육부, 2017).

그동안 교육부는 2006년부터 운영한 문해교육 지원사업을 통해 2016년까지 26만여 명에게 문해교육의 기회를 제공하였으며, 이 중 6239명이 초 · 중학 학력인정을 받았다. 그러나 비문해 성인은 약 264만여 명으로 추정되고 있어 교육부는 2020년까지 누적 50만 명 수혜를 목표로, 2017년에는 3만

3천 명에게 문해교육을 지원하였다.

특히 농·산·어촌 소외지역과 다문화가정 등 소외계층에 대한 문해(文解) 교육을 확대하였다. 또한 문해교육 인프라 구축을 강조하고 다문화가정, 북한이탈주민, 외국인 근로자 등 '신문해계층'에게 초·중학 수준별 문해교육 교과서도 무상으로 지원하였다. 평생교육법 개정으로 광역자치단체가 '문해교육센터'를 설치할 수 있는 근거가 생김에 따라 교육부가 지역 문해교육 프로그램을 운영하고 교육 대상자를 발굴하는 센터에 사업비도 지원하였다.

2018년에는 국가평생교육진흥원이 생활문해 중심 문해교육 지원을 위한 문해교육과정 개편과 다양한 생활문해교육 지원 콘텐츠를 개발하였다(국가평생교육진흥원, 2018).

문해교육과정 개정과 생활문해교육 지원 콘텐츠 개발 내용은 〈표 12-6〉과 같다.

〈표 12-6〉 문해교육과정 개정 및 생활문해교육 지원 콘텐츠 개발 내용

문해교육과정 개정		
구분	현행	개정
창의적 체험활동의 내용 및 연간 총 수업시간	자치활동, 개발활동, 봉사활동, 행사활동 등으로 연간 40시간	정보생활, 금융생활, 여가생활 등 사회변화에 따라 요구되는 생활문해교육 중심으로 자율 활동, 동아리 활동, 봉사활동, 행사활동 등으로 연간 90시간

생활문해교육 지원 콘텐츠 개발	
구분	내용
영어과 문해교육방송	일상생활에서 자주 접하는 외래어, 생활어휘 등의 내용으로 EBS와 연계하여 개발·방영
건강문해교과서	저학력·비문해 성인의 눈높이에서 안전한 약물 복용법 등 건강한 삶을 영위하는 데 필요한 내용으로 개발 (1권, 2018. 5~10월) ※ 보건복지부와 업무협약을 통해 개발
문해교원용 콘텐츠)	공공생활·가정생활·직업생활·여가생활 등을 위한 교수 자용 '생활 문해교육 가이드라인' 개발
정보문해능력 측정 도구	정보화 사회에서의 일상생활 유지에 필수적인 '정보문해능력' 파악을 위한 측정 도구 개발

출처: 국가평생교육진흥원(2018). 2018 성인문해교육 지원사업 설명회, p13.

또한 서울특별시에서는 2019년 다문화가족 대상 등을 포함한 비문해 및 저학력 성인의 교육기회 제공을 통해 문자해득교육뿐만 아니라 생활능력 향상과 사회활동 참여기회를 확대하고자 「2019년 학력미인정 문해교육 프로그램 지원사업」을 공고하여 시행하기로 했다(표 12-7 참고).

〈표 12-7〉 2019년 학력미인정 문해교육 프로그램 지원사업 내용

기초 문해교육 또는 기초 생활문해교육 과정 (교과구성 혼합 가능)	-초등 단계, 중학 단계 문자해득교육 -기초 생활문해교육 : 금융문해(은행 ATM, 보이스피싱 예방 등), 교통안전문해, 디지털문해(컴퓨터·스마트폰 사용 등), 가족문해(문해학습자 가족소통교육) 등
생활문해 특성화 교육 과정	-(고급문해영역) 인문학, 독서, 글쓰기 등 -(생활소양영역) 금융, 경제, 디지털(스마트폰 활용 등), 직업역량 등 -(시민참여영역) 문화예술(연극, 체험활동 등), 건강문해 등
청년, 중장년, 다문화가족 등 대상 특성을 반영한 문해교육과정	-초·문해교육, 생활문해교육, 생활문해 중심의 특성화 사업 등

출처: 서울특별시 공고 제2019-643호, p1-2.

3) 세계시민교육

세계시민교육은 인류보편적 가치인 세계 평화, 인권, 문화다양성, 지구공동체 등에 대해 폭넓게 이해하고 실천하는 책임 있는 시민을 양성하는 교육이다. 세계시민교육과 다문화교육은 상보적 관계를 가진다. 두 영역(김진희 외, 2013)은 다문화적 학교환경, 다문화적 지역사회에서 풀뿌리 형태로 전개될 수 있으며, 교육내용·환경·방법·체제에서 이질성과 다양성 인식, 학습자의 열린 변화를 촉구, 학습자의 성찰과 실천 중시, 평생학습 차원에서 지속적인 전개, 모두가 함께 살아가는 학습(learning to live together)이라는 공동체 지향성을 담보하는 교육이다.

유네스코는 세계평화와 지속가능한 개발을 위해 단일국가 기반의 국가 시민성 개념이라는 한계를 극복하고 지구촌 사회의 문제해결과 공생을 모색하기 위해 세계시민교육의 필요성을 제안하였다(유네스코 아시아태평양 국제이해교육원, 2015). 이에 서울시교육청은 유네스코한국위원회 및 유네스코 아태국제이해교육원(이하 APCEIU)과 2017년에 네트워크를 구축하고 중앙선도교사단 및 교육청 선도교사단을 운영하고 있다.

APCEIU는 이미 2015 개정 교육과정(2017부터 적용)에 맞추어 초중고 창의체험활동, 사회과, 도덕과에 맞는 교수학습서를 개발하였다. 그리고 공공 및 시민사회부분의 세계시민교육 관련 기관인 국가인권위원회 인권교육센터, 유네스코아태국제이해교육원, 유네스코한국위원회, KOICA ODA교육원, KOICA 지구촌체험관, 월드비전, 굿네이버스, 월드투게더, 국제개발협력민간협의회에서는 다양한 프로그램을 운영하고 있다(전주성 외, 2018).

여기에서는 APCEIU가 제시한 2015 개정 교육과정에 발맞춘 세계시민교육의 학습주제를 살펴보면 〈표 12-8〉과 같다.

〈표 12-8〉 세계시민교육 학습주제(유네스코 아시아태평양 국제이해교육원)

학습주제	유아 및 초등 저학년	초등고학년	중학교	고등학교
1. 지역·국가·세계의 체계와 구조	지역 환경이 어떻게 조직되며 더 넓은 세상과 어떠한 관계를 맺고 있는지를 설명하고 시민성 개념을 소개한다.	거버넌스의 구조와 의사결정 과정, 시민성의 여러 측면을 살펴본다.	글로벌 거버넌스의 구조가 어떻게 국가 및 지역 차원의 구조와 상호작용하는지 논의하고, 세계시민성 개념을 탐구한다.	글로벌 거버넌스 체계와 구조, 과정을 비판적으로 분석하고, 이것이 세계시민성과 관련하여 어떤 의미를 지니는지 고찰한다.
2. 지역·국가·세계 차원에서 공동체 간의 상호작용	지역·국가·세계적 차원의 주요 이슈를 열거하고, 이러한 이슈가 어떻게 상호 연결될 수 있을지 탐구한다.	주요 글로벌 이슈가 왜 발생하며, 그러한 이슈가 국가와 지역 차원에 어떤 영향을 미치는지 조사한다.	지역·국가·세계에서 발생한 주요 이슈의 근본 원인을 파악하고, 지역적 요인과 세계적 요인이 상호 연결돼 있음을 고찰한다.	지역·국가·세계의 이슈, 의사결정의 결과 및 그에 대한 책임을 비판적으로 살펴보고, 적절한 대응책을 찾아 제안해본다.

3. 암묵적 가정과 권력의 역학관계	정보를 구하는 여러 경로를 확인하고, 탐구에 필요한 기초능력을 갖춘다.	사실과 의견, 현실과 허구를 구분하고, 서로 다른 시각과 관점을 구별한다.	암묵적 가정을 조사하고, 불평등과 권력의 역학관계를 설명한다.	권력의 역학관계가 사람들의 발언권, 영향력, 자원 접근성, 의사결정 및 거버넌스에 어떤 영향을 미치는지 비판적으로 평가한다.
4. 다양한 차원의 정체성	우리가 우리를 둘러싼 세계와 어떻게 어울리고 상호작용하는지 알아보고, 개인의 성찰능력과 대인관계 기술을 계발한다.	정체성의 다양한 층위를 알아보고 타인과의 관계 형성에서 정체성은 어떤 의미가 있는지 살펴본다.	개인의 정체성과 집단적 정체성, 다양한 사회집단을 구분하고, 보편적 인류라는 소속감을 함양한다.	여러 층위의 정체성이 상호작용하며 다양한 사회잡단과 평화롭게 공존하는 모습을 비판적으로 살펴본다.
5. 사람들이 속한 다양한 공동체와 공동체 간의 상호연계 방식	다양한 사회집단의 차이점과 연결 관계를 설명한다.	사회적·문화적·법적으로 공유된 다양한 규범을 비교·대조한다.	차이와 다양성을 인정하고 존중하며, 나와 다른 개인과 사회집단에 대한 공감과 연대의식을 기른다.	서로 다른 집단, 공동체, 국가 간의 연결관계를 비판적으로 파악한다.
6. 차이와 다양성의 존중	같음과 다름을 구분하고, 모든 사람은 권리와 책임이 있음을 인식한다.	다양한 개인 및 집단과 좋은 관계를 발전시킨다.	차이와 다양성의 가치가 지닌 장점과 해결과제에 대해 토론한다.	다양한 집단 및 관점에 대응하여 관계를 맺는 데 필요한 가치와 태도, 기능을 계발하여 적용한다.
7. 개인적·집단적으로 취할 수 있는 실천	우리가 사는 세상이 더 나아지려면 어떤 행동이 필요한지를 탐구한다.	개인행동과 집단행동의 중요성을 논의하고, 공동체 활동에 참여한다.	개인과 단체가 지역·국가·세계 차원에서 중요한 이슈에 대해 어떤 행동을 취했는지 찾아보고, 그러한 이슈를 해결하고자 하는 활동에 참여한다.	효과적인 시민참여를 위해 필요한 역량(skills)을 계발하여 적용한다.

8. 윤리적으로 책임감 있는 행동	우리의 선택과 행동이 어떻게 다른 사람들과 지구에 영향을 끼치는지 논의하고, 책임감 있는 행동을 취한다.	사회정의와 윤리적 책임의 개념을 이해하고, 이를 일상생활에 적용하는 법을 배운다.	사회정의 및 윤리적 책임과 관련된 해결과제와 딜레마를 분석하고, 이것이 개인과 집단행동에 주는 시사점을 생각해본다.	사회정의와 윤리적 책임에 관한 이슈를 비판적으로 파악하고, 차별과 불평등에 맞서기 위한 행동을 한다.
9. 참여하고 실천	시민참여의 중요성과 장점을 인식한다.	참여하는 방법을 알고 행동을 시작한다.	적극적인 참여를 위해 필요한 역량(skills)을 계발하고, 공동선의 증진을 위해 행동한다.	긍정적인 변화를 위한 행동을 제안하고 실천에 옮긴다.

출처: 전주성 외(2018). 서울특별시교육청 거점형 세계시민(다문화)교육지원센터 운영 모델, p159-160.

4. 다문화 문해교육의 실제 사례

천안시 다문화가족지원센터와 부산 동구 다문화가족지원센에서는 기본적인 언어교육(한국어와 이중언어)과 방문교육 등 기초 문해교육 외에 기초생활문해교육 과정으로 금융문해, 디지털문해(컴퓨터 등), 가족문해(문해학습자 가족소통교육), 문화예술·건강문해 그리고 시민교육(인식개선)·인권교육(인권감수성 향상) 등 다양한 교육이 운영되고 있다.

이러한 다양한 교육프로그램으로 다문화가족 일원들만을 대상으로 하는 다문화교육이 아니라 일반인들을 포함한 상호문화교육으로서 문화 다양성 교육과 동시에 인권교육이 이루어지고 있다.

1) 천안시 다문화가족지원센터 사례

천안시 다문화가족지원센터는 '다름'을 이해하는 글로벌 행복공동체, 배려와 존중 속에 성장하는 행복한 다문화사회 구축을 위해 지속적으로 노력하고 있다. 센터는 2009년 백석대학교 천안시위탁운영협약 다문화가족지원센터 개소를 시작으로 2016년 다문화가족 대표과제 성과보고대회 최우수상 수상, 2017년 충남외국인주민사회통합콜센터 개소식 등 다문화가족과 결혼이민자의 생활에 필요한 다양한 정보를 제공하여 다문화가족의 안정적인 가족생활과 우리나라의 다문화교육 발전에 공헌하고 있다.

　현재 외국인주민 200만 시대에 살고 있는 우리 사회에서는 언어와 문화, 제도 차이 등에서 비롯되는 다양한 문제들이 생기고 있다. 특히 한국으로 이주하여 결혼한 여성의 불편한 의사소통과 가정의 경제적 자립, 자녀 양육 어려움 등이 많다. 이에 부응하고자 센터는 결혼이주여성 일자리창출을 위한 아시안요리전문점(I'm Asia 이맛이야)을 창업하여 운영하고 있으며, 사회통합과 다문화수용성을 높이기 위하여 '세계문화교육체험관'을 설립하여 지역사회 다문화가치를 높이고 있다. 또한, 세계와 함께 웃고 함께 행복한 글로벌 다문화사회를 선도하고자 '충남외국인주민통합지원콜센터'를 개소하여 외국인주민의 안정적인 정착을 돕고 있다. 천안시다문화가족지원센터의 구체적인 사업 프로그램은 〈표 12-9〉와 같다.

〈표 12-9〉 천안시 다문화가족지원센터 사업/교육프로그램(2017~2019)

프로그램명		내용
언어교육	한국어	집합 한국어 교육1~4단계/법무부 사회통합 프로그램/한국어능력시험(TOPIK) 초 · 중 · 고급반 *주 대상: 결혼이민자(집합 · 방문), 중도입국자녀
	아내나라 언어	아내 나라 언어를 배움으로서 부부간 활발한 상호작용 및 아내의 자긍심 향상, 양국의 언어 및 문화 습득 *주 대상: 배우자, 지역주민
	이중언어환경조성	가정 내에서 영유아기부터 이중언어로 소통할 수 있는 환경 조성

방문교육	한국어교육	초기입국자, 센터 내방이 어려운 이민자 대상 한국어교육, 생활적응지원
	부모교육	생애주기별 자녀양육지원 위한 부모교육
	자녀생활교육	만 3세이상 12세 이하 다문화자녀, 중도입국자녀에게 인지, 자아, 정서, 문화역량 강화 등 기본교육 제공
문화	나눔봉사단	다문화가족의 나눔봉사를 통해 사회일원으로서 소속감, 자존감 증진
	요리교실	각종 아시안 요리 및 한식 요리 배우기
	다울림공연단	문화활동을 통해 다문화가족이 겪는 한국생활 및 가정생활 정착기에서 발생하는 스트레스를 극복하고 지역사회공연 활동을 통한 재능기부
	바이올린단	다문화자녀들에게 바이올린 레슨을 통해 예술적 감수성 향상 및 정서적 안정감 제공하여 글로벌 인재 양성
조기적응교육	결혼이민자 및 중도입국자녀를 대상으로 초기적응에 필요한 정보와 혜택(사회통합 5단계 "한국사회적응교육" 2시간 이수 인정)제공	
가족통합교육	가족	다문화가족 부부 및 자녀의 가족애 증진을 위한 다양한 프로그램 지원
	성평등	배우자 이해 프로그램을 통한 부부 갈등 해결 프로그램
	인권	다문화 이해 및 인권감수성 향상 교육
	사회통합	사회적응 및 다문화가족 자조모임 등 한국사회 적응을 위한 프로그램
상담	개인 및 가족상담	결혼이주여성과 다문화가족 심리·정서 지원 및 가정문제 사전 예방
	사례관리	다문화가족이 가진 복합적인 문제해결 및 욕구해소를 위해 지속적 사례관리
	결혼이민자멘토링	위기 다문화가족 상담 및 자조모임, 멘토링 운영 관리
	가족심리치료 '마음해'	부부 갈등 해소 및 다문화가족의 자존감 회복
자녀교육	언어발달서비스	다문화자녀 대상 언어발달
	1:1자녀학습지원	다문화가정 자녀의 학습 지원을 위해 1:1 멘토링 및 소그룹 학습지원
	중도입국자녀교육	중도입국자녀들의 사회적응 프로그램으로 한국생활 조기적응에 이바지

취창업연계/ 교육지원	취창업전문소양교육	직업기초교육을 통한 결혼이주여성 창업 역량강화 교육
	정보화교육	결혼이주여성들의 취업역량강화를 위한 컴퓨터 기초, 자격증 취득반
	취업연계	취업욕구를 가진 이주여성 및 다문화가족 들에게 취업연계지원
인식개선사업(다문화강사)		지역사회에서 문화의 차이로 인한 편견을 줄이고, 다문화의 다양한 가치를 알릴 수 있도록 강사파견
통번역서비스		중국어, 베트남어, 따갈로그어, 영어, 크 메르어 등 15개국 상시 또는 파트타임 지 원으로 인한 초기입국자 한국생활정응 향 상
충남외국인주민통합지원센터		외국인주민의 지속적인 증가에 따른 각종 생활 고충상담과 민원사항을 연계 처리하 여 내외국인의 사회통합실현
I'm Asia 이맛이야		아시아요리전문점을 창업하여 결혼이주 여성의 일자리창출과 지역공동체와 함께 하는 사회적 가치 실현
세계문화교육체험관		지역사회에서 문화의 차이로 인한 편견을 줄이고, 다문화의 다양한 가치를 알릴 수 있도록 다문화이해교육 실시
작은도서관		다문화가족 자녀의 지속적인 증가에 따라 작은도서관 설치로 다문화가족 및 지역주 민 문화활동에 기여

출처: 천안시 다문화가족지원센터(2019). http://cheonansi.liveinkorea.kr/

2) 부산동구 다문화가족지원센터 사례

부산동구 다문화가족지원센터는 여성가족부 지원으로 사회복지법인 주는사랑복지재단에서 운영하고 있는 다문화가족지원전문기관이다. 구체적으로 부산 동구 지역의 다양한 문화적 배경을 가진 다문화가족의 한국사회 적응 및 안정적인 정착과 가족생활을 지원하기 위해 한국어교육, 방문교육, 언어발달지원, 가족교육, 성평등교육, 인권교육, 사회통합교육, 가족·개인 상담 등 다양한 서비스를 제공하고 있다(표 12-10 참고).

센터의 주요 다문화가족지원사업은 한국어교육, 방문한국어, 검정고시사

엄이고 이외에 언어발달 지원사업, 이중언어 환경조성사업도 운영되고 있다. 이용 대상자는 부산광역시에 거주하는 다문화가족(결혼이민자, 배우자, 다문화자녀, 중도입국자녀), 외국인 근로자, 외국인 유학생, 북한이탈주민, 기타(재외동포, 난민 등). 단, 방문교육사업의 경우 관할 지역(동구, 중구, 영도구) 거주자만 가능하다.

〈표 12-10〉 부산 동구 다문화가족지원센터의 주요사업 내용(2013~19년)

연도	내용
2019	-동구다문화가족지원센터 사업장 이전 -2019학년도 다문화 초중등학교 입학설명회 안내
2018	-법무부 사회통합프로그램(한국어) 실시 기관 선정 -동구청 평생학습계 연계, 행복한 동구다문화 리더육성 교육 실시 -한국어교육사업 개시 -2018년 방문교육사업, 희망울림 합창단, 검정고시 교육사업 개시 -2018년 특성화 사업(통번역, 이중언어, 언어발달)개시
2017	-한국어교육 수료식 및 검정고시 합격증 수여식 실시 -부산시 보조금 지원 '검정고시교육사업' 운영 -집합 한국어교육사업, 통번역서비스지원사업, 언어발달지원사업 개시 -방문교육사업 개시 -이중언어환경조성사업 개시
2016	-한국주택보증공사 연계 '소비자경제교육' 실시 -지자체 한국어교육기관 재위탁 체결 -진학지원을 위한 검정고시반(초등, 중등, 고등) 운영
2015	-한국마사회 부산동구지사 후원 '제2회우리말 퀴즈대회(도전 골든벨)' 실시 -부산시 문인협회 주최 ' 국제 다문화가정 시낭송대회' 참여 -부산동구경찰서 연계 운전면허 필기시험 대비반 프로그램 실시 -부산발전연구원 부산경제교육 센터 연계 다문화 가족 소비자 경제교육 실시 -부산광역시립중앙도서관 연계 함께 그리는 행복 세상(미술 인문교육프로그램) 실시 -이중언어환경조성사업 개시 -지자체한국어교육기관 재위탁 체결 -집합 한국어교육 시작

2014	-방문교육사업(자녀생활서비스) 본인부담금 적용 시범사업실시 -동구도서관과 연계한 자녀독서지도법 교육사업 운영 -1박 2일 법률 캠프를 통한 다문화가족을 위한 다양한 법률교육 -인구보건복지협회 부산지회 연계 결혼이주여성 부모교육 실시 -정보화교육 실시(취업소양기초교육) -이중언어환경조성사업 개시 -다문화자녀 언어발달지원사업 개시
2013	-동구다문화가족지원센터 개소 -한국어교실 5개반(1·2·4단계, 한국어능력시험대비 특별반 2개반) 운영. -방문교육서비스(한국어, 부모교육, 자녀생활) 실시

출처: 부산동구 다문화가족지원센터 홈페이지

(1) 한국어교육사업

결혼이민자, 중도입국자녀가 한국어를 학습하여 한국의 일상생활과 사회생활에 적응할 수 있도록 돕고 한국사회 구성원들과의 의사소통을 원활하게 할 수 있도록 지원한다(외국인가족: 근로자, 외국인 유학생, 재외동포, 난민 및 북한이탈주민가족 등도 청강생으로 수업참여 가능). 교육과정으로는 정규 한국어교육과정, 한국어 심화과정, 토요 한국어교육 과정으로 진행된다.

한국어 교육과정은 왕초보반, 기초회화문화반, 정규과정 1~4, 심화과정, TOPIK대비반으로 구성, 레벨테스트 후 수준별 반 배정 수업 진행한다. 토요 한글교실은 직장생활로 주중 한국어 수업이 어려운 직장인 이주여성을 위한 한국어 습득을 지원하며, 학습능력 향상과 한국 문화를 배우고 한국인으로서의 정체성 찾기 및 한국인으로서의 자부심 향상이 목적이다. 교육내용으로는 한글기초, 읽기, 쓰기, 듣기, 생활언어, 다양한 낱말 익히기, 한국어능력시험대비 등이며 2019년 기준 한국어교육의 구체적인 내용은 〈표 12-11〉과 같다.

〈표 12-11〉 2019년 부산동구다문화가족지원사업 문해교육-한국어교육

사업의 필요성	-한국어교육을 통해 가족 간 의사소통으로 인한 불편해소/한국생활적응 도모 -한국어교육을 통해 가족 간 사회문화적 차이 해소/생활 부적응 해소	
대상/운영기간	한국어교육 수강을 희망하는 결혼이민자, 외국인, 중도입국자녀 등	2019년 3월~12월 (10개월)
과정	-정규 한국어교육 과정 (월~목) -한국어 심화과정 (월, 수) -토요 한국어교육 과정	

정규 한국어교육 과정 (월~목)			
단계	과정	내용	수업시간
정규1단계	집합한국어 기초반	자·모음 익히기, 인사말, 생일문화, 교통문화 등	2시간(주2회)×50회=100시간
정규2단계	집합한국어 초급반	나라 소개하기, 한국의 지리, 의생활 등	2시간(주2회)×50회=100시간
정규3단계	집합한국어 중급반	집들이 초대하기, 주택, 태교와 출산 등	2시간(주2회)×50회=100시간
정규4단계	집합한국어 중급반	한국문화와 현대사회, 어휘 확장 및 수준심화 등	2시간(주2회)×50회=100시간

한국어 심화과정 (월, 수)			
단계	과정	내용	수업시간
토픽반	토픽대비반	한국어능력시험Ⅱ, 자격증 취득과정	2시간(주2회)×60회=120시간

토요 한국어교육 과정			
단계	과정	내용	수업시간
토요한국어반	집합한국어 중급반	한국문화와 현대사회, 어휘 확장 및 수준심화 등	2시간(주1회)×35회=70시간

출처: 부산 동구 다문화가족지원센터 내부자료(2019).

(2) 검정고시사업

검정고시란 자신만의 미래를 설계하거나 개인 사정으로 학업을 중단한 자에게 평생교육의 이념과 국가교육 정책의 일환으로 학력을 취득할 수 있도록 실시하는 교육제도이다.

이러한 검정고시 교육제도를 결혼이민자에게 적용하는 목적은 결혼이민자에게 학력취득 기회를 제공하여 자기전문성과 역량을 강화시켜 사회 경제 진출을 확대하고, 적극적인 지역사회 참여와 안정적인 경제생활을 하는데 도움을 주기 위한 것이다.

검정고시 과정은 초등졸업검정고시(국어, 영어, 수학, 사회, 과학, 도덕), 중등졸업검정고시(국어, 영어, 수학, 사회, 과학, 도덕), 고등졸업검정고시(국어, 영어, 수학, 사회, 과학, 도덕, 한국사)로 이루어진다. 전과목 평균 60점 이상 득점하면 합격이며, 초·중·고 검정고시는 연 2회(4월, 8월) 시행된다. 2019년 기준 검정고시의 구체적인 내용은 〈표 12-12〉와 같다.

〈표 12-12〉 2019년 부산 동구 다문화가족지원사업 문해교육 – 검정고시

사업의 필요성	· 검정고시반을 통해 한국 학력취득 기회제공 및 자기역량 강화 · 전문적인 취업을 통해 적극적인 지역사회 참여, 안정적인 경제생활 도모	
대상/운영기간	학력취득을 희망하는 결혼이주여성	2019년 2~12월 (총 11개월)
검정고시반 과정 내용		
목표	세부추진내용	시행시기
2019년 4월 검정고시 대비교육	· 평일 초등반/ 전과목(금) 13:30~15:30 · 평일 중등반/ 수학(화) 13:00~15:00 전과목(목) 13:00~16:00 · 평일 고등반/ 전과목(화) 13:00~16:00 수학(목) 13:00~15:00	2/8 ~4월 고시일
2019년 4월 검정고시 응시 지원	· 4월 검정고시 단체접수 · 응시당일 자녀 돌봄, 차량, 점심도시락 지원	2월 (응시 2개월 전) 4월 검정고시일
2019년 5월 합격증서 수여식	교육청 발행 합격증서 수여식	5월
2019년 8월 검정고시 대비교육	· 평일 초등반/ 전과목(금) 13:30~15:30 · 평일 중등반/ 수학(화) 13:00~15:00 전과목(목) 13:00~16:00 · 평일 고등반/ 전과목(화) 13:00~16:00 수학(목) 13:00~15:00	5/2 ~ 8월 고시일
2019년 8월 검정고시 응시 지원	· 8월 검정고시 단체접수 · 응시당일 자녀 돌봄, 차량, 점심도시락 지원	6월 (응시 2개월 전) 8월 검정고시일

2019년 8월 합격 증서 수여식	교육청 발행 합격증서 수여식	8월 말
2020년 4월 검정 고시 대상자 모집 및 2019년 중간평가	· 홍보지 배부 및 대상자 모집 · 8월 검정고시 불합격자 대상 동기부여 상담 · 중간평가 실시	8 월 고 시 일 ~8/30
2020년 4월 검정 고시 대비교육	평일 초등반/ 전과목(금) 13:30~15:30 · 평일 중등반/ 수학(화) 13:00~15:00 전과목(목) 13:00~16:00 · 평일 고등반/ 전과목(화) 13:00~16:00 수학(목) 13:00~15:00	9/3~12/26
2019년 평가회	· 최종평가 실시	12월 말
검정고시반 교육 내용		
구분	내용	비고
초졸과정	· 주 1회 학과 수업 · 지도과목:국어, 수학, 사회, 과학, 도덕/ 영어/실과	시험 6과목
중졸과정	· 주 2회 학과 수업 · 지도과목:국어, 수학, 사회, 과학, 영어, 도덕	시험 6과목
고졸과정	주 2회 학과 수업 · 지도과목:국어, 수학, 사회, 과학, 영어, 한국사, 도덕	시험 7과목

출처: 부산 동구 다문화가족지원센터 내부자료(2019).

(3) 방문 한국어 교육 서비스

방문 한국어교육서비스, 방문 부모교육서비스, 방문 자녀생활서비스(본인 부담금적용사업) 등이며, 우선 선정대상은 국민기초생활보장 수급자, 소득인 정 기준 중위소득 52% 이하인 가정, 한부모가정, 조손가정, 맞벌이가정, 다 자녀가정(3자녀 이상), 가구원에 장애가 있거나 요양이 필요한 질병이 있는 경우이다. 그리고 방문교육지도사는 국어기본법 시행령에 따른 한국어 교 원 3급 이상 자격 소지자, 한국어교원양성과정(필수이수시간 120시간) 이수자 로서 정부기관·시민단체 등에서 이민자 대상 한국어교육 경력 120시간 이 상 확인가능자, 한국어교육 방문지도사로 퇴직한지 3년 미만 지도사가 방문 지도한다. 방문지도는 한국어교육뿐만 아니라 맞춤형 가족생활교육 및 가족상담 서비스도 제공한다. 방문 한국어교육은 1~4단계이며 어휘, 문법, 화용, 문화 등을 지도한다. 교사 1인당 4가정 이상 담당하고, 교육시간은 1가정당 주 2회씩 1회 1인 2시간 교육(이동시간 제외)으로 이루어진다(표 12-13 참고).

〈표 12-13〉 방문 한국어교육 서비스

방문교육사업	대상	운영	내용
1. 방문한국어교육서비스	입국 5년 이하 결혼이민자, 중도입국자녀(만19세 미만)	10개월 과정, 주2회 (회당 2시간)	-한국어교육1~4단계: 어휘, 문법, 화용, 문화 -방문지도사와 1:1 맞춤형 한국어 교육 ※다문화가족지원센터 한국어수업과 중복불가 ※한국어교육의 경우, 집합한국어교육이 원칙이며 불가피한 경우(원거리, 임신 및 출산 등)에 한하여 방문한국어교육 수강 가능
2. 방문부모교육서비스	임신 중~만 12세 이하 자녀를 가진 결혼이민자	5개월 과정, 주 2회 (회당 2시간)	-자녀양육 지원을 위한 부모교육(부모성장, 부모-자녀관계형성, 영양·건강관리, 학교·가정생활지도) -가족상담 및 정서지원 서비스 -기타 한국생활에 필요한 정보제공
3.방문자녀생활서비스	만 3세~만 12세 미만의 다문화가족자녀, 중도입국자녀	10개월 과정, 주2회 (회당 2시간)	-독서코칭, 숙제지도, 발표토론지도 -자아·정서·사회성 발달을 위한 지도 -문화인식, 정체성 확립, 공동체 인식 지도 -기본 생활습관, 건강 및 안전, 가정생활, 진로지도

출처: 부산 동구 다문화가족지원센터 내부자료(2019).

5. 다문화 문해교육의 발전과제

첫째, 다문화교육기관은 다문화 관련 공공·민간, 시민사회기관과 네트워크를 구축하여 다양한 정보와 교육프로그램을 공유한다.

둘째, 다문화교육을 통한 세계시민성 형성이다. 민주시민은 한 사회의 구성원으로서 필요한 가치를 공유하고 사회 속에서 바람직한 인간으로 더불어 살아갈 줄 아는 사람을 말한다. 다문화 민주시민교육은 다문화가족뿐만 아니라 지역공동체의 저변 확산을 위해 일반시민들이 다양한 형태의 형식적·비형식적 학습의 장에 참여하고 상호작용을 할 수 있어야 한다.

셋째, 다문화교육의 일반인 대상과 교육프로그램을 확대해야 한다. 일반학생과 학부모를 포함해 모든 사람이 다문화교육 프로그램을 통해 다문화를 이해하고 세계시민성을 형성한다.

넷째, 다문화가족 장애인을 위한 한국어교육과 생활문해교육의 체계적이고 지속적인 제공이 강조된다. 예컨대 성인 농인에 대한 한국어 문해력 교육은 주로 학교에서 농인 학생을 대상으로 이루어지고 있어(윤석민 외, 2015) 제도권 밖의 평생교육, 문해교육, 사회복지기관 등에서 한국어와 생활문해 교육 프로그램을 운영한다. 또한 다문화가정 장애인을 위한 사회복지서비스의 지원과 이용 방법의 개선이 필요하다.

【연구과제】

1. 다문화교육과 상호문화교육을 비교하여 설명하시오.
2. 정보화, 세계화시대에 다문화 문해교육의 발전방안에 대하여 논의하시오.
3. 도시와 농촌의 다문화교육기관의 교육프로그램을 조사하고 분석하시오.

【참고문헌】

김진희, 허영식(2013). 「다문화교육과 세계시민교육의 담론과 함의 고찰」, 한국교육, 40(3), p155-181.

교육부(2017). 「2017년 다문화교육 지원 계획」, p1-25.

교육부(2018). 「2017년 다문화교육 지원 계획」, p1-23.

교육부, 국가평생교육진흥원(2018). 「2018년 성인문해교육 지원사업 설명회」, p1-133.

부산동구 다문화가족지원센터. https://www.liveinkorea.kr/center/busandonfgu.

서울특별시교육청(2019). 「2019 다문화교육 지원 기본계획」, p1-28.

서울특별시장(2019). 서울특별시 공고 제2019-643호, p1-7.

손다정(2009). 「간문화 학습을 통한 한국 문화 교육: 다문화 교육에의 적용을 중심으로」, 2009년 한국언어문화교육학회 제11차 전국학술대회, p267-275.

신승혜(2015). 「결혼이민여성의 정체성 확립을 위한 상호문화교육 방안」, 국제지역연구, 19(1), p33-59.

신행철(1997). 「세계화시대의 사회·문화의식」, 집문당.

유흥옥, 강대옥, 김은정(2009). 「다문화 교육」, 양서원.

윤석민, 고아라(2015). 「성인 농인 문해교육 체계 설립을 위한 해석적 연구」,

국어문학회, 60, p47-78.

이선웅, 이 향, 정미지, 현윤호, 김유미, 박수연, 이영희, 이윤진, 이정화 (2019).「즐거운 한국어」, 국립국어원, 하우.

이정은(2017).「다문화주의와 상호문화주의의 대결-한국적 적용을 위한 연구」, 한국철학사상연구회, 28(1), p191-234.

전주성, 임경미, 김미자(2016).「교육복지 프로그램 개발의 이론과 실제」, 공동체.

전주성, 임경미, 하선영, 정광자, 오승국(2018).「서울특별시교육청 거점형 세계시민(다문화) 교육지원센터 운영 모델 개발」, 서울특별시교육청 교육연구정 보원, p1-195.

정영근(2001).「세계화시대 상호문화교육의 목표와 과제: 한국의 세계화교육에 대한 반성적 고찰」, 6(1), p143-162.

천안시다문화가족지원센터. https://www.liveinkorea.kr/center/cheonansi.

Michael Reiterer(2019).「상호문화의 이해와 확산」, 이화다문화연구소 국제학술대회.

Wood, Phil & Landry, Charles(2008년). *The Intercultural City: Planning for Diversity Advantage*. Earthscan.

노인 문해교육

【개요】

문해교육은 다른 어떤 교육보다 우선되어야 할 인간의 기본적인 권리이며 국민의 기본권이다. 노인이 고령화사회, 평생학습사회, 지식기반사회, 세계화 시대에서 어떻게 삶을 보낼 것인가는 노년기의 삶의 질을 결정하는 중요한 문제이다.

비문해 노인의 경우 일상생활의 불편뿐만 아니라 정신적 고통과 심리적 불안을 경험한다. 학습기회의 박탈과 사회참여의 차단, 문자사용 기회의 상실은 가정과 사회의 여러 분야에서 불이익을 당하는 빈약한 삶을 살게 된다.

노인 문해교육의 목적은 노년기 삶의 질 향상을 지원하는 데 있다. 문해교육은 인간의 존엄성 실현, 개인의 해방과 자율적이고 창의적인 학습권을 보장함으로써 노인의 삶의 질 향상과 사회발전에 공헌할 수 있게 한다.

그러므로 노인 문해교육은 문자해득을 넘어 노년기 삶의 질 향상에 필요한 생활문해교육, 인문교양과 문화생활을 영위할 수 있는 포괄적이고 심화된 교육으로 발전할 수 있어야 한다.

본 장에서는 노인교육의 이해, 노인 문해교육의 이해와 필요성, 노인 문해교육의 사례, 발전 과제 등에 대해 살펴보고자 한다.

【학습목표】

1. 노인교육의 개념과 필요성을 확인한다.
2. 노인 문해교육의 필요성을 설명할 수 있다.
3. 노인복지법과 평생교육법에서의 노인교육 및 문해교육에 대해 알 수 있다.
4. 노인 문해교육의 고도화 및 확장된 의미를 제시할 수 있다.

1. 노인교육의 이해

1) 노인교육의 정의

노인교육(educational gerontology)이 처음 등장한 것은 1919년 영국 성인교육위원회 보고서이며, 학계에 주목을 받기 시작한 것은 1965년 유네스코 성인교육 국제위원회에서 프랑스의 교육학자인 폴 랑그랑(Paul Lengrand)이 주장한 생애교육론을 통해 평생교육을 강조하면서이다.

우리나라는 1973년 유네스코 한국위원회에서 평생교육 발전을 위한 전국 세미나를 개최하면서 노인교육에 대한 본격적인 논의를 시작하였다. 특히 헌법(1980년)에 "국가는 평생교육을 진흥해야 한다(헌법 제 29조 제 5항)"고 명시하여 평생교육에 대한 권리를 갖게 되었다. 또한 개정된 평생교육법(1999년)에서는 노인 여가 복지시설 중 노인교실을 노인의 사회활동 참여 욕구를 충족시키기 위해 건전한 취미 활동, 노후 건강 유지, 소득보장, 기타 일상생활에 관련된 학습 프로그램을 제공함을 목적으로 규정하였다.

〈표 13-1〉 노인교육의 정의

구분	목적	내용
노인에 의한 교육	세대간 이해 확장, 사회참여, 사회봉사 등	직·간접적 교육활동, 노인의 경험과 지혜가 기여할 수 있는 역사적 사실, 전통 지식과 기능 각종 봉사활동 등
노인에 관한 교육	노년기 준비, 노인 이해, 직업준비 등	노인의 특성, 노화과정에 적응하기 위한 지식과 기능, 고객으로서의 노인의 특성 등
노인을 위한 교육	재교육, 사회적응, 여가활용, 직업준비 등	노인의 특성, 노년기에 필요한 건강, 여가, 직업기술 등
세대공동체 교육	모든 세대가 하나의 공동체로서 교육적 활동 참여	세대간 공동체 의식 제고, 인간과 사회에 대한 이해증진, 세대 상호간 원조 제공, 공식 교육에 노인을 교수자로 활용, 교육프로그램에 노인학습자 참여

출처: 한정란(2001). 교육노년학, p43 재구성.

노인교육학의 'educational gerontology' 용어에서 'gero'는 노령 혹은 노인을 의미하며, 'gogy'는 교육학을 의미하는 합성용어로 'gerontology'는 노령 또는 노인에 관한 노인교육을 의미한다. 노인교육학의 정의는 학자마다(김종서, 1984; Peterson, 1990; Jarvis, 1990; 한정란, 2015) 이견이 있지만, 〈표 13-1〉처럼 노인교육학의 정의는 '노인을 위한, 노인에 관한, 노인에 의한 교육 그리고 세대공동체 교육'으로 요약할 수 있다.

한편 1950년대에 등장한 교육노년학(educational gerontology)의 대표학자인 라벨(Label)은 〈표 13-2〉와 같이 교육학을 페다고지(pedagogy), 안드라고지(andragogy), 제라고지(gerogogy) 등 세 가지로 통합하여 설명한다.

즉 교육은 인생의 각 시기별에 따른 교육의 특성이 있지만 효과적인 교육은 평생에 걸친 통합적 교육과정으로 교육을 추진해야 된다는 것을 보여준다. 이러한 의미에서 오늘날 노인교육은 제3의 교육학 혹은 초세대적인 교

〈표 13-2〉 아동교육, 성인교육, 노인교육

구성개념	페다고지(아동교육)	안드라고지(성인교육)	제라고지(노인교육)
자기개념	타인 의존성 단계(교사 중심)	자기주도성의 증가(학습자 중심)	자기주도성은 아직 남아 있음, 노화에 따라 타인 의존성 증대
경험의 역할	학습자원으로 활용 미흡	학습자원, 직업 및 생활에 활용	전문적 경험의 축적, 교육적·문화적 계승, 경험의 퇴화
학습내용	발달단계와 과학적 연구에 기초한 학습내용(교과중심)	직업과 생활에서 요구되는 내용(경험중심, 문제 중심)	생활, 삶의 보람, 여가활용 등 노후생활을 대비하는 내용(생활·교양중심)
교육과정	공교육 교육과정에 준한 내용(공급자 중심)	대상별 삶의 과제 중심(수요자 중심)	노년기 삶의 과제에 기초(수요자 중심)
학습결과	학위취득, 직업을 통한 사회화 준비	실생활 활용, 개인개발, 경력개발	웰에이징(well-aging), 심리적 안정
학습조직과 방법	공적교육기관 단위제, 학년제의 누적 방식	평생교육기관 재교육 방법	지역 노인교육기관의 평생교육방법
학습동기	학력, 취업 등 외재적 동기	개인능력 향상, 삶의 문제 해결 등 내재적 동기	인생 여정의 전반적 통합

출처: 松井政明 외(1997), p175; 허정무(2007), p111; 최운실 외(2017), p66 재구성

육을 의미하는 트라이고지(trigogy)로 확장하고 있다.

교육은 연령, 지위, 성에 관계없이 각자의 관심과 이해에 따라 여러 세대가 한데 모이고 상호작용함으로써 서로 정보를 교환하고 새로운 지식을 만들어 내는 적극적 과정으로서의 교육을 의미한다.

2) 노인교육의 필요성

(1) 사회적 환경변화

급변하는 현대사회에서 노인이 잘 적응하며 살아가기 위해서는 먼저 교육이 요구된다(허정무, 2002; 한정란, 2015).

첫째, 평생학습 사회화로 모든 연령층의 학습사회(learning society)를 요구한다. 어떤 연령층도 생존하고 발전해 나아가기 위해 그들이 지닌 지식과 기술을 확장시키고 새로운 지식과 기술을 발전시켜 나아가야 하는 평생학습사회에서 노인도 제외될 수 없음을 의미한다.

둘째, 평균수명의 연장, 노령화 사회에서 어떻게 삶을 보낼 것인가는 노년기 삶의 질을 결정하는 중요한 문제이다. 노령화 사회에서 노인 스스로가 노후의 책임을 질 수 있는 사회적 환경을 위해 교육은 자립심을 길러주며, 노년기를 보다 창조적이고 효율적으로 가꾸어주는 역할을 할 수 있다.

셋째, 노인에 대한 시각의 변화이다. 과거에는 노년기를 쇠퇴의 시기로 규정했지만, 인간은 평생에 걸쳐 발달한다는 전생애 발달의 관점으로 보는 것이다. 이는 노인을 신체적 · 사회적 약자로서가 아닌 사회를 위해 공헌하고 봉사할 수 있는 잠재력을 지닌 자원으로 보아야 한다는 시각이다.

넷째, 고령화사회로의 전환에 따른 노인교육에 대한 수요의 증대이다. 노인 인구의 질적인 변화 추세는 건강하고 경제력이 있으며, 교육수준이 높은 노인들이 평생교육의 수단으로 노인교육에 대한 수요를 창출할 수 있다.

다섯째, 지식기반사회의 도래로 평생교육의 욕구 증가이다. 지식기반사회의 도래로 사회가 가속화되면서 노인들은 사회에 적응하기 위해 지식이 필요하며, 노인문제 해결을 사회복지서비스 확충을 통한 해결의 소극적 자세보다 적극적 대안으로 노인교육과 취업에 중점을 두는 정책적 변화로의 방향 전환이 요구되기 때문이다.

(2) 교육적 욕구변화

노인들의 다양한 교육적 욕구변화에 따른 교육이 요구된다(McClusky, 1971). 첫째, 노인들의 대처능력욕구(coping needs)이다. 자신의 노화에 따라 능력과 지식이 감퇴하여 일상생활에 곤란을 겪기 때문에, 이를 만회하고 사회에서 정상적인 기능을 유지하기 위해 교육을 받으려는 욕구이다.

둘째, 표현적 욕구(expressive needs)이다. 이것은 노인들의 활동이나 단체활동에 대한 참여욕구를 말한다. 노인들은 자발적인 신체운동, 사회적 활동, 그리고 새로운 경험, 그 자체로부터 새로운 것을 배우는 재미, 다른 동료들과의 교제로 인한 심리적 적응과 보다 높은 정신건강 수준을 유지하려는 노인들의 욕구이다.

셋째, 공헌적 욕구(contributive needs)이다. 노인들에게는 자신뿐만 아니라 남을 위해 헌신하려는 욕구가 있다. 노인들은 지역사회활동의 참여, 의료보건·사회복지기관, 종교단체의 자원봉사활동에 참여함으로써 자아개념을 충족하고 스스로 만족하는 것을 말한다.

넷째, 영향력 욕구(influence needs)이다. 사람이 타인의 영향을 단순히 받는 것보다 적극적으로 사회 전체의 변화와 흐름에 영향을 주려는 것처럼 노인들도 사회단체, 노인단체, 종교단체, 봉사단체 등에 가입하여 많은 영향을 주려고 한다는 욕구이다.

다섯째, 초월적 욕구(transcendence needs)이다. 노인은 노년기에 현저히 나타나는 신체적 퇴락을 경험하면서 신체적 젊음보다 더 중요한 인생의 본질적 의미를 찾으려는 욕구가 있다. 이 욕구는 매슬로우(Maslow)의 욕구위계설 중 자아실현의 윗단계로 인간 성장의 최상위 욕구이다.

2. 노인 문해교육의 이해

1) 노인 문해교육의 정의

우리나라의 고령화 속도는 매우 빠르게 진행되고 있다. UN의 고령화사회의 분류 기준에서는 65세 이상을 노인인구라 정의하여 고령화사회(전체인구 중 65세 이상 고령인구 비율이 7~14% 미만), 고령사회(14~20% 미만), 초고령사회(20% 이상)로 구분한다. 우리나라도 이 기준을 적용하여 1981년 노인복지법에서 65세를 노인으로 규정하고 있다.

최근 고령화로 은퇴 연령이 낮아지고 신체능력이 증가하면서 노인 연령의 상향조정 문제가 제기되고 있다. 이러한 이유로 나이를 기준으로 노인을 구분하는 데 논란의 여지가 있고 각각의 관점에 따라 기준에 대한 의견도 다양하다.

하지만 대체로 노인의 노후인식변화는 60세 전후에 크게 나타난다는 점과 〈표 13-3〉의 우리나라 연령별 문해 현황(60~80대 이상으로 연령이 증가할수록 문해력이 낮고, 성별에서도 여성이 남성보다 낮음)을 고려하여, 본 장에서는 60세 이상을 노인으로 정의하고 노인 문해교육의 주요 대상으로 삼았다.

평생교육법시행령 제75조(문해교육 프로그램 이수자의 학력인정 기준)는 "초등학교·중학교 학력인정 문해교육 프로그램에 입학할 수 있는 사람은 만 18세 이상인 사람으로 한다."고 되어 있다. 다만 본 장에서는 60세 이상의 노인을 대상으로 한 노인 문해교육이 중심이며, 만 18세 이상인 성인을 위한 평생교육으로서 문해교육을 포함한다.

노인 문해교육의 목적은 노년기 삶의 질 향상을 지원하는 데 있다. 문해교육은 문자해득을 넘어 노년기 삶의 질 향상에 필요한 능력개발을 지원하는 것에 핵심을 두어야 한다. 문해교육을 통해 노후의 재구성으로 제2의 인생기를 성공적인 삶과 노화(老化)에 도달할 수 있다.

문해의 수준별 정의(제1장 〈표 1-2〉 문해의 유형과 의미)에 따른 노인 문해교육의 주요 목적은 학습기회를 놓친 어르신들에게 주로 3R 교육, 변화하는 사회 환경에 대한 대처능력 배양 그리고 소득·학력·연령·지역별 평생교육 격차 완화와 사회통합을 위한 것이다. 비문해자는 주로 한글(읽기, 쓰기), 수학(셈하기), 컴퓨터 기초를 배운다. 또한 생활기능문해(교통, 금융, 정보, 건강 등)를 통해 일상생활, 가정이나 사회에서 필요한 기초 지식과 의사소통의 기능을 갖춘다.

결국 문해는 인간생활의 가장 기초적인 의사소통의 능력이므로 지역사회 안에서의 문화적 이해와 사회적·직업적 적응을 위해서는 누구에게나 요구되는 기초적인 능력이며 권리이다. 나아가 글로벌 시대에 단순히 문자해득을 넘어선 생활문해교육, 인문교양과 문화생활을 영위할 수 있는 포괄적이고 심화된 교육으로 발전할 수 있어야 한다.

2) 노인 문해교육의 필요성

위에서 살펴본 노인교육의 필요성, 즉 사회적 환경변화 요인(허정무, 2002; 한정란, 2015)으로 평생학습 사회(모든 연령층의 학습사회 요구), 평균수명의 연장(성공적인 노화), 노인에 대한 시각변화(잠재적 자원), 고령사회화(노인교육에 대한 수요 증대), 지식기반사회(평생교육 욕구증가)와 교육적 욕구 요인(McClusky, 1971)인 대처능력·표현적·공헌적·영향력·초월적 욕구는 노인 문해교육의 필요성과 맥락을 함께한다.

다시 말해 비문해 노인들이 평생학습사회, 고령화사회, 지식기반사회, 세계화 시대를 살아가기 위해서는 무엇보다 문자를 사용하는 능력과 정보를 습득하고 활용하는 능력을 높이는 문해교육이 절실하다.

우리나라 노인의 대부분은 일제강점기와 6·25전쟁을 겪은 세대로 교육을 제대로 받지 못했다. 더욱이 여성 노인들은 전통적인 가부장제사회에서 남성 노인들보다 배움의 기회가 거의 없었다. 그 결과 65세 이상 노인 중 공

식적 교육을 전혀 받지 못한 노인은 40%, 문자해독을 할 수 없는 문맹 노인
은 19%, 특히 여성 노인의 문맹률은 28%에 이른다(한국문해교육협회, 2005).

현재에도 노인의 비문해 주요 원인은 빈곤과 차별이며 특히 농촌 노인과
여성 노인들의 문해력이 낮다(표 13-3 참고). 특히 농촌 노인의 비문해는 심
각하다. 최근 '농촌 노인의 문해력 제고 방안'보고서에 따르면 농촌 노인의
절반 이상(58%, 100만여 명)은 일상생활을 영위하는 데 필요한 문해교육이
절실한 것으로 나타났다(마상진 외, 2018). 노인들의 문해력 저하는 일상생활
을 하는 데 어려움이 뒤따라 삶의 질 저하와도 직결된다.

이렇게 노인들은 문해교육을 받지 못하고 사회구성원으로서의 자유와 권
리를 누릴 수 있는 기본적인 권리를 갖지 못했다. 따라서 소외계층인 노인
들을 위한 문해교육 특히 교육의 가장 근본적인 문자활용, 즉 한글을 읽고
쓰는 데 문제가 있는 비문해 노인들에게 문해교육은 절실하다. 노인 문해교
육은 비문해로 그동안 누리지 못한 개인의 기본권 보장과 노인 삶의 질 향
상 차원에서 접근해야 한다. 나아가 단순한 문자습득을 넘어 생활문해, 정보
문해, 컴퓨터문해, 환경문해, 문화문해 등 다양한 문해 차원으로까지 확장해
야 할 필요가 있다.

문해교육을 통해 개인 삶의 질 향상과 사회발전에 기여할 수 있는 종합적
인 교육으로서 노인 문해교육의 필요성을 살펴보면 다음과 같다.

첫째, 문해교육은 교육의 권리로서 다른 어떤 교육보다 우선되어야 할 인
간의 기본적인 권리이며 국민의 기본권이다. 문해는 개인이 교육받을 수 있
는 권리를 실현하는 기본전제이며, 민주주의의 가치 실현을 위해 반드시 갖
추어야 할 기초 필요 능력이다. 글을 모르는 것은 자기 스스로 국민으로서
권리와 의무를 포기하는 것과 같다.

"투표: 1번 찍어야 혀. 이번에는 꼭 2번 찍어야 혀. 선거 때만 되면 남편이
정해준 대로 번호만 보고 도장을 찍었다. 이번에도 번호를 정해주고 그 번
호에 찍으라 한다. 기표소에 들어가 믿을 만한 사람 이름 석 자 또박또박

읽고 도장을 꾹 눌러 찍었다. 투표소에서 나오는데 먼저 나온 남편이 묻는다. "찍으라는 번호 잘 찍었남?" 나는 남편보다 한발 앞서가며 "투표는 비밀이야." 크게 한마디 해주었다. 내가 찍은 사람이 당선되니 잘 아는 사람 같아 참 좋다"(장현명, 2018)

이 「투표」란 시는 2018년 전국 성인문해교육 시화전 수상작품으로 작가는 한글을 깨우치고서야 비로소 국민의 권리와 의무를 실현하는 것을 보여준다.

둘째, 문해교육은 개인 해방과 자유를 위해 필요하다. 문해교육은 인간의 존엄성과 존재의 품격을 높이는 것으로 교육의 가장 기본인 한글을 전혀 읽고 쓸 수 없는 노인들의 비문해를 제로로 만들 때 가능한 일이다. 비문해 노인들은 학습기회의 박탈과 지속적인 사회참여 차단, 문자사용 기회의 상실로 자유롭지 못한 삶을 살 수 있다. 자신의 가족과 지역사회 안에서 문화적인 접촉이나 실질적인 사회참여가 어렵고 외부와의 의미 있는 접촉이 단절된 상태에까지 이르게 된다. 비문해 노인은 혼자서는 은행에서 현금을 찾을 수도 없고 주민센터에서 주민등록등본 발급을 위한 서류작성도 하지 못한다.

셋째, 문해교육은 정보화·세계화의 시대에서 개인의 사회적 적응을 위해 필요하다. 이는 새로운 문해교육의 개념으로서 단순한 한글 문해를 넘어 개인이 속한 사회와 세계화에 적응할 수 있는 의사소통 능력을 키우는 것이다. 문해는 글자를 읽고 세계를 읽는 것이며, 문해는 오늘도 새롭게 탄생하고 있다. 정보문해, 컴퓨터문해, 재정문해, 환경문해, 생태문해, 기술문해, 건강문해, 과학문해, 매체문해, 문화문해 등 다양한 문해가 출현하고 있다.

넷째, 평생학습사회, 다양한 문해의 출현은 노인뿐만 아니라 누구든지 문해교육 대상자가 될 수 있다. 모든 연령층이 생존하고 발전하기 위해 끊임없이 자신이 지닌 지식과 기술을 확장시키고 새로운 지식과 기술을 발전시켜 나아가야 한다.

다섯째, 인간은 교육·학습을 통해 자신의 존재, 인생의 본질적 의미를 찾

〈표 13-3〉 우리나라의 문해 현황

1. 우리나라 문해 현황(초등수준 이하 12.3%): 문해 능력 수준별 현황(국가평생교육진흥원, 2017. 성인문해능력조사)			
수준 1	일상생활에 필요한 기본적인 읽기, 쓰기, 셈하기가 불가능한 수준(초등 1~2학년 학습 필요 수준)	7.2%	3,111,378명
수준 2	기본적인 읽기, 쓰기, 셈하기는 가능하지만, 일상생활 활용은 미흡한 수준(초등 3~6학년 학습 필요 수준)	5.1%	2,173,402명
수준 3	가정 및 여가생활 등 단순한 일상생활 활용은 가능하지만, 공공 및 경제생활 등 복잡한 일상생활 활용은 미흡한 수준(중 1~3학년 학습 필요 수준)	10.1%	4,328,127명
수준 4 이상	일상생활에 충분한 문해력을 갖춘 수준(중학 학력 이상 수준)	77.6%	33,365,908명
2. 우리나라 문해 현황: 성별, 연령별 격차(국가평생교육진흥원, 2017. 성인문해능력조사)			
성별	여성이 남성보다 높음: 여성 9.9%, 남성 4.5%		
연령별	60대 미만 6.5%, 60대(14.2%), 70대(28.7%), 80대 이상(67.7%): 연령이 증가할수록 문해력 낮음		
3. 우리나라 문해 현황: 소득별, 지역별 격차(국가평생교육진흥원, 2017. 성인문해능력조사)			
월가구 소득별	100만원 미만(41.1%), 500만원 이상(1.5%): 월가구소득이 낮을수록 문해력 낮음		
지역별	서울 및 광역시(5.7%), 중소도시(7.2%), 농산어촌(16.2%): 농산어촌이 대도시보다 문해력 낮음		
4. 중고령 비문해 주요 원인: 빈곤과 차별(이지혜, 2016. 강원도 성인문해교육 활성화 방안연구, p89)			
가난(3.8%), 남형제 뒷바라지(3.3%), 취학시기 놓임(3.3%), 흥미부족(1.9%), 가족반대(2.9%), 건강문제(1.9%)			
5. 세대간 격차(PIAAC, 2012)			
OECD 국가 중 6개 나라(오스트레일리아, 핀란드, 독일, 일본, 네덜란드, 미국과 비교했을 경우: 한국의 10대 문해력 수준은 OECD 최고 수준이나 이후 급격하게 하락, 26세 이후부터는 OECD 평균에 훨씬 못 미침, 청년층과 고령자층 간 인적역량 격차가 가장 큰 국가 중의 하나			

출처: 국가평생교육진흥원 성인문해교육활성화 정책포럼(2019), p13-16 재구성.

으려는 자아실현보다 높은 단계인 초월적 욕구가 있다. 이런 이유로 인간은 평생 배우고 익히는 학습 동물이다.

3) 노인 문해교육 관련 법령

노인교육과 관련된 법은 크게 「노인복지법」과 「평생교육법」으로 볼 수 있다. 노인복지법과 평생교육법에서는 노인교육 및 문자해득교육(이하 문해교육)을 명시하고 있다.

(1) 노인복지법

「노인복지법」에서 노인교육과 관련된 조항은 주로 시설과 관련된 부분이다. 보건복지부는 노인교육을 담당하는 기관을 노인복지시설 중 여가시설로 보며, 노인여가복지시설에 해당하는 기관은 노인복지관, 경로당, 노인교실 등이다(보건복지부, 2016). 이용대상 자격은 노인복지관과 노인교실은 만 60세 이상, 경로당은 만 65세 이상이다.

「노인복지법」제36조(노인여가복지시설) 관련 내용을 살펴보면 다음과 같다. 첫째, 노인복지관은 노인의 교양 · 취미생활 및 사회참여활동 등에 대한 각종 정보와 서비스를 제공하고, 건강증진 및 질병예방과 소득보장재가복지, 그 밖에 노인의 복지 증진에 필요한 서비스를 제공함을 목적으로 하는 시설이다.

둘째, 경로당은 지역노인들이 자율적으로 친목도모 · 취미생활 · 공동작업장 운영 및 각종 정보교환과 기타 여가활동을 할 수 있도록 하는 장소를 제공함을 목적으로 하는 시설이다. 또한 경로당 설치시 국가 또는 지방자치단체는 경로당 활성화를 위해 지역별 · 기능별 특성을 갖춘 표준 모델 및 프로그램을 개발 · 보급을 해야 한다.

셋째, 노인교실은 노인들에 대하여 사회활동 참여욕구를 충족시키기 위해 건전한 취미생활 · 노인건강유지 · 소득보장 기타 일상생활과 관련한 학습프로그램을 제공함을 목적으로 하는 시설이다(법제처, 2013).

(2) 평생교육법

노인을 위한 평생교육은 1972년 서울평생교육원이 개설한 노후생활 강좌로부터 시작되었다. 그 후 1978년 문교부에서 '노인교실 설치 요강'을 만들어 노인교실을 설립하고 운영비를 지원하였다. 1996년에는 교육부 평생학습정책과에 노인교육정책에 대한 조정기능이 추가되었다(김윤재 외, 2017).

그리고 교육부는 2001년부터 매년 노인을 포함한 소외계층을 위한 평생교육 프로그램 지원사업 일환으로 문해교육 프로그램 지원사업을 시작하였으며, 2006년 교육부와 국가평생교육진흥원이 성인 문해교육지원사업을 추진해오고 있다.

2007년 12월 「평생교육법」 개정으로 문해교육 실시와 학력 인정에 관한 법적 근거가 마련되었다. 이에 따라 노인의 문해 및 기초교육에 대한 국가·지자체의 행정적·재정적 지원이 법적으로 가능하게 되어 사회적 약자인 노인의 기초 능력 향상과 문해교육의 기반이 확대되었다(부록: 평생교육법, 평생교육법시행령, 평생교육법시행규칙 참고).

4) 노인 문해교육의 범위

디지털화·정보화·세계화로 인해 문해의 개념이 문자 해득능력에서 기초생활능력으로 확대됨에 따라 2017년에 문해교육과정을 개정·고시하고, 2018년부터 개정 교육과정을 반영하여 교과서를 개편하였다. 또한 비문해·저학력 성인의 문자해득능력 함양뿐만 아니라 일상생활의 불편함을 해소하기 위해 2016년 금융 및 교통안전문해교과서, 2017년 정보문해교과서를 개발·보급하였다.

여기에서는 문해교육의 범위 [그림 13-1] 중 기초문해, 기능문해와 생활문해(교통, 금융, 정보 등)의 필요성과 그 내용들을 사례와 함께 살펴본다.

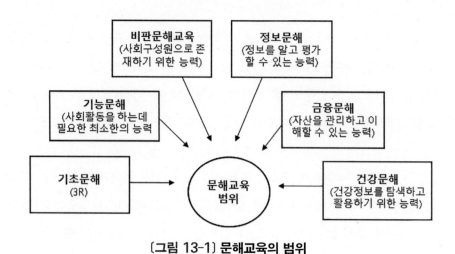

〔그림 13-1〕 문해교육의 범위

출처: 한국 민간문해교육의 태동·활동·성과에 관한 연구(노병윤, 2014. p11)

(1) 한글 및 수학 문해

초등 문해교육과정은 모든 것의 기초가 되는 한글과 수학을 어느 정도 익히고 나면 영어와 한자 그리고 교통, 금융, 정보 등(생활문해)을 진행한다.

즉 〈표 13-4〉와 같이 한글·수학 문해는 먼저 글자와 기초단어, 수(숫자) 익히기(초등 1단계), 단순히 글자를 읽는 것이 아니라 글의 내용을 이해할 수 있도록 한다(초등 2단계), 다양한 종류의 글을 읽고 내용을 파악할 수 있으며, 사칙연산을 할 수 있고, 계산기를 활용해 계산할 수 있다. 또한 우리나라의 기초적인 경제, 사회, 역사에 대해 이해할 수 있다(초등 3단계).

중등 문해교육과정 〈표 13-5〉는 기초문해(초등 6학년 수준) 다음 단계로 국어·영어·수학·사회·과학과 실용한자 및 생활영어 등으로 이루어진다. 교육목표는 인간 및 사회 전반에 관한 기본적인 지식을 갖추며, 성인의 일상생활을 영위하는 데 필요한 기본적인 능력을 함양하고, 다양한 문화활동에 참여할 수 있는 자질과 태도를 기르는 것이다.

(2) 영어문해

왜, 노인들이 영어를 배우고 또 가르쳐야 하는가? 21세기 세계화·정보화 시대에 국제어인 영어를 배우지 않고는 살아가기가 불편해졌다. 먼저 국가적 차원에서는 세계적으로 정치, 경제, 사회, 문화 등 다양한 분야의 정보 소통이 영어로 이루어지기 때문이다.

둘째, 개인 차원에서는 직업 선택과 사회적 활동의 범위를 넓혀서 성공적인 삶을 확대하기 위함이다.

셋째, 적극적인 사회활동을 강조하는 사회 분위기와 해외여행의 기회 증가, 인터넷 확산으로 인한 온라인 학습 증가이다. 특히 온라인 학습의 경우 기본적인 컴퓨터 활용능력이 요구되며 컴퓨터 활용시 기본적인 영어를 모르면 힘들다.

또한 여행이나 해외이민을 갈 경우 영어 때문에 의사소통이 힘들어 외롭고 쓸쓸한 노년기를 보낼 수 있다. 세계화, 정보화 시대에 노인들에게 영어공부는 다른 세계를 잇는 통로가 되고 새로운 삶을 살아가는 출발점이며 적적한 노년기의 새로운 삶의 활력소이다.

당진시 남부노인복지관(2019)에서 영어공부를 하는 어르신들의 '나도나도 한마디'를 통해 그들이 왜 영어공부를 하는지 알 수 있다.

> **"헬로~" 노인들 영어공부에 빠지다: 너도나도 한마디**
>
> 딸이 외국 살아서 종종 해외에 나가곤 해요. 영어를 배우니까 낯선 땅에서도 자신감이 생기고 의사소통도 할 수 있어 좋지요(A, 70).
> 자꾸 까먹어도 이 나이에 배우려고 노력한다는 걸 강조하고 싶어요. 손자·손녀에게 할머니도 공부하는 모습이 본보기가 되지 않을까요?(B, 71).
> 노년기에 자기계발을 할 수 있어 좋아요. 농촌에 살면서 스스로 퇴보하는 건 아닌지 걱정도 됐는데 지금은 아주 행복합니다(C, 72).
> 모두 가족 같은 분위기여서 재미있게 영어공부를 하고 있어요. 공부하러

오는 것이 즐거워 매주 월요일만 기다리게 된다니까요(D, 75).

남편이 돌아가신지 얼마 안됐어요. 제가 우울할까봐 며느리가 걱정됐는지 추천해주더라고요. 앞으로 열심히 배워볼 생각입니다(E, 88).

손자 생일축하 노래를 영어로 불러주니 "할머니가 '짱'"이라고 하데요. 일상적으로 아이들과 소통할 수 있어 기뻐요(F, 73).

선생님 귀농 후 블루베리 농사를 지으며 살다가 어르신들에게 영어를 가르치면서 또 다른 삶의 활력을 찾게 됐습니다. 영어 공부가 아닌 함께 노는 시간이에요(G, 64).

(3) 한자문해

우리말은 고유어와 한자어, 외래어로 구성되어 있고, 국어 어휘 중에 많은 어휘들이 한자로 된 한자어(漢字語)이다. 성인 중학과정 전체에 나오는 한자어는 약 4,500여 개에 달한다(문지혜 외, 2018). 여기에는 유비무환(有備無患), 타산지석(他山之石), 오비이락(烏飛梨落)등 사자성어(四字成語)를 포함하고 있다.

사자성어는 교훈이나 비유, 상징 등을 함축적으로 담고 있으며 일상생활에서도 대화 속에 널리 사용되어 한자를 모르면 말의 뜻을 제대로 이해하는데 어려움이 따른다. 또한 『명심보감(明心寶鑑)』 한한(漢韓)본 책에서 '근학편(勤學篇)'을 한글로만 읽었을 때와 한자의 뜻을 알고 보면 다가오는 의미가 다를 것이다.

"子夏曰 博學而篤志하고 切問而近思면 仁在其中矣니라(자하왈 박학이독지하고 절문이근사면 인재기중의니라)"의 의미는 '널리 배워서 뜻을 두텁게 하고, 간절하게 묻고 가까이에서 생각해 나가면 인(仁)이 그 가운데 있다.'는 뜻이다.

따라서 한자어를 한자로 풀어보고 이해하는 것은 어휘를 보다 더 정확하게 이해할 수 있도록 한다. 또 한자어 학습은 독서의 즐거움과 문해력 향상뿐만 아니라 중학 필수교과목의 내용 이해를 통한 교과 학습능력도 향상시킬 수 있다.

나는 어머니가 늘 하시던 말을 잊을 수가 없다.

"내가 남자로 태어나 제대로 배웠으면 한 자리 해 묵었을 텐데…."

이 말에서 어머니의 배움에 대한 한을 읽을 수 있어 가슴이 아프곤 했다. 저자의 어머니(이태순, 92세)는 일제강점기와 6·25 전쟁을 겪었고, 전통적인 가부장제(家父長制) 사회에서 배움은 쉽지 않았다. 초등학교에서 약 2년의 공부, 남동생들이 서당과 학교 공부를 할 때 어깨 너머로 배운 게 다였다. 덕분에 한글은 어려운 받침 글씨 몇 개를 제외하고는 읽고 쓸 수 있었고, 기본적인 산수(사칙연산)도 가능하였다. 일찍이 홀로 되신 어머니는 6남매를 다 키우고 70대에 비로소 배움에 대한 소원을 이루었다. 72세에 민간기관인 서예학원에서 한자를 배우며 한문서예를 배웠다. 매주 2회 단 한 번도 거르지 않고 비가 오나 눈이 오나 명심보감(明心寶鑑) 책과 서예 도구가 든 책가방을 메고 버스로 30분 거리를 다니셨다. 서예에 입문한 지 4년 만인 76세에 '대한민국 국제미술대전 한문서예 부문'에서 특선으로 당선되어 세종문화회관에서 상을 받으셨다. 늦은 나이에 한문서예와 한자 공부를 통해 아는 한자가 하나씩 늘어날 때마다 기쁘고, 학습의 장(場)에서 친구들을 만나 공부하는 그 자체가 보람이고 즐거움이었다.

"學而時習之면 不亦說乎아, 有朋自遠方來면 不亦樂乎아!"

"배우고 때때로 익히는 것은 기쁜 일이며, 뜻을 같이하는 친구가 먼 곳에서 찾아오는 것은 즐거운 일이다"

작가: 春定 李太順(76歲)

작품명: 이백 -금릉봉황대(登金陵鳳凰臺)- 시 중 일부

수상: 특선(대한민국 국제미술대전 한문서예 부문)

뜻: 三山半落靑天外, 二水中分白鷺洲.

삼산의 봉우리 푸른 하늘에 반쯤 솟아 있고, 두 강물은 나뉘어 백로주로 흐른다.

* 백로주(白鷺洲): 강소성 서쪽, 남경 서남쪽으로 양쯔강(揚子江) 가운데의 모래톱.

〔사진 13-1〕 대한민국 국제미술대전 한문서예 부문 수상작품

(4) 교통문해

고령화 사회 진입과 함께 특히 노인들의 교통사고로 인한 노인 사망률이 급증하고 있다. 통계상 우리나라 교통사고 사망자 3명 가운데 1명이 60세 이상의 고령층인 것으로 나타나고 있다. 특히 서울시 고령인구 10만 명당 보행자 교통사고 사망자는 6.9명으로 OECD 평균(3.1명)의 2배가 넘는다(한국교통안전공단, 2019).

노인 교통사고가 증가하는 이유로 신체활동 능력 저하로 인한 교통상황 대처능력의 감소와 교통안전 의식 부족을 들 수 있다. 신체 반응능력이 상대적으로 떨어지고 교통안전 의식이 부족한 노인들을 위한 교통안전교육이 절실하다.

따라서 교통문해 교과서에서는 실제 교통사고를 재구성한 실감나는 꽁트와 알기 쉬운 해설을 곁들여 우리나라 교통사고 통계부터 안전한 보행방법까지 다양한 교통안전교육을 제공한다.

구체적으로 첫째 교통사고 현황과 고령자 교통사고(교통사고 통계와 사고 예방, 고령자 교통사고 원인과 유형), 둘째 안전한 보행과 교통사고 대처 방법(안전한 보행과 도로 횡단 방법, 교통사고 대처 방법), 셋째 교통 법령과 교통안전 표지판(교통도덕과 교통 법령, 교통안전 표지판), 넷째 교통수단 안전하게 이용하기(자전거 안전하게 타기, 대중교통 안전하게 이용하기), 다섯째 자동차의 특성과 교통 심리(자동차의 특성, 운전자 심리와 보행자 심리) 등을 다룬다.

(5) 금융문해

노인 금융문해 교육은 문해학습자의 일상생활에 필요한 기초 금융지식 및 금융사기피해 예방을 도와 노년기 삶의 질 향상에 필요한 능력을 개발할 필요가 있다. 금융문해 교육은 금융문해의 중요성을 인식시키는 것 이외에 읽기, 쓰기, 셈하기의 총체적인 능력이 동시에 개발되도록 진행한다.

그리고 경제적 능력의 개발을 위해 수입에 대한 지식, 금전과 출납교환체제에 대한 이해, 구입과 지출, 가정경제 관리 능력, 대출과 부채에 대한 이해, 연금과 보험에 대한 이해(박성희, 2018)와 날로 증가하는 전화금융사기(보이스피싱) 피해를 예방하는 방법을 포함한다.

전화금융사기는 수법이 정교화·지능화되어 모든 계층의 많은 사람들이 피해대상이지만, 노인들은 문해력과 고령으로 인해 범죄 인식능력이 다소 부족하여 새로운 사기 수법에 먼저 피해자가 될 수 있다. 평생 모은 쌈짓돈을 보이스피싱 등 각종 사기행각에 속아 한순간에 돈을 잃은 안타까운 사연들을 통해 보이스피싱은 시니어의 안전한 노후 준비에 큰 위협으로 자리잡고 있다.

이에 금융감독원에서는 금융문해교육 활성화를 위해 국가평생교육진흥원과 협업하여 금융교육콘텐츠 개발과 함께 체계적으로 전국 문해교육 학습자 대상 금융교육실시, 문해교육 교원에 대한 금융교육 강사연수 실시, 기타 금융교육의 효과적 추진을 돕는다. 금융감독원은 모든 대상자들에게 금융사기피해 예방으로 은행권 은행 봉투에 '보이스피싱 피해예방 10계명'을 담아 배포하였고, 특히 금융감독원의 전문강사가 문해교육기관을 직접 방문하여 교육을 실시함으로써(2017년 344명, 2018년 884명 총 1,228명) 금융취약계층인 고령학습자가 금융사기에 적극적으로 대응할 수 있도록 하였다(국가평생교육진흥원, 2019).

(6) 정보문해

지금은 디지털시대이다. 디지털 문맹(Digital Illiteracy)은 스마트폰, 테블릿, 컴퓨터 등 다양한 디지털 기기를 제대로 알지 못하고 사용하지 못하는 것을 말한다. 디지털시대의 소통은 사람을 직접 접촉하기보다는 스마트폰, 컴퓨터 등 디지털 매개수단을 활용한다는 것이다.

우리는 스마트폰으로 단순히 음성통화만 하는 것이 아니고, 문자와 사진을 보내고 은행결제도 하는 등 다양한 방법으로 사람과 사람, 혹은 사람과 사물 간의 소통을 한다. 따라서 컴퓨터를 비롯한 다양한 디지털 기기를 제대로 다루지 못하면 우리의 소통, 특히 시각적 소통에 많은 제약을 받게 된다. 또한 많은 학습자들이 디지털 기기를 통해 학습, 게임, 놀이를 할 뿐만 아니라 많은 정보를 얻는다. 하지만 노인의 특성상 인터넷 사용에 대한 부정적 측면이 강하고, 사용 능력이 부족하므로 디지털시대가 노인 문해교육에 어떤 영향을 미치는지 이해하고, 노인학습자들이 디지털환경에서 어떻게 살아갈 수 있을지에 대한 디지털(정보) 문해교육이 필요하다.

이와 관련하여 교육부는 2017년 성인 문해학습자 맞춤형 '정보문해교육' 교과서를 개발하여 스마트폰으로 카카오톡 활용방법을 소개하고 있다. 2018년에는 정보문해교과서 지도를 위한 교수-학습자료를 개발하여 문해학습자가 정보기기 활용능력을 함양할 수 있도록 하였다.

노인 문해학습자들은 교과서를 통해 먼저 스마트폰의 종류와 요금제를 알 수 있으며, 음성(전화), 문자, 데이터 등의 말을 이해할 수 있다. 둘째, 스마트폰에서 카카오톡으로 친구들과 문자를 주고받는 방법을 알 수 있다. 셋째, 카카오톡에서 1:1 채팅하기로 내 프로필 등록하기, 가족·친구 등에게 사진과 동영상을 보내고 받기, 저장하고 공유하기, 카카오톡으로 전화하기 (보이스톡, 페이스톡 활용) 등을 알 수 있다.

넷째, 그룹채팅방에서 대화하기 단계로 그룹채팅방 만들기와 꾸미기를 할 수 있다. 다섯째, 카카오톡 환경설정하기 단계에서 친구 관리하기, 환경설정 바꾸기 등을 배울 수 있다.

3. 노인 문해교육의 실제

1) 광주 희망평생교육원 문해교육

(1) 설립목적 및 성과

광주 희망평생교육원은 배움의 시기를 잃고 배우고 싶어도 배울 곳이 없거나 제도 교육에 적응하지 못한 교육 소외 계층에게 문해교육을 통해, 각각의 창의성을 배양할 교육의 기회와 동기를 부여하여, 희망과 용기를 가지고 미래를 선도해 갈 세계와 사회에 기여하는 인적 자원을 양성하는 교육을 실천하는 데 목적을 두고 있다.

광주 희망평생교육원은 50년의 유구한 역사를 가지고 있다. 1968년 화순군에서 학생 15명으로 개교하여 1982년 광주로 자리를 옮겨 광주학생들과 화순군 잔류학생들을 포함하여 중·고과정의 야간학교 수업을 시작하였다. 이후 2014년 광주광역시교육청으로부터 학력인정 성인문해교육 프로그램 초등 3단계 3학급으로 지정되었고, 2017년 학력인정 문해교육 프로그램 초등 1단계 1학급, 2단계 1학급, 3단계 1학급, 중학 1단계 2학급, 2단계 2학급, 3단계 1학급 등 총 8학급으로 지정되었다. 그리고 2018년 2월 초등 2단계

18명 이수, 초등 3단계 48명 졸업, 중학 1단계 31명과 2단계 29명 이수, 중학 3단계 34명 졸업 실적을 보였다.

광주 희망평생교육원의 구체적인 문해교육과정은 〈표 13-4〉와 〈표 13-5〉에서 알 수 있듯이 한글 문해교육뿐만 아니라 영어, 수학, 과학 그리고 생활문해교육(교통교육, 금융교육) 등 다양한 수업이 운영된다. 초등 1단계에서 기본적인 한글 교육을 받고, 초등 2~3단계에서는 영어, 수학, 과학, 금융교육 등이 추가된다. 영어(알파벳 대·소문자 쓰기), 수학(가감승제 중 덧셈), 과학(물질과 물체에 대한 개념 구분), 금융교육(출금신청서 및 계좌이체신청서 작성하기) 등 과목도 늘어나고 내용 난이도도 점차 높아진다.

또한 학생들이 전국 성인문해교육 시화전 혹은 기관 내 백일장 등 폭넓고 풍부한 학습활동을 통해 배움의 즐거움과 나누는 보람을 느끼실 수 있도록 하고 있다. 이는 문해교육을 통해 단순히 문자를 해독하는 기능을 습득하는 것만 아니라 배우는 과정을 통해 학습자가 스스로의 삶을 풍요롭게 하고, 나아가 타인에게 배움을 나눌 수 있는 좋은 사람, 좋은 시민으로 성장할 수 있도록 문해교육 프로그램을 운영하는 것이다.

김영희, 황선순 님의 시에서 글을 모른다는 것은 배우자나 자식에게도 들키고 싶지 않을 만큼 부끄러운 모습이다. 마치 영화 「책 읽어주는 남자(The Reather)」에서 여자 주인공이 글자를 읽지 못하는 사실을 수치스럽게 생각하여 그 사실을 숨기기 위해 형벌선고도 감수하는 장면처럼…. 하지만 배움의 한과 문맹의 답답한 삶을 살아온 그들은 그 수치스러움을 이겨내고 마침내 글을 깨우침으로써 자신의 삶을 글로 드러낼 수 있는 것에 얼마나 행복한지를 알 수 있다.

2018년 전국 성인문해교육 시화전 수상자 통계에 의하면, 대부분의 수상자들은 60대 후반부터 70대이고, 최연장자는 87세 고령이다. 평균 나이는 최우수상(부총리 겸 교육부장관상, 10명) - 73세(81·59), 특별상(국회 교육위원장상, 10명) - 72세(83·58), 특별상(한국교직원공제회 이사장상, 10명)

- 71세(83 · 55), 특별상(세종문화회관 사장상, 10명) - 68세(87 · 31), 특별상(유네스코한국위원회 사무총장상, 10명) - 69세(77 · 62) 등이다.

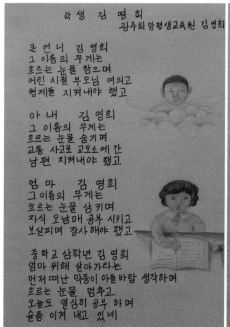

작품명: 학생 김영희
수상: 특별상(국회 교육위원장상)
출품자: 김영희(67세)
소속: 광주희망평생교육원

작품명: 아이고 좋아라
수상: 특별상(유네스코한국위원회사무총장상)
출품자: 황선순(69세)
소속: 광주희망평생교육원

〔그림 13-2〕 2018년 전국 성인문해교육 시화전 수상작

(2) 문해교육과정(초등 1, 2, 3단계 및 중등 1, 2, 3단계)

초 · 중등 단계별 문해교육과정은 〈표 13-4〉, 〈표 13-5〉와 같다.

〈표 13-4〉 문해교육과정(초등 1, 2, 3단계)

교육수준	초등 1단계
프로그램 명	2018년 학력인정 문해교육 프로그램
교육목표	글자와 기초 단어를 익힐 수 있다

프로그램 개요	운영기간		2018. 3. 5.~2019. 2. 13. (1년)
	수업시간		4시간(1주)/40주/160시간
	주요 학습대상		만 18세 이상의 저학력 성인 및 비문해자
	교재(부교재 포함)		초등과정 성인문해 교과서 소망의 나무 1, 2, 3, 4
평가방법	자체 프로그램 평가		만족도 조사, 교사회의를 통한 평가 등
	학습자 평가	진단평가	학년 초 진단평가
		형성평가	포트폴리오, 수업태도
		총괄평가	학기별 지필고사
학습자 관리 계획	출결: 출석일수의 2/3 이상 출석시 이수, 결석시 담임이 전화 상담 상담: 학기초, 학기말 담임의 개별 정기상담, 전화 및 대면 상담 멘토링 제도 운영: 담임이 학습자들의 멘토 역할		
창의적 체험 활동 계획	현장체험학습, 문해교육행사 참여, 교통교육, 금융교육 등을 통해 학습자들이 다양한 체험활동을 할 수 있게 함		

프로그램 세부 내용

차시(수업시간/연간수업시간)	교과목(수업시간/연간수업기간)	단원명	주요교육내용	수업방법
4/160	국어(4/120)	1단원 첫걸음 2단원 자음과 모음	연필 잡는 법 익히기 자음 모음 순서 익히기	점선 따라 그리기
8/160	국어(8/120)	3단원 아기와 어머니 4단원 거미와 나비	기본 모음의 소리값 알기 'ㄱ', 'ㄴ'의 소리값 알기	낱말 완성하기
12/160	국어 (12/120)	5단원 다리 6단원 부모	'ㄷ', 'ㄹ'의 소리값 익히기 'ㅁ', 'ㅂ'의 읽고 쓰기	문장 읽기
16/160	국어 (14/120) 특별활동 (2/8)	7단원 이사 특별활동	'ㅅ', 'ㅇ'의 읽고 쓰기 태극기 색칠하기	색칠하기
20/160	국어 (18/120)	8단원 주차 9단원 코트	'ㅈ', 'ㅊ'의 소리값 익히기 'ㅋ', 'ㅌ'의 순서 익히기	이야기 나누기

24/160	국어 (20/120) 재량활동 (2/16)	10단원 포도와 호두 재량활동	'ㅍ', 'ㅎ'의 소리값 알기 금융교육(출금 신청서 작성하기)	활동지

교육수준	초등 2단계			
프로그램 명	2018년 학력인정 문해교육 프로그램			
교육목표	단순히 글자를 읽는 것이 아니라 글의 내용을 이해할 수 있다			
프로그램 개요	운영기간		2018. 3. 5.~2019. 2. 13. (1년)	
	수업시간		6시간(1주)/40주/240시간	
	주요 학습대상		만 18세 이상의 저학력 성인 및 비문해자	
	교재(부교재 포함)		초등과정 성인문해 교과서 배움 나무 5, 6, 7, 8	
평가방법	자체 프로그램 평가		만족도 조사, 교사회의를 통한 평가 등	
	학습자 평가	진단평가	학년 초 진단평가	
		형성평가	포트폴리오, 수업태도	
		총괄평가	학기별 지필고사	
학습자 관리 계획	초등 1단계와 동일			
창의적 체험 활동 계획	현장체험학습, 문해교육행사 참여, 교통교육, 금융교육 등을 통해 학습자들이 다양한 체험활동을 할 수 있게 함			
프로그램 세부 내용				
차시(수업시간/연간수업시간)	교과목(수업시간/연간수업기간)	단원명	주요교육내용	수업방법
6/240	국어(6/154)	1단원 아침교실 2단원 딸에게 부친 편지 3단원 배추 절이기	시 읽기 및 감상하기 글 읽고 낱말 쓰임새 알아보기	시 낭독
12/240	국어(12/154)	4단원 말 잘 듣는 말 5단원 바르게 쓰기 6단원 나의 첫 책상	짧은 글 읽어보기 짧은 글 익히기 짧은 글 쓰기	짧은 글짓기

18/240	국어 (16/154) 기타(2/10)	7단원 첫인상 8단원 어느 병원에 갈까 9단원 보건소에서	합성어와 파생어 알아보기 병원의 진료 과목과 치료과정 익히기 관공서의 종류 및 알아보기	합성어 파생어 구분
24/240	국어 (20/154) 특별활동 (2/24)	10단원 버스를 타고 11단원 기차여행 특별활동	버스의 종류 알아보기 여행 정보 읽고 안내문 정보 확인하기 태극기 그리기	안내문 익히기 활동지
30/240	영어(1/8) 기타(3/10) 수학(2/28) 국어 (22/154)	12단원 일기예보 13단원 단오 이야기 26단원 덧셈	날씨 기호 익히기 대문자 C쓰는 순서와 소리 익히기 받아올림하여 덧셈하기 단오에 대한 짧은 글 읽기	평가지 준비
36/240	국어 (24/154) 수학(4/28) 재량활동 (2/16)	14단원 광고 15단원 알리는 글 27단원 덧셈 재량활동	광고에 대한 짧은 글 읽기 노인일자리 사업안내문읽기 두자리수와 한자리수 덧셈 금융교육(출금신청서)	활동 (인쇄물)

교육수준	초등 3단계		
프로그램 명	2018년 학력인정 문해교육 프로그램		
교육목표	다양한 종류의 글을 읽고 내용을 파악할 수 있다 사칙연산을 할 수 있고 계산기를 활용한 계산을 할 수 있다 우리나라의 기초적인 경제, 사회, 역사에 대해 이해할 수 있다		
프로그램 개요	운영기간		2018. 3. 5.~2019. 2. 13. (1년)
	수업시간		6시간(1주)/40주/240시간
	주요 학습대상		만 18세 이상의 저학력 성인 및 비문해자
	교재(부교재 포함)		초등과정 성인문해 교과서 지혜의 나무 9, 10, 11, 12
평가방법	자체 프로그램 평가		만족도 조사, 교사회의를 통한 평가 등
	학습자 평가	진단평가	학년 초 진단평가
		형성평가	포트폴리오, 수업태도
		총괄평가	학기별 지필고사

학습자 관리 계획	초등 1단계와 동일			
창의적 체험 활동 계획	현장체험학습, 문해교육행사 참여, 교통교육, 금융교육 등을 통해 학습자들이 다양한 체험활동을 할 수 있게 함			
프로그램 세부 내용				
차시(수업시간/연간수업시간)	교과목(수업시간/연간수업기간)	단원명	주요교육내용	수업방법
6/240	국어(6/115)	나를 소개한다 자연 속의 시 생활 속의 시	-친구들에게 나 소개하기 -시의 구성 알아보기 및 감상하기 -시의 소재 알아보기	자기소개서 예문 준비
12/240	국어(9/115) 기타(1/15) 과학(2/13)	4. 노랫말 이야기 5. 물질과 물체 6. 옛날 옛적에	-아는 노랫말 적고 낭송하기 -알파벳 송 노래 부르기 -물질과 물체에 대한 개념 구분하기 -젊어지는 샘물을 읽고 교훈 찾기	노랫말 가사
18/240	국어 (12/115) 영어(1/12) 재량활동 (2/24)	7. 관광지도 8. 어머니의 쑥떡 금융교육	-관광지도·안내서 정보알기 -수필 예문을 감상하고 유사한 경험 발표하기 -소문자 a, b 쓰는 순서 익히기 -출금신청서, 계좌이체 신청서 작성하기	활동지 (금융교육)
24/240	국어 (18/115)	9. 더불어 사는 세상 10. 옛날과 오늘날 11. 여섯 개의 점	-우화 염소 두 마리를 읽고 이해하기 -생활용품 중 조상의 슬기가 담긴 물건 이해하기 -여섯 개인 점인 점자에 대해 이해하기	설명문 듣기, 이해
30/240	국어 (23/115) 영어(2/12)	12. 내 안의 보석, 미덕 13. 나이는 숫자일 뿐 14. 우리 글 한글	-봉사와 배려의 의미와 소중함 알기 -소문자 c, d T 순서 익히기 -기사문의 속담 뜻 이해 -한글 창제 배경과 한글 우수성 알기	소문자 쓰기

〈표 13-5〉 문해교육과정(중등 1, 2, 3단계)

교육수준	중학 1, 2, 3단계		
프로그램명	2018년 학력인정 문해교육 프로그램		
교육목표	인간 및 사회 전반에 관한 기본적인 지식을 갖춘다. 성인의 일상생활을 영위하는데 필요한 기본적인 능력을 함양한다. 다양한 문화활동에 참여하고 즐길 수 있는 자질과 태도를 기른다.		
프로그램 개요	운영기간	2018. 3. 5.~2019. 2. 13. (1년)	
	주당 운영 횟수	주 3일	
	수업시간	40주, 450시간	
	모집예정 학습자 수	60명(1단계), 35명(2단계), 30면(3단계)	
	주요 학습 대상	만 18세 이상의 저학력 성인 및 비문해자	
	교재(부교재 포함)	중학과정 성인문해 교과서 1단계: 국어1, 영어1, 수학1, 사회1, 과학1, 미술(교재 없음) 2단계: 국어2, 영어2, 수학2, 사회2, 과학2, 실용한자(자꾸 공부하고픈 책) 3단계: 국어3, 영어3, 수학3, 사회3, 과학3, 생활영어(일상영어회화 첫걸음)	
학습자관리 계획	초등단계와 동일		
평가방법	자체 프로그램평가	초등단계와 동일	
	학습자평가	진단평가	학년 초에 각 과목별로 평가
		형성평가	단원평가 및 포트폴리오
		총괄평가	학기별 지필평가
창의적 체험 활동 계획	영화관람, 광주 알기 답사, 다양한 현장체험학습 등		

출처: 광주 희망평생교육원 내부자료(2019).

2) 담양군 찾아가는 문해교육

(1) 설립목적 및 성과

평생학습도시 담양군은 '찾아가는 문해교육'을 가장 활발히 운영하는 지역 중 한 곳이다. 찾아가는 문해교육은 해당 마을의 근거리에 있는 주민센터, 교회, 복지관, 마을회관, 경로당, 공공도서관 등으로 직접 찾아가 문해교육을 지원한다. 담양군 평생학습센터에서는 '문해학습에 기반을 둔 인문학마을 조성'하에 어르신들의 배움에 대한 갈증을 해소하고 배움의 즐거움을 선사하기 위해 마을로 찾아가는 인문학 문해교실을 운영하고 있다.

찾아가는 문해교육의 목적은 비문해·저학력 성인에게 제2의 교육기회를 제공하고자 한글뿐만 아니라 인문학적 배움과 책 읽는 학습문화의 장을 마련하기 위해 마을의 교육공간으로 찾아가는 성인 문해교실을 확대 운영하는 것이다. 정보, 시간, 여유 등이 없어 문해교육을 받지 못하는 비문해 어르신, 외국인(근로자), 다문화이주여성들을 위한 문해교육을 진행한다. 문해교육은 단순히 글을 읽고 쓰는 기초문해에서 문명문해, 인문문해, 디지털화되고 있는 일상생활에의 적응과 사회, 문화적 교양 수준으로 확대해 문명적 삶을 영위하는 영역으로 확대하고자 함이다.

일상에 필요하지만 디지털화되어 있어 접근이 어려운 금융문해, 문화·예술문해, 건강문해 등 다양한 문해교육프로그램을 제공한다. 찾아가는 문해교육은 문해교육에 대한 비문해자의 접근성 대폭확대, 기초문해에서 생활문해로 문해교육의 개념 확장 추진에 해당할 수 있다. '촘촘한 그물망 같은 문해교육', 즉 숨어 있는 잠재적 비문해자들이 쉽고 편하게 접근할 수 있도록 근거리 평생학습 공간인 '동네배움터'에서 문해교육을 운영하는 개념이다.

찾아가는 문해교육의 운영기간은 1~12월 연중이며, 대상은 5명 이상 학습을 원하는 마을, 복지관, 단체에서 진행된다. 강사가 직접 마을을 방문하여 학습을 지도하며(1회 2시간/주 2회), 교육내용으로는 한글, 인문학 교육, 노래, 기초영어, 수학 등이지만 기초 문자해득을 넘어 치유인문학으로 접근하는 교육활동을 펼치고 있다. 또한 평생학습동아리를 구성하여 문해교육을 지원하고 있다.

평생학습동아리는 소외계층(성인문해: 한글 교육 지원 동아리, 저소득층을 위한 직업훈련 지원 동아리, 다문화 가족 정책지원, 공부방 아동 학습지원 동아리 등), 학습진흥(외국어 교육 지원 동아리, 기타 평생학습 관련 동아리 등), 취미문화건강(건강분야: 수지침 · 요가 · 웰빙 등 동아리, 문화예술분야 동아리, 취미교실 관련 동아리 등), 지역특화(지역 인문학 학습연구 동아리, 생태자연환경 관련 동아리, 문화해설 및 관광활성화 동아리) 등 네 가지로 구성되어 운영된다.

이렇게 학습자들은 찾아가는 문해교육과 평생학습동아리의 지원을 통해 새로운 앎과 삶의 기쁨을 알아가는 디딤돌 역할을 한다. 또 학습자들은 성인 문해교육 시화전 등에 참석하여 늦깎이 시인이 되기도 한다. 담양공공도서관 소속 장복순(65세) 님은 환갑이 넘어서야 기역, 니은, 디귿부터 배운 늦깎이 학생으로 2018년 전국 성인문해교육 시화전 최우수상을 수상하였다.

작가는 「내 친구 잡초야」에서 쉽지 않은 배움의 과정을 자연 속의 잡초로 비유하였고, 자신이 배운 것을 쉽게 잊어버리는 것에 비해 무성하게 잘 자라는 잡초를 보며 자신도 끈질기게 포기하지 않는 태도를 지니고자 하는 마음을 작품으로 표현하였다.

작가는 비문해자로서 힘들었던 삶의 여정과 배움의 과정을 오로지 배움의 열정으로 잡초처럼 잘 견뎌내어 끝내 평생 숙원을 이룬 것을 볼 수 있다.

> **내 친구 잡초야**
>
> 잡초야 잡초야 너는 어디 있다가 가르쳐 주지 않아도 철따라 잘도 나오니? 나는 배워도 배워도 착고 착고 까먹어 환장 허겄는데/ 잡초야 잡초야 너는 너는 좋겠다 따로 가르쳐 주지 않아도 알아서 쑥쑥 잘도 자라니? 나는 까마귀 고기를 안 먹었는데도 깜박깜박해서 읽고 써도 모르는데/ 잡초야 잡초야 너는 끈기가 대단하구나 내가 뽑고 또 뽑고 들어도 새로 나고 새로 나고 나도 나도 너처럼 포기 않고 끝까지 배워보니 까막눈 벗어나 글을 읽게 됐네/ 나도 이제 자신 있게 살 수 있단다 잡초야 나에게 용기주어 고마워 잡초야 우리 친구하자.

2018년 문해교실 운영현황은 11개 읍면 33개소(표 13-6 참고), 학생 282명, 문해강사 19명으로 구성되어 있다. 33개소 중 2개 기관 즉 공공도서관

(교육청 소속)은 2012년 전라남도교육감이 인정하는 '초등학력인정 문자해득 교육과정 운영기관'으로 지정받아 성인 비문해자를 대상으로 학력인정 성인문해교실 운영, 2015년부터는 1단계 3단계와 더불어 졸업생을 위한 심화반을 추가 개설하여 운영하고 있다.

그리고 2019년 3월 현재 문해교실 운영현황은 참여인원 38개소, 360명(마을경로당 28개, 교회 4개, 기타 5개, 공공도서관 1개), 문해강사 23명(군 21, 공공도서관 2)이 교육을 진행한다.

(2) 문해교육과정 운영현황(2018년)

찾아가는 성인(노인)문해교실 운영현황은 〈표 13-6〉과 같다.

〈표 13-6〉 찾아가는 성인(노인)문해교실 운영현황(2018. 10)

읍 면	구 분	개강	마을명	요일	시간	교재
11개 읍면			33개소			
담양(7)	단체	2017.2	금빛한글교실(문화회관)	화금	9:00	배움의 나무 5권
	마을	2018.1	청소년 문화의 집	월금	14:00	배움의 나무 5권
	기타	2018.7	담양노인전문요양원 1반	월금	9:30 13:00	소망의 나무 4권
	기타	2017.3	담양노인전문요양원 2반	월금	9:30	소망의 나무 2권
	기타	2015.3	향백동마을	화금	11:00	배움의 나무 7권
	마을	2016.2	강쟁1구마을회관	화목	19:00	배움의 나무 5권
	교회	2015.3	백동교회	수금	9:30	배움의 나무 8권
고서(2)	마을	2018.3	신원등마을	화목	10:00	소망의 나무 3권
	마을	2016.3	운현마을회관	월금	10:00	소망의 나무 3권
창평(4)	마을	2016.3	신흥마을회관	화목	13:00	배움의 나무 7권
	기관	2014	광덕복지관	화수목	10:30	배움의 나무 5권
	마을	2017.3	현암마을회관	월수	13:00	소망의 나무 4권
	마을	2018.3	용수1구 수곡마을	수	12:30	소망의 나무 1권

대덕(2)	마을	2015.3	입석경로당	월목	13:00	배움의 나무 5권
	마을	2015.3	차동경로당	월수	12:30	소망의 나무 4권
무정(3)	마을	2014.10	성도1구(성도리 새마을)	월화	18:00	배움의 나무 8권
	마을	2014.9	성도2구(성덕경로당)	월화	19:30	배움의 나무 7권
	마을	2018.3	동산마을회관	수금	13:00	소망의 나무 2권
금성(2)	교회	2015.3	남부교회(외추리)	화목	18:00	소망의 나무 워크북
	기관	2017.3	혜림복지회관	수	10:30	배움의 나무 5권
용면(1)	마을	2015.2	두장마을회관	수토	18:00	지혜의 나무 9권
월산(2)	교회	2015.3	성광교회	금토	9:00	소망의 나무 4권
	마을	2017.3	도동경로당	화목	12:30	소망의 나무 2권
수북(6)	마을	2017	궁산2구마을회관	화금	10:00	배움의 나무 5권
	마을	2017.7	주평마을회관(초급)	월목	14:00	소망의 나무 4권
	마을	2017.3	주평마을회관(중급)	월목	16:00	배움의 나무 5권
	마을	2016.9	풍수마을회관(미산)	화금	13:00	소망의 나무 4권, 워크북
	기타	2017.3	정중리	월수	13:00	배움의 나무 8권
	마을	2017.2	두정마을회관(초급)	월금	14:00	소망의 나무 3권
대전(2)	마을	2016.5	강의마을회관	화목	19:00	배움의 나무 5권
	마을	2014.9	계곡경로당	화금	10:00	소망의 나무 4권
공공도서관(2) *초등학력 인정반	기관: 교육청	2012	담양공공도서관(초급)	화목	14:00	배움의 나무 8권
		2015	담양공공도서관(심화)	화목	14:00	문해교사가 별도 선정

출처: 담양군청 평생학습센터 내부자료(2019).

4. 노인 문해교육의 발전 과제

성인(노인)문해교육 지원사업은 저학력 성인의 성해문해능력 향상과 의무교육인 초·중등과정의 학력인정 기회를 부여하여, 성인학습자의 기초학습권을 보장하는 사업이 이미 10여 년 지속되어 왔다. 그러나 여전히 비문해자가 많으며, 사회의 변화에 따라 새로운 분야의 문해교육을 필요로 하는 학습자들이 들어나고 있다. 노인 문해교육의 발전 과제는 다음과 같다.

첫째, 비문해 노인을 위한 기초교육 기회의 확충과 참여 유인 체제의 강구이다. 지역사회에서 비문해 노인을 찾아내어 그들의 비문해 수준을 파악하고 문해교육의 기회를 제공한다. 대부분의 비문해 노인들은 글자를 읽지 못하는 사실을 수치스럽게 생각하여 본인이 비문해자라는 사실을 숨기기 때문에 문해교육의 중요성에 대한 인식 제고와 모든 국민이 보편적인 평등의 교육 복지적 차원에서 떳떳하게 공부할 수 있다는 것을 인식시킬 필요가 있다.

둘째, 문해교육에 대한 비문해자의 접근성 강화를 위한 국가-지역 연계 문해교육 추진체계 구축이다. 관련 방법으로 전국시도평생교육원에 광역문해교육센터 설치를 지원한다. 그리고 농산어촌의 노인들은 도시보다 접근성이 떨어져 문해교육의 기회를 잃지 않도록 지역 단위별로 문해교육기관을 거점화하여 '찾아가는 문해교육'으로 쉽고 편하게 접근하여 배울 수 있는 학습 공간을 마련한다.

셋째, 평생학습차원에서 생활중심과 학력인정의 적절한 조화이다. 대부분의 노인들은 학력 취득보다는 학습으로 인한 삶의 변화에 의미를 두고 있다. 하지만 노인 인구의 고령화와 지식정보화, 평생학습시대에 따른 지속적인 학습으로 이에 대한 욕구가 커지면서 학력취득의 요구도 커지고 있다.

넷째, 노인 문해교육 관련 법령을 규정하고 문해기초교육시설과 학습자에 대한 재정지원이다. 이를 위해 성인문해교과서 무상보급, 문해교육 성인

학습자 공교육비 지원, 문해교사의 증원 그리고 시설확충이 요구된다.

다섯째, 노인 맞춤형 교재와 프로그램 개발이다. 노인 문해학습자의 욕구와 다변화에 따른 문해교육의 내용적 확장, 신개념 융합 프로그램 보급이 필요하다.

여섯째, 특히 농촌 노인의 문해교육이 절실하다. '농촌 노인의 문해력 제고방안' 보고서에 따르면 농촌 노인 가운데 문해교육이 필요한 노인은 절반 이상인 58%로 100만 명인 것으로 나타났다(마상진 외, 2018). 농촌 특성에 맞는 문해교재와 문해교사를 양성하고 노인들의 눈높이에 맞는 교육으로 농촌 노인의 삶의 질을 향상시켜야 한다.

【연구과제】

1. 문해교육기관에서 운영하고 있는 노인 문해교육 프로그램을 조사하여 내용 및 수준별로 비교 분석하시오.
2. 전국 성인문해교육 시화전 수상작품을 감상하고, 감상소감을 발표하시오.
3. 노인문해교육의 발전 방안에 대하여 논의하시오.

【참고문헌】

교육부, 국가평생교육진흥원(2018).「2018년 성인문해교육 지원사업 설명회」, p1-133.

교육부(2016).「평생학습관 개황」, 교육통계서비스.

김윤재, 이주용(2017).「노인교육론」, 정민사.

마상진, 안석(2018).「농촌 노인의 문해력 제고방안」, 한국농촌경제연구원, 교보.

문지혜, 박순옥, 윤선희, 전경희, 진명자, 최유경, 홍경의(2018).「한자로 익히는 중학 1학년 교과서 필수 어휘」, 안양시민대학.

박성희(2018).「독일 금융문해 교육 사례를 통해 본 노인 금융문해 교육의 전망」, 노년교육연구, 4(1), p49-66.

법제처(2013). http://www.law.go.kr.

보건복지부(2016).「2016 노인복지시설 현황」, http://www.mohw.go.kr.

최운실, 송성숙, 최라영, 김경은, 김정진(2017).「노인교육론」, 양서원.

한정란(2001).「교육노년학」, 학지사.

한정란(2015).「노인교육론」, 학지사.

허정무(2007).「노인교육학개론」, 양서원.

松井政明, 山野井경德, 山本都久(1997). 高齡者敎育論, 東京 : 東信堂

Jarvis, P. (1990). *Trends in education and gerontology. educational Gerontology*, 16, 401-410.

McClusky, H. Y.(1971). *Education: Background paper for 1971 White Horse conference of aging*, Washington, D.C.: White House Conference on Aging.

Peterson, D. A. (1990). *A history of the education of older learners*. In R. H. Sherron & D. B. Lumsden (Eds.), Introduction to educational gerontology (3rd ed., 1-19). NY: Hemishere Publishing Corp.

장애인 문해교육

【개요】

장애인 영역의 양대 기조가 1988년 도입되어 유지되어 온 장애등급제의 폐지와 지역사회 통합 돌봄 제도의 도입이다. 장애인의 평생교육은 삶을 영위하기 위한 수단으로서 인간다운 삶을 보장하는 복지를 기반으로 한다. 2016년 5월 장애인 평생교육이 특수교육법에서 평생교육법으로 이관되어 일원화된 장애인평생교육진흥 체계를 구축하고 있으나 아직 미진한 실정이다. 평생교육은 언제 어디서 누구나 즉, 모두를 위한 학습(For All)이지만 장애인은 특성상 접근이 용이하지 않은 편이다. 특히 평생교육은 학습대상자의 이해가 우선되어야 하는데, 장애특성과 정도를 고려한 맞춤형 평생교육 정책의 추진이 필요하다. 더욱이 장애인 문해교육은 헌법과 교육기본법 등에서 규정하고 있는 모두가 누려야 할 기본권이기에 알아볼 필요가 있다. 따라서 본 장에서는 우리나라 장애인복지의 새로운 패러다임을 이해하고 장애인의 평생교육과 문해교육에 대해 살펴보고자 한다.

【학습목표】

1. 장애인복지의 새로운 패러다임에 대해 설명할 수 있다.
2. 장애인 평생교육을 알고 현장에 적용할 수 있다.
3. 장애인 문해교육의 확장된 의미에 대해 제시할 수 있다.

1. 장애인복지의 뉴패러다임

장애인 영역의 양대 기조가 장애등급제의 폐지(2019.7.1)와 지역사회 통합 돌봄(Community Care)제도의 도입이다. 1988년 도입되어 유지되어 온 장애등급제는 의료적인 관점으로 행정편의를 위해 1~6등급으로 나누어 놓았으며, 그 동안 이를 토대로 다양한 서비스가 제공되어 왔다. 그러나 장애등급제가 폐지됨으로 인해 등급을 기준으로 제공하던 다양한 복지시책을 개인별 특성에 맞추는 맞춤형 복지로 전환된다.

아울러 보건복지부는 2018년 3월 12일 지역사회 통합 돌봄(Community Care) 추진을 발표하고, 2018년 11월 20일 기본계획을 발표하였다. 이는 내가 사는 집에서 돌봄을 받아 지역사회 내에서 삶을 영위하는 새로운 복지패러다임이다. 2019년 노인 커뮤니티케어를 시범으로 장애인분야는 2020년, 전 대상은 2026년 보편화되어 시행된다. 이는 인간의 수명이 연장되는 현 시점에서 평생교육 분야에 시사하는 바가 크다. '장애인의 자립생활이 이루어지는 포용사회, 장애인과 비장애인의 삶의 격차 완화'라는 제5차 장애인 정책종합계획의 정책비전에서도 나타난다. 내가 사는 집에서 지역공동체를 중심으로 돌봄을 받아 자립생활로 주체적인 삶을 영위하기 위해서 장애 유형이나 장애 정도를 이유로 배제되지 않는 장애인 평생교육이 필요하다. 더욱이 문해교육은 기본적인 인권이며 마땅히 누려야 할 기본권이기에 장애인에게는 더욱 절실하다. 장애인복지 분야와 협력하는 평생교육의 활성화가 요구된다.

1) 장애인의 이해

평생교육에서는 학습자를 이해하는 것이 성공적인 학습의 첫걸음이다. 특히 성인의 학습은 페다고지가 아닌 안드라고지로 학습자의 경험에 기반하여 문제해결을 위한 학습으로 자기주도성을 갖는다. 따라서 학습대상자인 장애인을 이해하기 위하여 장애의 개념, 장애의 유형, 장애인 복지의 이념을 살펴보고자 한다.

장애의 개념

우리나라 장애인복지법 제2조에 의하면, "장애인은 신체적 정신적 상태로 오랫동안 일상생활이나 사회생활에 상당한 제약을 받는 자로서 대통령령으로 정하는 장애의 종류 및 기준에 해당하는 자"로 정의하고 있다. 장애인의 권리선언(UN) 제1조에는 "선천적이든 아니든 신체적 또는 정신적 능력의 결함으로 인하여 개인 또는 사회생활에 필요한 것을 확보하는데 스스로 완전히 혹은 부분적으로 행할 수 없는 사람"이다.

국제노동기구(ILO)는 "장애인은 신체적 정신적 결함의 결과로 적당한 직업을 유지해 나갈 전망이 없는 상당히 손상을 받은 사람"으로, 장애인고용촉진 및 직업재활법에서는 "신체 또는 정신상의 장애로 인하여 장기간에 걸쳐 직업생활에 상당한 제약을 받은 자"로 정의하였다.

제2조(장애인의 정의 등) 장애인이란 신체적·정신적 장애로 오랫동안 일상생활이나 사회생활에서 상당한 제약을 받는 자를 말한다.

발달장애의 개념

발달장애인은 통상적으로 지적장애인과 자폐성장애인을 일컫는다. 우리나라 발달장애인 권리보장 및 지원에 관한 법률 제2조에는 다음과 같이 명시하고 있다.

'발달장애인'이란 장애인복지법 제2조 제1항의 장애인으로서 다음 각 목의 장애인을 말한다.

지적장애인은 정신 발육이 항구적으로 지체되어 지적 능력의 발달이 불충분하거나 불완전하여 자신의 일을 처리하는 것과 사회생활에 적응하는 것이 상당히 곤란한 사람이다.

자폐성장애인은 소아기 자폐증, 비전형적 자폐증에 따른 언어·신체표현·자기조절·사회적응 기능 및 능력의 장애로 인하여 일상생활이나 사회생활에 상당한 제약을 받아 다른 사람의 도움이 필요한 사람이다.

그 밖에 통상적인 발달이 나타나지 아니하거나 크게 지연되어 일상생활이나 사회생활에 상당히 제약받는 사람으로서 대통령령으로 정하는 사람이다.

장애범주

〈표 14-1〉 장애인복지법에 따른 장애유형 분류

대분류	중분류	소분류	세분류
신체적 장애	외부 신체 기능의 장애	지체장애	절단장애, 관절장애, 지체기능장애, 변형 등의 장애
		뇌병변장애	중추 신경의 손상으로 인한 복합적인 장애
		시각장애	시력장애, 시야결손장애
		청각장애	청력장애, 평형기능장애
		언어장애	언어장애, 음성장애, 구어장애
		안면장애	안면부의 추상, 함몰, 비후 등 변형으로 인한 장애
	내부 기관의 장애	신장장애	투석치료 중이거나 신장을 이식받은 경우
		심장장애	일상생활이 현저히 제한되는 심장기능 이상
		간장애	일상생활이 현저히 제한되는 만성·중증의 간기능 이상
		호흡기장애	일상생활이 현저히 제한되는 만성·중증의 호흡기기능 이상
		장루·요루장애	일상생활이 현저히 제한되는 장루·요루
		뇌전증장애	일상생활이 현저히 제한되는 만성·중증의 뇌전증
정신적 장애	지적장애		지능지수가 70 이하인 경우
	정신장애		정신분열병, 분열형 정동장애, 양극성 정동장애, 반복성 우울장애
	자폐성장애		소아자폐 등 자폐성 장애

출처: 2017 장애인실태조사(한국보건사회연구원). p106.

장애인 인구 현황

장애성인의 평생교육 대상자의 규모를 파악하기 위하여 장애인 인구 현황을 살펴보고자 한다.

2017년 말 우리나라의 등록 장애인수는 254만6천명이며, 총인구의 4.95%를 차지한다. 65세 이상 노인장애인은 115만2천명으로 전체 장애인 수의 45.2%이고, 20세 미만은 9만 여 명으로 전체의 3.5%이다. 즉 20세 이상 성인 장애인이 96.5%를 차지한다. 즉 장애성인의 평생교육은 특수학교(급) 재학생을 제외한 거의 모든 장애인이 대상임을 알 수 있다.

장애유형별로 보면 지체장애 125만4천명, 시각장애 25만3천명, 청각·언어장애 32만2천명, 지적장애 20만1천명, 뇌병변장애 25만3천명, 자폐성 장애 2만4천명, 정신장애 10만1천명, 그 밖에 3만8천명이다. 이를 표로 나타내면 다음과 같다.

〈표 14-2〉 2017 유형별 등록 장애인수 (단위; 천명)

계	지체	시각	청각언어	지적	뇌병변	자폐	정신	신장	심장	호흡기	간	안면	장루요루	뇌전증
2,546	1,254	253	322	201	253	24	101	84	6	12	11	3	15	7

계	장애 아동 (20세 미만)	장애 성인 (20세 이상)
2,546	90 (3.5%)	2,456 (96.5%)

출처: e-나라지표, 2018. http://www.index.go.kr

장애인은 장애유형별로 특수성을 갖으며 유형별 맞춤형 평생교육프로그램 개발 및 운영이 고려되어야 한다. 아울러 국민기초생활 수급자 중 장애인 가구가 차지하는 비중이 생계급여 15.4%, 의료급여 16.2%, 주거급여 14.4%, 교육급여 1.4%(보건사회연구원, 2017)이므로 장애인의 경제적 여건에 대한 고려도 필요하다.

장애인복지의 이념과 평생교육의 이념

장애인 복지의 기본이념은 장애인의 완전한 사회 참여와 평등을 통하여 사회통합을 이루는 데 있다(장애인복지법 제3조).

> 제3조(기본이념) 장애인복지의 기본이념은 장애인의 완전한 사회 참여와 평등을 통하여 사회통합을 이루는 데 있다.

아울러 평생교육의 이념은 모든 국민은 평생교육의 기회를 균등하게 보장받으며, 평생교육은 학습자의 자유로운 참여와 자발적인 학습을 기초로 이루어져야 한다(평생교육법 제4조).

> 제4조(평생교육의 이념) ① 모든 국민은 평생교육의 기회를 균등하게 보장받는다.
>
> ② 평생교육은 학습자의 자유로운 참여와 자발적인 학습을 기초로 이루어져야 한다.
>
> ③ 평생교육은 정치적·개인적 편견의 선전을 위한 방편으로 이용되어서는 아니 된다.
>
> ④ 일정한 평생교육과정을 이수한 자에게는 그에 상응하는 자격 및 학력 인정 등 사회적 대우를 부여하여야 한다.

2) 장애등급제 폐지

1988년 도입된 장애등급제는 장애인등록 신청 시 의학적 심사를 통해 장애유형(15개) 및 장애등급(1~6등급)으로 결정되었다. 장애유형 및 장애등급에 대하여는 현행 장애인복지법 제2조에 근거하여 장애인복지법 시행규칙에 상세하게 명시하고 있다.

예를 들면 신체의 일부, 즉 두 팔을 손목관절 또는 두 다리를 무릎관절 이상에서 잃은 사람은 지체장애 1급에 해당된다. 보행이 불가능하거나 일상생활 동작을 거의 할 수 없어 도움과 보호가 필요한 사람은 뇌병변 장애 1급, 좋은 눈의 시력이 0.02 이하인 사람은 시각장애 1급이다.

서비스 제공의 기준이 된 장애등급제는 수요자 중심이 아닌 공급자 중심의 전달체계로 개인별 수요를 반영하지 못하고 단편적 서비스를 제공해 왔다. 장애 등급제가 폐지되면 기존의 장애 1~3급은 '장애 정도가 심한 사람', 4~6급은 '장애 정도가 심하지 않은 사람'으로 구분하고 개별적 맞춤식 서비스를 제공한다.

3) 장애인 지역사회 통합 돌봄(Community Care)

2018년 3월 보건복지부가 발표한 커뮤니티 케어는 주민들이 살던 곳(자기 집이나 그룹 홈 등)에서 개개인의 욕구에 맞는 서비스를 누리고 지역사회와 어울려 살아갈 수 있도록 주거, 보건의료, 요양, 돌봄, 독립생활지원이 통합적으로 확보되는 지역 주도형 사회서비스정책이다. 4대 핵심요소는 주거지원 인프라 대폭 확충, 집으로 찾아가는 방문건강 및 방문의료, 재가 장기요양 및 돌봄 서비스 획기적 확충, 사람 중심의 민관 서비스 연계 및 통합제공이다.

보건복지부는 커뮤니티 케어 정책을 단계적으로 추진하는 데 선도사업 실시 및 핵심 인프라 확충 단계(2018~2022), 커뮤니티 케어 제공기반 구축 단계(~2025), 커뮤니티 케어 보편화 단계(2026~)를 거쳐 2026년 이후 보편적으로 시행하겠다는 방침이다. 커뮤니티 케어를 기반으로 하는 평생교육의 활성화가 필요하다.

커뮤니티 케어 정책의 기대효과는 다음과 같다(보건복지부, 2018).

첫째, 정든 곳에서 나에게 맞는 돌봄을 받음으로써 인권의 삶의 질 제고

둘째, 가족, 이웃과 어울려 살아가는 지역사회와 삶의 가치 복원

셋째, 사회보장제도의 지속가능성 확보

넷째, 지역사회 자원을 통한 지방의 자율성과 책임감 강화

　　1991년 커뮤니티 케어법을 제정하여 돌봄 체계를 시설보호에서 지역사
회 중심으로 재편한 영국은 소득보장, 사회서비스(성인교육 포함), 주택, 보
건의료의 보건복지 돌봄 통합서비스 제도를 운영(보건복지부, 2018)하고 있
는데, 사회서비스에 성인교육을 포함하고 있다.

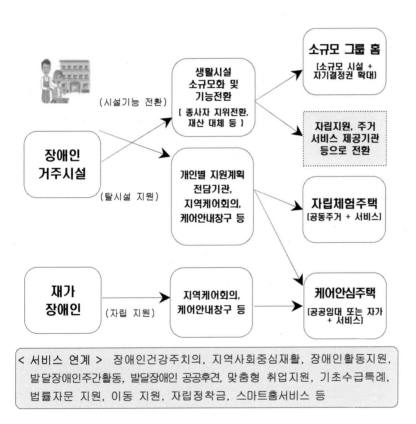

〔그림 14-1〕 장애인 커뮤니티케어 선도사업 지원가능 서비스

출처: 보건복지부 보도설명자료(2019. 1. 30). http://www.mohw.go.kr

2. 복지사회에서의 장애인 평생교육

1) 장애인복지와 평생교육 정책

UN장애인권리협약 제24조

'당사국은 장애인이 차별 없고 다른 사람과 동등하게 일반적인 고등교육, 직업훈련, 성인교육 및 평생교육에 접근할 수 있도록 보장한다. 이를 위하여 당사국은 장애인에 대하여 합리적인 편의제공을 보장한다'고 규정하고 있다.

제5차 장애인정책종합계획 정책비전(2018~2022)

'장애인의 자립생활이 이루어지는 포용사회, 장애인과 비장애인의 삶의 격차 완화'라는 슬로건 아래 5대 분야: 22개 중점과제, 70개 세부과제를 표방하였다. 진로 및 평생교육 지원 강화라는 중점과제가 포함되어 있다(보건복지부, 2018).

제2차 사회보장기본계획(2019~2023)

국민 삶의 질 향상을 OECD 2017년 28위에서 2023년 20위, 2040년 10위를 중장기 목표로 설정하였으며, 고용·교육, 소득, 건강, 사회서비스의 4대 영역으로 평생학습체계 구축을 포함하고 있다(보건복지부, 2019).

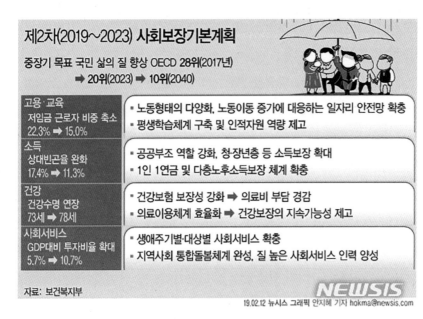

〔그림 14-2〕 제2차 사회보장기본계획(보건복지부)

출처: 뉴시스(2019. 2. 12) http://www.newsis.com

제5차 특수교육 발전 5개년 계획(2018~2022)

장애인 평생교육 진흥을 위한 진흥체계 구축과 학령기 의무교육 단계에서 교육기회를 놓친 장애인 교육지원 강화, 다양한 형태의 장애인 평생교육 프로그램 운영 · 지원확대 등 장애인 평생교육 지원기반 구축을 위한 정책 마련을 담고 있다.

○ 장애인 평생교육 진흥을 위한 추진체제 구축

- (국가) 장애인 평생교육 진흥 계획 수립, 행정기구, 전담 · 지원기구, 심의 · 협의기구 간 유기적인 지원체제 구축

* 발달장애인훈련센터 및 발달장애인지원센터와 연계하여 발달장애인 평생교육 지원강화

- (시 · 도) 지역 실정을 감안한 '시 · 도 장애인 평생교육 진흥 계획'

수립, 지역 내 유관기관 간 협의회 활성화 및 장애인평생교육시설 확충 · 운영

- (국가장애인평생교육진흥센터) 장애인 평생교육 현황 조사, 장애유형별 평생교육 프로그램 개발, 장애인 평생교육 종사자 양성 · 연수 등

* 2018년부터 국립특수교육원에 장애인 평생교육 업무 전담 조직 신설

○ 학령기 의무교육 단계에서 교육기회를 놓친 장애인* 교육지원 강화

* 2014년 조사(보건복지부) 결과, 등록 장애인 250만여 명 중 약 60%인 140만여 명이 중졸 이하

- 장애유형을 고려한 학력인정 맞춤형 교육시스템 개발 및 지원 확대

※ (2018) 학력인정 맞춤형 학습시스템 개발 연구 → (2019) 시스템 개발 및 시범 운영 → (2020~22) 전국 확대 운영

- 장애인 문해교육 프로그램 확대 · 보급을 통한 학력보완 기회 제공

- 방송통신중 · 고등학교를 통한 장애인 교육지원 확대 방안 마련

수어통역 등 정당한 편의제공으로 학력취득 지원 확대

- 학교형태의 장애인 평생교육시설 프로그램 지원 확대도 병행 추진

* 참여학생수 : 1,871명(2018) → 2,185명(2022)

○ 다양한 형태의 장애인 평생교육 프로그램 운영 · 지원 확대

- 기존 평생교육기관, 대학 부설 평생교육원, 평생교육시설의 장애인 평생교육 접근성 제고

※ 프로그램 수: 650개(2018) → 1,130개(2022) (5년간 73% 이상 대폭 확대)

- 장애특성을 고려한 평생교육 프로그램 운영 및 확대

※ 지역 여건에 따라 장애인평생교육시설(시 · 군 · 구별 1개소 이상) 확충 · 운영

- 원격시스템을 활용한 장애인 평생교육 지원 확대

출처: 교육부 보도자료 (2017. 12. 4), 제5차 특수교육 발전 5개년 계획(2017. 12) 재구성.

발달장애인 권리보장 및 지원에 관한 법률 제26조(평생교육 지원)

발달장애인의 평생교육 지원에 관하여 규정하고 있으며, 교육부장관이 보건복지부 장관과 협의하도록 명문화하였다.

> 제26조(평생교육 지원) ① 국가와 지방자치단체는 발달장애인에게 「교육기본법」 제3조 및 제4조에 따른 평생교육의 기회가 충분히 부여될 수 있도록 특별자치시·특별자치도·시·군·구(자치구를 말한다. 이하 같다)별로 「평생교육법」 제2조제2호의 평생교육기관을 지정하여 발달장애인을 위한 교육과정을 적절하게 운영하도록 조치하여야 한다.
>
> ② 제1항에 따른 평생교육기관의 지정 기준과 절차, 발달장애인을 위한 교육과정의 기준, 교육제공인력의 요건 등은 교육부장관이 보건복지부장관과 협의하여 정한다.
>
> ③ 국가와 지방자치단체는 제1항에 따라 지정된 평생교육기관에 대하여 예산의 범위에서 발달장애인을 위한 교육과정의 운영에 필요한 경비의 전부 또는 일부를 지원할 수 있다.

이상에서 살펴보았듯이 장애인의 균등한 평생교육의 기회 보장과 완전한 사회참여와 평등을 통하여 사회통합을 이루는 기본이념을 실현하고자 장애인복지 정책과 장애인 평생교육 정책은 그 궤를 같이 한다.

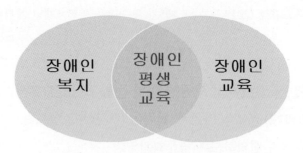

〔그림 14-3〕 장애인복지와 장애인 평생교육

2) 장애인 평생교육 법령 고찰

국가와 지방자치단체가 장애인평생교육에 대한 정책을 수립·시행하도록 하고, 국가장애인평생교육진흥센터를 두도록 하는 등 장애인에 대한 평생교육을 체계적으로 지원한다. 한편, 장애인 등에 대한 특수교육법상 장애인 평생교육 관련 규정을 평생교육법에 이관하여 일원화된 장애인평생교육진흥 체계를 구축하도록 하기 위해 2016년 5월 29일 평생교육법을 일부 개정하였다.

개정 이유를 살펴보면 현행 발달장애인 권리보장 및 지원에 관한 법률에 따라 교육부장관은 발달장애인의 의사소통도구 개발·지원과 평생교육의 지원할 의무가 있다. 특수교육법은 평생교육진흥원이 장애인의 평생교육진흥프로그램을 개발하고 장애인평생교육기관을 지원하도록 규정하고 있으나 실제 운영되고 있는 장애인평생교육기관은 극소수로 교육 내용도 문자해득교육에 머물러 있는 상황을 개선코자 함이었다. 법 개정으로 제19조의 2항(국가장애인평생교육진흥센터), 제20조의 2항(장애인평생교육시설 등의 설치), 제21조의 2항(장애인 평생교육과정)이 신설되었다(법제처, 2018).

현행 평생교육법(제9조)에는 교육부장관은 5년마다 평생교육진흥기본계획을 수립하여 장애인의 평생교육진흥에 관한 사항과 진흥정책의 평가 및 제도개선에 관한 사항을 포함하도록 하고 있다. 아울러 제19조의 2항에는 국가장애인평생교육진흥센터(2018년 5월 28일 개소)를 두어 다음의 업무를 수행하도록 규정하고 있다.

1. 장애인 평생교육진흥을 위한 지원 및 조사 업무
2. 진흥위원회가 심의하는 기본계획에 관한 사항 중 장애인 평생교육진흥에 관한 사항
3. 장애 유형별 평생교육프로그램 개발의 지원
4. 장애인 평생교육 종사자의 양성 · 연수와 공무원의 장애인 의사소통 교육
5. 장애인 평생교육기관 간의 연계체제 구축
6. 발달장애인의 평생교육과정의 개발
7. 발달장애인의 의사소통 도구의 개발과 보급
8. 장애인 평생교육프로그램을 운영하는 각급학교와 평생교육기관 양성을 위한 지원
9. 장애 유형별 평생교육 교재 · 교구의 개발과 보급
10. 그 밖에 장애인평생교육진흥센터의 목적수행을 위하여 필요한 사업

또한 제20조의 2항(장애인평생교육시설 등의 설치)에는 국가 · 지방자치단체 및 시 · 도교육감은 관할 구역 안의 장애인을 대상으로 평생교육프로그램 운영과 평생교육 기회를 제공하기 위하여 장애인평생교육시설을 설치 또는 지정 · 운영할 수 있으며, 국가 및 지방자치단체는 장애인평생교육시설의 운영에 필요한 경비를 예산의 범위에서 지원할 수 있다고 규정하고 있다.

아울러 제21조 2항(장애인 평생교육과정)에는 유치원, 초중등학교의 장은 장애인 평생교육과정을 설치 · 운영할 수 있고, 평생교육기관도 장애인의 평생교육 기회의 확대를 위하여 별도의 장애인 평생교육 과정을 설치 · 운영할 수 있으며 시 · 도평생교육진흥원은 평생교육기관이 장애인 평생교육과정을 설치 · 운영할 수 있도록 지원하여야 한다고 의무규정으로 정하고

있다(법제처, 2018).

　그 외에도 장애인 평생교육권과 관련한 법률은 장애인복지법, 헌법, 교육기본법, 장애인 등에 대한 특수교육법, 장애인 · 노인 · 임산부 등의 편의증진 보장에 관한 법률, 장애인 차별금지 및 권리구제 등에 관한 법률, 국가정보화 기본법, 발달장애인 권리보장 및 지원에 관한 법률, 한국수화 언어법 등이 있다.

3) 장애인 평생교육 현황

　평생교육은 모두를 위한(For All) 것으로 언제, 어디서, 누구나 배우고 싶은 것을 배워서 나를 성장시키고 지역을 변화시킨다. 그러나 장애인 평생교육은 언제 어디서나 누구나에 많은 제약이 있다. 우선 이동에 상당한 제약이 있기 때문에 일반 평생교육 시설의 접근성이 낮으며 장애인 평생교육 인프라가 부족하다. 따라서 장애인의 평생교육 참여기회가 제한적이며 참여율도 낮다(참여경험이 없다는 응답이 98.5%).

　장애유형별 평생교육 프로그램 참여경험 여부는 문화예술교육 1.5%, 직업능력 향상교육 0.8%, 인문교양교육 0.7%, 기초문해교육 0.5%, 학력보완교육 0.3%, 시민참여교육이 0.2%가 참여한 경험이 있다고 답하였다. 향후 참여하고 싶은 평생교육 영역은 없음 72.2%, 문화예술교육 9.8%, 직업능력 향상교육 6.6%, 학력보완교육 3.4%, 문자해득교육 3.3%로 나타났다. 학교를 다니지 않았거나 그만 둔 이유로는 경제적으로 어려워서(72.5%), 집에서 다니지 못하게 해서(11.9%), 다니기 싫어서(6.4%), 심한 장애로 인하여(5.5%) 순이다. 평생교육 프로그램 지원을 위해 필요한 지원은 프로그램 홍보 강화(29.4%), 학습보조금 지원(23.7%), 교육기관 이동 지원(20.0%), 유형별 특별교육과정 운영(17.7%) 순이다(보건사회연구원, 2017).

　장애인의 평생교육은 장애인복지시설인 장애인복지관과 학교형태의 평생교육시설인 장애인야학이 쌍두마차를 이룬다. 평생교육 프로그램 6개 영역 분류 결과를 연구한 김두영(2013)의 연구에 의하면 장애인복지관은 문화예술교육이 60.1%로 가장 많은 비중을 차지하였다. 그 다음으로 인문교양교육이 23.0%, 직업능력향상교육이 7.4%, 기초문해교육이 6.1% 시민참여교육이 2.5%, 학력보완교육이 0.9% 순으로 나타났다. 반면 장애인야학은 학력보완교육이 32.3%로 가장 높게 나타났으며, 다음으로 문화예술교육이 24.4%, 기초문해교육이 20.7%, 인문교양교육이 17.1%, 시민참여교육이 4.9%, 직업능력향상교육이 0.6% 순으로 나타났다.

〈표 14-3〉 장애인복지관과 장애인야학의 평생교육 프로그램 분류 결과 (단위 : %)

구분	학력보완교육	기초문해교육	직업능력향상교육	인문교양교육	문화예술교육	시민참여교육
장애인복지관	0.9	6.1	7.4	23.0	60.1	2.5
장애인야학	32.3	20.7	0.6	17.1	24.4	4.9

출처: 김두영(2013), 장애인 평생교육 프로그램 분류체계 연구, p78. 94. 재구성 .

장애인야학은 학교형태의 평생교육시설이므로 학력보완교육과 기초문해교육이 53%를 차지하였다. 이는 재가 장애인의 교육정도가 무학 21.5%, 초등학교 30.1%, 중학교 14.2%, 고등학교 24.1%에 기반하고 있음을 알 수 있다.

〈표 14-4〉 재가 장애인의 교육정도 - 장애별 (단위 : %, 명)

교육정도	지체장애	뇌병변장애	시각장애	청각장애	언어장애	정신지체	발달(자폐)	정신장애	신장장애	심장장애	전체
미취학	0.3	2.6	0.8	0.6	3.6	8.4	31.8	–	–	2.0	1.7
무학	16.5	29.3	25.2	38.7	26.8	18.0	1.8	6.5	1.7	16.6	21.5
초등학교	30.3	32.1	28.4	26.9	29.5	35.7	28.2	18.3	30.1	37.0	30.1
중학교	14.6	11.5	12.8	10.6	15.0	17.2	20.3	23.6	16.9	18.1	14.2
고등학교	28.7	16.1	23.2	17.0	23.6	20.7	17.9	36.7	33.1	19.7	24.1

전문대	2.4	1.9	2.1	0.8	–	–	–	1.2	7.3	0.9	1.9
대학	6.4	5.5	7.0	5.1	1.5	–	–	13.3	5.2	5.7	5.8
대학원	1.0	1.0	0.6	0.4	–	–	–	0.4	5.8	–	0.8
계	100.0	100.0	100.0	100.0	100.0	100.0	100.0	100.0	100.0	100.0	100.0
(N) 전국추정수	(1,779) 597,851	(622) 20,964	(512) 180,402	(452) 146,199	(86) 26,634	(277) 93,289	(30) 13,275	(156) 50,068	(67) 25,149	(122) 43,874	(4,123) 1,397,705

출처: 전국장애인야학협의회 홈페이지(2019. 3. 28) http://www.pspd.co.kr

4) 장애인 평생교육 전달체계

2016년 평생교육법 개정으로 국립특수교육원 내에 국가장애인평생교육진흥센터를 설치하였다. 시도, 시군구 평생학습센터와 장애인복지관, 장애인야학 등에서 장애인 평생교육을 실시하고 있으며, 일선 지자체에서 발 빠르게 대응하고 있다.

평생학습의 1번지 광명시의 경우 2018년 9월 27일 전국 최초로 시 직영 장애인평생학습센터를 설치하였다. 전국 최초 평생학습도시 선언 20주년을 맞이하여 2019년 3월 21일 광명시청 대회의실에서 '광명시 장애인 평생학습 활성화 및 발전방향 시민토론회'를 150명이 참석한 가운데 성황리에 마쳤다.

서울시는 구별 발달장애인평생교육센터를 11개소 설치하여 위탁운영 중에 있으며, 2019년까지 20개소로 확대할 계획이다. 아울러 인천시서구 발달장애인평생학습센터가 2019년 3월 개관하였고, 구리시는 2020년 6월 개관 예정으로 경기도내 지자체 중에서 최초로 추진 중에 있다. 일부 지자체에서는 장애인평생교육 지원 조례를 제정 중에 있고 장애인평생학습센터 설치를 검토 중에 있다. 다음은 경기도 구리시의 사례를 언론보도로 소개한다.

구리시 발달장애 전용 평생학습센터 7월 완공 (중부일보 2019. 2. 10)

경기도내 지자체 중 최초 추진되는 '구리시 발달장애인 전용 평생학습센터 조성사업'이 급물살을 타게 됐다. 10일 구리시에 따르면 '구리시발달장애인 평생학습센터'는 시비 59억 원을 들여 연면적 2천m^2, 지하 2층 · 지상 6층 규모의 기존 건물을 매입 · 리모델링해 오는 7월 완공될 예정이다.

주요 시설로는 성인발달장애인 평생학습 프로그램실, 다목적실, 체육관 겸 대강당 등이 들어선다.

시는 이번 발달장애인 전용 평생학습센터 조성으로 그간 비장애인 및 기타 장애인들과 공동시설 이용이 어려웠던 관내 737명의 발달장애인들의 자립여건지원 및 취업재활이 가능해질 것으로 내다보고 있다.

시 관계자는 "일상생활과 사회생활에 절대적인 도움이 필요한 발달장애인들로 인해 오랜 기간 경제적 빈곤 대물림, 가정해체 등의 위기를 겪으면서도 그들을 보호하고 있는 1400여명의 부모들의 오랜 시름을 덜게 될 것으로 기대한다"고 말했다.

구리시장은 "현재 경기도내 4만9천여 발달장애인들의 자립을 위한 평생교육시설이 전무하다시피 한 상황에서 구리시가 이 어려운 여건을 극복한 것은 매우 의미가 크다"며 "이제 발달장애인도 비장애인과 차별받지 않고 일터와 가정에서 대접받는 지역사회 구현을 위해 심혈을 기울이겠다"고 밝혔다.

3. 복지사회에서의 장애인 문해교육

문해교육은 일상생활을 영위하는 데 필요한 문자 해득 능력을 포함한 사회적 · 문화적으로 요청되는 기초생활능력을 갖출 수 있도록 조직화된 교육 프로그램(평생교육법 제2조)으로 기본적인 인권이며 마땅히 누려야 할 기본권이다.

우리나라 만 18세 이상 성인인구 중 일상생활에 필요한 기본적인 읽고, 쓰고, 셈하기가 불가능한 수준인 1수준에 해당하는 인구는 약 311만명으로 전체 인구 대비 7.2%에 해당하며, 2수준은 5.1%, 3수준은 10.1%로 전체 인구 중 22.4% 약 961만 명이 문해교육의 대상이 된다(교육부, 2018).

앞에서도 살펴보았듯이 재가 장애인의 교육정도가 무학 21.5%, 초등학교 30.1%로 우리나라 문해교육 대상을 의무교육 대상인 중학교 졸업 미만의 학력으로 볼 때 전체 장애인의 51.6%에 해당됨을 알 수 있다. 즉 우리나라 장애성인의 인구를 250만여 명으로 가름할 때 130여 만 명이 장애인 문해교육 대상이라 할 수 있다. 이는 전체 성인(22.4%)과 비교할 때 그 비율이 높다.

성인문해교육 지원 사업으로 수혜받고 있는 인원은 39,732명으로 0.4%만이 국가 문해교육의 혜택을 받고 있다. 이 중 장애성인이 차지하는 비중은 얼마나 될까? 특히 장애유형 중 세상과 소통하기 어려운 농인들은 얼마나 한글을 알고 있을까? 문해교육이 가장 절실한 농인과 발달장애인의 평생교육을 살펴보는 것은 의미가 있다.

1) 농인의 평생학습

우리나라는 30만 명이 넘는 언어 · 청각 장애인이 있다. 재가 언어 · 청각 장애인의 60% 이상은 초등학교졸업 이하의 학력이다. 농인과 청인의 인지능력은 차이가 없고 지능이 낮지 않지만 다른 언어 사용으로 인해 학업성취도가 낮다.

농인의 교육은 주로 장애인복지시설인 농아인복지관과 장애인복지단체인 (사)한국농아인협회에서 실시한다. (사)한국농아인협회는 시 · 도 협회와 시 · 군 · 구 지회를 두고 있으며, 장애인복지시설인 시 · 군 · 구 수어통역센터를 운영한다. 수어통역센터는 수어통역 외에 문해교육, 수어교육 등의 역할을 담당한다. 서울시는 각 구별로 수화통역센터 내에 농아인쉼터를 두어 농아인교육과 복지향상에 기여하고 있으며, 경기 남양주시는 설치 중에 있다.

농아인 쉼터에는 수어정보도서관, 커뮤니티실, 동시통역실, 교육실 등이 배치되는데 이때 고려할 사항은 청인들이 '귀동냥'이라는 말이 있듯이 농아인들은 '눈동냥'이 필요하기 때문에 유리로 칸막이를 설치한다던지, 탁자는 화이트 보드의 기능을 담아 썼다 지웠다 하며 의사소통의 대화가 가능하게 하는 것 들이다.

2016년 2월 한국수화언어법이 제정되어 한국수어가 우리나라 농인의 공용어임을 선언하고, 한국수어를 통해 농인들의 언어권, 정보 접근권, 교육권을 보장함을 명시하고 있다. 아울러 한국수화언어법 제2조(기본이념)에는 한국수어는 대한민국 농인의 공용어이며, 국가와 국민은 한국수어를 사용하는 농인이 농정체성을 확립하고 한국수어와 농문화를 계승 · 발전할 수 있도록 협력하며 농인 등은 한국수어 사용을 이유로 정치 · 경제 · 사회 · 문화의 모든 생활영역에서 차별을 받지 아니하며, 한국수어를 통하여 삶을 영위하고 필요한 정보를 제공받을 권리를 보장하고 있다.

특히 농인 등은 한국수어로 교육받을 권리가 있음을 명확히 명시하고 있다. 농인에게 음성언어인 한국어는 모어(母語)가 아니고 수어가 모어임을 인식하여 문해교육 또한 한국수어로 진행되도록 교육환경과 프로그램, 강사 양성 등에 노력을 기울여야 할 것이다.

다음은 농인의 글이다.

"공부 교육 기회 필요하다. 교육은 계속되어야 한다. 농인이 새로운 지식 배우고 새로운 생각 만들고 또 새로운 것들을 알아야 앞으로 농인 사회뿐 아니라 차별 없는 사회 만들 수 있다."

평생학습을 통해 청인사회와 농사회가 함께 공존할 수 있는 세상에 다가갈 수 있었다. 이들에게 진정한 사회통합이란 농인이 청인사회에 적응하며 흡수하는 것이 결코 아님을 평생학습 과정을 통해 깨닫게 되었다. 청인은 청인대로, 농인은 농인대로 서로 존중하며 이해하고 함께 화합하며 살아가는 데 평생학습은 하나의 도구이자 열쇠였음을 이들은 인식했다(신혜정, 2019).

세상과 가장 소통하기 어려운 농인, 그러기에 문해교육이 더욱 절실한 농인사회에서 교육을 통하여 농인 사회뿐만 아니라 평등하고 차별 없는 사회를 만들고 사회통합을 실현하는 데 문해교육의 의미를 둔다.

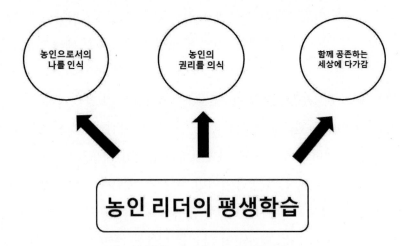

〔그림 14-4〕 농인 리더의 평생학습의 의미

출처: 신혜정(2017), 수어로 풀어낸 농인 리더의 삶과 평생학습 이야기, p106.

2) 장애성인의 문해학습 단계와 문해교과서

우리나라는 교육부에서 문해학습 단계를 투 트랙으로 가져가고 있다. 하나는 성인문해 능력조사에 의한 것으로 문해 1~4 수준이다. 문해 1 수준은 초등 1~2학년, 2 수준은 초등 3~6학년, 3 수준은 중학 1~3학년, 4 수준은 중학학력 이상 수준으로 정하고 있다.

의무교육 대상인 중학교 3학년 수준의 한글, 초등, 중학 수준 능력으로 향상시키는 데 목적이 있다. 기본적인 3R의 개념에서 기능문해, 문화문해, 문화해방, 가족문해의 영역을 포함하고 있다. 다른 하나는 문해교육의 영역을 초등과정 3단계와 중학과정 3단계로 나누고 있다.

　문해교과서는 국가평생교육진흥원에서 개발 보급하여 문해교육 현장에서 활용하고 있으며, 이를 일부 수정하여 장애성인 문해교재로 활용 중에 있다. 국립특수교육원에서 장애성인 문해교과서 업무를 관장하며 장애성인의 초등과정, 중등과정 문해교과서는 [그림 14-5]와 같다.

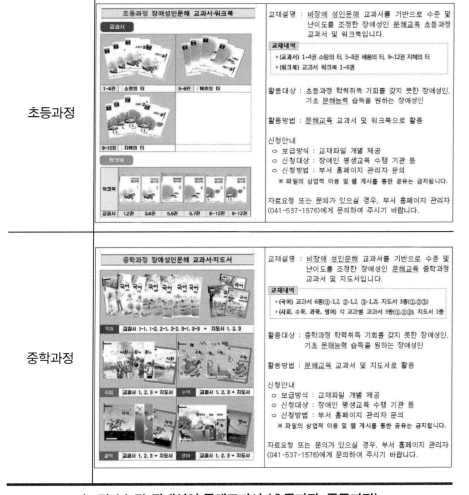

〔그림 14-5〕 장애성인 문해교과서 (초등과정, 중등과정)

출처: 국립특수교육원 홈페이지(2018), http://www.nise.go.kr

3) 장애인 기초문해교육 프로그램 분류체계

평생교육은 학교의 정규교육과정을 제외한 학력보완교육, 성인문해교육, 직업능력 향상교육, 인문교양교육, 문화예술교육, 시민참여교육 등을 포함하는 모든 형태의 교육적인 활동(평생교육법 제2조)이다.

김두영(2013)은 「장애인 평생교육 프로그램 분류체계 연구」를 통하여 평생교육 6개 영역을 대분류로 하고 하위영역 18개를 중분류로 정하고 각각을 정의하였으며, 해당 프로그램에 대한 예시를 든 '장애인 평생교육 프로그램 분류체계표'를 도출하였다.

장애인 기초문해교육이란 한글을 읽고 쓸 수 있는 문자해득능력과 이를 일상생활에서 활용할 수 있는 문해활용능력을 개발하고, 중증의 발달장애 성인을 대상으로 기초자립생활에 필요한 기술을 익히도록 지원하는 평생교육이라 정의하였으며, 한글문해 프로그램, 한글생활문해 프로그램, 기초자립생활 프로그램이 하위영역이다. 이를 표와 그림으로 나타내면 다음과 같다.

〈표 14-5〉 장애인 기초문해교육 프로그램 분류체계표

대분류		중분류		프로그램 예시
6개 영역	정의	하위영역	정의	
기초 문해 교육	한글을 읽고 쓸 수 있는 문자해득능력과 이를 일상생활에서 활용할 수 있는 문해활용능력을 개발하고, 중증의 발달장애 성인을 대상으로 기초자립생활에 필요한 기술을 익히도록 지원하는 평생교육	한글문해 프로그램	장애성인들 중 비문해자가 한글을 읽고 쓸 수 있는 문자해득능력을 갖도록 체계적으로 지도하는 프로그램	한글교실 (초급,중급) 문해교실 도전문맹 책 읽어주기
		한글생활 문해 프로그램	문자를 일상생활 및 직업생활에서 활용할 수 있는 문해활용능력을 개발하도록 지원하는 프로그램	고급 문해반 컴퓨터 문해교육반 한글 작문교실 한글 응용교육
		기초자립 생활 프로그램	중증의 발달장애 성인을 대상으로 신변처리기술, 일상생활기술, 사회성기술 및 지역사회적응기술을 익히도록 지원하는 프로그램	스스로 학교 신변자립교육 지역사회적응교육 자립생활지원교육

출처: 김두영(2013), 장애인 평생교육 프로그램 분류체계 연구, p73.

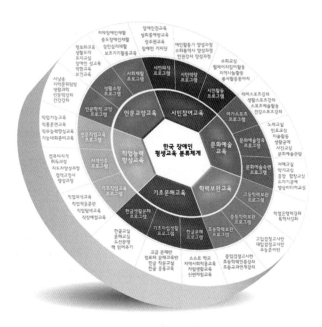

〈그림 14-6〉 장애인 평생교육 분류 체계도

출처: 김두영(2013), 장애인 평생교육 프로그램 분류체계 연구, p112.

4) 노들장애인야학을 통해 본 문해교육의 의미

　장애인 야학은 2008년 장애인 등에 대한 특수교육법 제34조(학교형태의 장애인평생교육시설)에 의한 법적 근거 마련으로 본격적인 학교교육 형태의 평생교육 지원의 장으로서 가치를 부여받아 장애성인들에게 다양한 학교교육의 기회를 제공하고 있다. 열악한 교육환경과 운영비 부족, 충분한 이동권 미확보, 교사 등 인력수급의 어려움 등 운영난 해소를 위해 국가와 지자체의 지속적인 관심과 지원이 필요하다. 2004년 구성된 (사)전국장애인야학협의회는 27개 회원야학이 활동 중에 있다.

〈표 14-6〉 사단법인 전국장애인야학협의회 각 지역별 회원단체 현황(2018.8 현재)

지역	단체명
서울(2)	노들장애인야학(종로구) 장애인배움터 너른마당(성북구)
경기(8)	솔모루장애인학교(포천) 에바다장애인평생학습학교(평택) 나무를심는학교(안산) 화성장애인야간학교(화성) 오산성인장애인야학 '씨앗'(오산) 두드림장애인학교(동두천) 함께배움장애인야학(용인) 수원새벽빛장애인야간학교(수원)
강원(3)	반딧불장애인야학(원주) 아우름장애인야학(속초) 강릉하슬라장애인야학(강릉)
인천(3)	작은자야간학교(남동구) 민들레장애인야학(계양구) 바래미야학(남구)
부산(1)	장애인 참 배움터(금정구)
대전(2)	모두사랑장애인야학(서구) 대전장애인배움터한울야학(서구)
대구(1)	질라라비장애인야간학교(동구)
광주(2)	디딤돌장애인야학(광산구) 실로암장애인평생교육원(남구)
울산(2)	울산다울성인장애인학교(남구) 동그라미장애인학교(남구)
충북(3)	다사리학교(청주) 평생열린학교(충주) 해뜨는학교(옥천)

출처: 전국장애인야학협의회 홈페이지(2019. 3. 28) http://www.pspd.co.kr

서울 종로구에 위치한 노들장애인야(野)학은 1993년 개교하여 문해교육, 검정고시 교육, 평생교육 프로그램, 장애인 인권강사 양성교육 및 강사 파견 사업을 주 사업으로 하고 있다. 노들장애인야학을 기반으로 장애인 문해교육의 의미는 글자로 세상을 읽어 주체적인 삶을 살아갈 수 있게 하는 문해해방, 즉 비판적 문해력 향상에 그 의미가 있다.

노들야학은 "장애인 문해교육은 그 존재조차 인정받지 못한 채 차별받아 온 척박한 장애성인의 삶을 비틀어 보고 억압된 현실에 맞서, 이를 변화시켜 낼 수 있는 장애인 스스로의 생각과 실천의 힘을 기를 수 있으며 인간다운 삶을 영위하기 위함이다"라고 말한다.

〈표 14-7〉 노들장애인야학 프로그램

구분	① 문해 교육 사업	② 검정고시 교육 사업	③ 평생교육 프로그램	④ 장애인 인권 강사 양성 교육ㆍ파견 사업
교육 일정	매주 월, 화, 금(저녁 5시 ~ 9시, 4교시 수업)	매주 월, 화, 금(저녁 5시 ~ 9시, 4교시 수업)	매주 월, 목(저녁 5시~9시, 4교시 수업)	매주 수요일 (4시 ~6시)
교육 내용	한글 익히기, 숫자 알기 및 기초 연산, 기초 과학	국어, 수학, 과학, 영어, 역사 등 주요 검정고시 과목 교육	연극, 음악, 미술, 영화, 인문학(철학, 글쓰기, 장애학, 발달장애인 자조모임)	인권 / 장애인 인권 교육의 실제
교육 목표	비문해 장애성인들에게 읽기, 쓰기, 말하기 등의 의사소통 능력을 길러주고, 셈하기 교육 등의 산술 능력을 키워 줌으로써, 지역 주민들과 일상적 접촉과 상호 활동을 할 수 있도록 지원함	장애성인들에게 초등, 중등, 고등학교과정의 교육을 실시해, 매년 4, 5, 8월에 시행하는 검정고시를 대비할 수 있도록 함	장애성인이 지닌 다양한 교육적 호기심을 충족하고 개인별 취미와 특성을 살리도록 함	장애인 당사자들이 직접 이야기 할 수 있는 인권 교육 과정을 마련하여 인권교육이 필요한 현장에 나가 '살아있는 인권'을 교육할 수 있도록 함

출처: 노들장애인야학의 홈페이지(2019. 3. 28) http://nodl.or.kr

5) 남양주시의 발달장애성인 평생교육 사례

발달장애성인 기초문해교육 프로그램을 개발하여 성공적으로 운영 중인 장애인복지관의 사례를 살펴보는 것은 의미가 있다. 남양주시장애인복지관의 발달장애성인의 자립과 직업적응훈련 프로그램 '아랑터'ㆍ'가랑터'ㆍ'누릴터'는 다음과 같다. 발달장애인의 평생교육 활성화를 위해서는 2019년 9월부터 장애등급제 폐지로 확대되는 장애인활동지원 제도를 평생교육분야와 접목하는 연구가 필요하다.

① 발달장애성인 자립교실 '가랑터, 아랑터'

□ 개 요
 - 목 적: 발달장애성인 당사자의 강점과 능력개발을 통해 자립역량과 자아존중감 증진을 도모하며 향후 자립생활의 기반을 마련할 수 있도록 함
 - 운 영: 자립교실 2개소 운영(가랑터, 아랑터)
 - 대 상: 20세 이상의 발달장애인
 - 운영기간: 매주 5회(월~금), 10:00-16:00, 3년 과정
 - 내 용: 생애주기별 초점화된 평생교육을 통한 사회참여의 기회 확대를 위한 성인발달장애인 자립교실 운영

□ **프로그램**
 - 일상생활훈련, 자기결정훈련, 문화교육활동, 지역사회연계활동, 인권교육 등 교육·훈련 및 여가활동 참여기회 제공
 - 외부기관, 지역주민 등과 연계한 지역사회체험활동을 통한 사회참여 확대 지원

프로그램명	주요 내용
자립기술훈련	위생교육, 예절교육, 안전교육, 가사실습(요리), 금전관리교육
자기결정훈련	인권교육, 자치활동
문화교육활동	정보화교육, 기초문해교육, 생활체육, 공예, 문학, 보드게임, 노래교실, 음악, 문화예술지원사업(국악/미술), 체육회지원사업(댄스스포츠, 스피닝교실)

② 발달장애성인 직업적응훈련반 '누릴터'

□ 개 요
 - 목 적: 성인기 발달장애인의 진로 개발과 직업훈련을 통해 사회인으로 자립에 목적을 둠

- 운　영: 직업적응훈련반 1개소 운영
- 대　상: 20~30세 발달장애인
- 운영기간: 매주 5회(월~금), 10:00~18:00, 1년 과정
- 내　용: 발달장애인의 직업훈련을 통한 취업의 기회 확대를 위한 발달
　　　장애인 직업적응훈련반 운영

□ **프로그램**

1) 전문직무기술 훈련

구분	월요일	화요일	수요일	목요일	금요일
직무 훈련	상품화교육 (30회)	판매서비스교육 (30회)	조립포장 공과훈련	바리스타 (20회)	조립포장 공과훈련

2) 직업역량강화과정

구분	주요 내용
직업소양교육	산업안전교육(2회), 성폭력예방교육(4회), 직업교육(4회)
사회생활훈련	연극활동, 창작공예, 지역사회활동 및 자치회의
상품화 및 판매 서비스 교육	상품화 직무 및 판매 서비스 직무 훈련

출처: 남양주시 장애인복지관 내부자료(2019).

요즘 발달장애인이 화두다. 2014년 발달장애인법이 제정되어 시행중에 있으며, 고등학교 졸업자격의 특수학교(급)을 졸업하는 발달장애인의 졸업 후 교육에 특별한 관심이 필요하다. 우리나라는 중학교까지의 의무교육제를 시행하고 있으나 특수교육대상자는 고등학교까지 의무교육제이다.

대다수의 발달장애학생들은 고등학교까지의 정규교육을 마친 후에는 교육과 단절되는 실정이다. 고등학교 졸업할 시기가 신체적 · 정신적으로 가장 왕성한 시기이며, 교육으로 미래를 준비해야 하는 최적기이다. 그 동안의 학교에서의 학습이 퇴보되지 않고 진일보할 수 있도록 그리고 시기를 일실하지 않도록 국가와 지자체의 적극적인 정책이 필요하다. 만일 이를 게을리

한다면 더 많은 복지수혜를 필요로 하는 복지대상자로 전락하여 가족과 국가의 부담이 가중된다.

〈참고 1〉

노들장애인야학의 글이다(http://nodl.or.kr).

이 땅에는 450만의 장애인이 살고 있다. 그러나 이들 중에서 학교를 다니지 못하거나 초등학교만 다닌 장애인이 60%나 된다. 장애인들은 장애를 가졌다는 이유 하나만으로 당연히 국민으로 누렸어야 할 가장 기본적인 교육의 권리마저 누리지 못하며 척박한 삶을 살고 있다. 장애인에게 교육의 기회는 지극히 제한되어 왔으며, 형식적인 교육행정으로 인해 장애인에 대한 교육 환경은 그 적합성과 현실성이 부재한 상황이다. 이러한 현실은 장애인이 사회 구성원으로서 인간다운 삶을 영위하는 데 있어 가장 큰 걸림돌이 되고 있다. 이에 교육의 기회를 놓친 장애인에게 교육의 기회를 제공하고 확대하기 위한 취지 아래 1993년 노들장애인야간학교를 개교하였다.

'노들'은 노란들판의 준말입니다. 농부의 노동이 녹아난 들판에 넘실대는 결실들을 뜻하는 것입니다. 저는 노들인들이 들판을 일구는 농부라 생각합니다. 시퍼런 '경쟁'의 도구로 차별과 억압의 들판을 만드는 것이 아니라, '상호 협력과 연대'로 '인간 존엄성과 평등'이 넘쳐나는 노란들판을, 그 대안적 세계를 꿈꾸는 농부들 말입니다. 이렇게 노들은 장애를 가졌다는 이유로, 제대로 된 교육조차 받지 못하고 집구석에서 수인(囚人)처럼 지내야만 했던 시절이 있었습니다. '노들장애인야(野)학'은 그 존재조차 인정받지 못한 채 차별받아온 척박한 장애성인의 삶을 비틀어 보고 억압된 현실에 맞서, 이를 변화시켜 낼 수 있는 당사자 스스로의 생각과 실천의 힘을 기르기 위한 교육사업 및 다양한 활동을 전개하고 있습니다. 또한 사회적 불평등과 차별에 맞서 활동하는 이들과 연대하며 이 사회 구석구석에 평등과 존엄성이 넘실대는 풍성한 노란들판을 만들기 위해 노력하고 있습니다.

　　그러나 오늘 같은 내일을 남기지 않기 위해 노들의 공간을 포기할 수 없었습니다. '장애'를 가졌다는 이유로 교육조차도 받지 못했던 설움과 차별을 메우기 위해 노들은 존재하고 있습니다. 노들이란 공간을 지켜왔던 동문들과 지금을 지키는 노들인 모두가 치열하게 노들을 만들어 가고 있습니다. 단순히 도우기 위해 노들에 있다면 시간낭비였을 것입니다. 그것은 오히려 '시혜와 동정'으로 일관된 장애인에 대한 차별적인 사회적 모순의 재생산에 기여만 할 뿐이기 때문입니다. 우리의 투쟁은 해방을 향한 연대의 몸짓입니다.

　　노들을 '희망을 일구는 사람들의 터'라 합니다. 희망을 일구는 실천은 노들이 '기능'으로 작용하는 것이 아니라, '가치'로 남는 것이라 생각합니다. 우리의 교육이 장애인을 차별하는 세상을 바꾸는 집단적인 실천과 분리되어 진다면, '보다 나은 대안적 세상'을 향한 우리의 가치는 사라지고 '시혜'와 '기능'의 껍질로 남겨질 것입니다. 우리는 앞으로도 쉽지 않은 길을 갈 것입니다. 하지만, 가치로 남는 다는 것은 인생을 걸어볼 만한 일입니다(노들야학, 2019. 3. 28).

〈참고 2〉

다음은 농인의 글이다.

농인은 보통 사람과 똑같다.

'농인은 무조건 안 된다'라는 생각보다는
농인에게 교육의 기회를 제공해서
농인이 보통 사람처럼 사회에서 잘살 수 있도록
도와주는 것이 제일 중요하다.

농인에게 교육 기회를 많이 주지 않으면

농인에게 좋지 않다는 말이 아니고
농인을 죽인다는 의미와 같다.

농인 사전 보면 귀 먹어리 농(聾), 사람 인(人)
하지만, 농인 입장에서는 참을 인(忍)….
계속 교육 받지 말고 계속 참아라….
아니다…. 이것은 아니다….
우리는 계속 참는 농인이 아니다.

농인도 사람이다.

공부 교육의 기회가 필요하다. 교육은 계속되어야 한다.
농인이 새로운 지식 배우고 새로운 생각 만들고
또 새로운 것들을 알아야
앞으로 농인 사회뿐 아니라 차별 없는 사회 만들 수 있다.

농인에게 교육의 기회 말살한다면,
우리는 결국엔 계속 참는 인(忍人) 되니까. 안 된다.
앞으로 농인도 참다운 교육을 계속 받도록 도와주면
앞으로 농인 사회뿐 아니라 평등하고 차별 없는 사회 만들 수 있다.

I씨 인터뷰 스크립트 중에서 발췌 (신혜정, 2017. 수어로 풀어낸 농인 리더의
삶과 평생학습 이야기. p133)

【연구과제】

1. 장애유형별 평생교육기관은 전담기관으로만 해야 하는지에 대하여 논하시오.
2. 장애인 복지와 평생교육 분야 연계 협력 방안에 대해 논하시오.
3. 장애인 평생교육은 일반 강사와 장애전문 사회복지사 누구의 영역에 더 가까운지, 장애인 평생교육 강사로서 필요한 역량에 대하여 논하시오.

【참고문헌】

정찬남, 김성자, 김종천, 노병윤(2017).「문해교육론」. 양서원.

국가평생교육진흥원(2017).「평생교육백서」.

한국보건사회연구원(2017).「2017 장애인 실태조사」.

김두영(2013).「장애인 평생교육 프로그램 분류체계 연구」, 단국대학교 대학원 특수교육학과 박사학위논문.

김용득(2018).「탈시설과 지역사회중심 복지서비스 구축, 어떻게 할 것인가?: 자립과 상호의존을 융합하는 커뮤니티」케어보건사회연구 38(3), 2018, p492-520.

신혜정(2017).「수어로 풀어낸 농인 리더의 삶과 평생학습 이야기」, 숭실대학교 대학원 박사학위논문.

보건복지부(2018).「2018년 장애인서비스 지자체 업무담당자 사업설명회」자료.

정종화(2018).「장애등급제 폐지에 따른 장애인복지서비스 통합사례관리 적용방안」, 한국통합사례관리학회 추계학술대회자료집 p197.

법제처(2019) 사이트. http://www.moleg.go.kr

전국장애인야학협의회(2018). http://www.pspd.co.kr

e-나라지표(2018). http://www.index.go.kr

국립특수교육원(2019). http://www.nise.go.kr

노들장애인야학(2019). http://www.nodl.or.kr

중부일보(2019). http://www.joongboo.com

보건복지부(2019) 사이트. http://www.mohw.go.kr

교육부(2019) 사이트. http://www.moe.go.kr

문해교육의 전망과 과제

【개요】

문해의 개념은 기초문해, 기능문해, 비판적 문해로 확대되어왔다. 이후 세계화, 다문화사회에 따라 문화문해·가족문해와 디지털 정보화시대에 따른 정보문해, 금융문해 등 생활문해로 확장되어 문해의 확장성, 문해의 다차원성, 문해의 다면성으로 복합된 복수 문해를 지향하게 되었다.

이제 문해교육은 우리 국민, 나아가 세계 시민의 인권과 학습권 보장 측면에서 국가의 정책적 지원이 강조되는 때이다. 이와 관련하여 정부는 문해 학습자를 위한 예산확대, 학력인정 지원 및 비문해자를 위한 정보화교육 지원사업, 국가-지역 연계 문해교육 추진체계 구축 지원사업 등의 제도적 지원을 확대하고 있다. 또한 정부는 문해교육 활성화를 위해 국가문해교육 정책 목표·비전, 문해개념의 고도화·확장 등을 제시하였다.

따라서 이 장은 본서의 전체를 아우르는 장으로 우리나라 문해교육의 전망과 과제를 다룬다. 구체적으로 왜 문해인가? 우리나라 문해교육의 현황과 문제점, 그리고 문해교육 활성화를 위한 사회적·국가적 정책의 방향과 과제를 살펴본다.

【학습목표】

1. 우리나라 문해교육 현황과 문제점을 확인한다.
2. 성인문해교육의 환경 변화에 대해 설명할 수 있다.
3. 성인문해교육 지원 활성화 사업들을 알 수 있다.
4. 문해교육 활성화 정책의 방향과 과제를 제시할 수 있다.

1. 왜 문해인가?

1) 문해의 의미

문해(文解, literacy)란 일반적으로 문자의 해득을 의미한다. 비문해(非文解, illiteracy)는 문해의 반대 개념으로 글(文字)를 전혀 읽고 쓸 수 없는 정도를 말한다. 과거에는 문해는 간단한 글자를 읽거나 쓸 수 있는 정도의 능력으로 정의되었으나 디지털화, 세계화 시대에 진입하면서 기능문해(functional literacy)가 중요시되었다.

즉 실생활에서 문자 생활을 영위할 수 있는 문자해득 능력과 활용능력을 갖추어야 일상생활에 불편함이 없다. 유네스코(1978)에 의하면, 기능문해는 개인이 속한 집단이나 사회에서 일정한 수준의 문해 능력이 요구되는 모든 활동에 참여할 수 있고, 자신과 지역사회의 발전을 위하여 읽기, 쓰기, 셈하기 능력의 향상을 위해 지속적으로 노력할 수 있는 능력을 갖춘 상태를 의미한다.

한편 성인학습의 비판적 측면을 강조하는 비판적 성인학습론자들은 기능문해 개념에 대한 '비판적 문해(critical literacy)' 개념을 발전시켰다. 즉 문해를 문자문화 사회에서 생존하는 데 결정적인 역할을 하는 도구를 획득하는 것을 넘어 그 도구를 통해서 자신이 속한 사회를 비판적으로 인식하고, 사회의 변화에 역동적으로 참여하게 되는 과정으로 본다(최윤정; 2002). 이에 대표적 인물인 프레이리(Friere; 1985)는 문자를 읽는 것은 세상을 읽는 것을 의미하는 것으로, "문자를 읽는다는 것은 텍스트가 담고 있는 지식을 무비판적이고 수동적으로 받아들이는 과정이 아니라 그 텍스트를 비판적으로 이해하고 새로운 텍스트를 창조·재창조해 나가는 과정이다."고 말한다.

즉 문해자가 된다는 것은 새로운 문화를 구성하는 주체로 성장하는 과정을 의미한다. 다시 말해, 문해 교육 방법의 핵심을 의식화라고 보고 학습자가 사회에 대한 비판 의식을 함양하고 사회의 한 구성원으로 성장해 나아가는 과정을 중요한 시각으로 바라보았다.

이처럼 문해의 개념이 간단한 문장을 이해하며 읽고 쓸 수 있는 '기초문해'에서, 스스로 은행 업무 등 용무를 보거나 간단한 회계업무도 볼 수 있는 등 기초 직업능력과 계산 능력과 같은 생산성 향상에 필요한 '기능 문해'를 거쳐 사회 한 구성원으로 존재하는 데 요구되는 '비판적 문해'에 이르기까지 개념의 확대를 이루어 왔다. 이렇게 점차 확대되었던 문해교육의 개념은 이후 다양한 역사적 사회적 상황에 따라 문해교육 개념이 다문화사회에 따른 문화문해 · 가족문해와 디지털 정보화시대에 따른 정보문해, 금융문해 등 생활문해로 확장되었다.

정보화시대에 따른 정보문해 능력은 정보를 적절히 활용하고 문제를 해결하는 능력이다. 다문화사회에 따른 '문화 문해'는 새로운 세계의 문자에 대한 습득에서 다양한 영역의 문화에 대한 이해이며, '가족 문해'는 다문화가정의 부모와 자식 간의 원활한 의사소통 및 사회통합을 위한 문해 교육이다.

그리고 금융문해는 국가는 물론 개개인의 재정 관리의 중요성이 강조되며, 금융과 관련한 내용을 이해할 수 있는 기초능력을 의미한다. 2003년 OECD는 금융 교육과 문해 기준을 제시하는 프로젝트를 시작하였으며, 2008년에는 금융 교육에 관한 프로그램, 정보 및 연구 등을 추진하고 있다. 이와 관련하여 우리나라는 교육부와 국가평생교육진흥원(국가문해교육센터)은 2016년 금융감독원과 연계하여 「금융문해교육」, 「교통안전문해」 교과서를 개발하였고, 2017년 한국정보화진흥원 그리고 카카오와 함께 「정보문해교육」 교과서를 개발 · 운영하고 있다.

이러한 문해 교육 개념의 확장은 문해 능력이 단순히 문자를 읽고 이해하는 능력을 의미하는 것이 아니라 급변하는 사회, 경제, 문화적 상황 속에 일원으로의 역할을 할 수 있도록 하는 기본적인 토대가 됨을 보여주고 있다. 더불어 문해(이희수, 2019)는 한 묶음의 사회적 실제로서 문해의 확장성, 문해의 다차원성, 문해의 다면성 즉 여러 가지 문해가 복합된 복수 문해를 지향한다.

2) 문해의 중요성

언어(言語)란 생각, 느낌 따위를 나타내거나 전달하는 데 쓰는 음성, 문자의 수단 또는 그 음성이나 문자 따위의 사회 관습적인 체계이다.

"만약 내가 문자를 읽고 쓸 수 없다면 어떤 불편함이 따를 것인지 생각해본 적이 있는가?"

이 물음에 대한 답변이 곧 '왜 문해인가?'에 대한 답이 될 것이다.

일반적으로 비문해자들의 구체적인 불편사항은 먼저, 일상생활을 영위하는 것이 어려워 삶의 질이 떨어진다. 예를 들어 관공서·은행·우체국 등에서 서류를 이해하거나 작성하는 데 어려움을 겪으며, 또 의사·약사의 설명이나 처방전을 이해하기 어렵다.

둘째, 인간의 기본적인 권리를 누리거나 인격 형성을 방해한다. 문자매체를 이용하지 않음으로써 자아정립, 자기성찰, 학습기회를 상실하게 되며 문화적인 생활을 누리지 못하게 된다.

셋째, 자신의 가족뿐만 아니라 사회에서 문화적인 접촉이나 실질적인 사회참여가 어렵고 외부와의 의미 있는 단절상태로 고립된다.

넷째, 자존감이 상실된다. 글을 모른다는 사실로 가족과 세상에 대한 주눅듦을 경험하게 되며, 자신의 존재를 무가치하게 인식하는 자기비하 심정을 가지게 됨으로써 자존감이 상실된다.

다섯째, 비문해자라는 사실이 수치심을 주며, 열등의식으로 이끈다. 영화「The Reader: 책 읽어주는 남자」에서는 여주인공이 글자를 읽지 못하는 사실을 수치스럽게 생각하여 그 사실을 숨기기 위해 형벌선고도 마다하지 않는 장면이 나온다. 글을 읽지 못한다는 사실을 숨길 수만 있다면 어떠한 것도 감수하겠다는 여주인공의 심정에서 글을 모른다는 부끄러움, 수치심, 열등감을 엿볼 수 있다.

여섯째, 비문해자는 국가나 사회에서의 책임, 권리, 의무 등을 제대로 인식하지 못한다. 예를 들어 비문해자의 학습권 보장에 대한 국가의 책무성을

인식하지 못하고, 인간의 기본적인 권리이며 국민의 기본권인 학습권 보장
(문해교육)의 혜택을 받지 못하는 결과를 초래하기도 한다.

이처럼 문해는 인간의 삶의 질과 관련된 모든 것과 통한다. 즉 문해는 교
육, 권한 부여, 평화, 양질의 일자리, 포용 및 회복사회, 국제 파트너, 지속가
능발전, 경제성장, 빈곤퇴치 등 사회적 만병통치약이며, 인간의 삶의 질과
관련된 모든 것과 밀접한 관련이 있다.

왜 문해인가? 문해는 한 사람이 인간으로서 자기를 실현하는 일차적인 수
단이자, 우리 삶의 주제이고 삶 그 자체이기 때문이다.

2. 문해교육의 현황과 문제점

1) 우리나라 문해교육의 현황

우리나라의 문해는 2017년 성인문해능력조사 결과 초등수준 이하가
12.3%로 나타났다(국가평생교육진흥원, 2019). 문해수준별 추정인구는 다음
과 같다(표 15-1 참고).

일상생활에 필요한 읽기, 쓰기, 셈하기가 불가능한 18세 이상 성인인구
는 약 311만 명으로 전체 성인인구의 7.2% 해당하는 것으로 나타났다. 수준
1(비문해)의 지역별 현황은 농산어촌(16.2%), 소득별로는 소득이 낮을수록,
연령대별로는 80세 이상(67.7%) 등 연령이 높을수록 또 여성일수록 비문해
율이 각각 높았다. 그리고 세대간 격차는 우리나라가 OECD 6개 나라 중 청
년층과 고령자층 간 인적역량 격차가 가장 큰 국가로 나타났다.

〈표 15-1〉 우리나라의 영역별 문해 현황

1. 문해 능력 수준별 현황			
수준 1	일상생활에 필요한 기본적인 읽기, 쓰기, 셈하기가 불가능한 수준(초등 1, 2학년 학습 필요 수준)	비율(%)	추정인구(명)
		7.2%	3,111,378명
수준 2	기본적인 읽기, 쓰기, 셈하기는 가능하지만, 일상생활에 활용은 미흡한 수준(초등 3~6학년 학습 필요 수준)	5.1%	2,173,402명
수준 3	가정 및 여가생활 등 단순한 일상생활에 활용은 가능하지만, 공공 및 경제생활 등 복잡한 일상생활에 활용은 미흡한 수준(중1~3학년 학습 필요 수준)	10.1%	4,328,127명
수준 4 이상	일상생활에 필요한 충분한 문해력을 갖춘 수준(중학 학력 이상 수준)	77.6%	33,365,908명

2. 성별, 연령별 격차	
성별	여성이 남성보다 높음: 여성 9.9%, 남성 4.5%
연령별	60대 미만 6.5%, 60대(14.2%), 70대(28.7%), 80대 이상 (67.7%): 연령이 증가할수록 문해력 낮음

3. 소득별, 지역별 격차(국가평생교육진흥원, 2017. 성인문해능력조사)	
월가구소득별	100만원 미만(41.1%), 500만원 이상(1.5%): 월가구소득이 낮을수록 문해력 낮음
지역별	서울 및 광역시(5.7%), 중소도시(7.2%), 농산어촌(16.2%): 농산어촌이 대도시보다 문해력 낮음

4. 중고령 비문해 주요 원인: 빈곤과 차별(이지혜, 2016. 강원도 성인문해교육 활성화 방안연구, p89)

가난(3.8%), 남형제 뒷바라지(3.3%), 취학시기 놓임(3.3%), 흥미부족(1.9%), 가족반대(2.9%), 건강문제(1.9%)

5. 세대간 격차(PIAAC, 2012)

OECD 국가 중 6개 나라(오스트레일리아, 핀란드, 독일, 일본, 네덜란드, 미국과 비교했을 경우: 한국의 10대 문해력 수준은 OECD 최고 수준이나 이후 급격하게 하락, 26세 이후부터는 OECD 평균에 훨씬 못 미침, 청년층과 고령자층 간 인적역량 격차가 가장 큰 국가 중 하나

출처: 국가평생교육진흥원 성인문해교육활성화 정책포럼(2019), p13-16 재구성.

2) 성인문해교육 지원사업

(1) 성인문해교육 지원현황

성인문해교육 지원사업은 2000년대 세계화와 다문화사회의 본격화로 2007년부터 문해교육에 대한 법제화와 지원사업이 본격화되었다.

첫째, 성인문해교육 참여 학습자 수를 확대한다(2006년부터 2018년까지 35만여 명에게 교육기회 제공).

둘째, 참여 문해교육기관과 지원 프로그램을 확대한다(문해교육기관 수: 2006년 178개 → 2018년 389개로 증가, 프로그램 수: 2006년 849개 → 2018년 1597개로 증가).

셋째, 문해교육 교육과정 고시 및 교과서 개정으로 실생활 중심의 맞춤형 초등 성인문해 교과서를 개정한다. 예를 들어 초등·중학 문해교육 교육과정을 개정한다(창의적인 체험활동을 생활문해교육 중심으로 편성, 초등 1단계 시수를 160시간에서 240시간으로 변경).

초등과정 성인문해교과서를 개정하고(교육과정 고시, 현장의 요구를 반영하여 실생활 맞춤형 교과서 개정, 성인문해교과서, 워크북, 교사지도용 18종), 2019년에는 중학과정(국어, 영어, 사회, 수학, 과학) 성인문해교과서를 개정할 예정이다.

(2) 성인문해교육 지원사업의 성과

성인문해교육 지원사업의 성과는 크게 세 가지 부분인 법제화, 시스템화, 네트워크화로 볼 수 있다.

첫째, 2007년 「평생교육법」, 「평생교육법 시행령」, 「평생교육법 시행규칙」 성인문해교육 관련 조항을 명시하였다(부록 1 참고).

둘째, 성인문해교육 지원 추진체제 정립으로 2016년 국가문해교육센터 설립과 성인문해교육 학력인정체제 수립을 하였다(표 15-2 참고).

〈표 15-2〉성인 문해교육 지원 추진 체제 정립·수립

성인문해교육 지원 추진체제 정립			
교육부	국가평생교육진흥원	기초자치단체	문해교육기관
사업기본계획 수립	세부사업수립·추진·평가/사업수행 지원, 사후관리	지역문해교육 사업 신청/문해교육 프로그램 대응투자/문해교육기관 지도·점검 등	기초자치단체 사업신청/문해교육 프로그램 운영/국고, 지자체 예산 집행 등
성인문해교육 학력인정체제 수립			
교육부·국가평생교육진흥원	시·도교육청		설치·지정 문해교육기관
문해교육 심의위원회 운영/문해교육기관 육성·지원/성인학습자 교육과정 개발/문해교육교원 양성	문해교육심사위원회 운영/문해교육 프로그램 설치·지정/문해교육 프로그램 이수자에대한 학력인정		성인학습자 문자해득교육/프로그램 운영, 학습자 관리 등

셋째, 성인문해교육 지원사업 공공 및 민간 연계 체제를 구축하여 다음과 같은 관련 문해교육을 제공하게 되었다. 금융감독원(금융문해 방문교육), 도로교통공단(교통안전문해 방문교육), TBN(세종대왕의 꿈 캠페인), 삼성꿈장학재단(드림프로젝트) 등이다. 그리고 부처별 문해교육 연계 가능 사업 현황은 〈표 15-3〉, 기타 문해교육 관련기관 및 지원 내용은 〈표 15-4〉와 같다.

〈표 15-3〉부처별 문해교육 연계 가능 사업 현황(2018. 12. 기준)

부처명	정책 대상자	지원 내용
문화체육관광부/국립국어원	북한이탈주민, 외국인근로자, 다문화 가정 등	·국립국어원의 국어문화학교 온라인 교육과정을 문해교사 보수교육과 연계하여 전문성 강화 ·국립국어원이 보유한 다양한 국어 콘텐츠를 신문해계층(북한이탈주민, 이주여성 등)에 적용 가능한 콘텐츠로 개발
여성가족부	결혼이민자,중도입국자녀	·다문화가족지원센터 내 한국어교육 및 사회통합 프로그램을 위한 문해교과서 지원 * 국비지원센터 : ('06년) 21개소 → ('18년) 231개소 ·한국어능력시험(TOPIK), 취업대비반, 중도입국자녀반 등 차별화된 특수 한국어교육 과정 개발('18년~'19년)

통일부	북한이탈주민	· 북한이탈주민의 문해 능력 점검을 통해 비문해 · 반문해 교육 대상을 선정하여 1:1 맞춤형 `한글 · 한국어교실'(주2~3시간) 운영 · 문해교육 계속 희망자의 문해능력 및 원내 학습 내용을 원외 지역 적응센터(하나센터)와 공유, 지속 학습을 위한 환경 마련
법무부	교도소 수감자 등	· 비문해 수용자 대상 `한글 교육반'을 편성하여 기초문해 · 수리 교육을 6개월 과정(주 1~2회, 하루 2시간)실시 · 교도소 · 구치소 내 저학력 · 비문해자에게 교과서 보급
행정안전부	비문해, 신문해 계층	· 비문해계층 대상 안전교육 콘텐츠(동영상, 텍스트 등) 제작 및 문해교육기관 대상 보급
경찰청 (도로교통공단)	전 국민	· 교통안전문해 맞춤형 문해교육기관 방문교육 실시 · 노인 대상 `찾아가는 교통안전교육' 지속 실시
고용노동부	퇴직(예정) 장년층	· 사회공헌활동 지원사업 일환으로 전문성과 경력을 보유한 만 50세 이상의 퇴직인력을 문해교육기관 강사로 파견(실비 및 활동수당 지급)
보건복지부	노년층	· 현재 시행 중인 `노인 일자리 사업'과 문해교육을 연계하여 노인 상호 간 학습 장려 및 활동비 지원 * 재능나눔(학습지도)현황 : 2017년 3,183명, 2018년 5월 3,189명
식품의약품안전처	문해교사	· 식품 · 의약품 안전교육을 위한 문해교사 대상 연수

출처: 교육부(2019). 2019년 성인 문해교육 활성화 지원 기본계획, p19.

⟨표 15-4⟩ 기타 문해교육 관련 기관 및 지원 내용

기관	내용
국가평생교육진흥원	성인문해교육지원: 성인문해교육 지원사업은 평생교육법 제39조에 따라 비문해 · 저학력 성인 대상 성인문해교육 프로그램 지원, 초 · 중학 학력인정제도 구축 등을 통해 국민행복 실현을 위한 교육기회 제공
국가문해교육센터	「평생교육법」 시행령 제73조의 2에 따라 문해교육 프로그램 개발 및 운영 지원, 문해교육 촉진을 위한 각종 연구, 조사 및 홍보, 문해교육 통계 조사 및 문해교육관련 기관 현황 등 실태조사, 문해교육 교원양성 · 연수 및 지원, 시 · 도문해교육센터에 대한 지원 등

시 · 도문해교육센터	「평생교육법」 시행령 제73조의 3에 따라 해당 지방자치단체의 문해교육 프로그램 운영 · 지원, 문해교육 대상자 발굴 및 상담 지원, 해당 지역의 문해교육 기관 간 연계체제 구축, 문해교육 교원양성 및 연수 등
전국문해성인기초교육협의회	성인문해교육에 대한 연구 및 정책 개발 사업 추진 등
한국교육개발원 평생교육센터	평생학습 대상 사업, 평생학습도시 지원, 평생교육정책 포럼, 다문화 문해교육 행복학습센터 운영 지원 등
전국문해기초교육협의회	시화전, 문해한마당 공동운영
한국문해교육협회	문해한마당 공동운영
전국야학협회	문해한마당 공동운영
도로교통공단 한국교통방송	세종대왕의 꿈 라디오 캠페인 제작/방영. 꿈 라디오 특집방송 제작/방영
에스원	소방, 시설 등 문해교육기관 안전진단 교수-학습자료 공동개발
한국교직원공제회	문해교육 활성화 협약으로 열악한 야학기관 지원 전국 성인문해교육 시화전 후원 및 교육방송제작 후원
세종문화회관	문해교육 시화 주제의 다양한 작품 개발 전국 성인문해교육 시화전 후원
삼성꿈장학재단	문해교육기관, 삼성꿈장학재단 연계 드림 프로젝트 운영
금융감독원	문해교육기관 방문교육 실시(문해교육 거점기관 7개 대상)/ 성인문해교과서, 교수-학습자료 공동개발
유네스코한국위원회	전국 성인문해교육 시화전 후원
식품의약품안전처	성인문해교과서 공동개발
스테들러코리아(staedtler)	전국 성인문해교육 시화전 후원
키즈엠(주)	전국 성인문해교육 시화전 후원

출처: 관련 자료를 토대로 재구성.

(3) 성인문해교육 시화전 · 유네스코 세종대왕 문해상

'전국 성인문해교육 시화전'은 문해교육의 필요성을 널리 알리고, 사회적 인식을 확산하기 위한 사업으로 2012년부터 매년 시행되고 있다. 국가평생교육진흥원의 국가문해교육센터는 매년 9월을 '대한민국 문해의 달'로 선포하고 전국 성인문해교육 시화전 등 다양한 문해교육 활성화 사업을 추진하고 있다. 그 일환으로 「문해교육 '세종대왕의 꿈' 캠페인」이 TBN 한국교통방송 라디오에서 방송되고 있다.

또한 정부(외교통상부)는 세종대왕의 한글창제정신의 홍보 및 전 세계 문해율 향상을 위해 1989년 '유네스코 세종대왕 문해상(UNESCO King Sejong Literacy Prize)'을 제정해 지원하고 있으며, 1990년부터 2018년까지 매년 개발도상국의 모국어 발전과 보급에 기여한 54개(명) 단체 및 개인에게 시상했다. 구체적으로 1990년 제1회 인도의 '과학대중화 운동' 수상을 시작으로 2018년 제29회 아프가니스탄의 '교육을 위한 아프가니스탄 지원'과 우루과이의 '교육문화부의 영속적인 학습 프로그램' 수상이 이어져 오고 있다. 수상 단체 관계자들은 국내에 초청되어 한국의 문화를 접할 뿐만 아니라 성인문해교육 시화전 및 포럼에서 해외 성인문해교육의 우수 사례들을 국내에 공유하고 또한 국내문해교육 관련 기관과 해외문해교육 기관과의 국제 네트워크를 형성하고 있다(문화체육관광부, 2018).

※ 2014년 제25회 부르키나파소의 유네스코 세종대왕 문해상 수상사례

2014년에는 광명시의 협력 파트너인 부르키나파소의 비정규교육진흥협회가 유네스코 세종대왕 문해상을 수상하였다. 부르키나파소의 비정규교육진흥협회는 부르키나파소의 극빈층을 대상으로 문맹퇴치 운동을 펼치고 있는 비정부기구(NGO)로서 1997년에 창설됐으며 2013년부터는 광명시의 지원 속에 문해교육 사업을 함께 펼치고 있다. 특히 비정규교육진흥협회의 문해교육상 수상은 '광명시 평생학습 마을만들기'의 일환으로 추진했던 현지 극빈층의 여성을 대상으로 한 문해교육과 기술교육 및 직업연수, 보건교육 등의 통합적 프로그램을 통해 극심한 빈곤을 극복하는 시스템을 구축한 것에 기인한 것이다. 부르키나파소의 비정규교육진흥협회를 이끌고 있는 제르멘 사무국장은 "세종대왕 문해상 수상은 대한민국 최고의 평생학습 도시인 광명시의 역량과 기술을 전수 받을 수 있어 가능했다"

> 며 "앞으로 평생학습을 기반으로 양국 간에 문화와 예술은 물론 청소년들
> 과의 교류 협력이 이루어지길 기대하고 특히 지속적인 지원을 기대한다"
> 고 밝혔다(국가기간뉴스통신사 연합뉴스, 2014. 10. 1).

(4) 성인문해교육 지원사업 현안

성인문해교육 지원사업 현안은 예산확대, 학력인정 지원, 추진체계 강화
부분으로 살펴볼 수 있다(표 15-5 참고).

첫째, 예산확대이다. 성인문해교육 지원을 위한 예산 확대는 광역문해교
육기관 운영 지원으로 시·도 단위의 체계적 문해교육 지원 체계 구축과 성
인문해교육 프로그램 운영 지원으로 저학력·비문해 성인에게 교육기회를
제공하고, 생활능력 향상 및 사회활동 참여기회 확대, 또 희망하는 모든 국
민에게 문해교육 기회를 제공하고자 함이다.

그러나 문해교육 대상 학습자 대비 정부의 지원은 아직 미흡하다. 비문해
자 약 311만명, 현재까지 약 35만명을 지원했다(국가지원이 전체의 10.9%에
불과). 교육부·국가평생교육진흥원에서는 2022년까지 64만명을 지원할 예
정인데(전체의 20.6%), 향후 4년간 약 20만명의 학습자를 지원하기 위한 소
요예산 확보가 필요하다.

〈표 15-5〉 성인문해교육 지원사업 연도별 지원 실적

구분	2007	2008	2009	2010	2011	2012	2013	2014	2015	2016	2017	2018	계
국고 지원액*	1,800	2,000	2,000	2,000	1,800	1,500	1,950	2,200	2,250	2,436	2,436	2,960	23,532
지자체 대응투자액	1,619	3,000	2,424	2,398	2,068	2,026	2,263	3,132	3,398	4,978	5,862	6,628	39,796
국고지원 지자체	108	118	130	134	129	107	130	142	146	162	165	160	–
문해교육 기관	356	439	353	348	360	189	261	306	318	384	377	389	–
수혜자	21,294	25,579	24,638	23,778	20,135	16,334	19,745	23,879	35,614	36,039	39,732	51,901	338,668

* 성인문해교육 프로그램 지원비에 한함(국민 문해력 조사, 문해교육 활성화 지원비 등은 제외)

둘째, 학력인정 지원이다. 성인문해교과서 무상보급이 필요하다. 초중등 교육법에 의거 초등 및 중학과정은 의무교육이며, 무상교육을 실시하고 있으나 성인문해교육은 동일한 학력을 인정받고 있음에도 국가의 재정지원이 미흡하다. 따라서 2018년 개정 교육과정 고시 시행에 따라 초등과정 교과서를 개발·보급할 예정이며, 나아가 향후 3년간 초등·중학과정 성인문해교과서 개정에 따른 수요증가에 맞춰 적극적인 무상보급이 필요하다.

셋째, 국가-지역 연계 문해교육 추진체계 구축이 필요하다. 구체적으로 전국 시·도평생교육진흥원에 광역문해교육센터를 설치·지원한다(표 15-6 참고).

〈표 15-6〉 국가-지역 연계 문해교육 추진체계 구축

2019년 현재 전국 6개 광해문해교육센터 설치운영 : 경기, 충남, 대전, 대구, 광주, 전남(울산 2019년 상반기 예정)	
2020년까지 17개 전역 설치 지원(조례 제정, 예산지원)목표	
지역별 특성에 맞춘 문해교육 활성화 및 광역단위 체계적 관리 필요	
광역 문해교육센터와 공동 사업 발굴	-문해교육기관 컨설팅 및 연수 -광역 단위 문해교육기관 실태 조사 및 분석 -문해교사 양성체제 구축 -문해교사 역량강화를 이한 보수교육 등

(5) 성인문해교육의 환경 변화

OECD는 디지털화, 글로벌화, 저출산·고령화로 인한 인구구조 변화에 대응한 핵심 정책과제 중의 하나로 평생학습을 통한 성인 인적역량 제고의 필요성을 강조한다. 이에 성인문해교육의 환경 변화에 따른 국가정책이 요구된다.

첫째, 학습격차 '마태효과(Matthew Effect)' 심화를 극복해야 한다. 디지털화, 자동화, 글로벌화는 문해학습자들의 기초역량의 양극화를 초래하여 학습기회의 양극화를 초래하였다. 학습자의 교육·역량수준이 높을수록 평생학습 참여가 높아지는 학습격차 마태효과가 심화되고 있다.

*마태효과(Matthew Effect): 부익부 빈익빈 현상을 이르는 말로 우위를 차지한 사람이 지속적으로 우위를 차지할 확률이 높은 현상을 의미한다. 미국 사회학자 로버트 머튼(Robert Merton)이 성경 마태복음 25장 29절 "무릇 있는 자는 받아 풍족하게 되고, 없는 자는 그 있는 것도 빼앗기리라" 라는 구절에서 인용하여 사용하기 시작하였다.

우리나라는 OECD 평균 수준의 평균 평생학습 참가율 수준이나 최저·최고 역량그룹 간의 평생학습 참가율 격차가 가장 큰 국가(OECD 평균 13~14%, 한국 18~21%)이며, 청년층과 고령자층 간 인적역량 격차가 가장 큰 국가(젊은 성인 49%, 고령층 4%. OECD 각각 45%, 11%) 중의 하나이다. 국제성인역량조사(PIAAC, 2012)에 따르면 성인역량은 OECD 평균 성인(16-65세)의 1/4 정도는 낮은 수준(PIAAC level 1 이하)의 문해력·수리력 수준을 보유하고, 성인의 인적역량 수준은 OECD 국가 평균 30세 전후에 최고에 도달한 후 연령이 높아짐에 따라 지속적으로 감소하며, 고령층(55-65세)의 문해력 점수는 젊은층(25-34세)보다 30점(한국 45점) 낮다.

따라서 최저역량 그룹의 문해력·수리력 수준을 끌어올려 역량개발의 기회를 높이며, 청년층과 고령자층 간 인적역량 격차를 좁혀야 한다.

둘째, 고령화로 인한 중장년을 고려한 정책 추진이 필요하다. 기대수명과 실질적인 은퇴연령 증가, 급격한 기술변화 등을 감안하면 중년 근로자(30~55세)의 기초역량 개발과 인적자본 투자가 중요하다. 우리나라 실질 은퇴 연령은 남 72세, 여 72.2세로 OECD 국가 중 최고 수준(OECD 평균 남 65세, 여 63.6세)이다.

셋째, 성인문해교육의 새로운 수요인 '신수요계층' 확대이다. 신수요 계층은 청년층 비문해자, 북한이탈주민, 다문화이주민, 재소자 등이다. 일상생활 수행에 지장이 있는 초등 수준(수준 1, 수준 2) 비문해 인구 규모는 18~49세 중심으로 지난 3년간 증가했다(2014년 2.7% → 2017년 6.4%).

3) 우리나라의 국제성인역량조사(PIAAC) 사업의 현황과 과제

PIAAC 사업은 OECD 국제협력 사업으로 성인의 인적자원 수준을 객관적으로 측정하고 교육과 노동시장, 평생학습과 관련된 분야의 정책 개발과 수립에 활용하기 위하여 2007년부터 진행되고 있는 계속 사업이다.

(1) 우리나라의 PIAAC 사업 현황

한국은 2008년부터 PIAAC 사업에 참여하여 1주기(1st cycle)조사 결과가 2013년에 발표되었다. 지금까지 33개 국가(2013년 24개국, 2016년 9개국)에서 PIAAC 1주기 조사가 완료되어 다양한 연구 및 정책 분야에 활용되고 있다. 2018년부터 본격적으로 2주기 사업(2018~2023)이 시작되었으며, PIAAC 조사 자료의 형식과 구조, 성격 개편 혹은 유지 보수에 대한 다양한 논의가 진행 중으로 본조사 실행과 더불어 다양한 연구개발 작업이 동시에 진행되고 있다(표 15-7 참고).

〈표 15-7〉 **우리나라의 PIAAC 사업 추진 경과**

연도	내용
2007	PIAAC-JRA 예비조사 준비(우리나라는 정식 사업 시작 전 준비단계부터 참가)
2008	직무요구분석(JRA) 예비조사 실시 및 조사준비
2009	조사준비 문항개발, 번역, 검토, 시스템 구축 및 테스팅, 샘플링 설계
2010	현장예비조사 실시 및 본 조사 준비
2011~ 2012	본 조사 실시 및 자료 초안 생성
2013	국제보고서 및 조사원 자료 발표, 국내 심층보고서 작성, 국제보고서 요약본 배포 및 보도자료 발표, 국내조사 결과 및 데이터 공유 심포지엄 개최
2014	OECD심층분석 보고서 5건 검토 및 의견 제시/번역자료 발간(2013년 국제보고서 한글번역과 국내보고서 초록 영문번역), 사업 결과 확산을 위한 국내학술대회 개최(연구논문 9편 발표), PIAAC Korea 홈페이지 업데이트, BPC회의 참석(2회)

2015	OECD 심층분석보고서 3건 검토 및 의견제시, '한국-OECD PIAAC 공동 컨퍼런스'개최 및 연구사업 참여, 'Skills Outlook 2015'발간 지원 및 PIAAC 2주기(2018~2023) 배경 설문 및 직접 평가 개편 관련 논의 참여 등
2016	직접 평가 및 배경 설문 관련 연구 개발 작업 진행, 제3차 국제보고서 발간, 2주기 조사 준비 및 실행, PIAAC 자료 국내 정책활용도 제고
2017	직접평가개발 검토 -PIAAC 2주기 조사 수리력 평가 및 문제해결력 모듈 프레임 개발 및 검토 배경설문 개편 논의 -교육훈련 관련 조사 문항, 역량활용 및 미스매치, 성격 특성과 비인지적 역량에 관한 문항 개편 논의
2018~ 2023(2주기)	파일럿조사, 문항개발 및 검증, 시스템 개발 및 조사 준비, 예비조사 실시 및 분석, 도구완성 및 본조사 실행

출처: 한국직업능력개발원(2017). 2017년 국제성인역량조사(PIAAC) 연구 동향과 향후 전망.

(2) PIAAC 사업의 의의

국가 성인의 인적자원 수준과 분포 등을 다양한 평가도구를 활용하여 측정하고, 국가의 교육 및 훈련정책, 평생학습, 노동시장 정책 분야의 주된 정책 목표는 성인역량 개발 및 활용 그리고 국가 경제성장과 사회통합, 국제 경쟁력 향상에 기여이다.

(3) PIAAC 사업 기술

핵심정보처리역량으로서 문자기반정보, 수학적 정보를 처리 이해ㆍ분석하는데 필수적인 기술, 노동시장과 교육훈련, 사회활동(시민사회)에 온전하게 참여하는데 필요한 기술, 여러 사회적 맥락과 일터 환경에 관련이 있는 통용 가능한 기술 그리고 정책 효과에 영향을 받는 학습 가능한 기술 등이다.

(4) 우리나라 PIAAC 사업 과제

첫째, 국제기구와의 협력 사업인 PIAAC 사업의 성격에 맞게 국내 예산편성 및 사업 평가 개편, 해당부처의 정책결정자 및 고위당국자의 관심과 사업 이해도 제고가 필요하다. 둘째, OECD 국제컨소시엄에서 단순한 사업 하위파트너가 아니라 적극적인 의제설정에 참여하는 국가로 위상 제고가 필요하다. 셋째, 재정지원부처와 국책연구기관, 조사실행 기관 간의 업무분담 및 협력방식에 대한 재조정이 필요하다.

구체적으로 PIAAC를 평생직업능력개발과 평생학습, 노동시장 정책 분야에서 정책 개선에 어떻게 활용할 것인가? 한국의 성인 역량수준과 학습친화적 사회로 변화하기 위한 정책적 지원은 무엇인가? 학교-노동시장 이행과 생애 노동시장 성과 측면에서 생애주기를 고려한 장기성과를 높이기 위한 방안은 무엇인가? 일반기술과 특수기술의 균형 확보를 위한 방법은 무엇인가? 그리고 노동시장 지위에 따른 직업능력개발 기회 및 관심의 격차 해소 등을 위한 가능한 구체적인 방안은 무엇인지를 찾는 것이 필요하다.

3. 문해교육 활성화 정책의 방향과 과제

1) 문해교육에 대한 고등교육기관의 역할

초·중등 교육과정을 졸업한 많은 문해교육 학습자들은 언젠가는 대학의 고등교육기관에서 공부하고 싶은 높은 학습 욕구를 가지고 있다. 초등 학력 인정, 중등 학력 인정 과정은 학업의 완성이나 졸업장 자체가 아니라 계속적인 성장 과정이 필요하다. 문해학 학습자들은 지금보다 더 나은 삶을 추구하는 평생 학습자로 성장하고자 한다. 학습이 평생 동안 계속되어야 하는 필요성 측면에서, 국가는 고등교육기관에서 계속 학습이 이루어질 수 있도록 해야 한다. 평생교육법 제40조에 의거 성인학습자가 문해교육 프로그램 이수를 통해 의무교육에 해당하는 초등학교와 중학교 학력을 인정받은 성인학습자 수는 총 11,082명(초등학교 9810, 중학교 1,272명)이다(표 15-8 참고).

성인문해학습자들은 개인적·사회적 상황으로 학습의 기회를 놓쳤을 뿐 원래 주도적이며 학습에 대한 욕구가 강했던 사람들이다. 따라서 이들의 문해 후 학습욕구를 지속적으로 유지할 수 있는 고등교육기관의 역할이 중요시된다.

〈표 15-8〉 성인학습자 학력 인정자 수

연도	초등학력 인정자 수	중학학력 인정자 수	합계
2011	58	0	58
2012	485	0	485
2013	791	0	791
2014	1156	25	1181
2015	1770	140	1910
2016	1706	265	1971
2017	1922	494	2416
2018	1922	348	2270

출처: 국가문해교육센터(2019) 홈페이지.

고등교육기관은 전문대학, 대학, 대학원 등을 총칭하는 말이며, 고등교육법상에 제시된 고등교육기관으로는 대학, 산업대학, 교육대학, 전문대학, 원격대학(사이버대학, 학점은행제), 기술대학, 각종 학교가 있다. 문해학습자들의 교육욕구 증가와 지식을 기반으로 하는 평생학습시대에 문해교육에 대한 고등교육기관의 역할이 강조되므로 몇 가지를 제시하면 다음과 같다.

첫째, 고등교육기관은 비문해자들이 문해 후 초·중학교 졸업자로 끝나는 것이 아니라 이제는 고등학교 졸업과정 그리고 대학 및 대학원의 고등교육기관에서 교육이 지속될 수 있도록 기회를 제공해야 한다. 현재 초등학교, 중학교 과정을 졸업한 성인학습자의 문해 후 고등교육과정 대한 다른 대안으로 검정고시나 방송통신고등학교를 이용하고 있다. 현행 평생교육법상 성인문해 교육과정은 초등과 중학 학력만을 인정하고 아직 고등과정을 개설할 법적 근거는 없다.

둘째, 고등학교 과정이나 고등교육기관에서 계속 교육받을 수 있는 법적 근거를 마련한다. 즉 현행 평생교육법 시행령 제75조(문해 교육 프로그램 이수자의 학력 인정 기준 등)에 고등학교 과정과 고등교육기관의 학력 인정 기준을 추가하여 시행한다.

셋째, 우선 대학과 대학원 평생교육학과에 문해 교육 관련 과목들을 개설하여(향후 문해교육과 설립) 고등교육기관에서 문해교육 전문가 양성이 체계적으로 이루어져야 한다. 문해교사 양성은 민간기관보다는 고등교육기관에서 양성하여 문해교육 현장에 배치하고 또한 정기적으로 연 1~2회 문해교사 연수를 받도록 한다(표 15-9 참고). 이는 문해교사의 전문성 제고로 문해교육의 질적인 발전을 위해 중요하다.

〈표 15-9〉을 살펴보면 종전에는 중등자격증 소지자가 필수요건이었으나 2016년 8월 2일에 「평생교육법 시행령」 제70조 제1항이 개정되면서 문해교육심의위원회를 인정받은 관련 교과목을 전공한 대학졸업자도 문해교사가될 수 있게 되었다. 이는 1명의 교사가 전 과목을 담당하는 초등과정과 달리 '과목별' 담당교사를 확보해야 하는 중학과정에서 발생하는 교사 충원 문제를 위한 조치라고 볼 수 있다.

〈표 15-9〉 학력인정 문해교육제도 개요

구분	내용
운영기관	초등학교 및 중학교, 문해교육시설, 평생교육기관 등
교육과정	초·중학교 수준에 상응하는 문해교육과정
교사자격 및 배치	-초등교원: 고졸 이상(문해교육심의위원회 인정)/대졸 이상으로 문해교육 연수과정 이수한 자로 학급마다 1명 이상 배치 -중학교원:「초등교육법」에 따른 교사자격증 소지자로 문해교육 연수과정을 이수한 자(문해교육심의위원회로부터 인정받은 관련 교과목을 전공한 대학졸업자 포함)로 3학급까지는 학급마다 1명, 3학급 초과 시에는 1학급 1.5명 이상의 비율로 배치
교원연수	-초등과정 연수: 총 6개 과목(50시간), 현장실습(15시간) -중학과정 연수: 총 6개 과목(24시간), 현장실습(15시간) 6개 과목: 문해교육론, 문해교육 기획 및 개발, 문해교육 교수법, 문해교육 학습 및 기관경영, 문해교육 네트워크 경영, 문해교육 가치와 교사 사명

교육시설	-교육활동에 적합한 시설 및 설비 -한 학급 규모: 초중등과정 모두 각각 30명 이하

출처: 국가평생교육진흥원(2013).『문해교육 프로그램을 통한 성인학습자 학력인정 체제 운영 메뉴얼』과 2016년「평생교육법 시행령」개정사항 반영 보완함.

넷째, 문해교사 양성시, 문해교육현장실습이 중요시된다. 문해교육 교원 현장 실습이란 '문해교육 교원 양성연수'를 이수한 뒤에 일정 기간 동안 지정한 '문해교육기관'에서 실제적인 활동에 참관 · 참여하게 하는 과정을 의미한다(국가평생교육진흥원, 2013). 문해교육현장 적응력과 전문성은 문해교사 양성을 위해 양성기관과 문해교육기관이 공동으로 참여하여 정해진 기간에 문해교육현장에서 실습을 실시하고 학점을 부여하여 최종적으로 문해교사 자격증을 취득하도록 해야 한다.

다섯째, 고등교육기관의 문해교육 활성화를 위해서 대학과 문해교육기관 들과의 원활한 연계구축이 요구된다. 이를 위해서는 문해교육기관, 평생교육기관, 사회복지관 등의 협력을 통해 강사관리와 문해교육 프로그램 교류가 이루어질 수 있도록 한다.

2) 성인문해교육 발전 방향 및 과제

성인문해교육 발전 방향과 과제 그리고 국가문해교육 정책 방향 및 과제를 2019년 성인문해교육 활성화 지원 기본 계획(교육부, 2019)과 성인문해교육 활성화 정책포럼(국가평생교육진흥원, 2019), 문해력 향상을 위한 성인문해교육 정책(박인종, 2019)을 중심으로 살펴보면 다음과 같다.

먼저 문해교육을 통한 포용적 성장사회 지향을 위해 성인문해교육의 사회적 가치의 확장적 인식이 필요하다. 즉 성인문해교육의 시혜적, 복지적 가치인식으로부터 경제적 포용적 가치에 대한 적극적 수용이다. 양질의 교육과 경제성장 모두를 위한 지속적이고 포용적이며 지속가능한 경제성장과, 생산적이고 완전한 평생학습 기회를 증진한다.

둘째, 성인문해교육 대상의 전 생애 확대이다. 저학력 고령 여성 중심 문해교육으로부터 청년, 중년과 신 수요집단을 포괄하는 문해교육으로 확대한다. 비문해 인구는 18~49세 젊은 세대를 중심으로 점차 증가 추세에 있으며, 이들 상당수는 고교를 졸업했으나 실제 생활에서 아르바이트 계약서를 읽거나 해독하지 못하고, 특히 군입대 이후에도 기초적인 문자를 해독하지 못함으로써 치명적인 위험에 처하며, 사회 진입 때 큰 장벽이 되기도 한다.

셋째, 성인문해교육 내용의 고도화 및 융복합화이다. 기대수명 연장 및 정보통신기술의 발달과 더불어 빠르게 변화하는 생활환경에 대한 이해와 적응을 위해 언어역량 및 학력인정 중심 문해교육으로부터 생활문해 및 수리와 ICT, 외국어와 직업역량 연계교육을 포함하는 문해교육으로 융복합화하는 것이다. 즉 문해의 개념을 단순히 글을 읽고 쓰는 기초 문해에서 디지털화되고 있는 일상생활에의 적응과 사회, 문화적 교양 수준으로 확대해 문명적 삶을 영위하는 영역으로 확대하는 것이다. 따라서 디지털화되어 있어 접근이 어려운 정보문해, 금융 문해를 포함한 디지털 문해와 문화 · 예술문해, 건강문해 등 새로운 개념의 다양한 문해교육 프로그램 및 지원 체계를 구축한다.

넷째, 성인문해교육 매체의 다양화이다. 쌍방향 온라인 포털 및 자격제도 연계 등 교수방법과 매체를 다양화한다. 특히 '온라인 공동교육과정'은 기존 오프라인에서 제공되던 공동교육과정을 온라인을 통해 실시간, 쌍방향으로 진행되는 공동교육과정이다. 온라인 포털 사이트에 접속해 교수자와 함께 실시간으로 컴퓨터 화면 속에서 수업이 진행되는 것이다. '온라인 공동교육과정'의 장점은 어떤 장소에서 다른 장소로 이동할 필요가 없어 공간의 제약이 없다는 점과 실시간으로 그룹을 지어 토의도 가능하다는 것이다.

다섯째, 성인문해교육에 대한 학습결과가 평생학습 계좌제의 학습 이력 관리와 연계되어 정책적 가시성과 평생학습 결과에 대한 활용 가능성을 높일 필요가 있다. 성인문해교육 초등학교와 중학교 학력인정은 평생학습 계좌제의 학습 이력 관리 부분 중 학력 연계의 실효성을 증명해 주는 대표적인 사례가 될 것이다.

여섯째, 국가 차원에서 국민의 비문해를 측정할 수 있는 표준 도구를 개발하고 이를 통한 정기적인 문해 조사가 필요하다. 특히 문해교육 개념이 확대되고 있는 시점에 지속적인 학문적 개념화와 재개념화 작업이 수행되어야 하며, 비문해를 감소시키기 위한 실천적 정책 발굴과 지원사업이 동반되어야 한다.

3) 국가문해교육 정책 방향 및 과제

(1) 국가 문해교육의 정책목표

첫째, 국민의 전 생애 문해능력을 보장한다. 이를 실천하기 위해 문해능력 향상을 위한 보편적 지원의 안정화 및 확대, 현대사회의 변화 요구에 맞는 지속적인 체제를 구축한다.

둘째, 선도적인 문해학습(교육)문화 촉진으로, 문해교육 수요에 따라 집중적이고 조직적인 교육지원과 문해교육에 대한 일상적인 학습문화 촉진, 사회적 분위기를 조성한다.

셋째, 협력과 협치의 문해학습 지원기반을 마련한다. 기초지자체와 비영리민간 문해교육기관과의 협치와 협력기반 마련, 기초지자체의 행정지원과 평생학습 인프라 지원, 그리고 문해교육기관의 프로그램 제공 및 운영상의 전문성 지원의 조화가 이루어져야 한다.

(2) 문해교육 정책 강화 및 개념 확장

첫째, 문해교육 정책의 안정화와 함께 사업확장을 통해 강화해야 한다. 둘째, 지자체에 시·도문해교육센터 설립 지원과 협력사업 발굴로 활성화시켜야 한다. 셋째, 민간의 문해교육 역량강화를 위한 교육과정 개발 및 연수를 활성화시켜야 한다. 넷째, 문해교육 정책 강화에 따른 예산확보로 지원사업의 충분성을 보장해야 한다. 다섯째, 기초능력 중심의 문해교육에서 전생

애 문해능력 향상의 관점을 전환해야 한다. 여섯째, 문해교육의 내용적 확장
과 학습자 다변화에 따른 신개념 융합 프로그램을 보급시켜야 한다.

(3) 문해개념의 고도화 및 확장

먼저 대상은 저학력 고령층 대상에서 16세 이상 청소년, 성인 한국어학습
자(이주여성, 북한이탈주민 등), 학습장애 성인으로 확대한다. 다음으로 문해교
육 내용은 기초문해에서 생활문해로 확장한다. 특히 생활문해 내용은 크게
세 부분으로 '정보미디어, 건강, 정치, 문학 등(시민교육, 정보교육, 문화예술교육
등), 고급문해(인문학교육, 독서교육, 쓰기 교육 등), 직업역량, 금융, 경제, 문제
해결 등(직업기술교육, 경제교육 등)'으로 확장하여 운영한다(그림 15-1 참고).

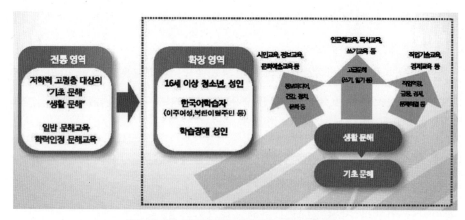

〔그림 15-1〕 문해교육 정책 확장 개념도

(4) 국가문해교육의 정책 비전

'청년과 중년을 포함하는 전 생애 문해추진'으로 행복하고 품격 있는 국
가 차원의 전 생애 문해능력 보장이다. 즉 전통영역인 기초문해와 생활문해
에 대한 안정화 및 국민 연령층에 따른 전 생애 문해능력 보장으로 확장한
다. 이에 따른 국가평생교육진흥원의 2020년 중기경영목표의 미션은 '국민
전 생애, 학습을 통해 국가의 포용적 혁신성장 기여'이며 과제는 '학습 소외
계층의 교육력 제고'이다.

전 생애 문해추진을 위해 먼저 아동기 · 청소년기 · 성인기 · 노년기 등 생애 단계별 문해 분석과 문해 소외계층인 장애인, 다문화가정, 북한 이탈주민 등 계층별 문해 분석으로 구체적인 생애 단계별, 계층별 문해교육 정책을 마련한다. 나아가 평생교육적 관점에서 전체 대상을 통합하는 문해교육을 분석하고, 각 개인이 평생교육을 실천할 수 있는 역량을 키우기 위한 전 국민 기초교육으로 문해교육 정책을 마련해 이행한다. 문해교육은 기초교육, 기초능력, 인권이 보장되는 시민사회 창출, 일상생활과 취업 활동 역량의 함양을 지원해야 한다(한상길, 2017).

일상생활 역량이란 모두가 인권을 보장받으며 사회의식의 함양을 통해 민주사회의 구성원으로 성장해 가도록 하는 의사소통 역량, 디지털 매체 사용 및 정보 수집활용 역량, 다문화사회를 살아가는 다문화 역량, 평생동안 자신을 개발해 가는 평생학습 능력 등을 키워가는 것이다.

결론적으로 이제 국민의 학습권 보장 측면에서 국가의 정책적 지원이 강조되는 때이다. 정부는 국가적 차원에서 비문해자와 문해교육기관에 대한 총체적인 지원 계획을 수립해야 하며, 지역 전체가 문해교육을 지역의 과제로 인식하고 문제해결을 위해 노력해야 할 것이다.

또한 평생학습사회, 세계화시대에 내국인뿐만 아니라 다문화가족, 외국인, 북한이탈주민 등을 포함한 세계시민의 평생교육을 위한 문해교육이 지향되어야 할 것이다.

【연구과제】

1. 문해교육에 대한 고등교육기관의 역할에 대하여 논의하시오.
2. '유네스코 세종대왕 문해상' 수상 사례를 조사(수상자, 프로그램명, 수상내용 등)하여 발표하시오.
3. 문해교육 활성화 정책의 방향과 과제에 대하여 논의하시오.

【참고문헌】

교육부(2019). 「2019년 성인문해교육 활성화 지원 기본 계획」, p1-25.

국가문해교육센터(2019). http://www.le.or.kr.

국가평생교육진흥원(2013). 「문해교육 프로그램을 통한 성인학습자 학력인정체제 운영 매뉴얼」.

국가평생교육진흥원(2019). 「성인문해교육 활성화 정책포럼」, p1-66.

문화체육관광부(2018). 문화체육관광부 보도자료, p1-5.

박인종(2019). 「문해력 향상을 위한 성인문해교육 정책」, p1-53.

이희수(2019). 「성인문해교육 활성화 정책포럼: 학문과 실천의 연계를 통한 문해교육 패러다임 전환을 위하여」, p1-66.

전은경(2015). 「성인문해에 대한 정부의 관심과 정책」, 교육비평, (36), p233-255.

최윤정(2002). 「무학력자의 성인문해학습과정에 관한 생애사적 연구」, 서울대학교 대학원 석사학위논문.

한상길(2017). 「문해의 개념과 문해교육 실천 방향」, Andragogy Today, 20(2), p30-50.

한국직업능력개발원(2017). 2017년 국제성인역량조사(PIACC) 연구 동향과 향후 전망, p1-144.

Friere, P. (1985). *The politics of education: Culture, power and liberalization.* 한준상 (역)(1987). 교육과 정치의식: 문화, 권력 그리고 해방, 학민사.

UNESCO(1978). *Records of the general conference*, 20th Session, Paris, 1: Resolutions.

文解

부 록

1. 문해교육 관련 법령

1) 「평생교육법」

제2조(정의) 이 법에서 사용하는 용어의 정의는 다음과 같다. 〈개정 2014.
1. 28.〉

　　1. '평생교육'이란 학교의 정규교육과정을 제외한 학력보완교육, 성
　　　인 문자해득교육, 직업능력 향상교육, 인문교양교육, 문화예술교
　　　육, 시민참여교육 등을 포함하는 모든 형태의 조직적인 교육활
　　　동을 말한다.

　　3. '문자해득교육'(이하 '문해교육'이라 한다)이란 일상생활을 영위하
　　　는데 필요한 문자해득(文字解得)능력을 포함한 사회적 · 문화적
　　　으로 요청되는 기초생활능력 등을 갖출 수 있도록 하는 조직화
　　　된 교육프로그램을 말한다.

제39조(문해교육의 실시 등) ① 국가 및 지방자치단체는 성인의 사회생활
에 필요한 문자해득능력 등 기초능력을 높이기 위하여 노력하여야 한다.

② 교육감은 대통령령으로 정하는 바에 따라 관할 구역 안에 있는
초 · 중학교에 성인을 위한 문해교육 프로그램을 설치 · 운영하거나
지방자치단체 · 법인 등이 운영하는 문해교육 프로그램을 지정할
수 있다. 〈개정 2014. 1. 28.〉

③ 국가 및 지방자치단체는 문해교육 프로그램을 위하여 대통령령으
로 정하는 바에 따라 우선하여 재정적 지원을 할 수 있다. 〈개정
2014. 1. 28.〉

제39조의 2(문해교육센터 설치 등) ① 국가는 문해교육의 활성화를 위하
여 진흥원에 국가문해교육센터를 둔다.

② 시 · 도교육감 및 시 · 도지사는 시 · 도문해교육센터를 설치하거나

지정·운영할 수 있다.

③ 국가문해교육센터 및 시·도문해교육센터의 구성, 기능 및 운영, 그 밖에 필요한 사항은 대통령령으로 정한다. [본조신설 2016. 2. 3.]

제40조(문해교육 프로그램의 교육과정 등) 제39조에 따라 설치 또는 지정된 문해교육 프로그램을 이수한 자에 대하여는 그에 상응하는 학력을 인정하되, 교육과정 편성 및 학력인정 절차 등에 필요한 사항은 대통령령으로 정한다. 〈개정 2014. 1. 28.〉

제40조의 2(문해교육종합정보시스템 구축·운영 등) ① 교육부장관은 문해교육의 효율적 지원을 위하여 문해교육종합정보시스템을 구축·운영할 수 있다.

② 교육부장관은 문해교육종합정보시스템 운영업무를 국가문해교육센터에 위탁할 수 있다.

③ 제1항에 따른 문해교육정보시스템의 구축·운영과 제2항에 따른 문해교육정보시스템 운영업무의 위탁 등에 필요한 사항은 대통령령으로 정한다. [본조신설 2016. 2. 3.]

2)「평생교육법 시행령」

제70조(문해교육 프로그램의 설치 및 지정기준) ① 법 제39조에 따른 문해교육 프로그램의 설치 및 지정기준은 다음 각 호와 같다. 〈개정 2014. 6. 30., 2016. 8. 2.〉

  1. 교육과정 구분에 따라 다음 각 목에 해당하는 사람을 교원으로 확보할 것

　　가. 초등학교과정: 다음의 어느 하나에 해당하는 사람으로서 제70조의 2에 따른 문해교육 교원연수기관에서 운영하는 문해

교육 교원연수과정을 이수한 사람

1) 대학 졸업 이상 또는 이와 같은 수준의 학력이 있는 사람

2) 고등학교 졸업 이상 또는 이와 같은 수준의 학력이 있고 제76조 제1항에 따른 문해교육심의위원회에서 초등학교 과정 문해교육 교원으로서 적합하다고 인정받은 사람

나. 중학교과정: 다음의 어느 하나에 해당하는 사람으로서 제70 조의 2에 따른 문해교육 교원연수기관에서 운영하는 문해교 육 교원연수과정을 이수한 사람

1) 「초·중등교육법」 제21조 제2항에 따른 교사자격을 가진 사람

2) 대학 졸업 이상 또는 이와 같은 수준의 학력이 있고 제76 조 제1항에 따른 문해교육심의위원회에서 중학교과정 문 해교육 교원으로서 적합하다고 인정받은 사람

2. 교육 활동에 적합한 시설 및 설비를 갖출 것

3. 초등학교 또는 중학교 수준에 상응하는 문해교육과정을 운영할 것

② 제1항에 따른 교원, 시설·설비 및 교육과정 등에 관한 세부기준은 교육부령으로 정한다. 〈개정 2008. 2. 29., 2013. 3. 23.〉

제70조의 2(문해교육 교원연수기관) 문해교육 교원이 되려는 경우 이수 하여야 하는 문해교육 교원연수과정을 운영할 수 있는 기관은 다음 각 호와 같다.

1. 진흥원 및 시·도진흥원

2. 법 제39조의 2 제1항에 따른 국가문해교육센터(이하 '국가문해교 육센터'라 한다) 및 같은 조 제2항에 따른 시·도문해교육센터(이 하 '시·도문해교육센터'라 한다)

3. 「공무원 인재개발법」 제4조 및 「지방공무원 교육훈련법」 제8조

에 따른 교육훈련기관

4. 「교육공무원법」 제39조에 따른 연수기관

5. 그 밖에 교육부장관, 시·도교육감 또는 시·도지사가 지정하는 연수·교육 기관

[본조신설 2016. 8. 2.]

제71조(문해교육 프로그램 지정의 취소 등) ① 교육감은 문해교육 프로그램 실시기관이 거짓 등 부정한 방법으로 문해교육 프로그램을 지정받아 운영하는 경우 그 지정을 취소할 수 있다. 〈개정 2014. 6. 30.〉

② 교육감은 문해교육 프로그램을 운영하는 기관에 대하여 이 영에 따른 기준을 충족하는지를 정기적으로 평가하여 그 결과를 공개하여야 한다. 〈개정 2014. 6. 30.〉

제72조(문해교육의 지원) ① 관계 중앙행정기관의 장 및 지방자치단체는 법 제39조 제3항에 따라 다음 각 호에 해당하는 경비를 지원할 수 있다. 〈개정 2014. 6. 30.〉

1. 문해교육 프로그램 실시기관 운영비

2. 문해교육 교재비 및 교구비

3. 문해교육 교원의 인건비 및 연수비 등

② 제1항에 따른 문해교육 프로그램의 지원에 필요한 사항은 관계 중앙행정기관의 장 및 지방자치단체의 장이 정한다. 〈개정 2014. 6. 30.〉

제73조(문해교육 프로그램 운영자의 폐지 신고) 제70조에 따라 문해교육 프로그램을 지정받아 운영하는 자가 해당 과정을 폐지하려는 경우에는 그 사유, 폐지연월일 및 재학생 학적관리 등 남은 업무의 처리방법 등을 적은 서류를 갖추어 폐지예정일 30일 전까지 교육감에게 신고하

여야 한다. 〈개정 2014. 6. 30.〉

제73조의 2(국가문해교육센터) ① 국가문해교육센터는 다음 각 호의 업무를 수행한다.

1. 문해교육 프로그램 개발 및 운영 지원
2. 문해교육 촉진을 위한 각종 연구, 조사 및 홍보
3. 문해교육 통계 조사 및 문해교육 관련 기관 현황 등 실태 조사
4. 문해교육 교원 양성·연수 및 지원 등
5. 시·도문해교육센터에 대한 지원
6. 그 밖에 교육부장관이 문해교육의 진흥을 위하여 필요하다고 인정하는 업무

② 국가문해교육센터에는 센터장과 제1항에 따른 업무의 수행에 필요한 팀을 둔다.

제73조의 3(시·도문해교육센터) ① 시·도문해교육센터는 다음 각 호의 업무를 수행한다.

1. 해당 지방자치단체의 문해교육 프로그램 운영·지원
2. 문해교육 대상자 발굴 및 상담 지원
3. 해당 지역의 문해교육 관련 기관 간 연계체제 구축
4. 문해교육 교원 양성 및 연수 등
5. 그 밖에 문해교육 진흥을 위하여 시·도교육감 또는 시·도지사가 필요하다고 인정하는 업무

② 시·도교육감 및 시·도지사는 법 제39조의 2 제2항에 따라 시·도문해교육센터를 설치하거나 지정하려는 경우에는 상호 협의하여야 한다.

③ 시·도문해교육센터는 제1항에 따른 업무를 수행하는 데 필요한 조직과 시설을 갖추어야 한다.

④ 제1항부터 제3항까지에서 규정한 사항 외에 시·도문해교육센터의 조직, 시설 및 지정 등에 필요한 사항은 해당 시·도의 조례로 정한다.

제74조(문해교육 프로그램 이수자의 학력인정절차) ① 법 제40조에 따른 문해교육 프로그램을 이수한 사람이 학력인정을 받으려는 경우에는 교육부령으로 정하는 신청서류를 교육감에게 제출하여야 한다. 〈개정 2008. 2. 29., 2013. 3. 23., 2014. 6. 30.〉

② 교육감은 제1항에 따른 신청을 받은 경우 학력인정 기준에 맞는지를 조사하여 학력 인정 여부를 결정한 후 신청인에게 교육부령으로 정하는 학력인정서를 내주어야 한다. 〈개정 2008. 2. 29., 2013. 3. 23., 2014. 6. 30.〉

제75조(문해교육 프로그램 이수자의 학력인정기준 등) ① 초등학교·중학교 학력인정 문해교육 프로그램에 입학할 수 있는 사람은 만 18세 이상인 사람으로 한다. 〈개정 2014. 6. 30.〉

② 학습자가 법 제40조에 따라 초등학교 또는 중학교 졸업자와 같은 수준의 학력을 인정받기 위하여는 제70조 제1항 제3호의 교육과정을 이수하여야 한다.

③ 학습자가 제14조에 따른 학습계좌에서 관리하는 교육과정 중 문해교육에 관련된 과정을 이수한 경우에는 교육부령으로 정하는 바에 따라 제74조제2항에 따른 학력인정 기준에 필요한 교육과정의 3분의 2 범위에서 해당 교육과정을 이수한 것으로 인정할 수 있다. 〈개정 2010. 12. 20., 2013. 3. 23., 2014. 6. 30.〉

④ 교육감은 제2항에 따른 문해교육 프로그램 이수자의 문자해득 수준을 측정하기 위한 평가제도를 수립·실시할 수 있다. 〈개정 2014. 6. 30.〉

제75조의 2(문해교육종합정보시스템 구축 · 운영 등) ① 법 제40조의 2 제1항에 따른 문해교육종합정보시스템에 수록되는 정보의 범위와 내용은 다음 각 호와 같다. 다만, 제4호 및 제5호의 정보는 정보주체 본인이 수록에 동의한 경우로 한정한다.

    1. 문해교육 프로그램 운영기관 현황 정보

    2. 문해교육 관련 각종 통계 및 실태조사 결과

    3. 문해교육 프로그램의 교수 · 학습자료 등에 관한 정보

    4. 문해교육 대상자와 학습자의 성명, 생년월일, 성별, 주소, 연락처 및 그 밖에 특기할 사항

    5. 문해교육 교원과 자원봉사자의 성명, 생년월일, 학력, 경력, 자격증, 연락처 및 그 밖에 특기할 사항

    6. 그 밖에 문해교육과 관련된 정보 및 자료

② 교육부장관은 관계 중앙행정기관, 지방자치단체, 시 · 도교육청 및 문해교육 프로그램 운영기관 등 관련 기관의 장에게 문해교육종합정보시스템의 운영에 필요한 자료의 제출을 요청할 수 있다. 이 경우 자료의 제출을 요청받은 기관의 장은 특별한 사유가 없으면 요청에 따라야 한다.

③ 교육부장관은 문해교육종합정보시스템으로 관리되는 정보가 분실, 도난, 누출, 변조 또는 훼손되지 아니하도록 안정성 확보에 필요한 조치를 강구하여야 한다.

제76조(문해교육심의위원회 등의 구성) ① 문해교육 제도의 개선, 문해교육 교원의 자격 인정 등에 관한 사항을 심의하기 위하여 진흥원에 문해교육심의위원회를 두며, 이에 필요한 사항은 진흥원장이 정한다. 〈개정 2014. 6. 30.〉

② 문해교육 프로그램 설치 · 지정 기준 및 그 충족 여부, 문해교육 프로그램 이수자의 학력인정 기준 및 그 충족 여부 등을 심사하기 위

하여 교육감 소속으로 문해교육심사위원회를 두며, 이에 필요한 사항은 교육감이 정한다. 〈개정 2014. 6. 30.〉

3) 「평생교육법 시행규칙」

제22조(문해교육 프로그램의 교원의 배치 등)

① 영 제70조 제1항에 따른 문해교육 프로그램의 교원은 초등학교과정에는 학급마다 1명 이상을 두고, 중학교과정은 3학급까지는 학급마다 1명을, 3학급을 초과할 때에는 1학급 증가할 때마다 1.5명 이상의 비율로 더 배치한다. 이 경우 소수점 이하는 반올림한다. [개정 2014. 7. 28]

② 제1항에 해당하는 한 학급의 규모는 초·중학교과정 모두 각각 30명을 초과하여서는 아니 된다.

③ 영 제70조 제1항에 따른 문해교육 프로그램은 별표 3에 따른 교육활동에 적합한 시설 및 설비기준을 갖추어야 한다. [개정 2014. 7. 28]

④ 문해교육 프로그램의 교육과정은 성인 학습자의 학습능력과 경험 등을 고려하여 교육부장관이 정한다. [개정 2008. 3. 4 제1호(교육과학기술부와 그 소속기관 직제 시행규칙), 2013. 3. 23 제1호(교육부와 그 소속기관 직제 시행규칙), 2014. 7. 28]

⑤ 교육부장관은 제4항에 따른 교육과정을 포함한 문해교과용 도서를 개발·보급할 수 있다. 이 경우 문해교과용 도서의 저작(著作) 등에 관하여는 교육부장관이 정한다. [개정 2008. 3. 4 제1호(교육과학기술부와 그 소속기관 직제 시행규칙), 2013. 3. 23 제1호(교육부와 그 소속기관 직제 시행규칙), 2014. 7. 28]

[본조제목개정 2014. 7. 28.]

제23조(문해교육 프로그램 이수자의 학력인정절차)

① 영 제74조 제1항에 따라 문해교육 프로그램 이수자가 학력인정을 받으려면 별지 제20호 서식의 학력인정 신청서에 다음 각 호의 서류를 첨부하여 교육감에게 제출하여야 한다. [개정 2014. 7. 28]

1. 교육과정 이수 내역서

2. 그 밖의 과정 이수 증명서류

② 교육감은 제1항에 따른 학력인정 신청서를 받으면 「전자정부법」제36조 제1항에 따른 행정정보의 공동이용을 통하여 신청자의 주민등록표 초본의 내용을 확인하여야 한다. 다만, 신청인이 제시하는 신분증의 확인으로 그 확인을 갈음할 수 있고, 신청인이 「전자정부법」제36조 제1항에 따른 행정정보의 공동이용을 통한 확인에 동의하지 아니하면서 신분증도 제시하지 아니하는 경우에는 주민등록표 초본을 첨부하도록 하여야 한다. [개정 2010. 8. 19, 2017. 12. 29]

③ 영 제74조 제2항에 따른 학력인정서는 별지 제21호 서식에 따른다.

[본조제목개정 2014. 7. 28]

제23조의 2(문해교육 관련 학습과정 이수자의 인정절차)

① 영 제75조 제3항에 따라 학습계좌에서 관리하는 교육과정 중 문해교육에 관련된 과정을 이수한 학습자가 문해교육 프로그램의 이수를 인정받으려면 해당 과정의 이수를 증명하는 서류를 문해교육 프로그램 실시기관의 장에게 제출하여야 한다. [개정 2014. 7. 28]

② 제1항에 따른 신청을 받은 문해교육 프로그램 실시기관의 장은 해당 이수 내용이 영 제74조제2항에 따른 학력인정 기준에 적합하면 문해교육 프로그램의 이수를 인정하여야 한다. [개정 2014. 7. 28]

[본조신설 2011. 1. 27] [시행일 2011. 2. 21]

[본조제목개정 2014. 7. 28]